三大都市圏主要都市の担当窓口がわかる！

土地評価のための

役所調査便覧

【編者・著者代表】
税理士・不動産鑑定士　東北　篤

【著者代表】
不動産鑑定士　河合　悟

清文社

はじめに

税理士は税や会計に精通したプロですが、大部分の方は、不動産評価に必要な不動産鑑定評価理論や都市計画法、建築基準法等の各種の行政法規に対して日常接することが少なく、これらに関してはプロでない方が多いと思います。

ところで、相続税等の申告は、平成27年分から基礎控除額が下がり、申告者数が増えました。いざ申告書作成という場合は、多くの税理士にとって不得意な不動産評価を避けて通れず、自信がないため苦労したケースが少なくないのではないでしょうか。

さて、巷の不動産評価に関する専門書が扱うテーマは、路線価の適用方法など財産評価基本通達の解説、広大地評価の適用の可否、裁決事例の紹介など多々ありますが、本書はその類のものではありません。

多くの不動産評価の専門書は、対象不動産に関する資料をすべて収集・整理し、土地の評価単位や形状を確定させた後の、評価方法や申告方法、裁決事例等の解説書です。ところが不動産評価の実務では、上記専門書にたどり着くまでの、「資料の収集」や、それに基づいた「相続税等申告書の添付資料作り」が大変なのです。

不動産評価に必要な資料は、大別しますと法務局等が保有するものと市町村が保有するものに区分できますが、このうち収集が大変なのは後者です。その大きな理由は、各市町村で収集する資料の担当窓口等が全く統一されていないことが要因です。具体的には、市町村により担当窓口の呼称や担当内容等が不統一であり、資料公表の仕方、その有無さえもバラバラ、さらに、その窓口は庁舎内のどこにあるのかさえ不明な場合が通常であり、作業に時間を要することが多いのです。それにもかかわらず、資料収集等を効率的に行うための案内書がないのが現状で、不動産評価に熟練していない税理士はもとより不動産の仕事に携わる実務家にとって極めて不便なのが現実です。

本書は、このようなことを解消するため、税理士には相続税等申告書へ行きつくまでの市町村における土地評価に関する基本的な資料の収集窓口を案内するとともに、収集すべき資料の解説を行い、さらにその資料を活用したところの「相続税等申告書へ添付する資料」について具体的に解説させていただきました。また、市町村の役所調査を行う必要がある不動産鑑定士、宅地建物取引士等の方にとっても効率的に仕事を行うことができる案内書として有益なものとなるよう執筆・編集いたしました。

本書は、役所調査に重点を置いた本邦初の不動産評価の案内書であると自負しています。実務家の皆さまの土地評価実務の一助となれば、幸いです。

平成29年８月１日

〔編者・著者代表〕

税理士・不動産鑑定士　**東北　篤**

目次

〈第1章〉本書の目的及び掲載内容

〈第2章〉三大都市圏の主要都市別・役所調査窓口一覧表

首都圏

Ⅶ 法務局で収集できる資料と精度等

第4章 相続税の申告書等に添付する「土地及び土地の上に存する権利の評価明細書」の補足資料

（注）本書の内容は、原則として平成29年３月31日現在の市町村の窓口情報及び平成29年７月１日現在の法令によっています。

第 1 章

本書の目的及び掲載内容

1 本書の目的

相続税等の申告のために行う土地等の評価作業は、まず対象不動産に関する資料収集を行い、次に評価する対象不動産を確認（現地確認）して、評価単位を決め、間口と奥行等の土地の形状・面積を確認することから始まります。

次に、対象不動産の価値に影響を与える各種行政法規を市町村の窓口で調査することが必要となります。

不動産評価については、具体的には次ページの作業スケジュールで行いますが、「3 法務局や市町村での調査」のうち法務局における資料収集については、窓口が通常一か所で効率的に資料の収集ができます。

しかし、「市町村の窓口で、相続税等の不動産評価に必要なデータや各種行政法規等を確認する。」場合は、そう簡単ではありません。

「はじめに」でも述べましたが、市町村の担当窓口で行う役所調査については、担当窓口の呼称や担当する内容等が不統一であり（4ページから7ページ参照)、初めて行く市町村では、担当窓口を探して右往左往して効率的に作業できないことが時に発生しています。

本書は、このようなことを少しでもなくし、税理士及び不動産鑑定士等の土地等の評価に携わる方々を少しでもサポートできるよう、市町村における資料収集等を計画的・効率的に、かつ、脱漏することなく正確に行うためのガイドブック（便覧）として作成したものです。

なお、全国には平成28年10月10日現在で東京都特別区23、市町村1,718の合計 1,741の自治体があり、網羅することは難しいため、本書では、三大都市圏の原則人口15万人以上の111市（東京都23区含む。）について掲載しています。また、第2章「三大都市圏の主要都市別・役所調査窓口一覧表」の作成に当たっては、市町村に関する役所調査のプロフェッショナルである不動産鑑定士の有志7人が分担し、全国の市町村に赴き、あるいは不明な事項を電話で問い合わせることにより、作成させていただきました（データは原則として平成29年3月31日現在)。

◈相続税等の不動産評価の作業スケジュールのフロー

1　相続税、贈与税（以下「相続税等」という。）の申告書作成依頼

⬇

2　依頼者等から相続税等の不動産評価を行う対象物件に関する概要を聴き取り、資料の提示を受ける。 **資料収集**

⬇

3　法務局や市町村での調査 **資料収集**

① 法務局で登記事項証明書、公図等の不動産評価に関する資料の入手を行う。

② 市町村の窓口で、相続税等の不動産評価に必要なデータや各種行政法規等を確認する。

⬇

4　現地確認

⬇

5　地目の判定、地積の確定、評価単位の判定

⬇

6　デスクワーク（評価明細書の作成、申告書作成）

2 都市の掲載基準

① 本書では、三大都市圏における人口15万人以上の市町村を掲載の対象とし、首都圏（67都市）、近畿圏（26都市）、中部圏（15都市）の計108都市をピックアップしました。

② 人口15万人未満であっても東京都千代田区及び中央区を加えて東京都全23区を網羅し、また、土地等の評価の頻度が高いと想定される兵庫県芦屋市を加えて全国で合計111都市としました。

（参考）

都市計画法等の行政法規の制限に関することを調べるところは、市町村の担当窓口ですが、東京都世田谷区役所と大阪市役所の庁舎案内を次ページ以降に掲載していますのでご覧ください。東京都世田谷区役所と大阪市役所では、担当窓口の呼称が相違していることがお分かりになるでしょう。

両庁舎案内によれば、例えば、建築確認申請事務については、世田谷区役所では建築審査課が、大阪市役所では建築確認課が担当窓口です。

道路関係では、位置指定道路については、前者が建築安全課で後者が建築企画課、開発道路の場合は、同様に市街地整備課と開発誘導課が担当窓口という具合で、名称が不統一であり、庁舎案内の部署名を見ても、事務分掌がはっきりと分別できないのが実情です。

例えば、税理士が不動産評価に必要な道路幅員を確かめる場合、実際の道路を見ただけでは建築基準法上の道路か、都市計画法上の道路なのか、又は道路法上の道路なのか分かりませんので、市町村役場に問合せをすることになりますが、担当窓口が分らなければスムーズな確認は困難です。

担当窓口の表示が全国統一されていないため、行ったことのない市町村役場では、どの窓口で確認すればよいのか、担当窓口を探すのに骨が折れるといったことが発生します。

また、市町村の窓口には、担当する行政法規が表示されていない場合が普通であり、税理士等が市町村の役所調査をする時は、普段からよく行く市町村でない限り、役所内をあちこち探索することが頻発します。

更に、市町村役場が一か所にまとまっているとは限りません。市町村合併等の理由で所在地が複数となっている場合もあります。

第２章では、税理士等が土地等の評価を行うための市町村の役所調査の資料収集をできるだけ効率的に行うため、全国三大都市圏の主要都市について、担当窓口及びその連絡先や住所等についてまとめ、どの窓口に問合せをすればよいかの情報提供を行うことを主目的としています。また、第３章では、不動産評価に必要な市町村や法務局に備え付けられた地図や図面等についても具体的に図面等を掲載し、財産評価基本通達等による土地評価へ適用できるようその活用方法を解説し、第４章では、相続税の申告書等に添付する「土地及び土地の上に存する権利の評価明細書」の補足資料の作成等について説明しました。

◈東京都世田谷区役所のうち都市計画法、建築基準法、道路法等を担当する部署の案内

世田谷区役所　本庁舎　〒154 - 8504　世田谷区世田谷４－２１－２７（東急世田谷線　松陰神社前駅または世田谷駅より徒歩５分　※表面地図参照）

庁舎	階	お問合せ事項	受付担当課	電話番号	ファクシミリ
第1庁舎	4階	■ 都市計画の案内 ＊用途地域　建ぺい率　容積率　高度地区　防火・準防火　日影規制時間等 ■ 国土法に基づく届出　■ 都市計画審議会事務局　■ 建築審査会事務局	都市計画課	(都市計画)5432-2455～59 (調整係)5432-2452～53	5432-3023
		■ 建築確認・長期優良住宅・低炭素建築物・建築物省エネ法認定申請の受付 ■ 建築に係る許可・認定　■ 建築計画概要書・台帳記載事項証明 ■ 住宅用家屋証明　■ 屋外広告物許可　■ 浸水予防対策　■ 優良住宅認定	建築調整課	(建築調整) 5432-2463～65・67 (許可・認定) 5432-2462	5432-3036
		■ 建築確認申請の審査　■ 中間検査・完了検査 ■ 長期優良住宅建築等計画の認定　■ 省エネルギー法の届出 ■ 低炭素建築物新築等計画の認定　■ 建築物省エネ法向上計画等の認定 ■ 指定確認検査機関に関すること	建築審査課	(建築審査) 5432-2474・2466 (構造審査) 5432-2480 (設備審査) 5432-2481 (指定機関指導) 5432-2482	
		■ 耐震診断・耐震補強工事等の相談・助成　■ 家具転倒防止器具取付支援 ■ がけ・擁壁災害対策に関すること	防災街づくり課	(耐震促進) 5432-2468・2454・2383 (不燃化推進) 5432-2558	5432-3043
		■ 建設リサイクル法(建築工事)の届出　■ 定期報告　■ 空家等に関すること ■ 違反建築物の是正指導 ■ 建築基準法の道路に関する相談及び調査　■ 位置指定道路の手続き ■ 狭あい道路拡幅整備条例に基づく協議・工事等	建築安全課	(建築安全) 5432-2395・2477・2477 (空家対策推進)　5432-2512・2513 (監察)　5432-2484･2486 (建築線・狭あい) 5432-2469・2542・2552～55	5432－3043
		■ 特別区道認定・区管理道路指定等　■ 認定証明・区域証明・境界証明 ■ 道路・水路用途廃止　■ 道路・水路境界確定 ■ 地籍調査　■ 公共基準点	道路管理課	(道路認定) 5432-2564～67 (境界確定) 5432-2593～96・2577 (道路台帳) 5432-2575～76	5432-3024
		■ 不法占用監察　■ 特殊車両通行許可　■ 違反広告物除却協力員制度 ■ 道路・河川占用許可申請　■ 沿道掘削施行協議 ■ 道路工事等施行承認申請(自費工事) ■ 建設リサイクル法(土木工事)届出　■ 路上広告物許可 ■ 路外駐車場届出	道路指導課	(道路監察) 5432-2588～89 (占用) 5432-2373～74	
第3庁舎（プレハブ棟）	2階	■ ユニバーサルデザイン推進条例届出（条例に基づく届出、ユニバーサルデザイン全般）　■ バリアフリー法・バリアフリー建築条例認定 ■ 風景づくり条例届出　■ 地域風景資産、景観法、せたがや百景	都市デザイン課	(ﾕﾆﾊﾞｰｻﾙ・ﾊﾞﾘｱﾌﾘｰ)　5432-2038 (風景づくり)　5432-2039	5432-3084
		■ 二子玉川東地区再開発事業　■ 三軒茶屋二丁目地区の街づくり ■ 開発許可　■ 宅地造成許可 ■ 土地区画整理事業	市街地整備課	(再開発) 5432-2556 (開発許可) 5432-2625～26 (区画整理) 5432-2557	5432-3107
		■ 放置自転車に関すること　■ 駐輪場・保管所管理　■ レンタサイクル ■ 民間駐輪場助成　■ 自動二輪車駐車場助成　■ 大規模店舗駐輪場 ■ 交通安全啓発　■ 自転車通行空間整備	交通安全自転車課	(交通安全自転車) 5432-2515～16・2573･2578	5432-3084
	1階	■ 区営・区立住宅の運営管理　■ 都営住宅・都民住宅募集案内 ■ せたがやの家の募集案内　■住宅整備方針 ■ マンション建替え円滑化法 ■ 住まいサポートセンター（賃貸物件情報提供、居住支援、住宅相談の受付、住まい・まち学習事業、住まいに関する情報収集・発信） ■ 世田谷区マンション交流会　■ 環境配慮型住宅リノベーション	住宅課 住まいサポートセンター	5432-2498～99・2502・2504・2505 5432-2532	5432-3040
城山分庁舎	3階	■ 都市計画道路･主要生活道路の計画　■ せたがや道づくりプラン ■ 外環道に係る調整	道路計画課	(道路計画)　5432-2537～38 (外環調整)　5432-2548	5432-3067
		■ 都市計画道路(下北沢･明大前･千歳烏山の各駅前交通広場を含む)・主要生活道路の整備事業の推進 ■ 道路代替地管理（一時貸付を含む）	道路事業推進課	5432-2517～18	
		■ 交通まちづくり基本計画　■ 公共交通機関（鉄道・バス） ■ 連続立体交差事業(小田急線・京王線)	交通政策課	(交通企画) 5432-2535・2544	
	2階	■ 水害被害記録　■ 土木事業実施計画　■ 電線類地中化計画 ■ 土木工事積算基準･設計単価　■ 河川・水路調整 ■ 都市型水害対策　■ 雨水浸透施設・雨水タンク助成 ■ 下水道事業受託工事の設計及び監督	土木計画課	(調整係) 5432-2580 (土木計画) 5432-2367・2369 (技術指導) 5432-2366 (河川・雨水対策) 5432-2365 (下水道整備) 5432-2215	5432-3026
		■ 開発行為第３２条協議　■ 雨水流出抑制施設設置協議 ■ 道路、水路、河川等の工事設計 ■ 街路灯管理　■ 防犯灯助成	工事第一課 (世田谷・北沢・烏山)	(工務) 5432-2377 (設計) 5432-2376 (街路灯) 5432-2375・2378	5432-3082
		■ 開発行為第３２条協議　■ 雨水流出抑制施設設置協議 ■ 道路、水路、河川等の工事設計　■ 橋梁長寿命化計画	工事第二課 (玉川・砧)	(工務) 5432-2400 (設計) 5432-2398	
	1階	■ みどりとみずの基本計画　■ みどりのトラスト基金　■ 生物多様性 ■ 公園緑地用地取得　■ 樹木移植助成 ■ 生垣・花壇・シンボルツリー・屋上・壁面緑化助成 ■ 事業用等駐車場緑化助成　■ 国分寺崖線･湧水保全	みどり政策課	(みどりと公園計画) 5432-2281 (公園緑地事業) 5432-2591～92 (崖線・湧水保全) 5432-2282	5432-3083
		■ 公園･緑地等の工事設計及び監督　■ 公園・広場等の占用についての相談	公園緑地課	(施設管理) 5432-2295～96 (建設) 5432-2478～79	
		■ 公共用地取得に伴う契約に関すること　■ 地価公示	用地課	5432-2507～11・2525・2531	5432-3002

【その他のお問い合わせ】
- ◆ 公拡法に基づく届出・申出　→　財務部経理課（区役所第１庁舎２階）　電話 5432－2144　ﾌｧｸｼﾐﾘ 5432-3046
- ◆ 埋蔵文化財　→　教育委員会事務局 生涯学習・地域・学校連携課（区役所第２庁舎３階）　電話 5432－2726　ﾌｧｸｼﾐﾘ 5432-3039
- ◆ 工場･指定作業場の設置・廃止(土壌汚染)、環七・環八沿道防音助成　→　環境総合対策室環境保全課(区役所第１庁舎５階)　電話 5432－2274　ﾌｧｸｼﾐﾘ 5432-3062
- ◆ 環境配慮制度(環境基本条例)　→　環境総合対策室環境計画課(区役所第１庁舎５階)　電話 5432－2300　ﾌｧｸｼﾐﾘ 5432-3062

（平成29年２月21日現在）

◈大阪市のうち固定資産税、都市計画法、建築基準法、道路法等を担当する部署の案内

★あしたを築く街づくり　　大阪市都市計画局

ご　あ　ん　な　い

各事業の実施は、次のところで担当していますので、詳しいことは、お手数ですがそれぞれのところへお問い合わせください。

● 都市計画等は　ー　都市計画局　計画部又は開発調整部（本庁舎７階）

□ 都市計画法53条・風致地区の許可・地区計画等の届出、都市計画証明	計画部　都市計画課	TEL 6208-7882
□ 届出駐車場・附置義務駐車場	計画部　都市計画課	TEL 6208-7872
□ 住宅附置誘導	開発調整部　開発誘導課	TEL 6208-7897
□ CASBEE大阪（建築物総合環境評価制度）	建築指導部　建築確認課	TEL 6208-9304
□ 開発許可・土地区画整理法76条許可・大規模建築物の事前協議・緑化指導指針	開発調整部　開発誘導課	TEL 6208-9285・7
□ 福祉に関する府条例・市要綱の事前協議 ワンルーム事前協議	開発調整部　開発誘導課	TEL 6208-9319
□ 景観計画・都市景観条例・美観誘導等	開発調整部　開発誘導課（都市景観）	TEL 6208-7885・7
□ 国土利用計画法の届出 公有地拡大推進法の届出・申出 地価情報コーナー	計画部　都市計画課	TEL 6208-7891～2

● 建築確認等は　ー　都市計画局　建築指導部（本庁舎３階）

□ 建築確認（申請・審査）・建設リサイクル	建築確認課	TEL 6208-9291
□ 構造強度	建築確認課	TEL 6208-9301
□ 設備・省エネ措置届	建築確認課	TEL 6208-9304
□ 道路位置指定・（船場等）建築線・道路判定 ２ヵ年指定道路・優良宅地等の認定	建築企画課（道路指定）	TEL 6208-9286
□ 建築相談・建築計画概要書の閲覧・事前公開制度	建築企画課（建築相談）	TEL 6208-9288
□ 接道特例許可・建築協定	建築企画課	TEL 6208-9300
□ 総合設計許可・地区計画等の認定等	建築企画課	TEL 6208-9284
□ 中間・完了検査・違反建築物の是正指導	監察課	TEL 6208-9311～3, 9316, 9317
□ 定期報告（建築物）	監察課	TEL 6208-9318
□ 既存建築物対策（老朽家屋等）	監察課	TEL 6208-9311～3, 9316, 9317
□ 民間建築物アスベスト除去等支援	監察課	TEL 6208-9314

●道路事業は　ー　建設局（アジア太平洋トレードセンタービルＩＴＭ棟６階）

□ 道路の認定・未認定	管理部　管理課	TEL 6615-6482
□ 都市計画道路境域明示、道路区域・市有地境界・公共用地境界明示	管理部　測量明示課	TEL 6615-6651
□ 一般道路の拡幅計画	道路部　道路課	TEL 6615-6782
□ 都市計画道路の事業計画（事業認可）	道路部　街路課	TEL 6615-6744～5
□ 事業中の都市計画道路	道路部　街路課	TEL 6615-6753～4
□ 都市計画道路と鉄道の立体交差	道路部　街路課（鉄道交差）	TEL 6615-6762～4

道路・下水道資料閲覧コーナー（本庁舎３階）

・認定道路の有無、名称、管理幅員（一部の路線を除く）　TEL 6208-8411

・下水道管の埋設状況　TEL 6208-8415

※　阪神高速道路に関すること　阪神高速道路（株）計画部　TEL 4963-5476

●公園事業は　ー　建設局（大阪市中央卸売市場・本場業務管理棟６階）

□ 公園・緑地の建設計画	公園緑化部　調整課	TEL 6469-3834
□ 都市計画公園・緑地の境域明示	公園緑化部　調整課	TEL 6469-3834

●土地区画整理事業は　－　都市整備局（本庁舎7階又は現地事務所）

□　事業完了済の地区　企画部　区画整理課　清算グループ　TEL 6208-9437
□　事業施行中の地区
　□　淡路駅周辺地区　淡路土地区画整理事務所　TEL 6320-9461
　□　三国東地区　三国東土地区画整理事務所　TEL 6399-1392
□　新規の区画整理事業の調査・計画　企画部　区画整理課　拠点開発事業グループ　TEL 6208-9403
□　民間施行の区画整理事業の相談・指導　企画部　区画整理課　拠点開発事業グループ　TEL 6208-9646

●住宅・住宅整備事業等は　－　都市整備局（本庁舎6階又は現地事務所等）

□　民間施行の再開発事業の相談・指導　企画部　住宅政策課　まちづくり事業企画グループ　TEL 6208-9211
□　都市防災不燃化促進事業　企画部　住宅政策課　防災・耐震化計画グループ　TEL 6208-9629
□　中高層共同住宅の2戸1化設計　企画部　住宅政策課　住宅政策グループ　TEL 6208-9224
□　分譲マンション建替検討費助成制度　企画部　住宅政策課　住宅政策グループ　TEL 6208-9224
□　耐震改修促進法に基づく計画認定　企画部　住宅政策課 防災・耐震化計画グループ　TEL 6208-9629
□　耐震適合建築物プレート交付制度　企画部　住宅政策課 防災・耐震化計画グループ　TEL 6208-9629
□　狭あい道路拡幅促進整備事業　企画部　住環境整備課　密集市街地整備グループ　TEL 6208-9235
□　住宅地区改良事業　企画部　住環境整備課　住宅地区改良グループ　TEL 6208-9231
□　HOPEゾーン事業・マイルドHOPEゾーン事業（平野郷、住吉大社周辺、空堀、天満、田辺、四天王寺・夕陽丘）　企画部　住環境整備課　HOPEゾーン事業グループ　TEL 6208-9631
□　HOPEゾーン事業（船場）　企画部　住宅政策課 まちづくり事業企画グループ　TEL 6208-9222
□　生野区南部地区整備事業　生野南部事務所　TEL 6717-8266
□　阿倍野再開発事業　企画部　阿倍野再開発課　TEL 6208-9455
□　耐震診断・改修補助事業　大阪市都市整備局耐震・密集市街地整備受付窓口　TEL 6882-7053
□　マンション耐震化緊急支援事業　大阪市都市整備局耐震・密集市街地整備受付窓口　TEL 6882-7053
□　民間老朽住宅建替支援事業　大阪市都市整備局耐震・密集市街地整備受付窓口　TEL 6882-7053
□　長期優良住宅認定制度　企画部　住宅政策課 まちづくり事業企画グループ　TEL 6208-9221
□　子育て安心マンション認定制度　企画部　住宅政策課 まちづくり事業企画グループ　TEL 6208-9221
□　防災力強化マンション認定制度　企画部　住宅政策課 防災・耐震化計画グループ　TEL 6208-9649

●　その他

□　臨港地区の規制　港湾局　営業推進室　開発調整担当（次ページ位置図の③）　TEL 6615-7740
□　埋蔵文化財　教育委員会事務局　生涯学習部　文化財保護担当（本庁舎3階）　TEL 6208-9168
□　水道　水道局　総務部　総務課　（次ページ位置図の③）　TEL 6616-5400（代）
□　水道管の埋設状況　水道局　図面閲覧コーナー　（本庁舎3階）　TEL 6208-0026
□　下水道敷の明示　建設局　管理部　管理課　（次ページ位置図の③）　TEL 6615-6482
□　ごみ保管施設　環境局　事業部　事業管理課　（次ページ位置図の④）　TEL 6630-3244
□　農地転用　大阪市農業委員会事務局（次ページ位置図の③経済戦略局内）　TEL 6615-3753
□　バス・地下鉄　交通局　（次ページ位置図の②）　TEL 6585-6106
□　自転車駐車場（大規模・共同住宅除く）　建設局　管理部　自転車対策課　（次ページ位置図の③）　TEL 6615-6684
□　広告塔・看板　建設局　管理部　路政課　（同上）　TEL 6615-6687
□　環境アセスメント　環境局　環境管理部　環境管理課（環境影響評価グループ）（次ページ位置図の③）　TEL 6615-7938
□　土壌汚染の規制　環境局　環境管理部　環境管理課（土地汚染対策グループ）（次ページ位置図の③）　TEL 6615-7926
□　アスベストの届出及び規制　環境局　各環境保全監視グループ
　□北部環境保全監視グループ（所轄行政区/北区・都島区・淀川区・東淀川区・旭区）　TEL 6313-9550
　□東部環境保全監視グループ（所轄行政区/中央区・天王寺区・浪速区・東成区・生野区・城東区・鶴見区）　TEL 6267-9922
　□西部環境保全監視グループ（所轄行政区/福島区・此花区・西区・港区・大正区・西淀川区）　TEL 6576-9247
　□南東部環境保全監視グループ（所轄行政区/阿倍野区・東住吉区・平野区）　TEL 6630-3433
　□南西部環境保全監視グループ（所轄行政区/住之江区・住吉区・西成区）　TEL 4301-7248
□　大規模小売店舗立地法の届出　経済戦略局　産業振興部　地域産業課（位置図の③）　TEL 6615-3784

3 市町村の役所調査により収集できる資料

市町村の役所調査により収集できる資料名称と担当部署並びに関係する法令・財産評価基本通達等は次のとおりです。

資料の収集先	資料の名称等	関係法令（担当窓口）	関係する財産評価基本通達の番号等
市町村	固定資産地番参考図	固定資産税（固定資産税課等）	15奥行価格補正　16側方路線影響加算　17二方路線影響加算　18三方又は四方路線影響加算　20不整形地の評価
	固定資産税路線価図		14-3 特定路線価
	固定資産課税台帳		21倍率方式　21-2 倍率方式による評価　37純農地の評価　38中間農地の評価　39市街地周辺農地の評価　40市街地農地の評価　47純山林の評価　48中間山林の評価　49市街地山林の評価
	土地家屋名寄帳		
	固定資産評価証明書		
	都市計画図	都市計画法 建築基準法 （都市計画課等 建築企画課等）	23余剰容積率の移転がある場合の宅地の評価　23-2 余剰容積率を移転している宅地又は余剰容積率の移転を受けている宅地　24-7 都市計画道路予定地の区域内にある宅地の評価
	都市計画証明（生産緑地等）		40-3 生産緑地の評価　措置法第70条の6
	白地図（地形図）		15奥行価格補正　16側方路線影響加算　17二方路線影響加算　18三方又は四方路線影響加算
	開発登録簿		24-4 広大地の評価
	開発許可		
	開発指導要綱		
	建築計画概要書		15奥行価格補正　16側方路線影響加算　17二方路線影響加算　18三方又は四方路線影響加算　20不整形地の評価　24-6 セットバックを必要とする宅地の評価

資料の収集先	資料の名称等	関係法令（担当窓口）	関係する財産評価基本通達の番号等
市町村	建築基準法上の道路の判定、位置指定道路	建築基準法（建築審査課 建築課、建設課等）	14- 3 特定路線価　20- 2 無道路地の評価　20- 3 間口が狭小な宅地等の評価　24私道の用に供されている宅地の評価　24- 6 セットバックを必要とする宅地の評価　24- 7 都市計画道路予定地の区域内にある宅地の評価
	道路台帳平面図		20- 3 間口が狭小な宅地等の評価　24- 6 セットバックを必要とする宅地の評価
	道路境界確定図		
	都市計画道路予定図		
	法定外公共物（里道、水路）		20不整形地の評価
	ライフライン（上下水道等）		14- 3 特定路線価
	周知の埋蔵文化財所在地図	文化財保護法（教育委員会等）	24- 8 文化財建造物である家屋の敷地の用に供されている宅地の評価　83- 3 文化財建造物である構築物の敷地の用に供されている土地の評価　89- 2 文化財建造物である家屋の評価
	農地全般	農地法（農業委員会等）	24- 5 農業用施設用地の評価　36純農地の範囲　36- 2 中間農地の範囲　36- 3 市街地周辺農地の範囲　36- 4 市街地農地の範囲　37純農地の評価　38中間農地の評価　39市街地周辺農地の評価　40市街地農地の評価　40- 2広大な市街地農地等の評価　40- 3 生産緑地の評価　41貸し付けられている農地の評価　41- 2 土地の上に存する権利が競合する場合の農地の評価　42耕作権の評価　43存続期間の定めのない永小作権の評価　相続税法第23条
	土地区画整理図	土地区画整理法（土地区画整理課等）	24- 2 土地区画整理事業中の宅地の評価
	土壌汚染	土壌汚染対策法（環境課等）	平成16年 7 月 5 日付国税庁課税部資産評価企画官情報第 3 号・国税庁課税部資産課税課情報第13号

（参考）　法務局の役所調査により収集できる資料

法務局の役所調査により収集できる資料名称の担当部署と関係する法令・財産評価基本通達等は次のとおりです。

資料の収集先	資料の名称等	関係法令（担当窓口）	関係する財産評価基本通達の番号等
法務局	（不動産登記関係資料） ・不動産登記事項証明書 ・地図（不動産登記法第14条地図） ・地図に準ずる図面（通称「公図」） ・地積測量図 ・土地所在図 ・建物図面 ・地役権図面	不動産登記担当	15奥行価格補正 16側方路線影響加算 17二方路線影響加算 18三方又は四方路線影響加算 20不整形地の評価

法務局の役所調査により収集できる資料の詳細については、拙著『プロが教える　土地評価の要諦』（2016.1清文社）に掲載されています。

◆法務局・市町村等調査兼物件調査票（例）

この調査票は、不動産評価に必要な情報のとりまとめに活用してください。

被相続人等		調査日	平成　年　月　日
所在地番		住居表示	
家屋番号		担当者	

法務局・市町村調査 兼　物件調査票			
法務局	□全部事項証明書　□土地閉鎖 □公図　□地積測量図　□建物図面	その他	↓必要に応じて取得 □地役権図面　□分筆申請図　□

市町村等関係	都市計画等	地域① 用途地域 建蔽率/容積率	市街化区域・市街化調整区域・非線引都市計画区域・都市計画区域外 1低専（※）　2低専（※）　1中高　2中高　1住居　2住居　準住居 近商　商業　準工　工業　工専　調整区域 （　/　）　容積低減係数　/10
		防火指定	防火地域　準防火地域　法22条
		高度地区	第1種　第2種　第3種　第4種　第5種
		日影規制	
		土地区画整理事業の施行区域内	計画なし 計画あり
		都市計画道路の区域内	計画なし 計画あり→計画日　S・H　年　月　日　計画幅員　m 認可未定・認可有り　（認可日　S・H　年　月　日）
		その他	宅造規制区域　河川保全区域　風致地区 駐車場整備地区（　）　その他地域地区（　）
		地域② 用途地域 建蔽率/容積率	市街化区域・市街化調整区域・非線引都市計画区域・都市計画区域外 1低専（※）　2低専（※）　1中高　2中高　1住居　2住居　準住居 近商　商業　準工　工業　工専　調整区域 （　/　）　容積低減係数　/10
		防火指定	防火地域　準防火地域　法22条
		高度地区	第1種　第2種　第3種　第4種　第5種
		日影規制	
		その他	宅造規制区域　河川保全区域　風致地区 駐車場整備地区（　）
		※1低専・2低専の場合	低層住居専用地域の絶対高　なし・有り（　m） 低層住居専用地域の外壁の後退距離　なし・有り（　m）
		建築協定	なし・有り（名称：
		壁面線の指定	なし・有り（制限の内容：
	道路①（　）	種類	国道　都道府県道　市道　区道　町道　私道 42条1項（　）号　附則5項　42条2項　43条1項但書許可 42-1-5の場合→指定日　S・H　年　月　日　指定No.　申請幅員　m
		名称	
		認定幅員	m（側溝　含　除）　／歩道：　側溝：
	道路②（　）	種類	国道　都道府県道　市道　区道　町道　私道 （42-1-1　42-1-3　42-1-5　42-2　42-3-但　） 42-1-5の場合→指定日　S・H　年　月　日　指定No.　申請幅員　m
		名称	
		認定幅員	m（側溝　含　除）　／歩道：　側溝：
	道路③（　）	種類	国道　都道府県道　市道　区道　町道　私道 （42-1-1　42-1-3　42-1-5　42-2　42-3-但　） 42-1-5の場合→指定日　S・H　年　月　日　指定No.　申請幅員　m
		名称	
		認定幅員	m（側溝　含　除）　／歩道：　側溝：
	上水道	処理区域	外　内→引き込み　有（　側より、本管Φ　引込管Φ　）　無
	下水道	処理区域	外　内→引き込み　有（　側より、本管Φ　引込管Φ　）　無
	都市ガス	前面道路配管	有　無
	建築確認		有（　）　無　検査済証　（　）　無
	開発許可		有（　）　無　→開発登録簿取得
	埋蔵文化財		指定　無・隣接・有（　）　→過去の本掘・試掘記録（　）
	土壌汚染対策法		要措置区域・形質変更時要届出区域（　指定されている・指定されていない　）
	水質汚濁防止法		特定施設に（　該当　・　非該当　）
	下水道法		特定施設に（　該当　・　非該当　）
	必要に応じて取得		□ 地番参考図　□ 境界明示図　□ 位置指定台帳 □ 課税図面　□ 開発登録簿・開発図面　□ 都市計画道路台帳

（出典：株式会社大島不動産鑑定（大阪市中央区））

第2章

三大都市圏の主要都市別・役所調査窓口一覧表

1 東京都足立区（1/2）

法令	評価等に必要な書類等	担当課	担当所在（問合せ先）	電話	窓口対応	HP閲覧
固定資産税	固定資産地番参考図	足立都税事務所	足立区西新井栄町 2-8-15	03-5888-6211（代表）	担当窓口で閲覧が可能	—
	固定資産税路線価図				担当窓口のほか都民情報ルーム（都庁第1本庁舎3階）でも閲覧と複写が可能	都主税局HPの「路線価公開」で閲覧可能
	固定資産課税台帳・土地家屋名寄帳				固定資産（土地・家屋）の所有者、所有者の代理人又は納税管理人等が閲覧可能	—
	固定資産評価証明書（固定資産公課証明書）				固定資産（土地・家屋）の所有者、所有者の代理人又は納税管理人等へ交付可能	—
都市計画・建築	都市計画図（用途地域・容積率・建ぺい率等含む。）	都市建設部　建築室　建築調整課　用途照会係	北館4階 足立区中央本町 1-17-1	03-3880-5943	担当窓口で閲覧、区政情報課（区役所中央館2階）で購入がそれぞれ可能	区HP「あだち地図情報提供サービス」で閲覧可能
	都市計画証明（生産緑地等）	都市建設部　都市計画課　都市計画係	北館4階 足立区中央本町 1-17-1	03-3880-5280	担当窓口で交付	—
	白地図（地形図）	都市建設部　道路整備室　道路管理課　総合窓口	北館4階 足立区中央本町 1-17-1	03-3880-5906	担当窓口で閲覧、交付が可能	—
	開発登録簿、開発許可 開発指導要綱等	都市建設部　建築室　開発指導課　開発指導係	中央館4階 足立区中央本町 1-17-1	03-3880-5272	担当窓口で閲覧、交付が可能	—
	建築計画概要書	都市建設部　建築室　建築審査課	中央館4階 足立区中央本町 1-17-1	03-3880-5941	担当窓口で閲覧、交付が可能	—
道路	建築基準法上の道路の判定、位置指定道路	都市建設部　建築室　開発指導課　細街路係	中央館4階 足立区中央本町 1-17-1	03-3880-5286	担当窓口で閲覧が可能	区HP「あだち地図情報提供サービス」で閲覧可能
	道路台帳平面図	都市建設部　道路整備室　道路管理課　道路管理係	北館4階 足立区中央本町 1-17-1	03-3880-5906	担当窓口で交付が可能	—

1 東京都足立区（2/2）

法令	評価等に必要な書類等	担当課	担当所在（問合せ先）	電話	窓口対応	HP閲覧
道路等	道路境界確定図	都市建設部　道路整備室　道路管理課　道路管理係	北館４階 足立区中央本町１-17-１	03-3880-5906	担当窓口で閲覧・複写が可能　詳細については境界確認地籍係	—
	都市計画道路予定図	都市建設部　建築室　建築調整課　用途照会係	中央館４階 足立区中央本町１-17-１	03-3880-5943	（計画決定の道路について）担当窓口で閲覧、交付が可能	区HPから閲覧可能
		都市建設部　道路整備室　街路橋りょう課　事業計画係	北館３階 足立区中央本町１-17-１	03-3880-5921	（事業中又は事業認可予定の道路について）担当窓口で閲覧、交付が可能	—
	法定外公共物（里道、水路）	都市建設部　道路整備室　道路管理課　道路管理係	北館４階 足立区中央本町１-17-１	03-3880-5906	担当窓口で対応が可能	—
	ライフライン（上下水道）	上水道：東京都水道局　足立営業所	足立区中央本町３-８-２	03-5681-2385	担当窓口で閲覧、交付が可能	—
		下水道：東京都下水道局　施設情報管理担当　下水道台帳閲覧室	新宿区西新宿２-８-１	03-5320-6618	担当窓口で閲覧、交付が可能	都下水道局HPで「下水道台帳」の閲覧可能
その他	周知の埋蔵文化財所在地図	地域のちから推進部　地域文化課　文化財係	南館３階 足立区中央本町１-17-１	03-3880-5984	担当窓口で閲覧のほか、FAX（03-3880-5603）での照会も可能	区HPで区内の埋蔵文化財包蔵地一覧を閲覧可能
	農地全般	農業委員会事務局	南館４階 足立区中央本町１-17-１	03-3880-5866	担当窓口で各種許可等申請	—
	土地区画整理図	都市建設部　市街地整備室　区画整理課　推進係	中央館４階 足立区中央本町１-17-１	03-3880-5925	担当窓口で閲覧可能	—
	土壌汚染	環境部　生活環境保全課　土壌汚染対策	南館11階 足立区中央本町１-17-１	03-3880-5026	担当窓口で閲覧が可能	都環境局HPで「要措置区域等の指定状況」を閲覧可能

1　**東京都足立区役所**　〒120-8510　東京都足立区中央本町一丁目17番１号　電話 03-3880-5111（代表）
交通アクセス　●東武スカイツリーライン　梅島駅下車　徒歩12分　又は同線五反野駅下車　徒歩15分
●都営バス北千住駅発　足立区役所行き（北47系統）　●都営バス北千住駅発　竹ノ塚駅または足立清掃工場行き（北47系統）足立区役所前または足立区役所下車

2　**東京都足立都税事務所**　〒123-8512　東京都足立区西新井栄町二丁目８番15号　電話 03-5888-6211（代表）
交通アクセス　●東武スカイツリーライン・大師線　西新井駅下車　西口より徒歩４分

2 東京都荒川区（1/2）

法令	評価等に必要な書類等	担当課	担当所在（問合せ先）	電話	窓口対応	HP閲覧
固定資産税	固定資産地番参考図	荒川都税事務所	ステーションガーデンタワー６階 荒川区西日暮里２-25-１	03-3802-8111	担当窓口で閲覧が可能	—
	固定資産税路線価図				担当窓口のほか都民情報ルーム（都庁第一本庁舎３階）でも閲覧と複写が可能	都主税局HPの「路線価公開」で閲覧可能
	固定資産課税台帳・土地家屋名寄帳				固定資産（土地・家屋）の所有者、所有者の代理人又は納税管理人等による閲覧が可能	—
	固定資産評価証明書（固定資産公課証明書）				固定資産（土地・家屋）の所有者、所有者の代理人又は納税管理人等への交付	—
都市計画・建築	都市計画図（用途地域・容積率・建ぺい率等含む。）	防災都市づくり部　都市計画課　都市計画担当	北庁舎３階 荒川区荒川２-11-１	03-3802-3111	担当窓口で、閲覧が可能	区HPで閲覧可能
	都市計画証明（生産緑地等）	—	—	—	—	—
	白地図（地形図）	—	—	—	—	—
	開発登録簿、開発許可 開発指導要綱等	防災都市づくり部　都市計画課　都市計画担当	北庁舎３階 荒川区荒川２-11-１	03-3802-3111	担当窓口で閲覧、交付が可能、「開発行為の許可等に関する審査基準」は閲覧のみ対応	区HPから「開発行為の許可基準概要」のダウンロードが可能
	建築計画概要書	防災都市づくり部　建築指導課	北庁舎３階 荒川区荒川２-11-１	03-3802-3111	担当窓口で閲覧、交付が可能	—
道路	建築基準法上の道路の判定、位置指定道路	防災都市づくり部　建築指導課	北庁舎３階 荒川区荒川２-11-１	03-3802-3111	担当窓口で閲覧、交付が可能	—
	道路台帳平面図	防災都市づくり部　施設管理課　台帳係	北庁舎３階 荒川区荒川２-11-１	03-3802-3111	担当窓口で閲覧、交付が可能	—

2 東京都荒川区（2/2）

法令	評価等に必要な書類等	担当課	担当所在（問合せ先）	電話	窓口対応	HP閲覧
道路等	道路境界確定図	防災都市づくり部　施設管理課　台帳係	北庁舎３階 荒川区荒川２-11-１	03-3802-3111	担当窓口で対応可能	—
	都市計画道路予定図	防災都市づくり部　都市計画課 都市計画担当	北庁舎３階 荒川区荒川２-11-１	03-3802-3111	担当窓口で閲覧、交付が可能	—
	法定外公共物（里道、水路）	防災都市づくり部　施設管理課　台帳係	北庁舎３階 荒川区荒川２-11-１	03-3802-3111	担当窓口で対応可能	—
	ライフライン（上下水道）	上水道　東京都水道局　荒川営業所	荒川営業所内 荒川区南千住６-40-１	03-3802-2805	担当窓口で閲覧、交付が可能	—
		下水道　東京都下水道局　施設情報管理担当　下水道台帳閲覧室	新宿区西新宿２-８-１	03-5320-6618	担当窓口で閲覧、交付が可能	東京都下水道局HPより「下水道台帳」の閲覧可能
その他	周知の埋蔵文化財所在地図	荒川ふるさと文化館	４階事務室 荒川区南千住６-63-１	03-3807-9234	担当窓口で閲覧、電話による照会もそれぞれ可能	区HPより「周知の埋蔵文化財包蔵地（一覧）」を閲覧可能
	農地全般	—	—	—	—	—
	土地区画整理図	管理課　道路台帳担当	東京都建設局　第六建設事務所 足立区千住東２-10-10	03-3882-1293	担当窓口で閲覧、交付が可能	都建設局HPより「土地区画整理事業索引図」の閲覧可能
	土壌汚染	環境清掃部　環境課　環境保全係	あらかわエコセンター 荒川区荒川１-53-20	03-3802-3111	担当窓口で対応可能	都環境局HPで「要措置区域等の指定状況」を閲覧可能

1　**東京都荒川区役所**　〒116-8501　東京都荒川区荒川二丁目２番３号　電話 03-3802-3111（代表）
　交通アクセス　●JR常磐線　三河島駅京成バス乗り換え　荒川区役所前停留所下車
　●JR常磐線南千住駅西口よりコミュニティバス乗り換え　荒川区役所前停留所下車

2　**東京都荒川都税事務所**　〒116-8586　東京都荒川区西日暮里二丁目25番１号ステーションガーデンタワー６・７階　電話 03-3802-8111（代表）
　交通アクセス　●JR常磐・山手・京浜東北各線、京成本線　日暮里駅下車　北改札口を出て東口徒歩２分
　●日暮里・舎人ライナー　日暮里駅下車　東口徒歩２分

3 東京都板橋区（1/2）

法令	評価等に必要な書類等	担当課	担当所在（問合せ先）	電話	窓口対応	HP閲覧
固定資産税	固定資産地番参考図	板橋都税事務所	板橋区大山東町44- 8	03-3963-2111（代）	担当窓口で閲覧が可能	―
	固定資産税路線価図				担当窓口のほか都民情報ルーム（都庁第一本庁舎３階）でも閲覧と複写が可能	都主税局HPの「路線価公開」で閲覧可能
	固定資産課税台帳・土地家屋名寄帳				担当窓口で固定資産（土地・家屋）の所有者、所有者の代理人又は納税管理人等による閲覧が可能	―
	固定資産評価証明書（固定資産公課証明書）				担当窓口で固定資産（土地・家屋）の所有者、所有者の代理人又は納税管理人等へ交付が可能	―
都市計画・建築	都市計画図（用途地域・容積率・建ぺい率等含む。）	都市整備部 都市計画課　土地利用計画担当	本庁舎北館５階 板橋区板橋２-66-１	03-3579-2552	担当窓口で閲覧が可能	区HPでネット閲覧可能
	都市計画証明（生産緑地等）	都市整備部 都市計画課　土地利用計画担当	本庁舎北館５階 板橋区板橋２-66-１	03-3579-2552	担当窓口で交付が可能	―
	白地図（地形図）	総務部 区政情報課	本庁舎北館１階 板橋区板橋２-66-１	03-3579-2020	担当窓口で購入が可能	―
	開発登録簿、開発許可 開発指導要綱等	都市整備部　都市計画課 開発計画担当	本庁舎北館５階 板橋区板橋２-66-１	03-3579-2557	担当窓口で閲覧、交付が可能	区HPで開発指導要綱のダウンロードが可能
	建築計画概要書	都市整備部　建築指導課 事務グループ	本庁舎北館５階 板橋区板橋２-66-１	03-3579-2571	担当窓口で閲覧、交付が可能	―
道路	建築基準法上の道路の判定、位置指定道路	都市整備部 建築指導課　道路調査グループ	本庁舎北館５階 板橋区板橋２-66-１	03-3579-2576	担当窓口で閲覧が可能	区HPでネット閲覧可能
	道路台帳平面図	土木部 管理課　道路管理係	本庁舎南館５階 板橋区板橋２-66-１	03-3579-2504	担当窓口で閲覧、交付が可能	―

3 東京都板橋区（2/2）

法令	評価等に必要な書類等	担当課	担当所在（問合せ先）	電話	窓口対応	HP閲覧
道路等	道路境界確定図	土木部 管理課　道路管理係	本庁舎南館５階 板橋区板橋２-66-１	03-3579-2504	担当窓口で対応可能	—
	都市計画道路予定図	都市整備部 都市計画課　まちづくり計画担当	本庁舎北館５階 板橋区板橋２-66-１	03-3579-2553	担当窓口で閲覧が可能	区HPでネット閲覧可能
	法定外公共物（里道、水路）	土木部 管理課　道路管理係	本庁舎南館５階 板橋区板橋２-66-１	03-3579-2504	担当窓口で対応可能	—
	ライフライン（上下水道等）	上水道　東京都水道局板橋営業所	板橋区氷川町３-６	03-3962-5185	担当窓口で閲覧、交付が可能	—
		下水道　東京都下水道局施設管理部 管路管理課施設情報管理担当	新宿区西新宿２-８-１	03-5320-6618	担当窓口で閲覧、交付が可能	下水道配管図については、東京都HP「下水道台帳システム」にて閲覧、交付可能
その他	周知の埋蔵文化財所在地図	教育委員会事務局 生涯学習課　文化財係	本庁舎北館６階 板橋区板橋２-66-１	03-3579-2636	担当窓口で閲覧可能 FAX（03-3579-2635）での照会も受付	区HPでネット閲覧可能
	農地全般	赤塚支所 農業委員会事務局	板橋区赤塚６-38-１	03-3939-5114	担当窓口で各種許可等を申請	—
	土地区画整理図	土木部 管理課　道路管理係	本庁舎南館５階 板橋区板橋２-66-１	03-3579-2504	担当窓口で閲覧が可能	—
	土壌汚染	資源環境部 管理課　公害指導係	本庁舎北館７階 板橋区板橋２-66-１	03-3579-2594	担当窓口で閲覧が可能	都環境局HPで「要措置区域等の指定状況」を閲覧可能

1　**東京都板橋区役所**　〒173-8510　東京都板橋区板橋二丁目66番１号　電話 03-3964-1111（代表）
　交通アクセス　●都営地下鉄三田線　板橋区役所前駅下車　徒歩１分
　●東部東上線　大山駅下車　徒歩10分　●JR埼京線　板橋駅下車　徒歩15分

2　**東京都板橋都税事務所**　〒173-8510　東京都板橋区大山東町44番８号　電話 03-3963-2111（代表）
　交通アクセス　●都営地下鉄三田線　板橋区役所前駅下車　徒歩７分
　●東部東上線　大山駅下車　徒歩６分

4 東京都江戸川区（1/2）

法令	評価等に必要な書類等	担当課	担当所在（問合せ先）	電話	窓口対応	HP閲覧
固定資産税	固定資産地番参考図	江戸川都税事務所	江戸川区中央4-24-19	03-3654-2151（代表）	担当窓口で閲覧が可能	—
	固定資産税路線価図				担当窓口のほか都民情報ルーム（都庁第1本庁舎3階）でも閲覧、交付が可能	都主税局HPの「路線価公開」で閲覧可能
	固定資産課税台帳・土地家屋名寄帳				固定資産（土地・家屋）の所有者、所有者の代理人又は納税管理人等が閲覧可能	—
	固定資産評価証明書（固定資産公課証明書）				固定資産（土地・家屋）の所有者、所有者の代理人又は納税管理人等へ交付	—
都市計画・建築	都市計画図（用途地域・容積率・建ぺい率等含む。）	都市開発部　都市計画課　都市計画係	第三庁舎　江戸川区中央1-5-3　東京電力ビル1階	03-5662-6369	担当窓口で閲覧可能	区HP「都市計画情報提供サービス」にて閲覧可能
	都市計画証明（生産緑地等）	都市開発部　都市計画課　都市計画係	第三庁舎　江戸川区中央1-5-3　東京電力ビル1階	03-5662-6369	担当窓口で交付	—
	白地図（地形図）	—	—	—	—	—
	開発登録簿、開発許可　開発指導要綱等	都市開発部　都市計画課　開発指導係	第三庁舎　江戸川区中央1-5-3　東京電力ビル1階	03-5662-1101	担当窓口で閲覧、交付が可能	区HPにて「開発許可の手引き」、「都市計画法に基づく開発行為の許可に関する審査基準」の閲覧可能
	建築計画概要書	都市開発部　建築指導課　調査係	第三庁舎　江戸川区中央1-5-3　東京電力ビル1階	03-5662-1104	担当窓口で閲覧、交付が可能	—
道路	道路位置指定、建築基準法上の道路の判定	都市開発部　建築指導課　細街路係	第三庁舎　江戸川区中央1-5-3　東京電力ビル1階	03-5662-0854	担当窓口で閲覧、交付が可能	区HP「指定道路情報提供サービス」にて閲覧可能
	道路台帳平面図	土木部　施設管理課　施設係	第二庁舎2階　江戸川区中央1-10-5	03-5662-8367	担当窓口で閲覧、交付が可能	—

4 東京都江戸川区（2/2）

法令	評価等に必要な書類等	担当課	担当所在（問合せ先）	電話	窓口対応	HP閲覧
道路等	道路境界確定図	土木部　施設管理課　施設係	第二庁舎２階 江戸川区中央１-10-５	03-5662-8394	担当窓口で閲覧、交付が可能	—
	都市計画道路予定図	都市開発部　都市計画課　都市計画係	第三庁舎 江戸川区中央１-５-３ 東京電力ビル１階	03-5662-6369	計画決定段階では閲覧のみ、事業中のものは土木部街路橋梁課事業推進係へ	区HPで都市計画道路の検索・事業一覧等の閲覧可能
	法定外公共物（里道、水路）	土木部　施設管理課　施設係	第二庁舎２階 江戸川区中央１-10-５	03-5662-8367	担当窓口で対応	—
	ライフライン（上下水道）	上水道　東京都水道局　江戸川営業所	江戸川区松江５-４-12	03-3653-4191	担当窓口で閲覧、交付が可能	—
		下水道　東京都下水道局　施設情報管理担当　下水道台帳閲覧室	新宿区西新宿２-８-１	03-5320-6618	担当窓口で閲覧、交付が可能	都下水道局HPで「下水道台帳」の閲覧可能
その他	周知の埋蔵文化財所在地図	教育委員会事務局　教育推進課　文化財係	江戸川区民センター（グリーンパレス３階） 江戸川区松島１-38-１	03-5662-7176	担当窓口での閲覧のほか、FAX（03-3653-5251）での照会も可能	区HPで「江戸川区遺跡地図」と「遺跡一覧（包蔵地と近接地）」の閲覧可能
	農地全般	農業委員会事務局	区役所西棟１階 江戸川区中央１-４-１	03-5662-0539	担当窓口で各種許可申請	—
	土地区画整理図	土木部　区画整理課　調整係	区役所第二庁舎１階 江戸川区中央１-10-５	03-5662-1920	担当窓口で閲覧、交付が可能	区HPで閲覧可能
	土壌汚染	環境部　環境推進課　指導係	区役所北棟３階 江戸川区中央１-４-１	03-5662-1995	担当窓口で閲覧・複写	都環境局HPで「要措置区域等の指定状況」を閲覧可能

1　**東京都江戸川区役所**　〒132-8501　東京都江戸川区中央一丁目４番１号　電話 03-3652-1151（代表）
交通アクセス　●JR総武線　新小岩駅下車　都営バス新小21・22系統　江戸川区役所前停留所下車
●JR総武線　新小岩駅下車　京成バス篠01系統（駅東北広場乗り換え）江戸川区役所前停留所下車

2　**東京都江戸川都税事務所**　〒132-8551　東京都江戸川区中央四丁目24番19号　電話 03-3654-2151（代表）
交通アクセス　●JR総武線　新小岩駅都営バス乗り換え　江戸川区役所前停留所下車　徒歩５分

5 東京都大田区（1/2）

法令	評価等に必要な書類等	担当課	担当所在（問合せ先）	電話	窓口対応	HP閲覧
固定資産税	固定資産地番参考図	大田都税事務所	大田区西蒲田 7 -11- 1	03-3733-2411 （代表）	担当窓口で閲覧が可能	—
	固定資産税路線価図				担当窓口のほか都民情報ルーム（都庁第 1 本庁舎 3 階）でも閲覧、交付が可能	都主税局HPの「路線価公開」で閲覧可能
	固定資産課税台帳・土地家屋名寄帳				固定資産（土地・家屋）の所有者、所有者の代理人又は納税管理人等へ閲覧可能	—
	固定資産評価証明書 （固定資産公課証明書）				固定資産（土地・家屋）の所有者、所有者の代理人又は納税管理人等へ交付	—
都市計画・建築	都市計画図（用途地域・容積率・建ぺい率等含む。）	まちづくり推進部　都市計画課　都市計画担当	区役所 7 階 大田区蒲田 5 -13-14	03-5744-1333	担当窓口で閲覧可能、 2 階区政情報センターで購入可能	区HPで閲覧可能（地域地区）
	都市計画証明（生産緑地等）	—	—	—	—	—
	白地図（地形図）	—	—	—	—	—
	開発登録簿、開発許可 開発指導要綱等	まちづくり推進部　都市計画課　計画調整担当	区役所 7 階 大田区蒲田 5 -13-14	03-5744-1334	担当窓口で閲覧、交付が可能	区HPで「開発許可の手引き」、「開発指導要綱」をダウンロード
	建築計画概要書	まちづくり推進部　建築審査課　管理調査担当	区役所 7 階 大田区蒲田 5 -13-14	03-5744-1386	担当窓口で閲覧、交付が可能（ただし、都確認物件については対象外）	—
道路	道路位置指定、建築基準法上の道路の判定	まちづくり推進部　建築調整課 地域道路整備担当	区役所 7 階 大田区蒲田 5 -13-14	03-5744-1308	担当窓口で閲覧、交付が可能	区HPで閲覧可能（建築基準法の道路の種別）
	道路台帳平面図	都市基盤整備部 道路公園課　道路台帳・認定担当	区役所 7 階 大田区蒲田 5 -13-14	03-5744-1313	担当窓口で閲覧、交付が可能	区HPで閲覧可能

5 東京都大田区（2/2）

法令	評価等に必要な書類等		担当課	担当所在（問合せ先）	電話	窓口対応	HP閲覧
道路等	道路境界確定図		都市基盤整備部 道路公園課 道路台帳・認定担当	区役所7階 大田区蒲田5-13-14	03-5744-1313	担当窓口で閲覧、交付が可能	—
道路等	都市計画道路予定図		まちづくり推進部 都市計画課 都市計画担当	区役所7階 大田区蒲田5-13-14	03-5744-1333	担当窓口で閲覧、交付が可能（ただし、区管理のものに限る）	区HPで区内の都市計画施設図の閲覧可能
道路等	法定外公共物（里道、水路）		都市基盤整備部 道路公園課 道路台帳・認定担当	区役所7階 大田区蒲田5-13-14	03-5744-1313	担当窓口で閲覧、交付が可能	—
道路等	ライフライン（上下水道）	上水道	東京都水道局 南部支所 大田営業所	大田区平和島1-1-2 平和島ベイオフィス7階	03-3763-4132	担当窓口で閲覧、交付が可能	—
道路等	ライフライン（上下水道）	下水道	東京都下水道局 施設情報管理担当 下水道台帳閲覧室	新宿区西新宿2-8-1	03-5320-6618	担当窓口で閲覧、交付が可能	都下水道局HPで閲覧可能
その他	周知の埋蔵文化財所在地図		教育総務部 大田図書館 文化財担当	郷土博物館内 大田区南馬込5-11-13	03-3777-1281	担当窓口で閲覧、配布が可能、FAX（03-3777-1283）での問い合わせも対応	—
その他	農地全般		産業経済部 産業振興課 産業振興担当（農業委員会非設置）	本庁舎6階 大田区蒲田5-13-14	03-5744-1373	担当窓口で各種許可を申請	—
その他	土地区画整理図		まちづくり推進部 都市計画課 都市計画担当係	区役所7階 大田区蒲田5-13-14	03-5744-1333	担当窓口で閲覧可能	都建設局HPで閲覧可能
その他	土壌汚染		環境清掃部 環境対策課 環境調査指導担当	区役所8階 大田区蒲田5-13-14	03-5744-1369	2階区政情報コーナーで区条例関連の資料閲覧可能	都環境局HPで「要措置区域等の指定状況」を閲覧可能

1 **東京都大田区役所** 〒144-8621 東京都大田区蒲田五丁目13番14号 電話 03-5744-1111（代表）
交通アクセス ●JR京浜東北線、東急多摩川線、池上線「蒲田駅」東口から徒歩約1分

2 **東京都大田都税事務所** 〒144-8511 東京都大田区西蒲田七丁目11番1号 電話 03-3733-2411（代表）
交通アクセス ●東急池上線「蓮沼」駅から徒歩5分
●JR京浜東北線「蒲田駅」西口から徒歩10分

6 東京都葛飾区（1/2）

法令	評価等に必要な書類等	担当課	担当所在（問合せ先）	電話	窓口対応	HP閲覧
固定資産税	固定資産地番参考図	葛飾都税事務所	総合庁舎３階 葛飾区立石５-13-１	03-3697-7511	担当窓口で閲覧が可能	—
	固定資産税路線価図				担当窓口のほか都民情報ルーム（都庁第一本庁舎３階）でも閲覧と複写が可能	都主税局HPの「路線価公開」で閲覧可能
	固定資産課税台帳・土地家屋名寄帳				担当窓口で固定資産（土地・家屋）の所有者、所有者の代理人又は納税管理人等による閲覧が可能	—
	固定資産評価証明書 （固定資産公課証明書）			03-3697-8864	担当窓口で固定資産（土地・家屋）の所有者、所有者の代理人又は納税管理人等へ交付が可能	—
都市計画・建築	都市計画図（用途地域・容積率・建ぺい率等含む。）	都市整備部 調整課　都市計画係	総合庁舎３階 葛飾区立石５-13-１	03-5654-8328	担当窓口で閲覧が可能	区HPでネット閲覧可能
	都市計画証明（生産緑地等）	都市整備部 調整課　都市計画係	総合庁舎３階 葛飾区立石５-13-１	03-5654-8322	担当窓口で交付が可能	—
	白地図（地形図）	—	—	—	—	—
	開発登録簿、開発許可 開発指導要綱等	都市整備部 住環境整備課	総合庁舎４階 葛飾区立石５-13-１	03-5654-8352	担当窓口で閲覧、交付が可能	区HPで開発指導要綱のダウンロードが可能
	建築計画概要書	都市整備部 建築課　事務係	総合庁舎３階 葛飾区立石５-13-１	03-5654-8554	担当窓口で閲覧、交付が可能	—
道路	建築基準法上の道路の判定、位置指定道路	都市整備部 住環境整備課	総合庁舎４階 葛飾区立石５-13-１	03-5654-8352	担当窓口で閲覧が可能	区HPでネット閲覧可能
	道路台帳平面図	都市整備部 道路管理課　管理係	総合庁舎４階 葛飾区立石５-13-１	03-5654-8385	担当窓口で閲覧、交付が可能	—

6 東京都葛飾区（2/2）

法令	評価等に必要な書類等	担当課		担当所在（問合せ先）	電話	窓口対応	HP閲覧
道路等	道路境界確定図	都市整備部　道路管理課　管理係		総合庁舎４階 葛飾区立石５-13-１	03-5654-8385	担当窓口で対応可能	―
道路等	都市計画道路予定図	都市整備部　道路建設課		総合庁舎４階 葛飾区立石５-13-１	03-5654-8389	担当窓口で閲覧が可能	東京都HPでネット閲覧可能
道路等	法定外公共物（里道、水路）	都市整備部　道路管理課　管理係		総合庁舎４階 葛飾区立石５-13-１	03-5654-8385	担当窓口で対応可能	―
道路等	ライフライン（上下水道等）	上水道	東京都水道局葛飾営業所	葛飾区立石８-17-４	03-5671-3199	担当窓口で閲覧、交付が可能	―
道路等	ライフライン（上下水道等）	下水道	東京都下水道局施設管理部 管路管理課施設情報管理担当	新宿区西新宿２-８-１	03-5320-6618	担当窓口で閲覧、交付が可能	下水道配管図については、東京都HP「下水道台帳システム」にて閲覧、交付可能
その他	周知の埋蔵文化財所在地図	教育委員会 生涯学習課　郷土と天文の博物館		葛飾区白鳥３-25-１	03-3838-1101	担当窓口で閲覧可能 FAX（03-5680-0849）での照会も受付可	区HPでネット閲覧可能
その他	農地全般	農業委員会 産業経済課　経済企画係		葛飾区青戸７-２-１	03-3838-5554	担当窓口で各種許可等を申請	―
その他	土地区画整理図	―		―	―	―	―
その他	土壌汚染	環境部 環境課　規制係		総合庁舎４階 葛飾区立石５-13-１	03-5654-8236	担当窓口で閲覧が可能	都環境局HPで「要措置区域等の指定状況」を閲覧可能

1　**東京都葛飾区役所**　〒124-8555　東京都葛飾区立石五丁目13番１号　電話 03-3695-1111（代表）
　交通アクセス　●京成電鉄線　京成立石駅下車　徒歩７分、青砥駅下車　徒歩10分、お花茶屋駅下車　徒歩10分
2　**東京都葛飾都税事務所**　〒124-8520　東京都葛飾区立石五丁目13番１号　電話 03-3697-7511（代表）
　交通アクセス　●京成電鉄線　京成立石駅下車　徒歩７分、青砥駅下車　徒歩10分、お花茶屋駅下車　徒歩10分
※区役所、都税事務所とも同じ総合庁舎内

7 東京都北区（1/2）

法令	評価等に必要な書類等	担当課	担当所在（問合せ先）	電話	窓口対応	HP閲覧
固定資産税	固定資産地番参考図	北都税事務所	北区中十条1-7-8	03-3908-1171	担当窓口で閲覧が可能	—
	固定資産税路線価図				担当窓口のほか都民情報ルーム（都庁第一本庁舎3階）でも閲覧と複写が可能	都主税局HPの「路線価公開」で閲覧可能
	固定資産課税台帳・土地家屋名寄帳				担当窓口で固定資産（土地・家屋）の所有者、所有者の代理人又は納税管理人等による閲覧が可能	—
	固定資産評価証明書（固定資産公課証明書）				担当窓口で固定資産（土地・家屋）の所有者、所有者の代理人又は納税管理人等への交付	—
都市計画・建築	都市計画図（用途地域・容積率・建ぺい率等含む。）	まちづくり部　都市計画課　開発調整担当	第一庁舎3階 北区王子本町1-15-22	03-3908-9152	担当窓口で閲覧、交付が可能	区HP「北区の地図（詳細版）」で閲覧可能
	都市計画証明（生産緑地等）	—	—	—	—	—
	白地図（地形図）	まちづくり部　都市計画課　総合計画担当	第一庁舎3階 北区王子本町1-15-22	03-3908-9152	区政資料室（区役所第1庁舎正面玄関脇）で閲覧、購入が可能	—
	開発登録簿、開発許可 開発指導要綱等	まちづくり部　都市計画課　開発調整担当	第一庁舎3階 北区王子本町1-15-22	03-3908-9152	担当窓口で閲覧、交付が可能	区HPから「開発許可の手引き」のダウンロードが可能
	建築計画概要書	まちづくり部　建築課　建築指導係	第一庁舎7階 北区王子本町1-15-22	03-3908-9164	担当窓口で閲覧、交付が可能	—
道路	建築基準法上の道路の判定、位置指定道路	まちづくり部　建築課　細街路係	第一庁舎7階 北区王子本町1-15-22	03-3908-9194	担当窓口で閲覧、交付が可能	—
	道路台帳平面図	土木部　施設管理課　台帳係	第一庁舎3階 北区王子本町1-15-22	03-3908-9230	担当窓口で閲覧、交付が可能	—

7 東京都北区（2/2）

法令	評価等に必要な書類等	担当課	担当所在（問合せ先）	電話	窓口対応	HP閲覧
道路等	道路境界確定図	土木部　施設管理課　台帳係	第一庁舎３階 北区王子本町１-15-22	03-3908-9230	担当窓口で閲覧、交付が可能	—
道路等	都市計画道路予定図	まちづくり部　都市計画課　総合計画	第一庁舎３階 北区王子本町１-15-22	03-3908-9152	担当窓口で閲覧、交付が可能	—
道路等	法定外公共物（里道、水路）	土木部　施設管理課　台帳係	第一庁舎３階 北区王子本町１-15-22	03-3908-9230	担当窓口で閲覧、交付が可能	—
道路等	ライフライン（上下水道）	上水道　東京都水道局　北営業所	北区赤羽台３-３-21	03-3908-7112	担当窓口で閲覧、交付が可能	—
道路等	ライフライン（上下水道）	下水道　東京都下水道局施設情報管理担当台帳閲覧室	新宿区西新宿２-８-１	03-5320-6618	担当窓口で閲覧、交付が可能	都下水道局HPで「下水道台帳」の閲覧可能
その他	周知の埋蔵文化財所在地図	教育委員会事務局　教育振興部　飛鳥山博物館事業係	飛鳥山博物館 北区王子１-１-３	03-3916-1815	担当窓口で閲覧、FAX（03-3916-5900）での照会がそれぞれ可能	区HP「北区遺跡地図（縮小版）」又は都教育庁HP「遺跡地図情報」で閲覧可能
その他	農地全般	地域振興部　産業振興課　産業振興係	北とぴあ11階 北区王子１-11-１	03-5390-1234	担当窓口で対応可能	—
その他	土地区画整理図	—	—	—	—	—
その他	土壌汚染	生活環境部　環境課　環境規制調査係	第二庁舎３階 北区王子本町１-２-11	03-3908-8611	担当窓口で対応が可能	都環境局HPで「要措置区域等の指定状況」を閲覧可能

1　**東京都北区役所**　〒114-8508　東京都北区王子本町一丁目15番22号　電話 03-3908-1111（代表）
　交通アクセス　●JR王子駅下車　北口（親水公園口）より徒歩５分
　●東京メトロ南北線王子駅下車　３・５番出口より徒歩６分

2　**東京都北都税事務所**　〒114-8517　東京都北区中十条一丁目７番８号　電話 03-3908-1171（代表）
　交通アクセス　●JR埼京線十条駅下車　南口から徒歩10分
　●JR京浜東北線東十条駅下車　南口から徒歩11分

8 東京都江東区（1/2）

法令	評価等に必要な書類等	担当課	担当所在（問合せ先）	電話	窓口対応	HP閲覧
固定資産税	固定資産地番参考図	江東都税事務所	江東区大島３-１-３	03-3637-7121（代表）	担当窓口で閲覧が可能	—
	固定資産税路線価図				担当窓口のほか都民情報ルーム（都庁第一本庁舎３階）でも閲覧、複写が可能	都主税局HPの「路線価公開」で閲覧可能
	固定資産課税台帳・土地家屋名寄帳				担当窓口で固定資産（土地・家屋）の所有者、所有者の代理人又は納税管理人等による閲覧が可能	—
	固定資産評価証明書（固定資産公課証明書）				担当窓口で固定資産（土地・家屋）の所有者、所有者の代理人又は納税管理人等への交付可能	—
都市計画・建築	都市計画図（用途地域・容積率・建ぺい率等含む。）	都市整備部　都市計画課　都市計画係	区役所５階　江東区東陽４-11-28	03-3647-9454	担当窓口で閲覧、購入が可能	区建築情報閲覧システムで閲覧可能
	都市計画証明（生産緑地等）	—	—	—	—	—
	白地図（地形図）	—	—	—	—	—
	開発登録簿、開発許可　開発指導要綱等	都市整備部　都市計画課　都市計画係	区役所５階　江東区東陽４-11-28	03-3647-9454	担当窓口で閲覧、交付が可能	区HPより「開発許可制度のあらまし」、「審査基準の改定の概要について」をダウンロード可能
	建築計画概要書	都市整備部　建築課　管理係	区役所５階　江東区東陽４-11-28	03-3647-9734	担当窓口で閲覧、交付が可能	—
道路	道路位置指定、建築基準法上の道路の判定	都市整備部　建築課　調査係	区役所５階　江東区東陽４-11-28	03-3647-9736	担当窓口で閲覧、交付が可能	—
	道路台帳平面図	土木部　管理課 境界確定係	防災センター３階　江東区東陽４-11-28	03-3647-9641	担当窓口で閲覧、交付が可能	「江東区道路台帳検索サービス」より閲覧可能

8 東京都江東区（2/2）

法令	評価等に必要な書類等		担当課	担当所在（問合せ先）	電話	窓口対応	HP閲覧
道路等	道路境界確定図		土木部　管理課　境界確定係	防災センター3階 江東区東陽4-11-28	03-3647-9641	担当窓口で対応可能	—
	都市計画道路予定図		都市整備部　都市計画課 都市計画係	区役所5階 江東区東陽4-11-28	03-3647-9454	担当窓口で閲覧が可能	—
	法定外公共物（里道、水路）		土木部　管理課　境界確定係	防災センター3階 江東区東陽4-11-28	03-3647-9641	担当窓口で対応可能	—
	ライフライン（上下水道）	上水道	東京都水道局 東部第一支所・江東営業所	江東区新砂1-7-2	03-3640-4147	担当窓口で閲覧、交付が可能	—
		下水道	東京都下水道局 施設情報管理担当 下水道台帳閲覧室	新宿区西新宿2-8-1	03-5320-6618	担当窓口で閲覧、交付が可能	都下水道局HPで「下水道台帳」の閲覧可能
その他	周知の埋蔵文化財所在地図		地域振興部　文化観光課 文化財係	区役所4階 江東区東陽4-11-28	03-3647-9819	担当窓口で閲覧可能 FAX（03-3647-8470）でも照会可能	都生涯学習情報HPで遺跡地図情報の閲覧可能
	農地全般		—	—	—	—	—
	土地区画整理図		都市整備部　都市計画課 都市計画係	区役所5階 江東区東陽4-11-28	03-3647-9454	担当窓口で対応可能	—
	土壌汚染		環境清掃部　環境保全課 調査係	防災センター6階 江東区東陽4-11-28	03-3647-6148	担当窓口で閲覧可能（下水道法・水質汚濁防止法の特定施設一覧）	都環境局HPで「要措置区域等の指定状況」を閲覧可能

1　**東京都江東区役所**　〒135-8383　東京都江東区東陽四丁目11番28号　電話 03-3647-9111（代表）
　交通アクセス　●東京メトロ東西線東陽町駅下車 徒歩5分
2　**東京都江東都税事務所**　〒136-8533　東京都江東区大島三丁目1番3号　電話 03-3637-7121（代表）
　交通アクセス　●都営地下鉄新宿線西大島駅下車　A3出口から徒歩2分

9 東京都品川区（1/2）

法令	評価等に必要な書類等	担当課	担当所在（問合せ先）	電話	窓口対応	HP閲覧
固定資産税	固定資産地番参考図	品川都税事務所	品川区総合庁舎内 品川区広町２-１-36	03-3774-6666（代）	担当窓口で閲覧が可能	—
	固定資産税路線価図				担当窓口のほか都民情報ルーム（都庁第一本庁舎３階）でも閲覧と複写が可能	都主税局HPの「路線価公開」で閲覧可能
	固定資産課税台帳・土地家屋名寄帳				担当窓口で固定資産（土地・家屋）の所有者、所有者の代理人又は納税管理人等による閲覧が可能	—
	固定資産評価証明書（固定資産公課証明書）				担当窓口で固定資産（土地・家屋）の所有者、所有者の代理人又は納税管理人等へ交付が可能	—
都市計画・建築	都市計画図（用途地域・容積率・建ぺい率等含む。）	建築課審査担当	本庁舎６階 品川区広町２-１-36	03-5742-6769	担当窓口で閲覧が可能	品川区HP（統合型地図情報閲覧サービス）より閲覧可能
	都市計画証明（生産緑地等）	—	—	—	—	—
	白地図（地形図）	土木管理課　土木管理係	第二庁舎５階 品川区広町２-１-36	03-5742-6783	担当窓口で購入が可能	—
	開発登録簿、開発許可 開発指導要綱等	都市環境部　住宅課　開発指導担当	本庁舎６階 品川区広町２-１-36	03-5742-6926	担当窓口で閲覧、交付が可能	—
	建築計画概要書	都市環境部　建築課　事務調査係	本庁舎６階 品川区広町２-１-36	03-5742-6769	担当窓口で閲覧、交付が可能	—
道路	建築基準法上の道路の判定、位置指定道路	都市環境部　建築課　細街路担当	本庁舎６階 品川区広町２-１-36	03-5742-6772	担当窓口で閲覧が可能	品川区HP（統合型地図情報閲覧サービス）より閲覧可能
	道路台帳平面図	防災まちづくり部　土木管理課　土木管理係	第二庁舎５階 品川区広町２-１-36	03-5742-6783	担当窓口で閲覧、交付が可能	品川区HP（統合型地図情報閲覧サービス）より閲覧可能

9 東京都品川区（2/2）

法令	評価等に必要な書類等	担当課	担当所在（問合せ先）	電話	窓口対応	HP閲覧
道路等	道路境界確定図	防災まちづくり部　土木管理課境界確定係	第二庁舎5階 品川区広町2-1-36	03-5742-6787	担当窓口で閲覧、交付が可能	—
	都市計画道路予定図	区道の場合 計画決定：都市計画課計画調整担当（本庁舎6階） 事業中：道路課道路建設担当（第二庁舎4階）	品川区広町2-1-36	03-5742-6760 03-5742-6783	担当窓口で閲覧、写真撮影が可能	—
	法定外公共物（里道、水路）	防災まちづくり部　土木管理課　占用係	防災センター5階 品川区広町2-1-36	03-5742-6785	担当窓口で対応可能	—
	ライフライン（上下水道等）	上水道：東京都水道局品川営業所	品川区西中延　1-9-10	03-3783-6259	担当窓口で閲覧、交付が可能	—
		下水道：東京都下水道施設管理部管路管理課施設情報管理担当	新宿区西新宿2-8-1	03-5320-6618	担当窓口で閲覧、交付が可能	下水道配管図については、東京都HP「下水道台帳システム」にて閲覧、交付可能
その他	周知の埋蔵文化財所在地図	教育委員会事務局　庶務課　文化財係	第二庁舎7階 品川区広町2-1-36	03-5742-6839	担当窓口で閲覧可能 区所定の用紙にてFAXで回答可能 FAX：03-5742-6890でも照会可能	東京都教育委員会の「遺跡地図情報のインターネットサービス」で検索可能
	農地全般	総務部　総務課	本庁舎5階 品川区広町2-1-36	03-5742-6625	担当窓口で対応可能	—
	土地区画整理図	東京都　都市整備局　区画整理課	新宿区西新宿2-8-1	都、区市施工 03-5320-5441 03-5320-5451 それ以外 03-5320-5132	担当窓口で対応可能	—
	土壌汚染	都市環境部　環境課指導調査係	本庁舎6階 品川区広町2-1-36	03-5742-6751～3	担当窓口で閲覧が可能	都環境局HPで「要措置区域等の指定状況」を閲覧可能

1　**東京都品川区役所**　〒140-8715　東京都品川区広町二丁目1番36号　電話 03-3777-1111（代表）
　交通アクセス　●JR線・東急線・りんかい線大井町駅徒歩8分 東急大井町線下神明駅徒歩5分
2　**東京都品川都税事務所**　〒140-8716　東京都品川区広町二丁目1番36号　品川区総合庁舎内　電話 03（3774）6666（代表）
　交通アクセス　●JR線・東急線・りんかい線大井町駅徒歩8分 東急大井町線下神明駅徒歩5分

10 東京都渋谷区（1/2）

法令	評価等に必要な書類等	担当課	担当所在（問合せ先）	電話	窓口対応	HP閲覧
固定資産税	固定資産地番参考図	渋谷都税事務所	恵比寿ガーデンプレイスタワー７階（仮庁舎） 渋谷区恵比寿４-20-３	03-5420-1621 （代表）	担当窓口で閲覧、交付が可能	—
	固定資産税路線価図				担当窓口のほか都民情報ルーム（都庁第１本庁舎３階）でも閲覧と複写が可能	都主税局HPの「路線価公開」で閲覧可能
	固定資産課税台帳・土地家屋名寄帳				固定資産（土地・家屋）の所有者、所有者の代理人又は納税管理人等による閲覧が可能	—
	固定資産評価証明書 （固定資産公課証明書）				固定資産（土地・家屋）の所有者、所有者の代理人又は納税管理人等へ交付が可能	—
都市計画・建築	都市計画図（用途地域・容積率・建ぺい率等含む。）	都市整備部　都市計画課 都市計画係	仮庁舎第三庁舎２階 渋谷区渋谷１-18-21	03-3463-2619	窓口閲覧が可能	渋谷区HPで閲覧可能
	都市計画証明（生産緑地等）	—	—	—	—	—
	白地図（地形図）	—	—	—	—	—
	開発登録簿、開発許可 開発指導要綱等	都市整備部　都市計画課 土地利用審査係	仮庁舎第三庁舎２階 渋谷区渋谷１-18-21	03-3463-2637	窓口閲覧が可能	HPで開発許可に関する審査基準閲覧可能
	建築計画概要書	都市整備部　建築課　管理係	仮庁舎第三庁舎２階 渋谷区渋谷１-18-21	03-3463-2719	窓口閲覧、交付が可能	—
道路	建築基準法上の道路の判定、位置指定道路	都市整備部　建築課　調査係	仮庁舎第三庁舎２階 渋谷区渋谷１-18-21	03-3463-2734	窓口閲覧が可能	—
	道路台帳平面図	土木清掃部　管理課認定係	仮庁舎第三庁舎２階 渋谷区渋谷１-18-21	03-3463-2778	窓口閲覧が可能	渋谷区HPで閲覧可能

10 東京都渋谷区（2/2）

法令	評価等に必要な書類等	担当課	担当所在（問合せ先）	電話	窓口対応	HP閲覧
道路等	道路境界確定図	土木清掃部　管理課　認定係	仮庁舎第三庁舎２階 渋谷区渋谷１-18-21	03-3463-2778	窓口で閲覧が可能	—
	都市計画道路予定図	都市整備部　まちづくり課　街路計画係	仮庁舎第三庁舎３階 渋谷区渋谷１-18-21	03-3463-2651	窓口で閲覧が可能	—
	法定外公共物（里道、水路）	土木清掃部　管理課　認定係	仮庁舎第三庁舎２階 渋谷区渋谷１-18-21	03-3463-2778	窓口で閲覧が可能	—
	ライフライン（上下水道等）	上水道：東京都水道局渋谷営業所	渋谷区笹塚１-47-１ メルクマール京王笹塚５階	03-5790-8396	窓口で閲覧、交付が可能	—
		下水道：東京都下水道局施設管理部 管路管理課　施設情報管理担当	新宿区西新宿２-８-１	03-5320-6618	窓口で閲覧が可能	下水道配管図については、東京都HP「下水道台帳システム」にて閲覧可能
その他	周知の埋蔵文化財所在地図	白根記念渋谷区郷土博物館・文学館	渋谷区東４-９-１	03-3486-2791	窓口で閲覧が可能 窓口で概要図を配付するほか、FAX照会も受付（03-3486-2793）	—
	農地全般	—	—	—	—	—
	土地区画整理図	—	—	—	—	—
	土壌汚染	都市整備部　環境保全課 公害対策係	神南分庁舎３階 渋谷区宇田川町５-２	03-3463-2750	窓口で閲覧が可能	都環境局HPで「要措置区域等の指定状況」を閲覧可能

1　**東京都渋谷区役所**　〒150-8010　東京都渋谷区渋谷一丁目18番21号　電話 03-3463-1211（代表）
　交通アクセス　●渋谷駅（JR 山手・埼京線/東急 東横・田園都市線/京王 井の頭線/地下鉄 銀座・半蔵門線/副都心線）から徒歩７分【東京メトロ 渋谷駅13番出口から徒歩２分】

2　**東京都渋谷都税事務所（仮庁舎）**　〒150-6007　東京都渋谷区恵比寿四丁目20番３号　恵比寿ガーデンプレイス　タワー７階　電話 03（5420）1621（代表）
　交通アクセス　●JR山手線・埼京線　恵比寿駅東口動く通路「恵比寿スカイウォーク」経由地下通路を通って　徒歩８分
　●地下鉄日比谷線　恵比寿駅１番出口動く通路「恵比寿スカイウォーク」経由地下通路を通って　徒歩11分

11 東京都新宿区（1/2）

法令	評価等に必要な書類等	担当課	担当所在（問合せ先）	電話	窓口対応	HP閲覧
固定資産税	固定資産地番参考図	新宿都税事務所	新宿区西新宿７-５-８	03-3369-7151（代）	担当窓口で閲覧が可能	―
	固定資産税路線価図				担当窓口のほか都民情報ルーム（都庁第一本庁舎３階）でも閲覧と複写が可能	都主税局HPの「路線価公開」で閲覧可能
	固定資産課税台帳・土地家屋名寄帳				担当窓口で固定資産（土地・家屋）の所有者、所有者の代理人又は納税管理人等による閲覧が可能	―
	固定資産評価証明書（固定資産公課証明書）				担当窓口で固定資産（土地・家屋）の所有者、所有者の代理人又は納税管理人等へ交付が可能	―
都市計画・建築	都市計画図（用途地域、防火地域等）	都市計画部　都市計画課	本庁舎８階 新宿区歌舞伎町１-４-１	03-5273-3527	担当窓口で閲覧が可能	区HP「新宿区みんなのGIS」にて閲覧可能
	都市計画証明(生産緑地等)	―	―	―	―	―
	白地図（地形図）	区政情報センター	本庁舎１階 新宿区歌舞伎町１-４-１	03-5273-4182	担当窓口で購入が可能	―
	開発登録簿、開発許可 開発指導要綱等	都市計画部　建築調整課	本庁舎８階 新宿区歌舞伎町１-４-１	03-5273-4268	担当窓口で閲覧、交付が可能	―
	建築計画概要書	都市計画部　建築指導課	本庁舎８階 新宿区歌舞伎町１-４-１	03-5273-3732	担当窓口で閲覧、交付が可能	―
道路	建築基準法上の道路の判定、位置指定道路	都市計画部　建築調整課	本庁舎８階 新宿区歌舞伎町１-４-１	03-5273-4268	担当窓口で閲覧が可能	―
	道路台帳平面図	みどり土木部　土木管理課	本庁舎７階 新宿区歌舞伎町１-４-１	03-5273-3848	担当窓口で閲覧、交付が可能	区HP「新宿区みんなのGIS」にて閲覧可能

11 東京都新宿区（2/2）

法令	評価等に必要な書類等	担当課	担当所在（問合せ先）	電話	窓口対応	HP閲覧
道路等	道路境界確定図	みどり土木部　土木管理課	本庁舎７階 新宿区歌舞伎町１-４-１	03-5273-3848	担当窓口で閲覧が可能	—
	都市計画道路予定図	都市計画部　都市計画課	本庁舎８階 新宿区歌舞伎町１-４-１	03-5273-3527	担当窓口で閲覧が可能（詳細図等は都市整備局等）	—
	法定外公共物（里道、水路）	みどり土木部　土木管理課	本庁舎７階 新宿区歌舞伎町１-４-１	03-5273-3848	担当窓口で閲覧が可能	—
	ライフライン（上下水道等）	上水道　東京都水道局新宿営業所	新宿区内藤町87（四谷区民センター４階）	03-3358-5092	担当窓口で閲覧、交付が可能	—
		下水道　東京都下水道局施設管理部　管路管理課　施設情報管理担当	新宿区西新宿２-８-１	03-5320-6618	担当窓口で閲覧、交付が可能	下水道配管図については、東京都HP「下水道台帳システム」にて閲覧、交付可能
その他	周知の埋蔵文化財所在地図	文化観光産業部　文化観光課	第一分庁舎６階 新宿区歌舞伎町１-４-１	03-5273-3563	担当窓口で閲覧可能（所在地を電話で伝えることにより、回答も可） FAX：03-3209-1500でも照会可能	東京都教育委員会の「遺跡地図情報のインターネットサービス」で検索可能
	農地全般	—	—	—	—	—
	土地区画整理図	都市計画部　防災都市づくり課	本庁舎７階 新宿区歌舞伎町１-４-１	03-5273-3844	換地図面等の一般公開はしていない	—
	土壌汚染	環境清掃部　環境対策課	本庁舎７階 新宿区歌舞伎町１-４-１	03-5273-3764	担当窓口で閲覧が可能	都環境局HPで「要措置区域等の指定状況」を閲覧可能

1　**東京都新宿区役所**　〒160-8484　東京都新宿区歌舞伎町一丁目４番１号　電話 03-3209-1111（代表）
交通アクセス　●（電車）新宿駅・新宿三丁目駅・西武新宿駅・新宿西口駅から徒歩約５分
●（バス）歌舞伎町、新宿五丁目、新宿駅東口
●（徒歩）靖国通りから区役所通りに入り、30メートル程度　JR新宿駅・西武新宿駅・地下鉄新宿駅・新宿三丁目駅の東口から地下街のサブナード（新宿駅出口：15b）経由で７分程度

2　**東京都新宿都税事務所**　〒160-8304　東京都新宿区西新宿七丁目５番８号　電話 03（3369）7151（代表）
交通アクセス　●JR山手線：新宿駅西口から徒歩13分　●JR中央線：大久保駅から徒歩10分　●西武新宿線：西武新宿駅北口から徒歩６分
●都営地下鉄大江戸線：新宿西口駅D５出口から徒歩６分　●地下鉄丸ノ内線：新宿駅から徒歩10分

12 東京都杉並区（1/2）

法令	評価等に必要な書類等	担当課	担当所在（問合せ先）	電話	窓口対応	HP閲覧
固定資産税	固定資産地番参考図	杉並都税事務所	杉並区成田東 5 -39-11	03-3393-1171（代）	担当窓口で閲覧が可能	—
	固定資産税路線価図				担当窓口のほか都民情報ルーム(都庁第一本庁舎 3 階)でも閲覧と複写が可能	都主税局HPの「路線価公開」で閲覧可能
	固定資産課税台帳・土地家屋名寄帳				担当窓口で固定資産（土地・家屋）の所有者、所有者の代理人又は納税管理人等が閲覧可能	—
	固定資産評価証明書（固定資産公課証明書）				担当窓口で固定資産（土地・家屋）の所有者、所有者の代理人又は納税管理人等へ交付が可能	—
都市計画・建築	都市計画図（用途地域・容積率・建ぺい率等含む。）	都市整備部　都市計画課 建築調整係	本庁舎西棟 4 階 杉並区阿佐谷南 1 -15- 1	03-3312-2111（代）	担当窓口で閲覧が可能	区HP「東京都市計画図（杉並区地域地区図）」（PDF）で閲覧可能
	都市計画証明（生産緑地等）	都市整備部　都市計画課 建築調整係	本庁舎西棟 4 階 杉並区阿佐谷南 1 -15- 1	03-3312-2111（代）	担当窓口で交付が可能	—
	白地図（地形図）	政策経営部　情報政策課 情報公開係	本庁舎西棟 2 階 杉並区阿佐谷南 1 -15- 1	03-3312-2111（代）	担当窓口で購入が可能	—
	開発登録簿、開発許可 開発指導要綱等	都市整備部　土木管理課 開発指導係	本庁舎西棟 4 階 杉並区阿佐谷南 1 -15- 1	03-3312-2111（代）	担当窓口で閲覧、交付が可能	区HPで開発指導要綱のダウンロードが可能
	建築計画概要書	都市整備部　建築課 事務係	本庁舎西棟 4 階 杉並区阿佐谷南 1 -15- 1	03-3312-2111（代）	担当窓口で閲覧、交付が可能	—
道路	建築基準法上の道路の判定、位置指定道路	都市整備部　土木管理課 道路台帳係	本庁舎西棟 4 階 杉並区阿佐谷南 1 -15- 1	03-3312-2111（代）	担当窓口で閲覧が可能	区HP「すぎナビ」でネット閲覧可能
	道路台帳平面図	都市整備部　土木管理課 道路台帳係	本庁舎西棟 4 階 杉並区阿佐谷南 1 -15- 1	03-3312-2111（代）	担当窓口において閲覧・交付が可能	区HP「すぎナビ」でネット閲覧可能

12 東京都杉並区（2/2）

法令	評価等に必要な書類等	担当課		担当所在（問合せ先）	電話	窓口対応	HP閲覧
道路等	道路境界確定図	都市整備部　土木管理課　道路台帳係		本庁舎西棟４階　杉並区阿佐谷南１-15-１	03-3312-2111（代）	担当窓口で対応可能	—
	都市計画道路予定図	都市整備部　都市計画課　建築調整係		本庁舎西棟４階　杉並区阿佐谷南１-15-１	03-3312-2111（代）	担当窓口で閲覧、交付が可能	区HP「東京都市計画図（杉並区地域地区図）」（PDF）から閲覧可能
	法定外公共物（里道、水路）	都市整備部　土木管理課　道路台帳係		本庁舎西棟４階　杉並区阿佐谷南１-15-１	03-3312-2111（代）	担当窓口で対応可能	—
	ライフライン（上下水道等）	上水道	東京都水道局杉並営業所	杉並区和泉３-８-10	03-5300-8261	担当窓口で閲覧、交付が可能	—
		下水道	東京都下水道局　施設管理部　管路管理課　施設情報管理担当	新宿区西新宿２-８-１	03-3394-9457	担当窓口で閲覧、交付が可能	下水道配管図については、東京都HP「下水道台帳システム」で閲覧、交付可能
その他	周知の埋蔵文化財所在地図	教育委員会事務局　生涯学習推進課　文化財係		杉並区阿佐谷南１-15-１	03-3312-2111（代）	担当窓口で閲覧可能　FAX（03-5307-0693）での照会も受付可能	区HP「すぎナビ　埋蔵文化財包蔵地」でネット閲覧可能
	農地全般	農業委員会事務局		杉並区上荻１-２-１　インテグラルタワー２階	03-5347-9136	担当窓口で各種許可等を申請	—
	土地区画整理図	都市整備部　まちづくり推進課　地区計画係		杉並区阿佐谷南１-15-１	03-3312-2111（代）	担当窓口で閲覧が可能	—
	土壌汚染	環境部　環境課　公害対策係		杉並区阿佐谷南１-15-１	03-3312-2111（代）	担当窓口で閲覧が可能	都環境局HPで「要措置区域等の指定状況」を閲覧可能

1　**東京都杉並区役所**　〒166-8570　東京都杉並区阿佐谷南一丁目15番１号　電話 03-3312-2111（代表）
交通アクセス　●JR中央線「阿佐ケ谷駅」（南口）徒歩７分　●東京メトロ丸ノ内線「南阿佐ケ谷駅」徒歩１分
2　**東京都杉並都税事務所**　〒166-8502　東京都杉並区成田東五丁目39番15号　電話 03-3393-1171（代表）
交通アクセス　●地下鉄丸ノ内線：南阿佐ヶ谷駅から徒歩１分　●JR中央線：阿佐ヶ谷駅から徒歩10分

13 東京都墨田区（1/2）

法令	評価等に必要な書類等	担当課	担当所在（問合せ先）	電話	窓口対応	HP閲覧
固定資産税	固定資産地番参考図	墨田都税事務所	墨田区両国 4 -29- 4	03-5669-0138	担当窓口で閲覧が可能	—
	固定資産税路線価図				担当窓口のほか都民情報ルーム（都庁第一本庁舎 3 階）でも閲覧と複写が可能	都主税局HPの「路線価公開」で閲覧可能
	固定資産課税台帳・土地家屋名寄帳				固定資産（土地・家屋）の所有者、所有者の代理人又は納税管理人等が閲覧可能	—
	固定資産評価証明書 （固定資産公課証明書）				固定資産（土地・家屋）の所有者、所有者の代理人又は納税管理人等へ交付	—
都市計画・建築	都市計画図（用途地域・容積率・建ぺい率等含む。）	都市計画部　都市計画課 都市計画・開発調整担当	庁舎 9 階 墨田区吾妻橋 1 -23-20	03-5608-6265	担当窓口で閲覧、区役所 1 階区民情報コーナーで購入がそれぞれ可能	区HP「都市計画情報提供サービス」で閲覧可能
	都市計画証明（生産緑地等）	—	—	—	—	—
	白地図（地形図）	区民情報コーナー	庁舎 1 階 墨田区吾妻橋 1 -23-20	03-3624-7611	1 階区民情報コーナーで閲覧、購入可能	—
	開発登録簿、開発許可 開発指導要綱等	都市計画部　都市計画課 都市計画・開発調整担当	庁舎 9 階 墨田区吾妻橋 1 -23-20	03-5608-6265	担当窓口で閲覧、交付が可能	区HPより、「開発許可基準の概要」等ダウンロード可能
	建築計画概要書	都市計画部　建築指導課 事務担当	庁舎 9 階 墨田区吾妻橋 1 -23-20	03-5608-6264	担当窓口で閲覧、交付が可能	—
道路	建築基準法上の道路の判定、位置指定道路	都市計画部　建築指導課 道路担当	庁舎 9 階 墨田区吾妻橋 1 -23-20	03-5608-1337	担当窓口で閲覧が可能	—
	道路台帳平面図	都市整備部　土木管理課 土木管理担当	庁舎10階 墨田区吾妻橋 1 -23-20	03-5608-6280	担当窓口での閲覧、複写可能	区HPより「墨田区道路台帳現況図」を閲覧可能

13 東京都墨田区（2/2）

法令	評価等に必要な書類等	担当課	担当所在（問合せ先）	電話	窓口対応	HP閲覧
道路等	道路境界確定図	都市整備部　土木管理課 土木管理担当	庁舎10階 墨田区吾妻橋１-23-20	03-5608-6280	担当窓口で対応可能	—
	都市計画道路予定図	都市計画部　都市計画課 都市計画・開発調整担当	庁舎９階 墨田区吾妻橋１-23-20	03-5608-6265	担当窓口で閲覧可能	—
	法定外公共物（里道、水路）	都市整備部　土木管理課 土木管理担当	庁舎10階 墨田区吾妻橋１-23-20	03-5608-6280	担当窓口で対応可能	区HPより「墨田区道路台帳現況図」を閲覧可能
	ライフライン（上下水道）	上水道　東京都水道局　墨田営業所	墨田区千歳２-２-11	03-3633-6521	担当窓口で閲覧、交付が可能	—
		下水道　東京都下水道局 施設情報管理担当 下水道台帳閲覧室	都庁第二庁舎27階 新宿区西新宿２-８-１	03-5320-6618	担当窓口で閲覧、交付が可能	都下水道局HPで「下水道台帳」の閲覧可
その他	周知の埋蔵文化財所在地図	教育委員会事務局　生涯学習課　文化財担当	庁舎11階 墨田区吾妻橋１-23-20	03-5608-6310	担当窓口で閲覧のほか、FAX（03 - 5608 - 6411）での照会可能	区HPで「遺跡一覧」の閲覧可能
	農地全般	—	—	—	—	—
	土地区画整理図	—	—	—	—	—
	土壌汚染	都市整備部環境担当　環境保全課　指導調査担当	庁舎12階 墨田区吾妻橋１-23-20	03-5608-6210	担当窓口で対応が可能	都環境局HPで「要措置区域等の指定状況」を閲覧可能

1　**東京都墨田区役所**　〒130-8640　東京都墨田区吾妻橋一丁目23番20号　電話 03-5608-1111（代表）
　交通アクセス　●東武伊勢崎線浅草駅下車　正面口から約５分
　　　　　　　　●東京メトロ銀座線浅草駅　５出口から約５分
　　　　　　　　●都営地下鉄浅草線浅草駅　Ａ５出口から約５分

2　**東京都墨田都税事務所**　〒130-8608　東京都墨田区両国四丁目29番４号　電話 03-5669-0138（代表）
　交通アクセス　●JR中央線・総武線両国駅下車　東口から徒歩５分
　　　　　　　　●都営地下鉄大江戸線両国駅下車　Ａ４出口から徒歩４分

14 東京都世田谷区（1/2）

法令	評価等に必要な書類等	担当課	担当所在（問合せ先）	電話	窓口対応	HP閲覧
固定資産税	固定資産地番参考図	世田谷都税事務所	世田谷合同庁舎5階・6階 世田谷区若林4-22-13	03-3413-7111（代）	担当窓口で閲覧が可能	—
	固定資産税路線価図				担当窓口のほか都民情報ルーム(都庁第一本庁舎3階)でも閲覧と複写が可能	都主税局HPの「路線価公開」で閲覧可能
	固定資産課税台帳・土地家屋名寄帳				担当窓口で固定資産（土地・家屋）の所有者、所有者の代理人又は納税管理人等が閲覧可能	—
	固定資産評価証明書（固定資産公課証明書）				担当窓口で固定資産（土地・家屋）の所有者、所有者の代理人又は納税管理人等へ交付が可能	—
都市計画・建築	都市計画図（用途地域・容積率・建ぺい率等含む。）	都市整備政策部　都市計画課	第一庁舎4階 世田谷区世田谷4-21-27	03-5432-2455	担当窓口で閲覧が可能	区HPでネット閲覧可能
	都市計画証明（生産緑地等）	都市整備政策部　都市計画課	第一庁舎4階 世田谷区世田谷4-21-27	03-5432-2455	担当窓口で交付が可能	—
	白地図（地形図）	区政情報センター	世田谷区民会館1階 世田谷区世田谷4-21-27	03-5432-2099	担当窓口で購入が可能	北沢、玉川、砧、烏山の各総合支所区政情報コーナーでも購入可能
	開発登録簿、開発許可開発指導要綱等	都市整備政策部　市街地整備課	第三庁舎2階 世田谷区世田谷4-21-27	03-5432-2625、2626	担当窓口で閲覧、交付が可能	区HPで開発指導要綱のダウンロードが可能
	建築計画概要書	都市整備部　建築調整課	第一庁舎4階 世田谷区世田谷4-21-27	03-5432-2463	担当窓口で閲覧、交付が可能	—
道路	建築基準法上の道路の判定、位置指定道路	防災街づくり担当部　建築安全課　建築線・狭あい道路整備担当	第一庁舎4階 世田谷区世田谷4-21-27	03-5432-2542、2553	担当窓口で閲覧が可能	区HP「せたがやi-map」でネット閲覧可能
	道路台帳平面図	道路・交通政策部　道路管理課　道路台帳担当	第一庁舎4階 世田谷区世田谷4-21-27	03-5432-2575、2576	担当窓口において閲覧・交付が可能	区HP「世田谷区道路現況平面図（Web版）索引図」でネット閲覧可能

14 東京都世田谷区（2/2）

法令	評価等に必要な書類等	担当課	担当所在（問合せ先）	電話	窓口対応	HP閲覧
道路等	道路境界確定図	道路・交通政策部　道路管理課　境界確定担当	第一庁舎4階 世田谷区世田谷4-21-27	03-5432-2593	担当窓口で対応可能	区HP「世田谷区土地境界情報概況図閲覧サービス（試行版）」から閲覧可能
	都市計画道路予定図	都市整備政策部　都市計画課	第一庁舎4階 世田谷区世田谷4-21-27	03-5432-2455	担当窓口で閲覧可能	区HP「都市計画情報（せたがやiMap）」から閲覧可能
	法定外公共物（里道、水路）	道路・交通政策部　道路管理課　道路台帳担当	第一庁舎4階 世田谷区世田谷4-21-27	03-5432-2575	担当窓口で対応可能	―
	ライフライン（上下水道等）	上水道　東京都水道局世田谷営業所	世田谷区経堂5-38-23ダイアカラービル1階	03-5300-8261	担当窓口で閲覧、交付が可能	―
		下水道　東京都下水道局施設管理部　管路管理課施設情報管理担当	新宿区西新宿2-8-1	03-3394-9457	担当窓口で閲覧、交付が可能	下水道配管図については、東京都HP「下水道台帳システム」で閲覧、交付可能
その他	周知の埋蔵文化財所在地図	教育委員会事務局　生涯学習・地域・学校連携課　文化財係	第二庁舎3階 世田谷区世田谷4-21-27	03-5432-2726	担当窓口で閲覧可能 FAX（03-5432-3039）による照会も受付	市HPでネット閲覧可能
	農地全般	農業委員会	三軒茶屋分庁舎 世田谷区太子堂2-16-7	03-3411-6660	担当窓口で各種許可等を申請	―
	土地区画整理図	都市整備政策部　市街地整備課	第三庁舎2階 世田谷区世田谷4-21-27	03-5432-2557	担当窓口で閲覧が可能	―
	土壌汚染	環境総合対策室　環境保全課	第一庁舎5階 世田谷区世田谷4-21-27	03-5432-2274	担当窓口で閲覧が可能	都環境局HPで「要措置区域等の指定状況」を閲覧可能

1　**東京都世田谷区役所**　〒154-8504　東京都世田谷区世田谷四丁目21番27号　電話 03-5432-1111（代表）
交通アクセス　●バス世田谷区民会館（渋谷駅・田園調布駅・五反田駅～世田谷区民会館）　●バス世田谷区役所入口（渋谷駅～上町・祖師ヶ谷大蔵駅・成城学園前駅・調布駅南口）
●バス世田谷駅前（等々力操車所～祖師ヶ谷大蔵駅）　●徒歩　世田谷線松陰神社前駅または世田谷駅各徒歩5分

2　**東京都世田谷都税事務所**　〒154-8577　東京都世田谷区若林四丁目22番13号　世田谷合同庁舎5階・6階　電話 03-3413-7111(代表)
交通アクセス　●バス世田谷区民会館（渋谷駅・田園調布駅・五反田駅～世田谷区民会館）　●バス世田谷区役所入口（渋谷駅～上町・祖師ヶ谷大蔵駅・成城学園前駅・調布駅南口）
●バス世田谷駅前（等々力操車所～祖師ヶ谷大蔵駅）　●徒歩　世田谷線松陰神社前駅または世田谷駅各徒歩5分

15 東京都台東区（1/2）

法令	評価等に必要な書類等	担当課	担当所在（問合せ先）	電話	窓口対応	HP閲覧
固定資産税	固定資産地積図(地番参考図)	台東都税事務所	台東区雷門１-６-１	03-3841-1271（代表）	担当窓口で閲覧が可能	—
	固定資産税路線価図				担当窓口のほか都民情報ルーム（都庁第一本庁舎３階）でも閲覧、複写が可能	都主税局HPの「路線価公開」で閲覧可能
	固定資産課税台帳・土地家屋名寄帳				固定資産（土地・家屋）の所有者、所有者の代理人又は納税管理人等による閲覧が可能	—
	固定資産評価証明書（固定資産公課証明書）				固定資産（土地・家屋）の所有者、所有者の代理人又は納税管理人等への交付	—
都市計画・建築	都市計画図（用途地域・容積率・建ぺい率等含む。）	都市づくり部　都市計画課	本庁舎５階 台東区東上野４-５-６	03-5246-1363	担当窓口で閲覧可能	区HPより「たいとうマップ」で閲覧可能
	都市計画証明（生産緑地等）	—	—	—	—	—
	白地図（地形図）	総務部　総務課　文書係 区政情報コーナー	本庁舎３階 台東区東上野４-５-６	03-5246-1056	担当窓口で購入可能	—
	開発登録簿、開発許可 開発指導要綱等	都市づくり部　都市計画課	本庁舎５階 台東区東上野４-５-６	03-5246-1363	担当窓口で閲覧、交付が可能	区HPよりダウンロード可能
	建築計画概要書	都市づくり部　建築課 管理担当	本庁舎５階 台東区東上野４-５-６	03-5246-1332	担当窓口で閲覧、交付が可能	—
道路	建築基準法上の道路の判定、位置指定道路	都市づくり部　建築課 狭あい道路担当	本庁舎５階 台東区東上野４-５-６	03-5246-1337	担当窓口で閲覧、交付が可能	区HPより「たいとうマップ」で閲覧可能
	道路台帳平面図	都市づくり部　道路管理課　道路台帳担当	本庁舎５階 台東区東上野４-５-６	03-5246-1306	担当窓口で閲覧、交付が可能	区HPより「たいとうマップ」で閲覧可能

15 東京都台東区（2/2）

法令	評価等に必要な書類等	担当課	担当所在（問合せ先）	電話	窓口対応	HP閲覧
道路等	道路境界確定図	都市づくり部　道路管理課　道路台帳担当	本庁舎５階 台東区東上野４-５-６	03-5246-1306	担当窓口で、対応可能	—
	都市計画道路予定図	東京都都市整備局　都市づくり政策部　都市計画課　都市計画相談係	都庁第二庁舎21階北側 新宿区西２-８-１	03-5388-3213	担当窓口で閲覧、交付が可能	—
	法定外公共物（里道、水路）	都市づくり部　道路管理課　道路台帳担当	本庁舎５階 台東区東上野４-５-６	03-5246-1306	担当窓口で、対応可能	—
	ライフライン（上下水道）	上水道　東京都水道局　文京営業所	文京区西片２-16-23	03-3816-1428	担当窓口で閲覧、交付が可能	—
		下水道　東京都下水道局施設情報管理担当下水道台帳閲覧室	新宿区西新宿２-８-１	03-5320-6618	担当窓口で閲覧、交付が可能	都下水道局HPより「下水道台帳」の閲覧可能
その他	周知の埋蔵文化財所在地図	教育委員会　生涯学習課文化財担当	生涯学習センター５階 台東区西浅草３-25-16	03-5246-5828	担当窓口で閲覧可能 FAX(03-5246-5814)での照会も受付	区HPから「台東区遺跡一覧表」の閲覧可能
	農地全般	—	—	—	—	—
	土地区画整理図	—	—	—	—	—
	土壌汚染	総務部　総務課　文書係　区政情報コーナー	本庁舎３階 台東区東上野４-５-６	03-5246-1056	担当窓口で、閲覧可能	都環境局HPで「要措置区域等の指定状況」を閲覧可能

1　**東京都台東区役所**　〒110-8615　東京都台東区東上野四丁目５番６号　電話 03-5246-1111（代表）
　交通アクセス　●東京メトロ日比谷線上野駅、同銀座線稲荷町駅それぞれ下車　徒歩５分　●都バス下谷神社前停留所下車　徒歩２分

2　**東京都台東都税事務所**　〒111-8606　東京都台東区雷門一丁目６番１号　電話 03-3841-1271(代表)
　交通アクセス　●東京メトロ銀座線田原町駅下車　徒歩２分
　●都営地下鉄浅草線浅草駅下車　Ａ１出口から徒歩６分

16 東京都中央区（1/2）

法令	評価等に必要な書類等	担当課	担当所在（問合せ先）	電話	窓口対応	HP閲覧
固定資産税	固定資産地番参考図	中央都税事務所（仮庁舎）	中央区入船１-８-２	03-3553-2151（代表）	担当窓口で閲覧、交付が可能	—
	固定資産税路線価図				担当窓口のほか都民情報ルーム（都庁第一本庁舎３階）でも閲覧と複写が可能	都主税局HPの「路線価公開」で閲覧可能
	固定資産課税台帳・土地家屋名寄帳				固定資産（土地・家屋）の所有者、所有者の代理人又は納税管理人等による閲覧が可能	—
	固定資産評価証明書（固定資産公課証明書）				固定資産（土地・家屋）の所有者、所有者の代理人又は納税管理人等へ交付が可能	—
都市計画・建築	都市計画図（用途地域・容積率・建ぺい率等含む。）	都市計画課　都市計画係	本庁舎５階 中央区築地１-１-１	03-3546-5468	窓口閲覧が可能	区HP「都市計画図検索システム」でネット閲覧可能
	都市計画証明（生産緑地等）	—	—	—	—	—
	白地図（地形図）	—	—	—	—	—
	開発登録簿、開発許可 開発指導要綱等	都市計画課　都市計画係	本庁舎５階 中央区築地１-１-１	03-3546-5468	窓口閲覧、交付が可能	HPで開発許可に関する審査基準閲覧可能
	建築計画概要書	建築課　指導係	本庁舎５階 中央区築地１-１-１	03-3546-5456	窓口閲覧、交付が可能	—
道路	建築基準法上の道路の判定、位置指定道路	建築課　調査係	本庁舎５階 中央区築地１-１-１	03-3546-5453	窓口閲覧が可能	—
	道路台帳平面図	道路課　道路台帳係	本庁舎５階 中央区築地１-１-１	03-3546-5414	担当窓口で閲覧、交付が可能	区HPより「道路台帳平面図」の閲覧可能

16 東京都中央区（2/2）

法令	評価等に必要な書類等		担当課	担当所在（問合せ先）	電話	窓口対応	HP閲覧
道路等	道路境界確定図		道路課　道路台帳係	本庁舎５階 中央区築地１-１-１	03-3546-5414	担当窓口で閲覧、交付が可能	—
道路等	都市計画道路予定図		都市計画課　都市計画係	本庁舎５階 中央区築地１-１-１	03-3546-5468	窓口閲覧可能	—
道路等	法定外公共物（里道、水路）		道路課　道路台帳係	本庁舎５階 中央区築地１-１-１	03-3546-5414	窓口閲覧が可能	—
道路等	ライフライン（上下水道等）	上水道	東京都水道局中央支所・千代田営業所	千代田区内神田 ２-１-12（千代田合同庁舎２階）	03-3256-6166	窓口で閲覧、交付が可能	—
道路等	ライフライン（上下水道等）	下水道	東京都下水道局施設管理部 管路管理課　施設情報管理担当	新宿区西新宿２-８-１	03-5320-6618	担当窓口で閲覧、交付が可能	下水道配管図については、東京都HP「下水道台帳システム」にて閲覧、交付可能
その他	周知の埋蔵文化財所在地図		タイムドーム明石（中央区立郷土天文館）	中央区保健所等複合施設６階 中央区明石町12-１	03-3546-5537	窓口で閲覧可能 窓口で概要図を配付するほか、FAX照会も可能（03-3546-8258）	—
その他	農地全般		—	—	—	—	—
その他	土地区画整理図		—	—	—	—	—
その他	土壌汚染		環境推進課　環境指導係	本庁舎７階 中央区築地１-１-１	03-3546-5404	窓口で閲覧が可能	都環境局HPで「要措置区域等の指定状況」を閲覧可能

1　**東京都中央区役所**　〒104-8404　東京都中央区築地一丁目１番１号　電話 03-3543-0211（代表）
　交通アクセス　●東京メトロ有楽町線新富町駅　１番出口から徒歩１分
　●東京メトロ日比谷線築地駅　３・４番出口から徒歩５分

2　**東京都中央都税事務所（仮庁舎）**　〒104-8558　東京都中央区入船一丁目８番２号　電話 03(3553)2151（代表）
　交通アクセス　●JR京葉線・地下鉄日比谷線　八丁堀駅A２出口から徒歩５分
　●地下鉄有楽町線　新富町駅５番または７番出口から徒歩８分　●都営浅草線　宝町駅A１出口から徒歩11分

17 東京都千代田区（1/2）

法令	評価等に必要な書類等	担当課	担当所在（問合せ先）	電話	窓口対応	HP閲覧
固定資産税	固定資産地番参考図	千代田都税事務所	千代田区内神田2-1-12	03-3252-7141（代表）	担当窓口で閲覧、交付が可能	—
	固定資産税路線価図				担当窓口のほか都民情報ルーム（都庁第一本庁舎3階）でも閲覧と複写が可能	都主税局HPの「路線価公開」で閲覧可能
	固定資産課税台帳・土地家屋名寄帳				固定資産（土地・家屋）の所有者、所有者の代理人又は納税管理人等による閲覧が可能	—
	固定資産評価証明書（固定資産公課証明書）				固定資産（土地・家屋）の所有者、所有者の代理人又は納税管理人等へ交付が可能	—
都市計画・建築	都市計画図（用途地域・容積率・建ぺい率等含む。）	景観・都市計画課　都市計画主査	本庁舎5階 千代田区九段南1-2-1	03-5211-3610	窓口閲覧可能	区HP「都市計画図検索システム」でネット閲覧可能
	都市計画証明（生産緑地等）	—	—	—	—	—
	白地図（地形図）	—	—	—	—	—
	開発登録簿、開発許可 開発指導要綱等	建築指導課　建築審査係	本庁舎5階 千代田区九段南1-2-1	03-5211-4308	窓口閲覧が可能	HPで開発許可に関する審査基準閲覧可能
	建築計画概要書	建築指導課　建築事務係	本庁舎5階 千代田区九段南1-2-1	03-5211-4309	窓口閲覧、交付が可能	—
道路	建築基準法上の道路の判定、位置指定道路	建築指導課　建築事務係	本庁舎5階 千代田区九段南1-2-1	03-5211-4309	窓口閲覧が可能	—
	道路台帳平面図	環境まちづくり総務課　財産管理係	本庁舎5階 千代田区九段南1-2-1	03-5211-4234	窓口閲覧が可能	区HPより「道路台帳平面図」の閲覧可能

17 東京都千代田区（2/2）

法令	評価等に必要な書類等	担当課	担当所在（問合せ先）	電話	窓口対応	HP閲覧
道路等	道路境界確定図	環境まちづくり総務課　財産管理係	本庁舎５階 千代田区九段南１-２-１	03-5211-4234	窓口閲覧が可能	—
	都市計画道路予定図	景観・都市計画課　都市計画主査	本庁舎５階 千代田区九段南１-２-１	03-5211-3610	窓口閲覧が可能	—
	法定外公共物（里道、水路）	環境まちづくり総務課　財産管理係	本庁舎５階 千代田区九段南１-２-１	03-5211-4234	窓口閲覧が可能	—
	ライフライン（上下水道等）	上水道　東京都水道局　中央支所・千代田営業所	千代田区内神田２-１-12 （千代田合同庁舎２階）	03-3256-6166	窓口で閲覧、交付が可能	—
		下水道　東京都下水道局　施設管理部　管路管理課　施設情報管理担当	新宿区西新宿２-８-１	03-5320-6618	担当窓口で閲覧、交付が可能	下水道配管図については、東京都HP「下水道台帳システム」にて閲覧、交付可能
その他	周知の埋蔵文化財所在地図	文化振興課　文化財係	千代田区日比谷公園１-４　日比谷図書文化館４階文化財事務室	03-3502-3348	窓口閲覧が可能 窓口で概要図を配付するほか、FAX照会も受付（03-3502-3361）	—
	農地全般	—	—	—	—	—
	土地区画整理図	—	—	—	—	—
	土壌汚染	環境政策課　公害指導係	本庁舎５階 千代田区九段南１-２-１	03-5211-4254	窓口で閲覧が可能	都環境局HPで「要措置区域等の指定状況」を閲覧可能

1　**東京都千代田区役所**　〒102-8688　東京都千代田区九段南一丁目２番１号　電話 03-3264-2111（代表）
　交通アクセス　●地下鉄都営新宿線・東京メトロ東西線・半蔵門線　九段下駅　６番出入り口からおよそ徒歩５分

2　**東京都千代田都税事務所**　〒101-8520　東京都千代田区内神田二丁目１番12号　電話 03(3252)7141（代表）
　交通アクセス　●JR山手線：神田駅西口から徒歩５分
　●地下鉄銀座線：神田駅から徒歩８分
　●地下鉄丸ノ内線：大手町駅A２出口から徒歩８分

18 東京都豊島区（1/2）

法令	評価等に必要な書類等	担当課	担当所在（問合せ先）	電話	窓口対応	HP閲覧
固定資産税	固定資産地番参考図	豊島都税事務所	豊島区西池袋１-17-１	03-3981-1211（代）	担当窓口で閲覧が可能	—
	固定資産税路線価図				担当窓口のほか都民情報ルーム（都庁第一本庁舎３階）でも閲覧と複写が可能	都主税局HPの「路線価公開」で閲覧可能
	固定資産課税台帳・土地家屋名寄帳				担当窓口で固定資産（土地・家屋）の所有者、所有者の代理人又は納税管理人等による閲覧が可能	—
	固定資産評価証明書（固定資産公課証明書）				担当窓口で固定資産（土地・家屋）の所有者、所有者の代理人又は納税管理人等へ交付が可能	—
都市計画・建築	都市計画図（用途地域・容積率・建ぺい率等含む。）	都市整備部　都市計画課 街づくり情報グループ	区役所６階 豊島区南池袋２-45-１	03-4566-2601	担当窓口で閲覧が可能	区HP（豊島区地図情報システム）にて閲覧可能
	都市計画証明（生産緑地等）	都市整備部　都市計画課 街づくり情報グループ	区役所６階 豊島区南池袋２-45-１	03-4566-2601	担当窓口で交付が可能	—
	白地図（地形図）	都市整備部　都市計画課 街づくり情報グループ	区役所６階 豊島区南池袋２-45-１	03-4566-2601	担当窓口で販売はない	—
	開発登録簿、開発許可 開発指導要綱等	都市整備部　都市計画課 まちづくり情報コーナー	区役所６階 豊島区南池袋２-45-１	03-4566-2601	担当窓口で閲覧、交付が可能	—
	建築計画概要書	①都市整備部　都市計画課 まちづくり情報コーナー ②（規模によっては）東京都都市整備局市街地建築部建築指導課事務係	①区役所６階 豊島区南池袋２-45-１ ②新宿区西新宿２-８-１	①03-4566-2601 ②03-5388-3371	担当窓口で閲覧、交付が可能	—
道路	建築基準法上の道路の判定、位置指定道路	都市整備部　都市計画課 まちづくり情報コーナー	区役所６階 豊島区南池袋２-45-１	03-4566-2601	担当窓口で閲覧が可能	—
	道路台帳平面図	都市整備部　都市計画課 まちづくり情報コーナー	区役所６階 豊島区南池袋２-45-１	03-4566-2601	担当窓口で閲覧が可能	—

18 東京都豊島区（2/2）

法令	評価等に必要な書類等	担当課	担当所在（問合せ先）	電話	窓口対応	HP閲覧
道路等	道路境界確定図	都市整備部　都市計画課 まちづくり情報コーナー	区役所6階 豊島区南池袋2-45-1	03-4566-2601	担当窓口で閲覧が可能	—
	都市計画道路予定図	都市整備部　都市計画課 まちづくり情報コーナー	区役所6階 豊島区南池袋2-45-1	03-4566-2601	担当窓口で閲覧が可能	—
	法定外公共物（里道、水路）	都市整備部　土木管理課 占用係　道路台帳係	区役所6階 豊島区南池袋2-45-1	03-4566-2672 （占用係） 03-4566-2673 （道路台帳係）	担当窓口で対応が可能	—
	ライフライン（上下水道等）	上水道　東京都水道局豊島営業所	豊島区西池袋1-7-7 （東京西池袋ビル2階）	03-3983-3285	担当窓口で閲覧、交付が可能	—
		下水道　東京都下水道施設管理部　管路管理課　施設情報管理担当	新宿区西新宿2-8-1	03-5320-6618	担当窓口で閲覧、交付が可能	下水道配管図については、東京都HP「下水道台帳システム」にて閲覧、交付可能
その他	周知の埋蔵文化財所在地図	教育委員会　教育部　庶務課　文化財グループ	区役所7階 豊島区南池袋2-45-1	03-3981-1190	担当窓口で閲覧可能、又は電話で住居表示を伝えることにより、回答可能	—
	農地全般	—	—	—	—	—
	土地区画整理図	都市整備部　都市計画課 届出許認可グループ	区役所6階 豊島区南池袋2-45-1	03-4566-2633	換地図の閲覧はしていない	—
	土壌汚染	環境清掃部　環境保全課 公害対策グループ	区役所6階 豊島区南池袋2-45-1	03-3981-2405	担当窓口で閲覧が可能	都環境局HPで「要措置区域等の指定状況」を閲覧可能

1　**東京都豊島区役所**　〒171-8422　東京都豊島区南池袋二丁目45番1号（新庁舎所在地）　電話 03-3981-1111（代表）
　交通アクセス　●池袋駅（JR線、東武東上線、西武池袋線、東京メトロ副都心線・丸ノ内線・有楽町線）…徒歩9分
　●東池袋駅（東京メトロ有楽町線）…地下通路で直結（改札から徒歩3分・1番口方面）　●都電雑司ヶ谷駅（都電荒川線）…徒歩3分　●東池袋四丁目駅（都電荒川線）…徒歩4分

2　**東京都豊島都税事務所**　〒171-8506　東京都豊島区西池袋一丁目17番1号　電話番号 03（3981）1211　（代表）
　交通アクセス　●JR山手線・埼京線、東武東上線、西武池袋線、地下鉄丸ノ内線・有楽町線・副都心線：池袋駅西口中央階段出口から徒歩2分
　●国際興業・関東バス：池袋駅西口停留所から徒歩0分　●都営・国際興業・西武バス：池袋駅東口停留所から徒歩5分

19 東京都中野区（1/2）

法令	評価等に必要な書類等	担当課	担当所在（問合せ先）	電話	窓口対応	HP閲覧
固定資産税	固定資産地番参考図	中野都税事務所	中野区中野４-６-15	03-3386-1111（代）	担当窓口で閲覧が可能	—
	固定資産税路線価図				担当窓口のほか都民情報ルーム（都庁第一本庁舎３階）でも閲覧と複写が可能	都主税局HPの「路線価公開」で閲覧可能
	固定資産課税台帳・土地家屋名寄帳				担当窓口で固定資産（土地・家屋）の所有者、所有者の代理人又は納税管理人等による閲覧が可能	—
	固定資産評価証明書（固定資産公課証明書）				担当窓口で固定資産（土地・家屋）の所有者、所有者の代理人又は納税管理人等へ交付が可能	—
都市計画・建築	都市計画図（用途地域・容積率・建ぺい率等含む。）	都市基盤部　都市計画分野　都市計画担当	区役所９階 中野区中野４-８-１	03-3228-8981	担当窓口で閲覧が可能	区役所HPでネット閲覧可能
	都市計画証明（生産緑地等）	都市基盤部　都市計画分野　都市計画担当	区役所９階 中野区中野４-８-１	03-3228-8981	担当窓口で交付が可能	—
	白地図（地形図）	都市基盤部　都市計画分野　都市計画担当	区役所９階 中野区中野４-８-１	03-3228-8981	担当窓口での販売はない	—
	開発登録簿、開発許可 開発指導要綱等	都市基盤部　都市計画分野　都市計画担当	区役所９階 中野区中野４-８-１	03-3228-8981	担当窓口で閲覧、交付が可能	—
	建築計画概要書	都市基盤部　建築分野　建築企画担当	区役所９階 中野区中野４-８-１	03-3228-8836	担当窓口で閲覧、交付が可能	—
道路	建築基準法上の道路の判定、位置指定道路	都市基盤部　都市基盤整備分野　生活道路担当	区役所８階 中野区中野４-８-１	03-3228-5549	担当窓口で閲覧が可能	—
	道路台帳平面図	都市基盤部　道路公園管理分野　道路境界担当（ただし、道路台帳平面図は未整備、昭和50年代初頭の図面は閲覧可能）	区役所８階 中野区中野４-８-１	03-3228-5525	担当窓口で閲覧が可能	—

19 東京都中野区（2/2）

法令	評価等に必要な書類等	担当課	担当所在（問合せ先）	電話	窓口対応	HP閲覧
道路等	道路境界確定図	都市基盤部　道路公園管理分野　道路境界担当	区役所８階 中野区中野４-８-１	03-3228-5525	担当窓口で閲覧、交付が可能	—
道路等	都市計画道路予定図	都市基盤部　都市計画分野　都市計画担当	区役所９階 中野区中野４-８-１	03-3228-8981	担当窓口で閲覧、コピーが可能	—
道路等	法定外公共物（里道、水路）	都市基盤部　道路公園管理分野　道路境界担当	区役所８階 中野区中野４-８-１	03-3228-5525	担当窓口で閲覧が可能	—
道路等	ライフライン（上下水道等）	上水道　東京都水道局中野営業所	中野区中野１-５-７	03-3362-1306	担当窓口で閲覧、交付が可能	—
道路等	ライフライン（上下水道等）	下水道　東京都下水道施設管理部管路管理課施設情報管理担当	新宿区西新宿２-８-１	03-5320-6618	担当窓口で閲覧、交付が可能	下水道配管図については、東京都HP「下水道台帳システム」にて閲覧、交付可能
その他	周知の埋蔵文化財所在地図	健康福祉部　健康スポーツ分野　文化財担当	中野区中野４-８-１	03-3228-8731	担当窓口で閲覧可能（電話でも住居表示を伝えると回答可能） FAX：03-3228-5626でも照会可能	—
その他	農地全般	都市政策推進室　産業振興分野　経営担当	中野区中野４-８-１	03-3228-5707	担当窓口で各種許可等を申請	—
その他	土地区画整理図	都市基盤部　都市計画分野　都市計画担当	区役所９階 中野区中野４-８-１	03-3228-8981	区画整理自体、かなり昔の事業であるため、資料等は特にないとのこと	—
その他	土壌汚染	環境部　生活環境分野	中野区保健所２階 中野区中野２-17-４	03-3382-3135	担当窓口で閲覧が可能 コピーは区役所４階の区政資料コーナーで可	都環境局HPで「要措置区域等の指定状況」を閲覧可能

1　**東京都中野区役所**　〒164-8501　東京都中野区中野四丁目８番１号　電話 03-3389-1111（代表）
交通アクセス　●JR中野駅北口下車徒歩３分

2　**東京都中野都税事務所**　〒164-0001　中野区中野四丁目６番15号　電話 03（3386）1111（代表）
交通アクセス　●JR中央線、地下鉄東西線：中野駅北口から徒歩８分　●関東バス：新井中野通停留所から徒歩１分

20 東京都練馬区（1/2）

法令	評価等に必要な書類等	担当課	担当所在（問合せ先）	電話	窓口対応	HP閲覧
固定資産税	固定資産地番参考図	練馬都税事務所	練馬区豊玉北６-13-10	03-3993-2261（代表）	担当窓口で閲覧が可能	—
	固定資産税路線価図				担当窓口のほか都民情報ルーム（都庁第１本庁舎３階）でも閲覧と複写が可能	都主税局HPの「路線価公開」で閲覧可能
	固定資産課税台帳・土地家屋名寄帳				固定資産（土地・家屋）の所有者、所有者の代理人又は納税管理人等による閲覧が可能	—
	固定資産評価証明書（固定資産公課証明書）				固定資産（土地・家屋）の所有者、所有者の代理人又は納税管理人等へ交付が可能	—
都市計画・建築	都市計画図（用途地域・容積率・建ぺい率等含む。）	都市整備部　都市計画課　都市計画窓口	本庁舎16階　練馬区豊玉北６-12-１	03-5984-4717	担当窓口で閲覧、交付が可能	区HPより都市計画情報システムで閲覧可能
	都市計画証明（生産緑地等）	都市整備部　都市計画課　土地利用計画担当係	本庁舎16階　練馬区豊玉北６-12-１	03-5984-1544	担当窓口で発行	—
	白地図（地形図）	総務部　情報公開課　区民情報ひろば	西庁舎１階　練馬区豊玉北６-12-１	03-3993-1111（代表）	担当窓口で購入が可能	—
	開発登録簿、開発許可　開発指導要綱等	都市整備部　開発調整課　宅地開発係	本庁舎15階　練馬区豊玉北６-12-１	03-5984-1648	担当窓口で閲覧、交付が可能	区HPよりダウンロード可能
	建築計画概要書	都市整備部　建築課　管理係	本庁舎15階　練馬区豊玉北６-12-１	03-5984-1294	担当窓口で閲覧、交付が可能	—
道路	建築基準法上の道路の判定、位置指定道路	都市整備部　建築審査課　道路調査係	本庁舎15階　練馬区豊玉北６-12-１	03-5984-1984	担当窓口で閲覧、交付が可能	—
	道路台帳平面図	土木部 管理課 道路台帳係	本庁舎14階　練馬区豊玉北６-12-１	03-5984-1959	担当窓口で閲覧、交付が可能	区HPの「地図情報　ねりまっぷ」で、公道の「種別（区有通路は除く）」について確認可能

20 東京都練馬区（2/2）

法令	評価等に必要な書類等	担当課	担当所在（問合せ先）	電話	窓口対応	HP閲覧
道路等	道路境界確定図	土木部 管理課 道路台帳係	本庁舎14階 練馬区豊玉北6-12-1	03-5984-1959	担当窓口で閲覧、交付が可能	—
	都市計画道路予定図	都市整備部 交通企画課 交通企画担当係	本庁舎16階 練馬区豊玉北6-12-1	03-5984-1274	担当窓口で閲覧、交付が可能	区HPから閲覧可能
	法定外公共物（里道、水路）	土木部 管理課 道路台帳係	本庁舎14階 練馬区豊玉北6-12-1	03-5984-1959	担当窓口で対応	—
	ライフライン（上下水道）	上水道 東京都水道局北部支所・練馬営業所	練馬区中村北1-9-4	03-3999-3547	担当窓口で閲覧、交付が可能	—
		下水道 東京都下水道局 施設情報管理担当 下水道台帳閲覧室	新宿区西新宿2-8-1	03-5320-6618	担当窓口で閲覧、交付が可能	都下水道局HPで閲覧可能
その他	周知の埋蔵文化財所在地図	地域文化部 文化・生涯学習課 伝統文化係	本庁舎8階 練馬区豊玉北6-12-1	03-5984-2442	担当窓口で閲覧が可能 FAX（03-5984-1228）での照会も可	区HPより東京都遺跡地図情報インターネット提供サービスで閲覧可能
	農地全般	農業委員会事務局	本庁舎9階 練馬区豊玉北6-12-1	03-5984-1398	担当窓口で各種許可を申請	—
	土地区画整理図	都市整備部 都市計画課 都市計画担当係	本庁舎16階 練馬区豊玉北6-12-1	03-5984-1534	担当窓口で閲覧可能	都建設局HPで索引図のみを閲覧可能
		土木部 計画課 計画係	本庁舎13階 練馬区豊玉北6-12-1	03-5984-2073	担当窓口で閲覧、交付が可能	—
	土壌汚染	環境部 環境課 環境規制係	本庁舎18階 練馬区豊玉北6-12-1	03-5984-4712	担当窓口で閲覧が可能	都環境局HPで「要措置区域等の指定状況」を閲覧可能

1 **東京都練馬区役所** 〒176-8501 東京都練馬区豊玉北六丁目12番1号 電話 03-3993-1111（代表）
交通アクセス ●西武池袋線・有楽町線練馬駅下車 西口から徒歩5分 ●都営地下鉄大江戸線練馬駅下車 徒歩7分

2 **東京都練馬都税事務所** 〒176-8511 東京都練馬区豊玉北六丁目13番10号 電話 03-3993-2261（代表）
交通アクセス ●西武池袋線・有楽町線練馬駅下車 西口から徒歩3分 ●都営地下鉄大江戸線練馬駅下車 A2出口から徒歩5分

21 東京都文京区（1/2）

法令	評価等に必要な書類等	担当課	担当所在（問合せ先）	電話	窓口対応	HP閲覧
固定資産税	固定資産地番参考図	文京都税事務所	文京シビックセンター6階　文京区春日1-16-21	03-3812-3241（代）	担当窓口で閲覧が可能	—
	固定資産税路線価図				担当窓口のほか都民情報ルーム（都庁第一本庁舎3階）でも閲覧、複写が可能	都主税局ＨＰの「路線価公開」で閲覧可能
	固定資産課税台帳・土地家屋名寄帳				固定資産（土地・家屋）の所有者、所有者の代理人又は納税管理人等による閲覧が可能	—
	固定資産評価証明書（固定資産公課証明書）				固定資産（土地・家屋）の所有者、所有者の代理人又は納税管理人等への交付	—
都市計画・建築	都市計画図（用途地域・容積率・建ぺい率等含む。）	都市計画部　都市計画課	文京シビックセンター18階南側　文京区春日1-16-21	03-5803-1239	都市計画情報閲覧コーナーで閲覧可、問い合わせは窓口で	区HP「都市計画図検索システム」でネット閲覧可能
	都市計画証明（生産緑地等）	—	—	—	—	—
	白地図（地形図）	—	—	—	—	—
	開発登録簿、開発許可開発指導要綱等	都市計画部 都市計画課開発担当	文京シビックセンター18階南側　文京区春日1-16-21	03-5803-1235	担当窓口で閲覧、交付が可能。「開発行為の許可に関する審査基準」は行政情報センターで閲覧、複写	—
	建築計画概要書	都市計画部　建築指導課事務担当	文京シビックセンター18階南側　文京区春日1-16-21	03-5803-1262	担当窓口で閲覧、交付が可能	—
道路	建築基準法上の道路の判定、位置指定道路	都市計画部　建築指導課事務担当	文京シビックセンター18階南側　文京区春日1-16-21	03-5803-1262	担当窓口で閲覧、交付が可能	—
	道路台帳平面図	土木部　管理課 土木用地調整係	文京シビックセンター19階南側　文京区春日1-16-21	03-5803-1243	担当窓口で閲覧、交付が可能	区HPより「道路台帳平面図」の閲覧可能

21 東京都文京区（2/2）

法令	評価等に必要な書類等	担当課	担当所在（問合せ先）	電話	窓口対応	HP閲覧
道路等	道路境界確定図	土木部　管理課　土木用地調整係	文京シビックセンター19階南側　文京区春日1-16-21	03-5803-1243	担当窓口で、対応可能	—
	都市計画道路予定図	東京都都市整備局　都市づくり政策部　都市計画課　都市計画相談係	都庁第二庁舎21階北側　新宿区西2-8-1	03-5388-3213	担当窓口で閲覧、交付が可能	区HPより「文京区都市計画道路一覧」閲覧可能
	法定外公共物（里道、水路）	土木部　管理課　土木用地調整係	文京シビックセンター19階南側　文京区春日1-16-21	03-5803-1243	担当窓口で、対応可能	—
	ライフライン（上下水道）	上水道：東京都水道局　文京営業所	文京区西片2-16-23	03-3816-1428	担当窓口で閲覧、交付が可能	—
		下水道：東京都下水道局　施設情報管理担当　下水道台帳閲覧室	新宿区西新宿2-8-1	03-5320-6618	担当窓口で閲覧、交付が可能	下水道局HPより「下水道台帳」の閲覧可能
その他	周知の埋蔵文化財所在地図	教育委員会　教育推進部　教育総務課　文化財保護係	文京シビックセンター20階南側　文京区春日1-16-21	03-5803-1305	担当窓口で閲覧可能、FAX（03-5803-1366）での照会も受付	区HPより閲覧可能
	農地全般	—	—	—	—	—
	土地区画整理図	都市計画部　都市計画課	文京シビックセンター18階南側　文京区春日1-16-21	03-5803-1239	担当窓口で施工済か否かについてのみ照会可能	都建設局HPより「土地区画整理事業索引図」の閲覧可能
		東京都建設局　第六建設事務所　管理課	足立区千住東2-10-10	03-3882-1293	担当窓口で区施工以外の図面の閲覧可能	—
	土壌汚染	環境政策課　指導担当	文京シビックセンター17階南側　文京区春日1-16-21	03-5803-1260	担当窓口で閲覧が可能、又は行政情報センターで閲覧・コピーが可能	都環境局HPで「要措置区域等の指定状況」を閲覧可能

1 **東京都文京区役所**　〒112-8555　東京都文京区春日一丁目16番21号　文京シビックセンター　電話 03-3812-7111（区役所代表）
交通アクセス　●東京メトロ丸の内線後楽園駅下車　4a・5番出口より徒歩1分　●東京メトロ南北線後楽園駅下車　5番出口より徒歩1分

2 **東京都文京都税事務所**　〒112-8550　東京都文京区春日一丁目16番21号　文京シビックセンター6・7階　電話 03-3812-3241（都税事務所代表）
交通アクセス　●東京都文京区役所に同じ

22 東京都港区（1/2）

法令	評価等に必要な書類等	担当課	担当所在（問合せ先）	電話	窓口対応	HP閲覧
固定資産税	固定資産地番参考図	港都税事務所	港区麻布台 3 - 5 - 6	03-5549-3800（代表）	担当窓口で閲覧、交付が可能	—
	固定資産税路線価図				担当窓口のほか都民情報ルーム（都庁第 1 本庁舎 3 階）でも閲覧と複写が可能	都主税局HPの「路線価公開」で閲覧可能
	固定資産課税台帳・土地家屋名寄帳				固定資産（土地・家屋）の所有者、所有者の代理人又は納税管理人等による閲覧が可能	—
	固定資産評価証明書（固定資産公課証明書）				固定資産（土地・家屋）の所有者、所有者の代理人又は納税管理人等へ交付が可能	—
都市計画・建築	都市計画図（用途地域・容積率・建ぺい率等含む。）	都市計画課　都市計画係	本庁舎 6 階 港区芝公園 1 - 5 -25	03-3578-2215	窓口閲覧が可能	港区HPで閲覧可能
	都市計画証明（生産緑地等）	—	—	—	—	—
	白地図（地形図）	—	—	—	—	—
	開発登録簿、開発許可 開発指導要綱等	開発指導課　開発指導係	本庁舎 6 階 港区芝公園 1 - 5 -25	03-3578-2228	担当窓口で閲覧、交付が可能	港区HPに掲載なし 窓口で「都市計画法の規定に基づく開発行為の許可等に関する審査基準」のコピー可
	建築計画概要書	建築課　建築事務係	本庁舎 6 階 港区芝公園 1 - 5 -25	03-3578-2281	窓口閲覧、交付が可能	—
道路	建築基準法上の道路の判定、位置指定道路	建築課　建築審査係	本庁舎 6 階 港区芝公園 1 - 5 -25	03-3578-2290	窓口閲覧が可能	—
	道路台帳平面図	土木施設管理課　道路台帳係	本庁舎 6 階 港区芝公園 1 - 5 -25	03-3578-2254	窓口閲覧が可能	港区HPで閲覧可能

22 東京都港区（2/2）

法令	評価等に必要な書類等	担当課	担当所在（問合せ先）	電話	窓口対応	HP閲覧
道路等	道路境界確定図	土木施設管理課　道路台帳係	本庁舎6階 港区芝公園1-5-25	03-3578-2254	窓口閲覧が可能	—
	都市計画道路予定図	都市計画課　都市計画係	本庁舎6階 港区芝公園1-5-25	03-3578-2215	窓口閲覧が可能	—
	法定外公共物（里道、水路）	土木施設管理課　道路台帳係	本庁舎6階 港区芝公園1-5-25	03-3578-2254	窓口閲覧が可能	—
	ライフライン（上下水道等）	上水道　東京都水道局 港営業所	港区三田　1-3-27	03-3452-8531	担当窓口で閲覧、交付が可能	—
		下水道　東京都下水道局 施設管理部 管路管理課施設情報管理担当	新宿区西新宿2-8-1	03-5320-6618	担当窓口で閲覧が可能	下水道配管図については、東京都HP「下水道台帳システム」にて閲覧可能
その他	周知の埋蔵文化財所在地図	図書・文化財課　文化財係（港郷土資料館）	港区芝5-28-4（港区立三田図書館4階）	03-3452-4966	窓口で閲覧可能 窓口で概要図も配付するほか、FAX照会も可能（03-5476-6369）	—
	農地全般	—	—	—	—	—
	土地区画整理図	開発指導課街づくり担当	本庁舎6階 港区芝公園1-5-25	03-3578-2231	窓口閲覧が可能	—
	土壌汚染	環境課環境指導・環境アセスメント担当	本庁舎8階 港区芝公園1-5-25	03-3578-2490	窓口閲覧が可能	都環境局HPで「要措置区域等の指定状況」を閲覧可能

1　**東京都港区役所**　〒105-8511　東京都港区芝公園一丁目5番25号　電話：03-3578-2111（代表）
　交通アクセス　●JR山手線浜松町駅北口　徒歩10分　●地下鉄浅草線、大江戸線大門駅　A6出口徒歩5分　●三田線御成門駅A2出口　徒歩5分

2　**港都税事務所**　〒106-8560　東京都港区麻布台三丁目5番6号　電話 03-5549-3800（代表）
　交通アクセス　●地下鉄日比谷線　神谷町駅徒歩10分
　●地下鉄南北線　六本木一丁目駅徒歩9分
　●地下鉄大江戸線・南北線　麻布十番駅徒歩11分

23 東京都目黒区（1/2）

法令	評価等に必要な書類等	担当課	担当所在（問合せ先）	電話	窓口対応	HP閲覧
固定資産税	固定資産地番参考図	目黒都税事務所	目黒区総合庁舎３階 目黒区上目黒２-19-15	03-5722-9001 （代表）	担当窓口で閲覧が可能	—
	固定資産税路線価図				担当窓口のほか都民情報ルーム（都庁第一本庁舎３階）でも閲覧と複写が可能	都主税局HPの「路線価公開」で閲覧可能
	固定資産課税台帳・土地家屋名寄帳				担当窓口で固定資産（土地・家屋）の所有者、所有者の代理人又は納税管理人等による閲覧が可能	—
	固定資産評価証明書 （固定資産公課証明書）				担当窓口で固定資産（土地・家屋）の所有者、所有者の代理人又は納税管理人等への交付が可能	—
都市計画・建築	都市計画図（用途地域・容積率・建ぺい率等含む。）	都市整備部　建築課　用途地域担当	本館６階 目黒区上目黒２-19-15	03-5722-9127	担当窓口で閲覧、購入は都市計画課のほか区政情報コーナーでも可能	区HPで「目黒区地域地区図」の閲覧可能
	都市計画証明（生産緑地）	都市整備部　都市計画課　都市計画係	本館６階 目黒区上目黒２-19-15	03-5722-9725	担当窓口で交付	区HPで「生産緑地地区位置図」の閲覧可能
	白地図（地形図）	—	—	—	—	—
	開発登録簿、開発許可 開発指導要綱等	都市整備部　都市整備課　開発係	本館６階 目黒区上目黒２-19-15	03-5722-9715	担当窓口で閲覧、交付が可能	区HPで「開発許可制度のあらまし」の閲覧可能
	建築計画概要書	都市整備部　建築課　調査係	本館６階 目黒区上目黒２-19-15	03-5722-9638	担当窓口で閲覧、交付が可能	—
道路	建築基準法上の道路の判定、位置指定道路	都市整備部　建築課　調査係	本館６階 目黒区上目黒２-19-15	03-5722-9638	担当窓口で閲覧、交付が可能	区HPで「指定道路図（建築基準法上の道路種別）」の閲覧可能
	道路台帳平面図	都市整備部　道路管理課　境界係	本館６階 目黒区上目黒２-19-15	03-5722-9467	担当窓口で閲覧、交付が可能	—

23 東京都目黒区（2/2）

法令	評価等に必要な書類等	担当課	担当所在（問合せ先）	電話	窓口対応	HP閲覧
道路等	道路境界確定図	都市整備部　道路管理課 境界係	本館６階 目黒区上目黒２-19-15	03-5722-9467	担当窓口で閲覧、交付が可能	—
	都市計画道路予定図	都市整備部　都市計画課 都市計画係	本館６階 目黒区上目黒２-19-15	03-5722-9725	担当窓口で閲覧、交付が可能	区HPで「目黒区都市計画施設図」の閲覧可能
	法定外公共物（里道、水路）	都市整備部　道路管理課 境界係	本館６階 目黒区上目黒２-19-15	03-5722-9467	担当窓口で閲覧、交付が可能	—
	ライフライン（上下水道）	上水道　東京都水道局　目黒営業所	目黒営業所内 目黒区中町２-43-18	03-3719-1549	担当窓口で閲覧、交付が可能	—
		下水道　東京都下水道局 施設情報管理担当 下水道台帳閲覧室	新宿区西新宿２-８-１	03-5320-6618	担当窓口で閲覧、交付が可能	都下水道局HPより「下水道台帳」の閲覧可能
その他	周知の埋蔵文化財所在地図	教育委員会事務局　生涯学習課　文化財係	めぐろ歴史資料館 目黒区中目黒３-６-10	03-5722-9320	担当窓口で閲覧可能 FAX（03-3715-1325）での照会可能	区HPで「目黒区埋蔵文化財包蔵地地図」等の閲覧が可能
	農地全般	産業経済部　産業経済・消費生活課　経済・融資係（農業委員会非設置）	本館１階 目黒区上目黒２-19-15	03-5722-9879	担当窓口で対応可能	—
	土地区画整理図	都市整備部　道路管理課 境界係	本館６階 目黒区上目黒２-19-15	03-5722-9467	担当窓口で対応可能	—
	土壌汚染	環境清掃部　環境保全課 公害対策係	本館６階 目黒区上目黒２-19-15	03-5722-9384	担当窓口で閲覧可能（下水道法・水質汚濁防止法　有害物質使用特定施設）	都環境局HPで「要措置区域等の指定状況」を閲覧可能

1　**東京都目黒区役所**　〒153-8573　東京都目黒区上目黒二丁目19番15号　目黒区総合庁舎　電話 03-3715-1111（代表）
　交通アクセス　●東急東横線・東京メトロ日比谷線中目黒駅下車　徒歩５分
　●東急バス目黒区総合庁舎前停留所下車
2　**東京都目黒都税事務所**　〒153-8937　東京都目黒区上目黒二丁目19番15号　目黒区総合庁舎内　電話 03-5722-9001（代表）

24 東京都小平市（1/2）

法令	評価等に必要な書類等	担当課	担当所在（問合せ先）	電話	窓口対応	HP閲覧
固定資産税	固定資産地番参考図	市民部税務課	市役所２階 小平市小川町２-1333	042-346-9521	担当窓口で閲覧が可能	—
	固定資産税路線価図	市民部税務課	市役所２階 小平市小川町２-1333	042-346-9521	担当窓口で閲覧が可能	—
	固定資産課税台帳・土地家屋名寄帳	市民部税務課	市役所２階 小平市小川町２-1333	042-346-9521	担当窓口で固定資産（土地・家屋）の所有者、所有者の代理人又は納税管理人等による閲覧が可能	—
	固定資産評価証明書 （固定資産公課証明書）	市民部税務課	市役所２階 小平市小川町２-1333	042-346-9521	担当窓口で固定資産（土地・家屋）の所有者、所有者の代理人又は納税管理人等へ交付が可能	—
都市計画・建築	都市計画図（用途地域・容積率・建ぺい率等含む。）	都市開発部　都市計画課	市役所４階 小平市小川町２-1333	042-346-9554	縦覧図書で確認	市HPでネット閲覧可能
	都市計画証明（生産緑地等）	都市開発部　都市計画課	市役所４階 小平市小川町２-1333	042-346-9554	担当窓口で交付が可能	—
	白地図（地形図）	都市開発部　都市計画課	市役所４階 小平市小川町２-1333	042-346-9554	担当窓口で閲覧が可能	—
	開発登録簿、開発許可 開発指導要綱等	東京都多摩建築指導事務所　開発指導第二課	府中合同庁舎４階 府中市宮西町１-26-１	042-364-2386	担当窓口で閲覧、交付が可能	—
	建築計画概要書	東京都多摩建築指導事務所　建築指導第二課	小平合同庁舎１階 小平市花小金井１-６-20	042-464-2154	担当窓口で閲覧、交付が可能	—
道路	建築基準法上の道路の判定、位置指定道路	東京都多摩建築指導事務所　建築指導第二課	小平合同庁舎１階 小平市花小金井１-６-20	042-464-0009	担当窓口で閲覧が可能	—
	道路台帳平面図	都市開発部　道路課　道路測量担当	市役所４階 小平市小川町２-1333	042-346-9551	市認定道路の情報（認定道路の有無・名称・幅員等）の窓口閲覧可能	—

24 東京都小平市（2/2）

法令	評価等に必要な書類等	担当課	担当所在（問合せ先）	電話	窓口対応	HP閲覧
道路等	道路境界確定図	都市開発部道路課　道路測量担当	市役所４階 小平市小川町２-1333	042-346-9551	担当窓口で閲覧、交付が可能	―
	都市計画道路予定図	都市開発部道路課　都市計画道路担当	市役所４階 小平市小川町２-1333	042-346-9828	縦覧図書で確認	市HPでネット閲覧可能
	法定外公共物（里道、水路）	都市開発部道路課　道路測量担当	市役所４階 小平市小川町２-1333	042-346-9551	担当窓口で閲覧可能	―
	ライフライン（上下水道等）	上水道　東京都水道局（東久留米サービスステーション）	東久留米市滝山６-１-１	042-460-5902	担当窓口で閲覧、交付が可能	―
		下水道　下水道課　設備維持担当	市役所４階 小平市小川町２-1333	042-346-9560		
その他	周知の埋蔵文化財所在地図	地域振興部文化スポーツ課　文化財担当	市役所１階 小平市小川町２-1333	042-346-9501	担当窓口で閲覧可能	都HPでネット閲覧可能
	農地全般	農業委員会事務局	市役所１階 小平市小川町２-1333	042-346-9533	担当窓口で各種許可等を申請	―
	土地区画整理図	都市開発部都市計画課計画担当	市役所４階 小平市小川町２-1333	042-346-9554	担当窓口で閲覧が可能	―
	土壌汚染	環境部環境政策課　環境対策担当	市役所４階 小平市小川町２-1333	042-346-9536	担当窓口で閲覧が可能	都環境局HPで「要措置区域等の指定状況」を閲覧可能

小平市役所　〒187-8701　東京都小平市小川町二丁目1333　電話 042-341-1211（代表）
交通アクセス　●西武多摩湖線「青梅街道」駅から、南へ350メートル（徒歩５分）

25 東京都調布市（1/2）

法令	評価等に必要な書類等	担当課	担当所在（問合せ先）	電話	窓口対応	HP閲覧
固定資産税	固定資産地番参考図	都市整備部　道路管理課 財産管理係	7階 調布市小島町2-35-1	042-481-7571	担当窓口で閲覧が可能	—
	固定資産税路線価図	市民部　資産税課	3階 調布市小島町2-35-1	042-481-7205 ～9	担当窓口で閲覧が可能	—
	固定資産課税台帳・土地家屋名寄帳	市民部　資産税課	3階 調布市小島町2-35-1	042-481-7205 ～9	担当窓口で固定資産（土地・家屋）の所有者、所有者の代理人又は納税管理人等が閲覧可能	—
	固定資産評価証明書 （固定資産公課証明書）	市民部　資産税課	3階 調布市小島町2-35-1	042-481-7205 ～9	担当窓口で固定資産（土地・家屋）の所有者、所有者の代理人又は納税管理人等へ交付が可能	—
都市計画・建築	都市計画図（用途地域・容積率・建ぺい率等含む。）	都市整備部　都市計画課	7階 調布市小島町2-35-1	042-481-7453	担当窓口で閲覧可能	市HPの都市計画のリンクより「調布まっぷ」で閲覧可能
	都市計画証明（生産緑地等）	都市整備部　都市計画課	7階 調布市小島町2-35-1	042-481-7402、7442、7444、7453	担当窓口にて各種証明書(生産緑地など）の交付申請	—
	白地図（地形図）	行政経営部　広報課	4階 調布市小島町2-35-1	042-481-7301、7302	担当窓口で購入が可能	市HPの都市計画のリンクより「調布まっぷ」の「わが街ガイド」で閲覧可能
	開発登録簿、開発許可 開発指導要綱等	都市整備部　都市計画課	7階 調布市小島町2-35-1	042-481-7442	担当窓口で閲覧、交付が可能	市HPから閲覧及び許可申請書等のダウンロードが可能
	建築計画概要書	建築指導課　庶務係	8階 調布市小島町2-35-1	042-481-7512、7513	担当窓口で閲覧、交付が可能	—
道路	建築基準法上の道路の判定、位置指定道路	都市整備部　道路管理課 財産管理係	7階 調布市小島町2-35-1	042-481-7406、7411、7571	担当窓口で閲覧が可能	市HP「道路線認定図」を閲覧可能
	道路台帳平面図	都市整備部　道路管理課 財産管理係	7階 調布市小島町2-35-1	042-481-7406、7411、7571	調布市認定道路の情報（認定道路の有無・名称・幅員等）の窓口閲覧可能	—

25 東京都調布市（2/2）

法令	評価等に必要な書類等	担当課	担当所在（問合せ先）	電話	窓口対応	HP閲覧
道路等	道路境界確定図	都市整備部　道路管理課　財産管理係	7階 調布市小島町2-35-1	042-481-7406、7411、7571	担当窓口で対応可能	―
	都市計画道路予定図	都市整備部　街づくり事業課　事業計画係	7階 調布市小島町2-35-1	042-481-7587	担当窓口で閲覧、交付が可能	市HPよりリンク「調布市道路網計画」でネット閲覧可能
	法定外公共物（里道、水路）	都市整備部　道路管理課　財産管理係	7階 調布市小島町2-35-1	042-481-7406、7411、7571	担当窓口で閲覧、法定外公共物有無証明等の交付が可能	―
	ライフライン（上下水道等）	上水道：東京都水道局（調布サービスステーション）	調布市国領町7-29-5	042-443-2512	給水装置図面の閲覧	―
		下水道：環境部　下水道課	8階 調布市小島町2-35-1	042-481-7228～31	下水道台帳（下水道課）	―
その他	周知の埋蔵文化財所在地図	教育委員会教育部　郷土博物館　事業文化係	調布市小島町3-26-2	042-481-7651、7656	担当窓口で閲覧可能 FAX(042-481-7655)による照会も可	周知の埋蔵文化財包蔵地は東京都教育委員会の「東京都遺跡地図情報インターネット提供サービス」で閲覧可能
	農地全般	生活文化スポーツ部　農政課	3階 調布市小島町2-35-1	042-481-7182	担当窓口で各種許可等を申請	―
	土地区画整理図	都市整備部　都市計画課	7階 調布市小島町2-35-1	042-481-7453	担当窓口で閲覧が可能	―
	土壌汚染	環境部　環境政策課	8階 調布市小島町2-35-1	042-481-7086、7087	担当窓口で閲覧が可能	都環境局HPで「要措置区域等の指定状況」を閲覧可能

調布市役所　〒182-8511　東京都調布市小島町二丁目35番地1　電話 042-481-7111（代表）
交通アクセス　●京王線調布駅下車、中央口から徒歩約5分

26 東京都立川市（1/2）

法令	評価等に必要な書類等	担当課	担当所在（問合せ先）	電話	窓口対応	HP閲覧
固定資産税	固定資産地番参考図	財務部 課税課	市役所１階 立川市泉町1156-９	042-523-2111	担当窓口で閲覧が可能	―
	固定資産税路線価図	財務部 課税課	市役所１階 立川市泉町1156-９	042-523-2111	担当窓口で閲覧が可能	―
	固定資産課税台帳・土地家屋名寄帳	財務部 課税課	市役所１階 立川市泉町1156-９	042-523-2111	固定資産（土地・家屋）の所有者、所有者の代理人又は納税管理人等が閲覧可能	―
	固定資産評価証明書（固定資産公課証明書）	財務部 課税課	市役所１階 立川市泉町1156-９	042-523-2111	固定資産（土地・家屋）の所有者、所有者の代理人又は納税管理人等へ交付が可能	―
都市計画・建築	都市計画図（用途地域・容積率・建ぺい率等含む。）	まちづくり部 都市計画課	市役所２階 立川市泉町1156-９	042-528-4324	縦覧図書で確認	市HPでネット閲覧可能
	都市計画証明（生産緑地等）	まちづくり部 都市計画課	市役所２階 立川市泉町1156-９	042-528-4324	担当窓口で交付が可能	―
	白地図（地形図）	まちづくり部 都市計画課	市役所２階 立川市泉町1156-９	042-528-4324	担当窓口で閲覧が可能	―
	開発登録簿、開発許可 開発指導要綱等	東京都多摩建築指導事務所 開発指導第一課	立川合同庁舎２階 立川市錦町４-６-３	042-548-2037	担当窓口で閲覧、交付が可能	―
	建築計画概要書	まちづくり部 建築指導課	市役所２階 立川市泉町1156-９	042-528-4326	担当窓口で閲覧、交付が可能	―
道路	建築基準法上の道路の判定、位置指定道路	まちづくり部 建築指導課	市役所２階 立川市泉町1156-９	042-528-4326	担当窓口で閲覧が可能	―
	道路台帳平面図	まちづくり部 道路課	市役所２階 立川市泉町1156-９	042-528-4361	市認定道路の情報（認定道路の有無・名称・幅員等）の窓口閲覧可能	―

26 東京都立川市（2/2）

法令	評価等に必要な書類等	担当課	担当所在（問合せ先）	電話	窓口対応	HP閲覧
道路等	道路境界確定図	まちづくり部　道路課	市役所２階 立川市泉町1156-９	042-528-4361	担当窓口で閲覧可能	—
	都市計画道路予定図	まちづくり部　都市計画課	市役所２階 立川市泉町1156-９	042-528-4324	縦覧図書で確認	市HPでネット閲覧可能
	法定外公共物（里道、水路）	まちづくり部　道路課	市役所２階 立川市泉町1156-９	042-528-4361	担当窓口で閲覧可能	—
	ライフライン（上下水道等）	上水道　東京都水道局（立川サービスステーション）	立川市緑町６-７	042-521-7698	担当窓口で閲覧、交付が可能	—
		下水道　環境下水道部　下水道管理課	市役所２階 立川市泉町1156-９	042-528-4329		
その他	周知の埋蔵文化財所在地図	教育委員会事務局 教育部生涯学習推進センター文化財係	歴史民俗資料館 立川市富士見町３-12-34	042-525-0860	担当窓口で閲覧可能	都HPでネット閲覧可能
	農地全般	農業委員会事務局	市役所２階 立川市泉町1156-９	042-528-4318	担当窓口で各種許可等を申請	—
	土地区画整理図	まちづくり部　都市計画課	市役所２階 立川市泉町1156-９	042-528-4324	担当窓口で閲覧が可能	—
	土壌汚染	環境下水道部　環境対策課	市役所２階 立川市泉町1156-９	042-528-4341	担当窓口で閲覧が可能	都環境局HPで「要措置区域等の指定状況」を閲覧可能

立川市役所　〒190-8666　東京都立川市泉町1156番地９　電話 042-523-2111（代表）
交通アクセス　●多摩モノレール「高松」駅から、北西へ900メートル（徒歩12分）

27 東京都西東京市（1/2）

法令	評価等に必要な書類等	担当課	担当所在（問合せ先）	電話	窓口対応	HP閲覧
固定資産税	固定資産地番参考図	市民部　資産税課	田無庁舎４階 西東京市南町５-６-13	042-460-9829	担当窓口で閲覧が可能	—
	固定資産税路線価図	市民部　資産税課	田無庁舎４階 西東京市南町５-６-13	042-460-9829	担当窓口で閲覧が可能	—
	固定資産課税台帳・土地家屋名寄帳	市民部　資産税課	田無庁舎４階 西東京市南町５-６-13	042-460-9829	担当窓口で固定資産（土地・家屋）の所有者、所有者の代理人又は納税管理人等による閲覧が可能	—
	固定資産評価証明書 （固定資産公課証明書）	市民部　資産税課	田無庁舎４階 西東京市南町５-６-13	042-460-9829	担当窓口で固定資産（土地・家屋）の所有者、所有者の代理人又は納税管理人等へ交付が可能	—
都市計画・建築	都市計画図（用途地域・容積率・建ぺい率等含む。）	都市整備部　都市計画課	保谷庁舎５階 西東京市中町１-５-１	042-438-4050	縦覧図書で確認	市HPでネット閲覧可能
	都市計画証明（生産緑地等）	都市整備部　都市計画課	保谷庁舎５階 西東京市中町１-５-１	042-438-4050	担当窓口で交付が可能	—
	白地図（地形図）	都市整備部　都市計画課	保谷庁舎５階 西東京市中町１-５-１	042-438-4050	担当窓口で閲覧が可能	—
	開発登録簿、開発許可 開発指導要綱等	東京都多摩建築指導事務所　開発指導第二課	府中合同庁舎４階 府中市宮西町１-26-１	042-364-2386	担当窓口で閲覧、交付が可能	—
	建築計画概要書	都市整備部　建築指導課	保谷庁舎４階 西東京市中町１-５-１	042-438-4026	担当窓口で閲覧、交付が可能	—
道路	建築基準法上の道路の判定、位置指定道路	都市整備部　建築指導課	保谷庁舎４階 西東京市中町１-５-１	042-438-4026	担当窓口で閲覧が可能	—
	道路台帳平面図	都市整備部　道路管理課	保谷庁舎５階 西東京市中町１-５-１	042-438-4056	担当窓口で閲覧が可能	市HPでネット閲覧可能

27 東京都西東京市（2/2）

法令	評価等に必要な書類等	担当課	担当所在（問合せ先）	電話	窓口対応	HP閲覧
道路等	道路境界確定図	都市整備部　道路管理課	保谷庁舎5階 西東京市中町1-5-1	042-438-4056	担当窓口で閲覧可能	―
	都市計画道路予定図	都市整備部　都市計画課	保谷庁舎5階 西東京市中町1-5-1	042-438-4050	縦覧図書で確認	市HPでネット閲覧可能
	法定外公共物（里道、水路）	都市整備部　道路管理課	保谷庁舎5階 西東京市中町1-5-1	042-438-4056	担当窓口で閲覧可能	―
	ライフライン（上下水道等）	上水道　東京都水道局（東久留米サービスステーション）	東久留米市滝山6-1-1	042-471-5199	担当窓口で閲覧、交付が可能	―
		下水道　都市整備部　下水道課	保谷庁舎5階 西東京市中町1-5-1	042-438-4060		
その他	周知の埋蔵文化財所在地図	教育部　社会教育課	保谷庁舎3階 西東京市中町1-5-1	042-438-4079	担当窓口で閲覧可能	都HPでネット閲覧可能
	農地全般	農業委員会事務局	保谷庁舎3階 西東京市中町1-5-1	042-438-4044	担当窓口で各種許可等を申請	―
	土地区画整理図	都市整備部　都市計画課	保谷庁舎5階 西東京市中町1-5-1	042-438-4050	担当窓口で閲覧が可能	―
	土壌汚染	みどり環境部　環境保全課	西東京市泉町3-12-35 エコプラザ西東京	042-438-4042	担当窓口で閲覧が可能	都環境局HPで「要措置区域等の指定状況」を閲覧可能

1　**西東京市役所（田無庁舎）**　〒188-8666　東京都西東京市南町五丁目6番13号　電話 042-464-1311（代表）
　交通アクセス　●西武新宿線「田無」駅から、南西へ350メートル（徒歩5分）

2　**西東京市役所（保谷庁舎）**　〒202-8555　西東京市中町一丁目5番1号　電話 042-464-1311（代表）
　交通アクセス　●西武池袋線「保谷」駅から、南西へ1.2キロメートル（徒歩15分）

28 東京都八王子市（1/2）

法令	評価等に必要な書類等	担当課	担当所在（問合せ先）	電話	窓口対応	HP閲覧
固定資産税	固定資産地番参考図	税務部　資産税課 土地担当	本庁舎議会棟２階 八王子市元本郷町３-24-１	042-620-7222	担当窓口で閲覧が可能	—
	固定資産税路線価図	税務部　資産税課 土地担当	本庁舎議会棟２階 八王子市元本郷町３-24-１	042-620-7222	担当窓口で閲覧が可能	—
	固定資産課税台帳・土地家屋名寄帳	税務部　資産税課 土地担当	本庁舎議会棟２階 八王子市元本郷町３-24-１	042-620-7222	固定資産（土地・家屋）の所有者、所有者の代理人又は納税管理人等が閲覧可能	—
	固定資産評価証明書 （固定資産公課証明書）	税務部　税制課 証明担当	本庁舎議会棟２階 八王子市元本郷町３-24-１	042-620-7218	固定資産（土地・家屋）の所有者、所有者の代理人又は納税管理人等へ交付可能	—
都市計画・建築	都市計画図（用途地域・容積率・建ぺい率等含む。）	都市計画部　都市計画課	本庁舎事務棟６階 八王子市元本郷町３-24-１	042-620-7302	担当窓口で閲覧が可能	市HPでネット閲覧可能
	都市計画証明（生産緑地等）	都市計画部　都市計画課	本庁舎事務棟６階 八王子市元本郷町３-24-１	042-620-7302	担当窓口で交付が可能	—
	白地図（地形図）	総務部　総務課 情報公開・個人情報保護コーナー	本庁舎事務棟１階 八王子市元本郷町３-24-１	042-620-7321	担当窓口で購入が可能	—
	開発登録簿、開発許可 開発指導要綱等	まちなみ整備部　開発指導課	本庁舎事務棟５階 八王子市元本郷町３-24-１	042-620-7261	担当窓口で交付閲覧、が可能	市HP開発市道要綱のダウンロードが可能
	建築計画概要書	まちなみ整備部　建築指導課（庶務担当）	本庁舎事務棟５階 八王子市元本郷町３-24-１	042-620-7263	担当窓口で閲覧、交付が可能	—
道路	建築基準法上の道路の判定、位置指定道路	まちなみ整備部　建築指導課（建築許認可担当）	本庁舎事務棟５階 八王子市元本郷町３-24-１	042-620-7264	担当窓口で閲覧が可能	—
	道路台帳平面図	道路交通部　管理課 （道路台帳担当）	本庁舎事務棟６階 八王子市元本郷町３-24-１	042-620-7381	担当窓口で閲覧、交付が可能	—

28 東京都八王子市（2/2）

法令	評価等に必要な書類等	担当課	担当所在（問合せ先）	電話	窓口対応	HP閲覧
道路等	道路境界確定図	道路交通部　財産課 （境界確定担当）	本庁舎事務棟６階 八王子市元本郷町３-24-１	042-620-7275	市有地に隣接する土地の所有者等が、境界の明示を受けようとするときに窓口閲覧	—
道路等	都市計画道路予定図	都市計画部　都市計画課	本庁舎事務棟６階 八王子市元本郷町３-24-１	042-620-7302	担当窓口で閲覧が可能	—
道路等	法定外公共物（里道、水路）	道路交通部　財産課 （境界確定担当）	本庁舎事務棟６階 八王子市元本郷町３-24-１	042-620-7275	担当窓口で対応可能	—
道路等	ライフライン（上下水道等）	上水道　東京都水道局 八王子サービスステーション	八王子市元本郷町４-19-１	042-655-3875	担当窓口で閲覧、交付が可能	—
道路等	ライフライン（上下水道等）	下水道　東京都都市づくり公社 下水道事業所	八王子市北野町545-３	042-648-9381	担当窓口で閲覧、交付が可能	—
その他	周知の埋蔵文化財所在地図	生涯学習スポーツ部　文化財課	本庁舎事務棟７階 八王子市元本郷町３-24-１	042-620-7265	担当窓口で閲覧可能 FAX(042-626-8554）での照会も可能	—
その他	農地全般	産業振興部　農村課 農業委員会事務局	本庁舎事務棟６階 八王子市元本郷町３-24-１	042-620-7402	担当窓口で各種許可等を申請	—
その他	土地区画整理図	拠点整備部　区画整理課	本庁舎事務棟５階 八王子市元本郷町３-24-１	042-620-7297	担当窓口で閲覧が可能	—
その他	土壌汚染	環境部　環境保全課 （環境改善担当）	本庁舎事務棟２階 八王子市元本郷町３-24-１	042-620-7255	担当窓口で閲覧が可能	市HPで該当箇所をネット閲覧可能

八王子市役所　〒192-8501　東京都八王子市元本郷町三丁目24番１号　電話 042-626-3111(代表)
交通アクセス　●バス利用　JR中央本線　八王子駅、西八王子駅、高尾駅　京王線　京王八王子駅より「八王子市役所」又は「市役所入口元本郷公園東」ゆきに乗車
●徒歩　JR中央本線　西八王子駅下車　約20分

29 東京都日野市（1/2）

法令	評価等に必要な書類等	担当課	担当所在（問合せ先）	電話	窓口対応	HP閲覧
固定資産税	固定資産地番参考図	市民部　資産税課	市役所１階 日野市神明１-12-１	042-514-8252	担当窓口で閲覧が可能	―
	固定資産税路線価図	市民部　資産税課	市役所１階 日野市神明１-12-１	042-514-8252	担当窓口で閲覧が可能	―
	固定資産課税台帳・土地家屋名寄帳	市民部　資産税課	市役所１階 日野市神明１-12-１	042-514-8252	担当窓口で固定資産（土地・家屋）の所有者、所有者の代理人又は納税管理人等による閲覧が可能	―
	固定資産評価証明書 （固定資産公課証明書）	市民部　資産税課	市役所１階 日野市神明１-12-１	042-514-8252	担当窓口で固定資産（土地・家屋）の所有者、所有者の代理人又は納税管理人等へ交付が可能	―
都市計画・建築	都市計画図（用途地域・容積率・建ぺい率等含む。）	まちづくり部　都市計画課	市役所３階 日野市神明１-12-１	042-514-8354	縦覧図書で確認	市HPでネット閲覧可能
	都市計画証明（生産緑地等）	まちづくり部　都市計画課	市役所３階 日野市神明１-12-１	042-514-8354	担当窓口で交付が可能	―
	白地図（地形図）	市政図書室	市役所１階 日野市神明１-12-１	042-585-1111	担当窓口で閲覧が可能	―
	開発登録簿、開発許可 開発指導要綱等	東京都多摩建築指導事務所　開発指導第一課	立川合同庁舎２階 立川市錦町４-６-３	042-548-2037	担当窓口で閲覧、交付が可能	市HPから閲覧及び許可申請書等のダウンロードが可能
	建築計画概要書	まちづくり部　建築指導課	日野市神明２-12-３	042-587-6211	担当窓口で閲覧、交付が可能	―
道路	建築基準法上の道路の判定、位置指定道路	まちづくり部　建築指導課	日野市神明２-12-３	042-587-6211	担当窓口で閲覧が可能	―
	道路台帳平面図	まちづくり部　道路課	市役所３階 日野市神明１-12-１	042-514-8421	担当窓口で閲覧が可能	市HPでネット閲覧可能

29 東京都日野市（2/2）

法令	評価等に必要な書類等		担当課	担当所在（問合せ先）	電話	窓口対応	HP閲覧
道路等	道路境界確定図		まちづくり部　道路課	市役所３階 日野市神明１-12-１	042-514-8421	担当窓口で閲覧可能	—
	都市計画道路予定図		まちづくり部　都市計画課	市役所３階 日野市神明１-12-１	042-514-8354	縦覧図書で確認	市HPでネット閲覧可能
	法定外公共物（里道、水路）		まちづくり部　道路課	市役所３階 日野市神明１-12-１	042-514-8421	担当窓口で閲覧可能	—
	ライフライン（上下水道等）	上水道	東京都水道局（日野サービスステーション）	日野市多摩平２-７-２	042-581-0146	担当窓口で閲覧、交付が可能	—
		下水道	環境共生部　下水道課	市役所３階 日野市神明１-12-１	042-514-8324		
その他	周知の埋蔵文化財所在地図		教育部　生涯学習課 文化財係	市役所５階 日野市神明１-12-１	042-514-8792	担当窓口で閲覧可能 FAX（042-583-9684）での照会も可能	都HPでネット閲覧可能
	農地全般		農業委員会事務局	市役所３階 日野市神明１-12-１	042-514-8456	担当窓口で各種許可等を申請	—
	土地区画整理図		まちづくり部　区画整理課	市役所３階 日野市神明１-12-１	042-514-8405	担当窓口で閲覧が可能	—
	土壌汚染		東京都多摩環境事務所 環境改善課 土壌地下水対策係	東京都立川合同庁舎３階 立川市錦町４-６-３	042-523-3517	担当窓口で閲覧が可能	都環境局HPで「要措置区域等の指定状況」を閲覧可能

日野市役所　〒191-0016　東京都日野市神明一丁目12番地１　電話 042-585-1111（代表）
交通アクセス　●JR中央本線「日野」駅から、南へ1.1キロメートル（徒歩14分）

30 東京都府中市（1/2）

法令	評価等に必要な書類等	担当課	担当所在（問合せ先）	電話	窓口対応	HP閲覧
固定資産税	固定資産地番参考図	市民部　納税課	東庁舎２階 府中市宮西町２-24	042-335-4448	担当窓口で閲覧が可能	—
固定資産税	固定資産税路線価図	市民部　納税課	東庁舎２階 府中市宮西町２-24	042-335-4448	担当窓口で閲覧が可能	—
固定資産税	固定資産課税台帳・土地家屋名寄帳	市民部　納税課	東庁舎２階 府中市宮西町２-24	042-335-4448	固定資産（土地・家屋）の所有者、所有者の代理人又は納税管理人等が閲覧可能	—
固定資産税	固定資産評価証明書 （固定資産公課証明書）	市民部　総合窓口課	東庁舎１階 府中市宮西町２-24	042-335-4333	固定資産（土地・家屋）の所有者、所有者の代理人又は納税管理人等へ交付が可能	—
都市計画・建築	都市計画図（用途地域・容積率・建ぺい率等含む。）	都市整備部　計画課	東庁舎７階 府中市宮西町２-24	042-335-4334	担当窓口で閲覧	市HPでネット閲覧可能
都市計画・建築	都市計画証明（生産緑地等）	都市整備部　計画課	東庁舎７階 府中市宮西町２-24	042-335-4334	担当窓口で交付が可能	—
都市計画・建築	白地図（地形図）	市民相談室	東庁舎１階 府中市宮西町２-24	042-366-1711	担当窓口で購入が可能	—
都市計画・建築	開発登録簿、開発許可 開発指導要綱等	東京都多摩建築指導事務所　開発指導第二課	東京都府中合同庁舎４階 府中市宮西町１-26-１	042-364-2386	担当窓口で閲覧、交付が可能	—
都市計画・建築	建築計画概要書	都市整備部　建築指導課	東庁舎８階 府中市宮西町２-24	042-335-4476	担当窓口で閲覧、交付が可能	—
道路	建築基準法上の道路の判定、位置指定道路	都市整備部　建築指導課	東庁舎８階 府中市宮西町２-24	042-335-4476	担当窓口で閲覧が可能	—
道路	道路台帳平面図	都市整備部　管理課	東庁舎７階 府中市宮西町２-24	042-335-4794	担当窓口で閲覧が可能	市HPでネット閲覧可能

30 東京都府中市（2/2）

法令	評価等に必要な書類等	担当課	担当所在（問合せ先）	電話	窓口対応	HP閲覧
道路等	道路境界確定図	都市整備部　管理課	東庁舎７階 府中市宮西町２-24	042-335-4794	市有地に隣接する土地の所有者等が、境界の明示を受けようとするときに窓口閲覧	—
道路等	都市計画道路予定図	都市整備部　計画課	東庁舎７階 府中市宮西町２-24	042-335-4334	担当窓口で閲覧が可能	市HPでネット閲覧可能
道路等	法定外公共物（里道、水路）	都市整備部　管理課	東庁舎７階 府中市宮西町２-24	042-335-4794	担当窓口で閲覧が可能	—
道路等	ライフライン（上下水道）	上水道　東京都水道局府中サービスステーション	府中市寿町３-４-６	042-340-5633	担当窓口で閲覧が可能	—
道路等	ライフライン（上下水道）	下水道　都市整備部　下水道課	府中駅北第２庁舎５階 府中市寿町１-５	042-335-4381	担当窓口で閲覧が可能	—
その他	周知の埋蔵文化財所在地図	文化スポーツ部　ふるさと文化財課	府中市宮町３-１ ふるさと府中歴史館３階	042-335-4487	担当窓口で閲覧可能 FAX（042-360-4401）での照会も受付	—
その他	農地全般	農業委員会事務局	東庁舎４階 府中市宮西町２-24	042-335-4492	担当窓口で各種許可等を申請	—
その他	土地区画整理図	都市整備部　地区整備課	府中駅北第２庁舎７階 府中市寿町１-５	042-368-7592	担当窓口で閲覧が可能	—
その他	土壌汚染	生活環境部　環境政策課	府中駅北第２庁舎７階 府中市寿町１-５	042-335-4196	担当窓口で閲覧が可能	都環境局HPで「要措置区域等の指定状況」を閲覧可能

府中市役所　〒183-8703　東京都府中市宮西町二丁目24番地　電話 042-364-4111（代表）
交通アクセス　●京王線府中駅より徒歩５分
●JR南武線、武蔵野線　府中本町駅より徒歩３分

31 東京都町田市（1/2）

法令	評価等に必要な書類等	担当課	担当所在（問合せ先）	電話	窓口対応	HP閲覧
固定資産税	固定資産地番参考図	財務部　資産税課	市庁舎２階 町田市森野２-２-22	042-724-2116	担当窓口で閲覧が可能	—
	固定資産税路線価図	財務部　資産税課	市庁舎２階 町田市森野２-２-22	042-724-2116	担当窓口で閲覧が可能	市HP「地図情報まちだ」でネット閲覧可能
	固定資産課税台帳・土地家屋名寄帳	財務部　市民税課	市庁舎２階 町田市森野２-２-22	042-724-2874	固定資産（土地・家屋）の所有者、所有者の代理人又は納税管理人等が閲覧可能	—
	固定資産評価証明書 （固定資産公課証明書）	財務部　市民税課	市庁舎２階 町田市森野２-２-22	042-724-2874	固定資産（土地・家屋）の所有者、所有者の代理人又は納税管理人等へ交付が可能	—
都市計画・建築	都市計画図（用途地域・容積率・建ぺい率等含む。）	都市づくり部　建築開発審査課	市庁舎８階 町田市森野２-２-22	042-724-4395	縦覧図書（縮尺2,500分の１）で確認	市HP「地図情報まちだ」でネット閲覧可能
	都市計画証明（生産緑地等）	都市づくり部　土地利用調整課	市庁舎８階 町田市森野２-２-22	042-724-4254	担当窓口で交付が可能	—
	白地図（地形図）	総務部市政情報課	市庁舎１階 町田市森野２-２-22	042-724-8407	担当窓口で購入が可能	市HP「地図情報まちだ」でネット閲覧可能
	開発登録簿、開発許可 開発指導要綱等	都市づくり部　建築開発審査課	市庁舎８階 町田市森野２-２-22	042-724-4395	担当窓口で閲覧、交付が可能	—
	建築計画概要書	都市づくり部　建築開発審査課	市庁舎８階 町田市森野２-２-22	042-724-4270	担当窓口で閲覧、交付が可能	—
道路	建築基準法上の道路の判定、位置指定道路	都市づくり部　建築開発審査課	市庁舎８階 町田市森野２-２-22	042-724-4273	担当窓口で閲覧が可能	—
	道路台帳平面図	建設部道路用地課	市庁舎９階 町田市森野２-２-22	042-724-1154	担当窓口で閲覧が可能	—

31 東京都町田市（2/2）

法令	評価等に必要な書類等	担当課	担当所在（問合せ先）	電話	窓口対応	HP閲覧
道路等	道路境界確定図	建設部　道路用地課	市庁舎9階 町田市森野2-2-22	042-724-1154	市有地に隣接する土地の所有者等が、境界の明示を受けようとするときに窓口閲覧	－
	都市計画道路予定図	都市づくり部　建築開発審査課	市庁舎8階 町田市森野2-2-22	042-724-4273	担当窓口で閲覧が可能	－
	法定外公共物（里道、水路）	里道　建設部　道路用地課	市庁舎9階	042-724-1154	担当窓口で閲覧が可能	－
		水路　下水道部　下水道管理課	市庁舎8階 町田市森野2-2-22	042-724-4328	担当窓口で閲覧が可能	－
	ライフライン（上下水道等）	上水道　東京都水道局町田サービスステーション	町田市木曽東1-4-1	042-721-3495	担当窓口で閲覧、交付が可能	－
		下水道　下水道整備課	市庁舎8階 町田市森野2-2-22	042-724-4301	担当窓口で閲覧、交付が可能	下水道市HP「地図情報まちだ」でネット閲覧可能
その他	周知の埋蔵文化財所在地図	教育委員会 生涯学習総務課	市庁舎10階 町田市森野2-2-22	042-724-2554	担当窓口で閲覧可能 FAX（050-3161-9866）での照会も受付	市HP「地図情報まちだ」でネット閲覧可能
	農地全般	農業委員会事務局	市庁舎9階 町田市森野2-2-22	042-724-2169	担当窓口で各種許可等を申請	－
	土地区画整理図	都市づくり部　建築開発審査課	市庁舎8階 町田市森野2-2-22	042-724-4395	担当窓口で閲覧が可能	－
	土壌汚染	環境資源部　環境保全課	市庁舎7階 町田市森野2-2-22	042-724-2711	担当窓口で閲覧が可能	市HPで「形質変更時要届出区域」をネット閲覧可能

町田市役所　〒194-8520　東京都町田市森野二丁目2-22　電話 042-722-3111（代表）
交通アクセス　●小田急線町田駅西口から徒歩約8分
●JR横浜線町田駅中央口・小田急線連絡口から徒歩約11分

32 東京都三鷹市（1/2）

法令	評価等に必要な書類等	担当課	担当所在（問合せ先）	電話	窓口対応	HP閲覧
固定資産税	固定資産地番参考図	市民部　資産税課	本庁舎２階 三鷹市野崎１-１-１	042-245-1151	担当窓口で閲覧が可能	—
	固定資産税路線価図	市民部　資産税課	本庁舎２階 三鷹市野崎１-１-１	042-245-1151	担当窓口で閲覧が可能	—
	固定資産課税台帳・土地家屋名寄帳	市民部　資産税課	本庁舎２階 三鷹市野崎１-１-１	042-245-1151	担当窓口で固定資産（土地・家屋）の所有者、所有者の代理人又は納税管理人等による閲覧が可能	—
	固定資産評価証明書 （固定資産公課証明書）	市民部　資産税課	本庁舎２階 三鷹市野崎１-１-１	042-245-1151	担当窓口で固定資産（土地・家屋）の所有者、所有者の代理人又は納税管理人等へ交付が可能	—
都市計画・建築	都市計画図（用途地域・容積率・建ぺい率等含む。）	都市整備部　都市計画課	本庁舎５階 三鷹市野崎１-１-１	042-245-1151	縦覧図書で確認	市HPでネット閲覧可能
	都市計画証明（生産緑地等）	都市整備部　都市計画課	本庁舎５階 三鷹市野崎１-１-１	042-245-1151	担当窓口で交付が可能	—
	白地図（地形図）	都市整備部　都市計画課	本庁舎５階 三鷹市野崎１-１-１	042-245-1151	担当窓口で閲覧が可能	—
	開発登録簿、開発許可 開発指導要綱等	東京都多摩建築指導事務所　開発指導第二課	府中合同庁舎４階 府中市宮西町１-26-１	042-364-2386	担当窓口で閲覧、交付が可能	市HPから閲覧及び許可申請書等のダウンロードが可能
	建築計画概要書	都市整備部　建築指導課	第二庁舎１階 三鷹市野崎１-１-１	042-245-1151	担当窓口で閲覧、交付が可能	—
道路	建築基準法上の道路の判定、位置指定道路	都市整備部　建築指導課	第二庁舎１階 三鷹市野崎１-１-１	042-245-1151	担当窓口で閲覧が可能	—
	道路台帳平面図	都市整備部　道路交通課	本庁舎５階 三鷹市野崎１-１-１	042-245-1151	担当窓口で閲覧が可能	市HPでネット閲覧可能

32 東京都三鷹市（2/2）

法令	評価等に必要な書類等	担当課	担当所在（問合せ先）	電話	窓口対応	HP閲覧
道路等	道路境界確定図	都市整備部道路交通課	本庁舎５階 三鷹市野崎１-１-１	042-245-1151	担当窓口で閲覧可能	—
道路等	都市計画道路予定図	都市整備部　まちづくり推進課　まちづくり推進係	本庁舎５階 三鷹市野崎１-１-１	042-245-1151	縦覧図書で確認	市HPでネット閲覧可能
道路等	法定外公共物（里道、水路）	都市整備部道路管理課道路管理係	本庁舎５階 三鷹市野崎１-１-１	042-245-1151	担当窓口で閲覧可能	—
道路等	ライフライン（上下水道等）	上水道　東京都水道局（調布サービスステーション）	調布市国領町７-29-５	042-443-2512	担当窓口で閲覧、交付が可能	—
道路等	ライフライン（上下水道等）	下水道　都市整備部水再生課　下水道維持係	本庁舎５階 三鷹市野崎１-１-１	042-245-1151	担当窓口で閲覧、交付が可能	—
その他	周知の埋蔵文化財所在地図	スポーツ文化部　生涯学習課	第二庁舎２階 三鷹市野崎１-１-１	042-245-1151	担当窓口で閲覧可能 FAX（0422-29-9040）での照会も受付	都HPでネット閲覧可能
その他	農地全般	農業委員会事務局	第二庁舎２階 三鷹市野崎１-１-１	042-245-1151	担当窓口で各種許可等を申請	—
その他	土地区画整理図	都市整備部都市計画課	本庁舎５階 三鷹市野崎１-１-１	022-245-1151	担当窓口で閲覧が可能	—
その他	土壌汚染	東京都多摩環境事務所　環境改善課　土壌地下水対策係	東京都立川合同庁舎３階 立川市錦町４-６-３	042-523-3517	担当窓口で閲覧が可能	都環境局HPで「要措置区域等の指定状況」を閲覧可能

三鷹市役所　〒181-8555　東京都三鷹市野崎一丁目１番１号　電話 042-245-1151（代表）
交通アクセス　●JR中央本線「三鷹」駅から、南へ2.3キロメートル（徒歩29分）

33 東京都東村山市（1/2）

法令	評価等に必要な書類等	担当課	担当所在（問合せ先）	電話	窓口対応	HP閲覧
固定資産税	固定資産地番参考図	市民部　課税課	本庁舎２階 東村山市本町１-２-３	042-393-5111	担当窓口で閲覧が可能	—
	固定資産税路線価図	市民部　課税課	本庁舎２階 東村山市本町１-２-３	042-393-5111	担当窓口で閲覧が可能	—
	固定資産課税台帳・土地家屋名寄帳	市民部　課税課	本庁舎２階 東村山市本町１-２-３	042-393-5111	担当窓口で固定資産（土地・家屋）の所有者、所有者の代理人又は納税管理人等による閲覧が可能	—
	固定資産評価証明書 （固定資産公課証明書）	市民部　課税課	本庁舎２階 東村山市本町１-２-３	042-393-5111	担当窓口で固定資産（土地・家屋）の所有者、所有者の代理人又は納税管理人等へ交付が可能	—
都市計画・建築	都市計画図（用途地域・容積率・建ぺい率等含む。）	まちづくり部　都市計画課	本庁舎４階 東村山市本町１-２-３	042-393-5111	縦覧図書で確認	市HPでネット閲覧可能
	都市計画証明（生産緑地等）	まちづくり部　都市計画課	本庁舎４階 東村山市本町１-２-３	042-393-5111	担当窓口で交付が可能	—
	白地図（地形図）	まちづくり部　都市計画課	本庁舎４階 東村山市本町１-２-３	042-393-5111	担当窓口で閲覧が可能	—
	開発登録簿、開発許可 開発指導要綱等	東京都多摩建築指導事務所　開発指導第二課	府中合同庁舎４階 府中市宮西町１-26-１	042-364-2386	担当窓口で閲覧、交付が可能	市HPから閲覧及び許可申請書等のダウンロードが可能
	建築計画概要書	東京都多摩建築指導事務所　建築指導第二課	小平合同庁舎１階 小平市花小金井１-６-20	042-464-2154	担当窓口で閲覧、交付が可能	—
道路	建築基準法上の道路の判定、位置指定道路	東京都多摩建築指導事務所　建築指導第二課	小平合同庁舎１階 小平市花小金井１-６-20	042-464-2154	担当窓口で閲覧が可能	—
	道路台帳平面図	まちづくり部　道路管理課	本庁舎４階 東村山市本町１-２-３	042-393-5111	担当窓口で閲覧が可能	—

33 東京都東村山市（2/2）

法令	評価等に必要な書類等	担当課	担当所在（問合せ先）	電話	窓口対応	HP閲覧
道路等	道路境界確定図	まちづくり部　道路管理課	本庁舎４階 東村山市本町１-２-３	042-393-5111	市有地に隣接する土地の所有者等が、境界の明示を受けようとするときに窓口閲覧	―
	都市計画道路予定図	まちづくり部　都市計画課　都市計画係	本庁舎４階 東村山市本町１-２-３	042-393-5111	縦覧図書で確認	市HPでネット閲覧可能
	法定外公共物（里道、水路）	まちづくり部　道路管理課	本庁舎４階 東村山市本町１-２-３	042-393-5111	担当窓口で閲覧可能	―
	ライフライン（上下水道等）	上水道　東京都水道局（小平サービスステーション）	小平市花小金井１-６-20	042-460-5902	担当窓口で閲覧、交付が可能	―
		下水道　まちづくり部　下水道課	本庁舎４階 東村山市本町１-２-３	042-393-5111		
その他	周知の埋蔵文化財所在地図	東村山ふるさと歴史館	東村山市諏訪町１-６-３	042-396-3800	担当窓口で閲覧可能	都HPでネット閲覧可能 電話、faxでの対応可能
	農地全般	農業委員会事務局	北庁舎１階 東村山市本町１-１-１	042-393-5111	担当窓口で各種許可等を申請	―
	土地区画整理図	まちづくり部　都市計画課	本庁舎４階 東村山市本町１-２-３	042-393-5111	担当窓口で閲覧が可能	―
	土壌汚染	東京都多摩環境事務所 環境改善課 土壌地下水対策係	東京都立川合同庁舎３階 立川市錦町４-６-３	042-523-3517	担当窓口で閲覧が可能	都環境局HPで「要措置区域等の指定状況」を閲覧可能

東村山市役所　〒189-8501　東京都東村山市本町一丁目２番地３号　電話 042-393-5111（代表）
交通アクセス　●西武新宿線「東村山」駅から、南東へ850メートル（徒歩11分）

34 神奈川県横浜市（1/2）

法令	評価等に必要な書類等	担当課	担当所在（問合せ先）	電話	窓口対応	HP閲覧
固定資産税	固定資産地番参考図	物件が所在する区役所	青葉区:青葉区市ケ尾町31- 4 旭区:旭区鶴ケ峰 1 - 4 -12 泉区:泉区和泉町4636- 2 磯子区:磯子区磯子 3 - 5 - 1 神奈川区:神奈川区広台太田町 3 - 8 金沢区:金沢区泥亀 2 - 9 - 1 港南区:港南区港南中央通10- 1 港北区:港北区大豆戸町26- 1 栄区：栄区桂町303番地の19 瀬谷区:瀬谷区二ツ橋町190 都筑区：都筑区茅ケ崎中央32- 1 鶴見区：鶴見区鶴見中央 3 -20- 1 戸塚区:戸塚区戸塚町16-17 中区:中区日本大通35番地 西区:西区中央 1 - 5 -10 保土ケ谷区:保土ケ谷区川辺町 2 - 9 緑区:緑区寺山町118	横浜市:045-671-2258 青葉区:045-978-2323 旭区:045-954-6161 泉区:045-800-2323 磯子区:045-750-2323 神奈川区:045-411-7171 金沢区:045-788-7878 港南区:045-847-8484 港北区:045-540-2323 栄区:045-894-8181 瀬谷区:045-367-5656 都筑区:045-948-2323 鶴見区:045-510-1818 戸塚区:045-866-8484 中区:045-224-8181 西区: 045-320-8484 保土ケ谷区:045-334-6262 緑区:045-930-2323	担当窓口で閲覧が可能	—
	固定資産税路線価図	市民情報センター	本庁舎 1 階 横浜市中区港町 1 - 1	045-671-3900	—	市HP「行政地図情報提供システム（よこはまの固定資産税路線価）」でネット閲覧可能
	固定資産課税台帳・土地家屋名寄帳	物件が所在する区役所	上記の各区参照	上記の各区参照	固定資産（土地・家屋）の所有者、所有者の代理人又は納税管理人等が閲覧可能	—
	固定資産評価証明書 （固定資産公課証明書）				固定資産（土地・家屋）の所有者、所有者の代理人又は納税管理人等へ交付可能	現年度は全区役所の証明書発行が可能
都市計画・建築	都市計画図（用途地域・容積率・建ぺい率等含む。）	建築局企画部　都市計画課	中区相生町 3 -56- 1 J N ビル14階	045-671-3510	担当窓口で閲覧 Mappy(マッピー)	市HP「i -マッピー」でネット閲覧可能
	都市計画証明（生産緑地等）	建築局企画部　都市計画課	中区相生町 3 -56- 1 J N ビル15階	045-671-3510	—	—
	白地図（地形図）	市民情報センター	本庁舎 1 階 横浜市中区港町 1 - 1	045-671-3900	担当窓口で販売	—
	開発登録簿、開発許可 開発指導要綱等	建築局宅地審査部　宅地審査課　指導担当	中区相生町 3 -56- 1 J N ビル 6 階	045-671-4515	担当窓口で閲覧、交付が可能	市HPでネット閲覧可
	建築計画概要書	建築局建築指導部　建築情報課　管理情報担当	中区相生町 3 -56- 1 J N ビル 5 階	045-671-4503	担当窓口で閲覧、交付が可能	—

34 神奈川県横浜市（2/2）

法令	評価等に必要な書類等	担当課	担当所在（問合せ先）	電話	窓口対応	HP閲覧
道路	建築基準法上の道路の判定、位置指定道路	建築局　建築指導部　建築道路課	中区相生町３-56-１ＪＮビル５階	045-671-4510	担当窓口で閲覧が可能	市HP「ｉ-マッピー」でネット閲覧可能
道路	道路台帳平面図	道路局　道路調査課 各区土木事務所	横浜市中区真砂町２-22 関内中央ビル２階	045-671-2774	担当窓口で閲覧、交付が可能	市HP[よこはまのみち」でネット閲覧可能
道路等	道路境界確定図（道水路境界明示図）	道路局　道路調査課 各区土木事務所	横浜市中区真砂町２-22 関内中央ビル２階	045-671-2774	担当窓口で閲覧	―
道路等	都市計画道路予定図	建築局　企画部　都市計画課	中区相生町３-56-１ＪＮビル14階	045-671-3510	担当窓口で閲覧	市HP「ｉ-マッピー」でネット閲覧可能
道路等	法定外公共物（里道、水路）	里道：道路局　路政課	横浜市中区真砂町２-22 関内中央ビル２階	045-671-2767	担当窓口で閲覧	―
道路等	法定外公共物（里道、水路）	水路：道路局　河川管理課	横浜市中区真砂町２-22 関内中央ビル４階	045-671-2855	担当窓口で閲覧	―
道路等	ライフライン（上下水道等）	上水道：横浜市水道局	横浜市中区真砂町２-22 関内中央ビル１階	045-671-3093	担当窓口で閲覧、交付が可能	―
道路等	ライフライン（上下水道等）	下水道：環境創造局　下水道管路部　管路保全課	横浜市中区真砂町２-22 関内中央ビル７階	045-671-2842	担当窓口で閲覧、交付が可能	市HPでネット閲覧可
その他	周知の埋蔵文化財所在地図	教育委員会事務局　生涯学習文化財課	横浜市中区真砂町２-12 関内駅前第一ビル４階	045-671-3284	担当窓口で閲覧可能 FAX（045-224-5863）での照会も受付	―
その他	農地全般	横浜市中央農業委員会（鶴見・神奈川・保土ケ谷・旭・港北・緑・青葉・都筑区）	横浜市都筑区茅ケ崎中央32-１都筑区総合庁舎４階	045-948-2475	担当窓口で各種許可等を申請	―
その他	農地全般	横浜市南西部農業委員会（西・中・南・港南・磯子・金沢・戸塚・栄・泉・瀬谷区）	横浜市戸塚区戸塚町16-17 戸塚区総合庁舎８階	045-866-8495	担当窓口で各種許可等を申請	―
その他	土地区画整理図	都市整備局　市街地整備調整課	市庁舎７階 横浜市中区港町１-１	045-671-2695	担当窓口で閲覧が可能	市HP「ｉ-マッピー」でネット閲覧可能
その他	土壌汚染	環境創造局水・土壌環境課	横浜市中区真砂町２-22 関内中央ビル８階	045-671-2494	担当窓口で閲覧が可能	市HPで「形質変更時要届出区域」をネット閲覧可能

横浜市役所　〒231-0017　神奈川県横浜市中区港町一丁目１　電話 045-671-2121（代表）
交通アクセス　●JR根岸線関内駅から徒歩１分　●横浜市営地下鉄関内駅から徒歩３分

35 神奈川県川崎市（1/2）

法令	評価等に必要な書類等	担当課	担当所在（問合せ先）	電話	窓口対応	HP閲覧
固定資産税	固定資産地番参考図	かわさき市税事務所（川崎区・幸区） こすぎ市税事務所（中原区） みぞのくち市税事務所（高津区・宮前区） しんゆり市税事務所（多摩区・麻生区）	（かわさき） 川崎市川崎区砂子1-8-9川崎御幸ビル1～4階 （こすぎ）中原区役所3階 川崎市中原区小杉町3-245 （みぞのくち） 川崎市高津区下作延2-7-60 （しんゆり） 川崎市麻生区万福寺1-2-2 新百合トウェンティワン5階	（かわさき） 044-200-3956 （こすぎ） 044-744-3241 （みぞのくち） 044-820-6565 （しんゆり） 044-543-8971	担当窓口で閲覧が可能	市HP「ガイドマップかわさき」でネット閲覧可能
	固定資産税路線価図				担当窓口で閲覧が可能	市HP「ガイドマップかわさき」でネット閲覧可能
	固定資産課税台帳・土地家屋名寄帳				固定資産（土地・家屋）の所有者、所有者の代理人又は納税管理人等が閲覧可能	—
	固定資産評価証明書（固定資産公課証明書）				固定資産（土地・家屋）の所有者、所有者の代理人又は納税管理人等へ交付が可能	—
都市計画・建築	都市計画図（用途地域・容積率・建ぺい率等含む。）	まちづくり局　計画部 都市計画課	川崎市川崎区宮本町6 明治安田生命川崎ビル5階	044-200-2720	担当窓口で閲覧	市HP「ガイドマップかわさき」でネット閲覧可能
	都市計画証明（生産緑地等）	まちづくり局　計画部 都市計画課	川崎市川崎区宮本町6 明治安田生命川崎ビル5階	044-200-2720	担当窓口で交付が可能	—
	白地図（地形図）	かわさき情報プラザ	川崎市役所第3庁舎2階 川崎市川崎区東田町5-4	044-860-2111	各種地域、サイズを販売	—
	開発登録簿、開発許可 開発指導要綱等	まちづくり局　指導部 建築管理課	川崎市川崎区宮本町6 明治安田生命川崎ビル11階	044-200-3015	担当窓口で閲覧、交付が可能	—
	建築計画概要書	まちづくり局　指導部 建築管理課	川崎市川崎区宮本町6 明治安田生命川崎ビル11階	044-200-3015	担当窓口で閲覧、交付が可能	—
道路	建築基準法上の道路の判定、位置指定道路	まちづくり局　建築審査課	川崎市川崎区宮本町6 明治安田生命川崎ビル7階	（川崎区、幸区） 044-200-3016 （宮前区、多摩区、麻生区） 044-200-3045 （中原区、高津区） 044-200-3020	担当窓口で閲覧が可能	市HP「ガイドマップかわさき」でネット閲覧可能
	道路台帳平面図	建設緑政局南部 道水路台帳閲覧窓口	川崎市川崎区駅前本町12-1川崎駅前タワー・リバーク8階	044-200-2925	担当窓口で閲覧が可能	—

35 神奈川県川崎市（2/2）

法令	評価等に必要な書類等	担当課	担当所在（問合せ先）	電話	窓口対応	HP閲覧
道路等	道路境界確定図	建設緑政局　南部道水路台帳閲覧窓口	川崎市川崎区駅前本町12-1 川崎駅前タワー・リバーク8階	044-200-2925	担当窓口で閲覧が可能	―
	都市計画道路予定図	建設緑政局　総務部　企画課	川崎市川崎区駅前本町12-1 川崎駅前タワー・リバーク17階	044-200-2783	担当窓口で閲覧可能	市HP「ガイドマップかわさき」でネット閲覧可能
	法定外公共物（里道、水路）	里道　建設緑政局　道路管理部　管理課	川崎市川崎区駅前本町12-1 川崎駅前タワー・リバーク14階	044-200-2811	担当窓口で閲覧可能	―
		水路　建設緑政局　道路河川整備部　河川課	川崎市川崎区駅前本町12-1 川崎駅前タワー・リバーク17階	044-200-2902	担当窓口で閲覧可能	―
	ライフライン（上下水道等）	上水道　川崎市上下水道局給水装置センター	川崎市川崎区宮本町1	044-544-5433	担当窓口で閲覧可能	―
		下水道　下水道管路課　維持管理担当	第2庁舎3, 4階 川崎市川崎区砂子1-9-3	044-200-3558	担当窓口で閲覧可能	市HP「ガイドマップかわさき」でネット閲覧可能
その他	周知の埋蔵文化財所在地図	教育委員会生涯学習部文化財課	川崎市川崎区宮本町6 明治安田生命川崎ビル3階	044-200-3305	担当窓口で閲覧可能 FAX（044-200-3756）での照会も受付	市HP「ガイドマップかわさき」でネット閲覧可能
	農地全般	農業委員会事務局	川崎市高津区梶ヶ谷2-1-7 セレサ梶ヶ谷ビル2階	044-860-2461	担当窓口で各種許可等を申請	―
	土地区画整理図	まちづくり局　市街地整備部　地域整備推進課	川崎市川崎区宮本町6 明治安田生命川崎ビル8階	044-200-2743	担当窓口で閲覧が可能	市HP「ガイドマップかわさき」でネット閲覧可能
	土壌汚染	環境局　環境対策部　水質環境課　土壌担当	第3庁舎17階 川崎市川崎区東田町5-4	044-200-2534	担当窓口で閲覧が可能	市HPで「形質変更時要届出区域」をネット閲覧可能

川崎市役所　〒210-8577　神奈川県川崎市川崎区宮本町1番地　電話 044-200-2111（代表）
交通アクセス　●JR川崎駅から約700m　●京急川崎駅中央口から約400m

36 神奈川県相模原市（1/2）

法令	評価等に必要な書類等	担当課	担当所在（問合せ先）	電話	窓口対応	HP閲覧
固定資産税	固定資産地番参考図	企画財政局　税務部　市民税課（諸税証明班）	市役所第２別館１階 相模原市中央区中央２-11-15	042-769-8297	担当窓口で閲覧が可能	—
	固定資産税路線価図	企画財政局　税務部　資産税課（賦課班）	市役所第２別館２階 相模原市中央区中央２-11-15	042-769-8298	担当窓口で閲覧が可能	—
	固定資産課税台帳・土地家屋名寄帳	企画財政局　税務部　市民税課（諸税証明班）	市役所第２別館１階 相模原市中央区中央２-11-15	042-769-8297	固定資産（土地・家屋）の所有者、所有者の代理人又は納税管理人等が閲覧可能	—
	固定資産評価証明書 （固定資産公課証明書）	企画財政局　税務部　市民税課（諸税証明班）	市役所第２別館１階 相模原市中央区中央２-11-15	042-769-8297	固定資産（土地・家屋）の所有者、所有者の代理人又は納税管理人等へ交付が可能	—
都市計画・建築	都市計画図（用途地域・容積率・建ぺい率等含む。）	都市建設局 まちづくり計画部 都市計画課	市役所第１別館４階 相模原市中央区中央２-11-15	042-769-8247	担当窓口で閲覧可能	市HPから「さがみはら都市計画マップ」で閲覧可能
	都市計画証明（生産緑地等）	都市建設局 まちづくり計画部 都市計画課	市役所第１別館４階 相模原市中央区中央２-11-15	042-769-8247	担当窓口で交付	—
	白地図（地形図）	都市建設局 まちづくり計画部 都市計画課	市役所第１別館４階 相模原市中央区中央２-11-15	042-769-8247	担当窓口で閲覧、行政資料コーナー(市役所本庁舎１階)で購入がそれぞれ可能	—
	開発登録簿、開発許可 開発指導要綱等	都市建設局 まちづくり計画部 開発調整課　指導・審査班	市役所第１別館４階 相模原市中央区中央２-11-15	042-769-8250	担当窓口で閲覧、交付が可能	—
		都市建設局　まちづくり計画部 開発調整課　津久井開発調整班（旧津久井郡４町）	津久井総合事務所別館２階 相模原市緑区中野633	042-780-1418	担当窓口で閲覧、交付が可能	—
	建築計画概要書	都市建設局　まちづくり計画部 建築審査課	市役所第１別館４階 相模原市中央区中央２-11-15	042-769-8255	担当窓口で閲覧、交付が可能	—
道路	建築基準法上の道路の判定、位置指定道路	都市建設局　まちづくり計画部 建築審査課	市役所第１別館４階 相模原市中央区中央２-11-15	042-769-8255	担当窓口で閲覧可能	—
	道路台帳平面図	中央土木事務所　境界班	市役所第１別館２階 相模原市中央区中央２-11-15	042-769-8375	担当窓口で閲覧、交付が可能	—
		南土木事務所　境界班	南区合同庁舎本館４階 相模原市南区相模大野５-３-21	042-749-2212		
		緑土木事務所　境界班（橋本、大沢、城山の地域）	緑区合同庁舎５階 相模原市緑区西橋本５-３-21	042-775-8817	担当窓口で閲覧、交付が可能 ただし、問い合わせ窓口は城山総合事務所（緑区久保沢１-３-１）の城山土木班	
		津久井土木事務所　許認可・境界班（旧城山町を除く旧津久井郡）	津久井総合事務所別館２階 相模原市緑区中野633	042-780-1415	担当窓口で閲覧、交付が可能	
道路等	道路境界確定図	中央土木事務所　境界班	市役所第１別館２階 相模原市中央区中央２-11-15	042-769-8375	担当窓口で閲覧、交付が可能	—
		南土木事務所　境界班	南区合同庁舎本館４階 相模原市南区相模大野５-31-１	042-749-2212		
		緑土木事務所　境界班（橋本、大沢、城山の地域）	緑区合同庁舎５階 相模原市緑区西橋本５-３-21	042-775-8817		
		津久井土木事務所　許認可・境界班(旧城山町を除く旧津久井郡)	津久井総合事務所別館２階 相模原市緑区中野633	042-780-1415		

36 神奈川県相模原市（2/2）

法令	評価等に必要な書類等	担当課	担当所在（問合せ先）	電話	窓口対応	HP閲覧
道路等	都市計画道路予定図	都市建設局　まちづくり計画部　都市計画課	市役所第１別館４階 相模原市中央区中央２-11-15	042-769-8247	担当窓口で閲覧、交付が可能	市HPから「さがみはら都市計画マップ」で閲覧可能
	法定外公共物（里道、水路）	中央土木事務所　境界班	市役所第１別館２階 相模原市中央区中央２-11-15	042-769-8375	担当窓口で閲覧、交付が可能	—
		南土木事務所　境界班	南区合同庁舎本館４階 相模原市南区相模大野５-31-１	042-749-2212		
		緑土木事務所　境界班（橋本、大沢、城山の地域）	緑区合同庁舎５階 相模原市緑区西橋本５-３-21	042-775-8817		
		津久井土木事務所　許認可・境界班(旧城山町を除く旧津久井郡)	津久井総合事務所別館２階 相模原市緑区中野633	042-780-1415		
	ライフライン（上下水道）	上水道　神奈川県企業局水道部　相模原水道営業所	相模原市中央区光が丘２-18-56	042-755-1605	担当窓口で閲覧、交付が可能（中央区、緑区の内旧津久井郡四町除く地域）	—
		上水道　神奈川県企業局水道部　相模原南水道営業所	相模原市南区相模大野６-３-１	042-745-1111（代）	担当窓口で閲覧、交付が可能(南区)	
		上水道　神奈川県企業局水道部　津久井水道営業所	相模原市緑区中野252-１	042-784-4822（代）	担当窓口で閲覧、交付が可能（緑区のうち相模原水道営業所管轄及び青根等を除く）	
		下水道　都市建設局　下水道部　下水道保全課	市役所第１別館２階 相模原市中央区中央２-11-15	042-769-8270	担当窓口で閲覧、交付が可能（旧津久井郡４町については、津久井下水道事務所(電話042-780-1409)でも対応可)	—
その他	周知の埋蔵文化財所在地図	教育委員会　生涯学習部　文化財保護課	市役所第２別館４階 相模原市中央区中央２-11-15	042-769-8371	担当窓口で閲覧可能 FAX(042-754-7990)での照会可能	市HPの「さがみはら都市計画マップ」から遺跡分布地図の閲覧が可能
	農地全般	農業委員会事務局	市役所本館５階 相模原市中央区中央２-11-15	042-769-8292	担当窓口で対応可能	—
		農業委員会事務局津久井事務所	津久井総合事務所本館３階 相模原市緑区中野633番地	042-780-1406	担当窓口で対応可能（旧津久井郡４町）	
	土地区画整理図	都市建設局　まちづくり事業部　都市整備課　まちづくり調整班	市役所第１別館３階 相模原市中央区中央２-11-15	042-769-8259	担当窓口で対応可能	—
	土壌汚染	環境経済局　環境共生部　環境保全課	市役所本館５階 相模原市中央区中央２-11-15	042-769-8241	担当窓口で閲覧、交付が可能	市HPで「市内要措置区域及び形質変更時要届出区域一覧」が閲覧可能
		環境経済局　環境共生部　津久井地域環境課	津久井総合事務所本館２階 相模原市緑区中野633	042-780-1404	担当窓口で閲覧、交付が可能（旧津久井郡４町）	

1　**相模原市役所**　〒252-5277　神奈川県相模原市中央区中央二丁目11番15号　電話 042-754-1111（代表）
　交通アクセス　●JR横浜線相模原駅下車　バス乗り換え市役所前停留所下車すぐ又は徒歩15分程度
2　**津久井総合事務所（旧津久井郡４町）**　〒252-5172　神奈川県相模原市緑区中野633番地　電話　各担当窓口へ直通のみ
　交通アクセス　●JR横浜線・相模線、京王相模原線橋本駅からバス乗り換え　三ケ木行き警察署前停留所下車　徒歩３分

37 神奈川県厚木市（1/2）

法令	評価等に必要な書類等	担当課	担当所在（問合せ先）	電話	窓口対応	HP閲覧
固定資産税	固定資産地番参考図	財務部　資産税課	本庁舎２階 厚木市中町３-17-17	046-225-2030	担当窓口で閲覧が可能	—
	固定資産税路線価図	財務部　資産税課	本庁舎２階 厚木市中町３-17-17	046-225-2030	担当窓口で閲覧が可能	—
	固定資産課税台帳・土地家屋名寄帳	財務部　資産税課	本庁舎２階 厚木市中町３-17-17	046-225-2030	固定資産（土地・家屋）の所有者、所有者の代理人又は納税管理人等が閲覧可能	—
	固定資産評価証明書 （固定資産公課証明書）	財務部　市民税課　税制係	本庁舎２階 厚木市中町３-17-17	046-225-2012	固定資産（土地・家屋）の所有者、所有者の代理人又は納税管理人等へ交付が可能	—
都市計画・建築	都市計画図（用途地域・容積率・建ぺい率等含む。）	まちづくり計画部　都市計画課　都市計画係	第二庁舎12階 厚木市中町３-16-１	046-225-2401	担当窓口で閲覧可能	市HPで「厚木市地図情報システム」の閲覧可
	都市計画証明（生産緑地等）	まちづくり計画部　都市計画課　都市計画係	第二庁舎12階 厚木市中町３-16-１	046-225-2401	担当窓口で交付	—
	白地図（地形図）	総務部　行政総務課　情報公開係	本庁舎３階 厚木市中町３-17-17	046-225-2287	本庁舎１階市政情報コーナーで購入が可能	—
	開発登録簿、開発許可 開発指導要綱等	まちづくり計画部　開発審査課　開発調査係	第二庁舎13階 厚木市中町３-16-１	046-225-2440	担当窓口で閲覧、交付が可能	—
	建築計画概要書	まちづくり計画部　建築指導課　建築指導係	第二庁舎13階 厚木市中町３-16-１	046-225-2431	担当窓口で閲覧、交付が可能	—
道路	建築基準法上の道路の判定、位置指定道路	まちづくり計画部　建築指導課　建築指導係	第二庁舎13階 厚木市中町３-16-１	046-225-2431	担当窓口で閲覧、交付が可能	—
	道路台帳平面図	道路部　道路管理課　道路境界係	第二庁舎10階 厚木市中町３-16-１	046-225-2302	担当窓口で閲覧が可能	—

37 神奈川県厚木市（2/2）

法令	評価等に必要な書類等	担当課	担当所在（問合せ先）	電話	窓口対応	HP閲覧
道路等	道路境界確定図	道路部　道路管理課　道路境界係	第二庁舎10階 厚木市中町3-16-1	046-225-2302	担当窓口で閲覧、交付が可能	―
道路等	都市計画道路予定図	まちづくり計画部　都市計画課　都市計画係	第二庁舎12階 厚木市中町3-16-1	046-225-2401	担当窓口で対応が可能	―
道路等	法定外公共物（里道、水路）	（里道）道路部　道路管理課道路境界係	第二庁舎10階 厚木市中町3-16-1	046-225-2323	担当窓口で閲覧、交付が可能	―
道路等	法定外公共物（里道、水路）	（水路）都市整備部　下水道総務課許認可係	第二庁舎14階 厚木市中町3-16-1	046-225-2367	担当窓口で閲覧、交付が可能	―
道路等	ライフライン（上下水道）	（上水道）神奈川県企業局水道部　厚木水道営業所	厚木合同庁舎内 厚木市水引2-3-1	046-224-1111（代）	担当窓口で閲覧、交付が可能	―
道路等	ライフライン（上下水道）	（下水道）都市整備部　下水道総務課　許認可係	第二庁舎14階 厚木市中町3-16-1	046-225-2367	担当窓口で閲覧、交付が可能	―
その他	周知の埋蔵文化財所在地図	教育委員会　文化財保護課 文化財保護係	第二庁舎5階 厚木市中町3-16-1	046-225-2509	担当窓口で閲覧、FAX(046-223-0086)での照会がそれぞれ可能	―
その他	農地全般	農業委員会事務局　農地管理係	第二庁舎15階 厚木市中町3-16-1	046-225-2480	担当窓口で対応可能	―
その他	土地区画整理図	都市整備部　まちづくり推進課　まちづくり推進係	第二庁舎14階 厚木市中町3-16-1	046-225-2837	担当窓口で閲覧が可能	―
その他	土壌汚染	環境農政部 生活環境課　環境保全係	第二庁舎7階 厚木市中町3-16-1	046-225-2752	担当窓口で閲覧が可能	市HPで「形質変更時要届出区域」を閲覧可能

厚木市役所　〒243-8511　神奈川県厚木市中町三丁目17番17号　電話 046-223-1511（代表）
第二庁舎　〒243-0018　神奈川県厚木市中町三丁目16番1号　電話 046-223-1511（代表）
交通アクセス　●小田急電鉄小田原線本厚木駅または厚木バスセンター下車　徒歩9分

38 神奈川県小田原市（1/2）

法令	評価等に必要な書類等	担当課	担当所在（問合せ先）	電話	窓口対応	HP閲覧
固定資産税	固定資産地番参考図	総務部　資産税課	市役所２階 小田原市荻窪300	0465-33-1365	担当窓口で閲覧が可能	―
	固定資産税路線価図	総務部　資産税課	市役所２階 小田原市荻窪300	0465-33-1365	担当窓口で閲覧が可能	―
	固定資産課税台帳・土地家屋名寄帳	総務部　資産税課	市役所２階 小田原市荻窪300	0465-33-1361	固定資産（土地・家屋）の所有者、所有者の代理人又は納税管理人等が閲覧可能	―
	固定資産評価証明書 （固定資産公課証明書）	総務部　資産税課	市役所２階 小田原市荻窪300	0465-33-1361	固定資産（土地・家屋）の所有者、所有者の代理人又は納税管理人等へ交付が可能	―
都市計画・建築	都市計画図（用途地域・容積率・建ぺい率等含む。）	都市部　都市計画課	市役所６階 小田原市荻窪300	0465-33-1571	担当窓口で閲覧	市HPでネット閲覧可能
	都市計画証明（生産緑地等）	都市部　都市計画課	市役所６階 小田原市荻窪300	0465-33-1571	担当窓口で交付が可能	―
	白地図（地形図）	都市部　都市計画課	市役所６階 小田原市荻窪300	0465-33-1571	担当窓口で購入が可能	―
	開発登録簿、開発許可 開発指導要綱等	都市部　開発審査課	市役所６階 小田原市荻窪300	0465-33-1441	担当窓口で閲覧、交付が可能	―
	建築計画概要書	都市部　建築指導課	市役所６階 小田原市荻窪300	0465-33-1433	担当窓口で閲覧、交付が可能	―
道路	建築基準法上の道路の判定、位置指定道路	都市部　建築指導課	市役所６階 小田原市荻窪300	0465-33-1433	担当窓口で閲覧	―
	道路台帳平面図	都市部　都市計画課	市役所６階 小田原市荻窪300	0465-33-1571	担当窓口で閲覧	―

38 神奈川県小田原市（2/2）

法令	評価等に必要な書類等	担当課	担当所在（問合せ先）	電話	窓口対応	HP閲覧
道路等	道路境界確定図	建設部　土木管理課	市役所５階 小田原市荻窪300	0465-33-1542	市有地に隣接する土地の所有者等が、境界の明示を受けようとするときに窓口閲覧、交付が可能	―
道路等	都市計画道路予定図	都市部　都市計画課	市役所６階 小田原市荻窪300	0465-33-1571	担当窓口で閲覧	―
道路等	法定外公共物（里道、水路）	里道　土木管理課	市役所５階 小田原市荻窪300	0465-33-1538	担当窓口で閲覧	―
		水路　道水路整備課		0465-33-1549		
道路等	ライフライン（上下水道等）	上水道　水道局　工務課	小田原市高田401	0465-41-1222	担当窓口で閲覧	―
		下水道　行政情報センター	市役所４階 小田原市荻窪300	0465-34-8081		
その他	周知の埋蔵文化財所在地図	文化部　文化財課	市役所５階 小田原市荻窪300	0465-33-1717	担当窓口で閲覧可能 FAX（0465-33-1714）での照会も受付	―
その他	農地全般	農業委員会事務局	市役所４階 小田原市荻窪300	0465-33-1748	担当窓口で閲覧、交付が可能	―
その他	土地区画整理図	都市部　拠点施設整備課	市役所６階 小田原市荻窪300	0465-33-1654	担当窓口で閲覧	換地図・画地確定図の一部市HPで閲覧ネット閲覧可能
その他	土壌汚染	環境部　環境保護課　公害対策係	市役所４階 小田原市荻窪300	0465-33-1483	担当窓口で閲覧	市HPで「要措置区域」等を閲覧可能

小田原市役所　〒250-8555　神奈川県小田原市荻窪300番地　電話 0465-33-1300（代表）
交通アクセス　●小田急線JR線小田原駅西口から　約15分
●小田急線足柄駅から　約15分

39 神奈川県鎌倉市（1/2）

法令	評価等に必要な書類等	担当課	担当所在（問合せ先）	電話	窓口対応	HP閲覧
固定資産税	固定資産地番参考図	総務部　資産税課	本庁舎１階 鎌倉市御成町18-10	0467-61-3931	担当窓口で閲覧が可能	—
	固定資産税路線価図	総務部　資産税課	本庁舎１階 鎌倉市御成町18-10	0467-61-3931	担当窓口で閲覧が可能	—
	固定資産課税台帳・土地家屋名寄帳	総務部　資産税課	本庁舎１階 鎌倉市御成町18-10	0467-61-3931	固定資産（土地・家屋）の所有者、所有者の代理人又は納税管理人等が閲覧可能	—
	固定資産評価証明書 （固定資産公課証明書）	総務部　納税課	本庁舎１階 鎌倉市御成町18-10	0467-61-3911	固定資産（土地・家屋）の所有者、所有者の代理人又は納税管理人等へ交付が可能	—
都市計画・建築	都市計画図（用途地域・容積率・建ぺい率等含む。）	まちづくり景観部　都市計画課　都市計画担当	本庁舎３階 鎌倉市御成町18-10	0467-61-3408	担当窓口で閲覧	市HPでネット閲覧可能
	都市計画証明（生産緑地等）	まちづくり景観部　都市計画課　都市計画担当	本庁舎３階 鎌倉市御成町18-10	0467-61-3408	担当窓口で交付が可能	—
	白地図（地形図）	総務課行政資料コーナー	本庁舎３階 鎌倉市御成町18-10	0467-23-3000	担当窓口で購入が可能	市HPでネット閲覧可能
	開発登録簿、開発許可 開発指導要綱等	都市調整部　開発審査課	本庁舎３階 鎌倉市御成町18-10	0467-61-3580	担当窓口で閲覧、交付が可能	—
	建築計画概要書	都市調整部　建築指導課	本庁舎３階 鎌倉市御成町18-10	0467-23-3000	担当窓口で閲覧、交付が可能	—
道路	建築基準法上の道路の判定、位置指定道路	都市調整部　建築指導課	本庁舎３階 鎌倉市御成町18-10	0467-23-3000	担当窓口で閲覧	—
	道路台帳平面図	都市整備部　道水路管理課	本庁舎３階 鎌倉市御成町18-10	0467-23-3000	担当窓口で閲覧	—

39 神奈川県鎌倉市（2/2）

法令	評価等に必要な書類等	担当課	担当所在（問合せ先）	電話	窓口対応	HP閲覧
道路等	道路境界確定図	都市整備部　道水路管理課	本庁舎３階 鎌倉市御成町18-10	0467-23-3000	市有地に隣接する土地の所有者等が、境界の明示を受けようとするときに窓口閲覧、交付が可能	—
道路等	都市計画道路予定図	まちづくり景観部　都市計画課都市計画担当	本庁舎３階 鎌倉市御成町18-10	0467-61-3408	担当窓口で閲覧	市HPでネット閲覧可能
道路等	法定外公共物（里道、水路）	都市整備部　道水路管理課	本庁舎３階 鎌倉市御成町18-10	0467-23-3000	担当窓口で閲覧	—
道路等	ライフライン（上下水道等）	上水道　鎌倉水道営業所給水課	鎌倉市御成町12-18	0467-22-6200	担当窓口で閲覧	—
道路等	ライフライン（上下水道等）	下水道　都市整備部　下水道河川課計画担当	本庁舎４階 鎌倉市御成町18-10	0467-61-3732	担当窓口で閲覧	—
その他	周知の埋蔵文化財所在地図	文化財部　文化財課	本庁舎４階 鎌倉市御成町18-10	0467-61-3857	担当窓口で閲覧可能 FAX（0467-23-1085）での照会も受付	—
その他	農地全般	農業委員会事務局	本庁舎１階 鎌倉市御成町18-10	0467-23-3000	担当窓口で閲覧、交付が可能	—
その他	土地区画整理図	まちづくり景観部　都市計画課都市計画担当	本庁舎３階 鎌倉市御成町18-10	0467-61-3408	担当窓口で閲覧が可能	—
その他	土壌汚染	神奈川県環境農政局　環境部　大気水質課	新庁舎４階 神奈川県横浜市中区日本大通１	045-210-4123	担当窓口で閲覧が可能	神奈川県HP閲覧可能

鎌倉市役所　〒248-8686　神奈川県鎌倉市御成町18番10号　電話 0467-23-3000（代表）
交通アクセス　●JR鎌倉駅の西口から　約３分

40 神奈川県茅ヶ崎市（1/2）

法令	評価等に必要な書類等	担当課	担当所在（問合せ先）	電話	窓口対応	HP閲覧
固定資産税	固定資産地番参考図	財務部　資産税課	本庁舎２階 茅ヶ崎市茅ヶ崎１-１-１	0467-82-1111	担当窓口で閲覧が可能	—
	固定資産税路線価図	財務部　資産税課	本庁舎２階 茅ヶ崎市茅ヶ崎１-１-１	0467-82-1111	担当窓口で閲覧が可能	—
	固定資産課税台帳・土地家屋名寄帳	財務部　資産税課	本庁舎２階 茅ヶ崎市茅ヶ崎１-１-１	0467-82-1111	固定資産（土地・家屋）の所有者、所有者の代理人又は納税管理人等が閲覧可能	—
	固定資産評価証明書 （固定資産公課証明書）	財務部　資産税課	本庁舎２階 茅ヶ崎市茅ヶ崎１-１-１	0467-82-1111	固定資産（土地・家屋）の所有者、所有者の代理人又は納税管理人等へ交付が可能	—
都市計画・建築	都市計画図（用途地域・容積率・建ぺい率等含む。）	都市部　都市計画課	本庁舎３階 茅ヶ崎市茅ヶ崎１-１-１	0467-82-1111	担当窓口で閲覧が可能	市HPでネット閲覧可能
	都市計画証明（生産緑地等）	都市部　都市計画課	本庁舎３階 茅ヶ崎市茅ヶ崎１-１-１	0467-82-1111	担当窓口で交付が可能	—
	白地図（地形図）	都市部　都市計画課	本庁舎３階 茅ヶ崎市茅ヶ崎１-１-１	0467-82-1111	担当窓口で購入が可能	—
	開発登録簿、開発許可 開発指導要綱等	都市部　開発審査課	本庁舎３階 茅ヶ崎市茅ヶ崎１-１-１	0467-82-1111	担当窓口で閲覧、交付が可能	市HP開発市道要綱のダウンロードが可能
	建築計画概要書	都市部　建築指導課	本庁舎３階 茅ヶ崎市茅ヶ崎１-１-１	0467-82-1111	担当窓口で閲覧、交付が可能	—
道路	建築基準法上の道路の判定、位置指定道路	都市部　建築指導課	本庁舎３階 茅ヶ崎市茅ヶ崎１-１-１	0467-82-1111	担当窓口で閲覧が可能	—
	道路台帳平面図	建設部　建設総務課	本庁舎３階 茅ヶ崎市茅ヶ崎１-１-１	0467-82-1111	担当窓口で閲覧、交付が可能	—

40 神奈川県茅ヶ崎市（2/2）

法令	評価等に必要な書類等	担当課	担当所在（問合せ先）	電話	窓口対応	HP閲覧
道路等	道路境界確定図	建設部　建設総務課	本庁舎３階 茅ヶ崎市茅ヶ崎１-１-１	0467-82-1111	市有地に隣接する土地の所有者等が、境界の明示を受けようとするときに窓口閲覧	—
	都市計画道路予定図	都市部　都市計画課	本庁舎３階 茅ヶ崎市茅ヶ崎１-１-１	0467-82-1111	担当窓口で閲覧が可能	—
	法定外公共物（里道、水路）	建設部　建設総務課	本庁舎３階 茅ヶ崎市茅ヶ崎１-１-１	0467-82-1111	担当窓口で対応可能	—
	ライフライン（上下水道等）	上水道　神奈川県企業庁 茅ヶ崎水道営業所	茅ヶ崎市木村４-５-22	0467-52-6151	担当窓口で閲覧、交付が可能	—
		下水道　下水道河川総務課	本庁舎３階 茅ヶ崎市茅ヶ崎１-１-１	0467-82-1111		
その他	周知の埋蔵文化財所在地図	教育推進部　社会教育課 文化財保護担当	本庁舎３階 茅ヶ崎市茅ヶ崎１-１-１	0467-82-1111	担当窓口で閲覧可能 FAX（0467-58-4265）での受付も可能	市HPで該当箇所をネット閲覧可能
	農地全般	農業委員会事務局	本庁舎３階 茅ヶ崎市茅ヶ崎１-１-１	0467-82-1111	担当窓口で各種許可等を申請	—
	土地区画整理図	経済部　拠点整備課	本庁舎３階 茅ヶ崎市茅ヶ崎１-１-１	0467-82-1111	担当窓口で閲覧が可能	—
	土壌汚染	環境部　環境保全課 （環境改善担当）	本庁舎２階 茅ヶ崎市茅ヶ崎１-１-１	0467-82-1111	担当窓口で閲覧が可能	市HPで該当箇所をネット閲覧可能

茅ヶ崎市役所　〒253-8686　神奈川県茅ケ崎市茅ヶ崎一丁目１番１号　電話 0467-82-1111(代表)
交通アクセス　●JR東海道本線　茅ヶ崎駅下車　北口より徒歩約６分

41 神奈川県秦野市（1/2）

法令	評価等に必要な書類等	担当課	担当所在（問合せ先）	電話	窓口対応	HP閲覧
固定資産税	固定資産地番参考図	財務部　資産税課　土地担当	本庁舎２階 秦野市桜町１-３-２	0463-82-7390	担当窓口で閲覧が可能	—
	固定資産税路線価図	財務部　資産税課　土地担当	本庁舎２階 秦野市桜町１-３-２	0463-82-7390	担当窓口で閲覧が可能	—
	固定資産課税台帳・土地家屋名寄帳	財務部　資産税課　土地担当	本庁舎２階 秦野市桜町１-３-２	0463-82-7390	固定資産（土地・家屋）の所有者、所有者の代理人又は納税管理人等が閲覧可能	—
	固定資産評価証明書 （固定資産公課証明書）	財務部　資産税課　土地担当	本庁舎２階 秦野市桜町１-３-２	0463-82-7390	固定資産（土地・家屋）の所有者、所有者の代理人又は納税管理人等へ交付が可能	—
都市計画・建築	都市計画図（用途地域・容積率・建ぺい率等含む。）	都市部　都市政策課　都市計画担当	西庁舎２階 秦野市桜町１-３-２	0463-82-9643	担当窓口で閲覧	市HPでネット閲覧可能
	都市計画証明（生産緑地等）	都市部　都市政策課　都市計画担当	西庁舎２階 秦野市桜町１-３-２	0463-82-9643	担当窓口で交付が可能	—
	白地図（地形図）	都市部　都市政策課　都市計画担当	西庁舎２階 秦野市桜町１-３-２	0463-82-9643	担当窓口で購入が可能	—
	開発登録簿、開発許可 開発指導要綱等	都市部　開発建築指導課 開発審査担当	西庁舎２階 秦野市桜町１-３-２	0463-83-5123	担当窓口で閲覧、交付が可能	—
	建築計画概要書	都市部　開発建築指導課 建築審査担当	西庁舎２階 秦野市桜町１-３-２	0463-83-0883	担当窓口で閲覧、交付が可能	—
道路	建築基準法上の道路の判定、位置指定道路	都市部　開発建築指導課 建築審査担当	西庁舎２階 秦野市桜町１-３-２	0463-83-0883	担当窓口で閲覧	—
	道路台帳平面図	建設部　道路管理課	東庁舎２階 秦野市桜町１-３-２	0463-82-9635	担当窓口で閲覧	—

41 神奈川県秦野市（2/2）

法令	評価等に必要な書類等	担当課	担当所在（問合せ先）	電話	窓口対応	HP閲覧
道路等	道路境界確定図	建設部道路管理課	東庁舎２階 秦野市桜町１-３-２	0463-82-9635	市有地に隣接する土地の所有者等が、境界の明示を受けようとするときに窓口閲覧、交付が可能	—
	都市計画道路予定図	建設部道路整備課	東庁舎１階 秦野市桜町１-３-２	0463-82-9636	担当窓口で閲覧	—
	法定外公共物（里道、水路）	建設部建設管理課	東庁舎２階秦野市桜町１-３-２	0463-82-9635	担当窓口で閲覧	—
	ライフライン（上下水道等）	上水道：上下水道局営業課給排水業務担当	秦野市曽屋830-１上下水道局	0463-83-2113	担当窓口で閲覧が可能	—
		下水道：下水道部下水道施設課	秦野市上大槻190浄水管理センター	0463-81-4114		
その他	周知の埋蔵文化財所在地図	教育部生涯学習課文化財担当	秦野市堀山下380-３桜土手古墳展示館	0463-87-9581	担当窓口で閲覧可能 FAX（0463-87-5794）での照会も受付	—
	農地全般	農業委員会事務局農地利用担当	西庁舎１階 秦野市桜町１-３-２	0463-82-9654	担当窓口で閲覧、交付が可能	—
	土地区画整理図	都市部都市整備課	西庁舎２階 秦野市桜町１-３-２	0463-82-5241	担当窓口で閲覧が可能	—
	土壌汚染	神奈川県環境農政局　環境部　大気水質課	新庁舎４階 神奈川県横浜市中区日本大通１	045-210-4123	担当窓口で閲覧が可能	神奈川県HP閲覧可能

秦野市役所　〒257-8501　神奈川県秦野市桜町一丁目３番２号　電話 0463-82-5111（代表）
交通アクセス　●小田急線「秦野駅」から徒歩15分

42 神奈川県平塚市（1/2）

法令	評価等に必要な書類等	担当課	担当所在（問合せ先）	電話	窓口対応	HP閲覧
固定資産税	固定資産地積図（地番参考図）	固定資産税課	本館７階 平塚市浅間町９-１	0463-21-8768	担当窓口で閲覧が可能	—
固定資産税	固定資産税路線価図	固定資産税課	本館７階 平塚市浅間町９-１	0463-21-8768	担当窓口で閲覧が可能	—
固定資産税	固定資産課税台帳・土地家屋名寄帳	固定資産税課	本館７階 平塚市浅間町９-１	0463-21-8768	固定資産（土地・家屋）の所有者、所有者の代理人又は納税管理人等が閲覧可能	—
固定資産税	固定資産評価証明書 （固定資産公課証明書）	固定資産税課	本館７階 平塚市浅間町９-１	0463-21-8768	固定資産（土地・家屋）の所有者、所有者の代理人又は納税管理人等へ交付が可能	—
都市計画・建築	都市計画図（用途地域・容積率・建ぺい率等含む。）	まちづくり政策課	本館７階 平塚市浅間町９-１	0463-21-8781	担当窓口で閲覧	市HPでネット閲覧可能
都市計画・建築	都市計画証明（生産緑地等）	まちづくり政策課	本館７階 平塚市浅間町９-１	0463-21-8781	担当窓口で交付が可能	—
都市計画・建築	白地図（地形図）	まちづくり政策課	本館７階 平塚市浅間町９-１	0463-21-8781	担当窓口で購入が可能	—
都市計画・建築	開発登録簿、開発許可 開発指導要綱等	開発指導課	本館６階 平塚市浅間町９-１	0463-21-8782	担当窓口で閲覧、交付が可能	—
都市計画・建築	建築計画概要書	建築指導課	本館６階 平塚市浅間町９-１	0463-21-9731	担当窓口で閲覧、交付が可能	—
道路	建築基準法上の道路の判定、位置指定道路	建築指導課	本館６階 平塚市浅間町９-１	0463-21-9731	担当窓口で閲覧が可能	—
道路	道路台帳平面図	土木総務課	本館６階 平塚市浅間町９-１	0463-21-9847	担当窓口で閲覧が可能	市HPでネット閲覧可能

42 神奈川県平塚市（2/2）

法令	評価等に必要な書類等	担当課		担当所在（問合せ先）	電話	窓口対応	HP閲覧
道路等	道路境界確定図		土木総務課	本館6階 平塚市浅間町9-1	0463-21-9847	市有地に隣接する土地の所有者等が、境界の明示を受けようとするときに窓口閲覧	―
	都市計画道路予定図		まちづくり政策課	本館6階 平塚市浅間町9-1	0463-21-8781	担当窓口で閲覧が可能	―
	法定外公共物（里道、水路）	里道	道路管理課	本館6階 平塚市浅間町9-1	0463-21-9846	担当窓口で閲覧が可能	市HPでネット閲覧可能
		水路	土木総務課		0463-21-9847		
	ライフライン（上下水道等）	上水道	環境政策課	本館5階 平塚市浅間町9-1	0463-21-9762	担当窓口で閲覧が可能	―
		下水道	土木総務課	本館6階 平塚市浅間町9-1	0463-21-9847		
その他	周知の埋蔵文化財所在地図		社会教育課（文化財保護担当）	豊原分庁舎1号館3階 平塚市豊原町2-21	0463-35-8124	担当窓口で閲覧可能 FAX（0463-34-5522）での照会も受付	―
	農地全般		農業委員会事務局	本館5階 平塚市浅間町9-1	0463-21-9851	担当窓口で各種許可等を申請	―
	土地区画整理図		都市整備課	本館6階 平塚市浅間町9-1	0463-21-8783	担当窓口で閲覧が可能	市HPでネット閲覧可能
	土壌汚染		環境保全課	本館5階 平塚市浅間町9-1	0463-21-9764	担当窓口で閲覧が可能	市HPで「要措置区域、形質変更時要届出区域」をネット閲覧可能

平塚市役所　〒254-8686　神奈川県平塚市浅間町9番1号　電話 0463-23-1111（代表）
交通アクセス　●JR東海道線平塚駅下車北口を出て北へ直進約750m。

43 神奈川県藤沢市（1/2）

法令	評価等に必要な書類等	担当課	担当所在（問合せ先）	電話	窓口対応	HP閲覧
固定資産税	固定資産地番参考図	財務部　資産税課	新館３階 藤沢市朝日町１-１	0466-25-1111	担当窓口で閲覧・交付	—
	固定資産税路線価図	財務部　資産税課	新館３階 藤沢市朝日町１-１	0466-25-1111	担当窓口で閲覧が可能	—
	固定資産課税台帳・土地家屋名寄帳	財務部　税制課	新館３階 藤沢市朝日町１-１	0466-25-1111	固定資産（土地・家屋）の所有者、所有者の代理人又は納税管理人等が閲覧可能	—
	固定資産評価証明書 （固定資産公課証明書）	財務部　税制課	新館３階 藤沢市朝日町１-１	0466-25-1111	固定資産（土地・家屋）の所有者、所有者の代理人又は納税管理人等へ交付	—
都市計画・建築	都市計画図（用途地域・容積率・建ぺい率等含む。）	計画建築部　都市計画課	新館５階 藤沢市朝日町１-１	0466-25-1111	担当窓口で閲覧、交付が可能	市HP「ぐるっとふじさわマップ」で都市計画総括図を閲覧可能
	都市計画証明（生産緑地等）	計画建築部　都市計画課	新館５階 藤沢市朝日町１-１	0466-25-1111	担当窓口で交付	—
	白地図（地形図）	計画建築部　都市計画課	新館５階 藤沢市朝日町１-１	0466-25-1111	市政情報コーナー（湘南NDビル６階）で購入可能	—
	開発登録簿、開発許可 開発指導要綱等	計画建築部　開発業務課	新館５階 藤沢市朝日町１-１	0466-25-1111	担当窓口で閲覧、交付が可能	市HPから「藤沢市特定開発事業等に係る手続及び基準に関する条例」のダウンロードが可
	建築計画概要書	計画建築部　建築指導課	新館５階 藤沢市朝日町１-１	0466-25-1111	担当窓口で閲覧、交付が可能	—
道路	建築基準法上の道路の判定、位置指定道路	計画建築部　建築指導課	新館５階 藤沢市朝日町１-１	0466-25-1111	担当窓口で閲覧	—
	道路台帳平面図	道路河川部　道路河川総務課	新館６階 藤沢市朝日町１-１	0466-25-1111	担当窓口で、閲覧可能	—

43 神奈川県藤沢市（2/2）

法令	評価等に必要な書類等	担当課	担当所在（問合せ先）	電話	窓口対応	HP閲覧
道路等	道路境界確定図	道路河川部　道路管理課	新館６階 藤沢市朝日町１-１	0466-25-1111	担当窓口で閲覧、交付が可能	—
	都市計画道路予定図	計画建築部　開発業務課	新館５階 藤沢市朝日町１-１	0466-25-1111	担当窓口で閲覧、交付が可能	—
	法定外公共物（里道、水路）	道路河川部　道路管理課	新館６階 藤沢市朝日町１-１	0466-25-1111	担当窓口で閲覧、交付が可能	—
	ライフライン（上下水道）	上水道　神奈川県企業局水道部　藤沢水道営業所	藤沢市鵠沼石上２-６-１	0466-27-1215	担当窓口で閲覧、交付が可能	—
		下水道　下水道部　下水道総務課	新館６階 藤沢市朝日町１-１	0466-25-1111		
その他	周知の埋蔵文化財所在地図	生涯学習部　郷土歴史課	藤沢プラザ５階 藤沢市鵠沼東１-２	0466-27-0101	担当窓口で閲覧、交付が可能 FAX（0466-27-0201）での照会も対応	—
	農地全般	農業委員会　事務局	湘南NDビル７階 藤沢市藤沢109-６	0466-25-1111	担当窓口で各種許可等を申請	—
	土地区画整理図	都市整備部　都市整備課	新館４階 藤沢市朝日町１-１	0466-25-1111	担当窓口で閲覧、交付が可能	—
	土壌汚染	環境部　環境保全課	NTT藤沢ビルD棟２階 藤沢市朝日町１-６	0466-25-1111	担当窓口で対応可能	市HPに土壌汚染対策法上の区域指定がない旨を表示。

藤沢市役所　〒251-8601　神奈川県藤沢市朝日町１番地の１　電話 0466-25-1111（代表）
交通アクセス　●JR東海道本線・小田急江ノ島線藤沢駅下車　北口より大船方面へ徒歩約３分

44 神奈川県大和市（1/2）

法令	評価等に必要な書類等	担当課	担当所在（問合せ先）	電話	窓口対応	HP閲覧
固定資産税	固定資産地番参考図	総務部　資産税課	本庁舎２階 大和市下鶴間１-１-１	046-260-5236	担当窓口で閲覧が可能	—
	固定資産税路線価図	総務部　資産税課	本庁舎２階 大和市下鶴間１-１-１	046-260-5236	担当窓口で閲覧が可能	—
	固定資産課税台帳・土地家屋名寄帳	総務部　資産税課	本庁舎１階 大和市下鶴間１-１-１	046-260-5236	固定資産（土地・家屋）の所有者、所有者の代理人又は納税管理人等が閲覧可能	—
	固定資産評価証明書 （固定資産公課証明書）	市民経済部　市民課　証明交付担当	本庁舎１階 大和市下鶴間１-１-１	046-260-5365	固定資産（土地・家屋）の所有者、所有者の代理人又は納税管理人等へ交付	—
都市計画・建築	都市計画図（用途地域・容積率・建ぺい率等含む。）	街づくり計画部　街づくり計画課　都市計画担当	本庁舎４階 大和市下鶴間１-１-１	046-260-5443	担当窓口で閲覧可能	市HP「公開型地図情報サービス」で閲覧可能
	都市計画証明（生産緑地等）	街づくり計画部　街づくり計画課　都市計画担当	本庁舎４階 大和市下鶴間１-１-１	046-260-5443	担当窓口で対応可能	—
	白地図（地形図）	市民経済部　市民課　証明交付担当	本庁舎１階 大和市下鶴間１-１-１	046-260-5108	担当窓口で購入可能	—
	開発登録簿、開発許可 開発指導要綱等	街づくり計画部　街づくり計画課　開発審査指導担当	本庁舎４階 大和市下鶴間１-１-１	046-260-5430	担当窓口で閲覧、交付が可能　情報公開コーナーで右記条例手引の購入可能	市HPで「大和市開発事業の手続及び基準に関する条例の手引」のダウンロード可能
	建築計画概要書	街づくり計画部　建築指導課　建築審査担当	本庁舎４階 大和市下鶴間１-１-１	046-260-5427・5434	担当窓口で閲覧、交付が可能	—
道路	建築基準法上の道路の判定、位置指定道路	街づくり計画部　建築指導課　建築審査担当	本庁舎４階 大和市下鶴間１-１-１	046-260-5427・5434	担当窓口で閲覧、交付が可能	—
	道路台帳平面図	都市施設部　土木管理課　管理担当	本庁舎４階 大和市下鶴間１-１-１	046-260-5403	担当窓口で閲覧、交付が可能	—

44 神奈川県大和市（2/2）

法令	評価等に必要な書類等	担当課	担当所在（問合せ先）	電話	窓口対応	HP閲覧
道路等	道路境界確定図	都市施設部　土木管理課　管理担当	本庁舎４階 大和市下鶴間１-１-１	046-260-5403	担当窓口で閲覧可能	—
道路等	都市計画道路予定図	街づくり計画部　街づくり計画課　都市計画担当	本庁舎４階 大和市下鶴間１-１-１	046-260-5443	担当窓口で閲覧、交付が可能	市HPから「都市計画道路一覧表」の閲覧可能
道路等	法定外公共物（里道、水路）	都市施設部　土木管理課　管理担当	本庁舎４階 大和市下鶴間１-１-１	046-260-5403	担当窓口で閲覧、交付が可能	—
道路等	ライフライン（上下水道）	上水道：神奈川県企業局水道部　大和水道営業所	大和市西鶴間３-12-18	046-261-3258	担当窓口で閲覧、交付が可能	—
道路等	ライフライン（上下水道）	下水道：都市施設部土木管理課　管理担当	本庁舎４階 大和市下鶴間１-１-１	046-260-5403	担当窓口で閲覧、交付が可能	—
その他	周知の埋蔵文化財所在地図	文化スポーツ部　文化振興課　市史・文化財担当	本庁舎２階 大和市下鶴間１-１-１	046-260-5225	担当窓口で閲覧、FAX(046-263-2080)で照会がそれぞれ可能	市HP「公開型地図情報サービス」で閲覧可能
その他	農地全般	農業委員会事務局　総務担当	本庁舎４階 大和市下鶴間１-１-１	046-260-5137	担当窓口で対応可能	—
その他	土地区画整理図	街づくり計画部　街づくり推進課　街づくり推進担当	本庁舎４階 大和市下鶴間１-１-１	046-260-5483	担当窓口で閲覧が可能	市HPで「土地区画整理事業位置図」の閲覧可能
その他	土壌汚染	環境農政部　生活環境保全課　生活環境保全担当	本庁舎４階 大和市下鶴間１-１-１	046-260-5106	担当窓口で閲覧が可能	市HPで要措置区域等を閲覧可能

大和市役所　〒242-8601　神奈川県大和市下鶴間一丁目１番１号　電話 046-263-1111（代）
交通アクセス　●小田急江ノ島線鶴間駅　バス乗り換え
●神奈川中央交通　間13系統・間16系統・間17系統「鶴間駅東口」乗車、「オークシティ前」下車　徒歩約３分
●大和市コミュニティバスのろっと　北部ルートA・B系統　「鶴間駅東口」乗車、「市役所」下車

45 神奈川県横須賀市（1/2）

法令	評価等に必要な書類等	担当課	担当所在（問合せ先）	電話	窓口対応	HP閲覧
固定資産税	固定資産地番参考図	財政部　資産税課　総務・証明係	本館１号館２階 横須賀市小川町11	046-822-8195	担当窓口で閲覧可能	—
	固定資産税路線価図	財政部　資産税課　土地係	本館１号館２階 横須賀市小川町11	046-822-8196	担当窓口で閲覧可能	—
	固定資産課税台帳・土地家屋名寄帳	財政部　資産税課　総務・証明係	本館１号館２階 横須賀市小川町11	046-822-8195	固定資産（土地・家屋）の所有者、所有者の代理人又は納税管理人等が閲覧可能	—
	固定資産評価証明書 （固定資産公課証明書）	財政部　資産税課　総務・証明係	本館１号館２階 横須賀市小川町11	046-822-8195	固定資産（土地・家屋）の所有者、所有者の代理人又は納税管理人等へ交付可能（１号館１階窓口サービス課）	—
都市計画・建築	都市計画図（用途地域・容積率・建ぺい率等含む。）	都市部　都市計画課　都市計画担当	分館４階 横須賀市小川町11	046-822-8306	担当窓口で閲覧、交付が可能	市HP「よこすかわが街ガイド」で閲覧可能
	都市計画証明（生産緑地等）	都市部　都市計画課　都市計画担当	分館４階 横須賀市小川町11	046-822-8306	担当窓口で交付	—
	白地図（地形図）	都市部　都市計画課　都市計画担当	分館４階 横須賀市小川町11	046-822-8305	担当窓口で閲覧、市政情報コーナー(市役所本館２号館１階）で購入がそれぞれ可能	—
	開発登録簿、開発許可 開発指導要綱等	都市部　開発指導課　総務係	分館４階 横須賀市小川町11	046-822-8314	担当窓口で閲覧、交付が可能（開発登録簿のみ）	市HPで閲覧可能
	建築計画概要書	都市部　建築指導課　庶務担当	分館４階 横須賀市小川町11	046-822-8319	担当窓口で閲覧、交付が可能	—
道路	道路位置指定、建築基準法上の道路の判定	都市部　建築指導課　監察・建築指導担当	分館４階 横須賀市小川町11	046-822-8320	担当窓口で閲覧、交付が可能	市HP「よこすかわが街ガイド」で、建築基準法上の道路の扱いについて閲覧可
	道路台帳図	土木部　道路管理課　道路台帳第１・２係	本館２号館３階 横須賀市小川町11	046-822-8350	担当窓口で閲覧、交付が可能	—

45 神奈川県横須賀市（2/2）

法令	評価等に必要な書類等	担当課	担当所在（問合せ先）	電話	窓口対応	HP閲覧
道路等	道路境界確定図	土木部　道路管理課　道路台帳第１・２係	本館２号館３階 横須賀市小川町11	046-822-8350	担当窓口で閲覧可能	—
	都市計画道路予定図	都市部　都市計画課　都市計画担当	分館４階 横須賀市小川町11	046-822-8305	担当窓口で閲覧、交付が可能	市HP「よこすかわが街ガイド」で閲覧可
	法定外公共物（里道、水路）	土木部　道路管理課　道路境界第１・２係	本館２号館３階 横須賀市小川町11	第１係： 046-822-9805 第２係： 046-822-8352	担当窓口で対応	—
		土木部　河川課　河川管理係	本館２号館３階 横須賀市小川町11	046-822-8372	担当窓口で閲覧が可能（公共下水道処理区域外にある水路）	—
		上下水道局　経営部　財務課　用地係	本館１号館８階 横須賀市小川町11	046-822-8384	担当窓口で閲覧が可能（公共下水道処理区域内にある水路）	—
	ライフライン（上下水道）	上下水道局　技術部　給排水課	本館１号館８階 横須賀市小川町11	046-822-8623	担当窓口で閲覧、交付が可能	—
その他	周知の埋蔵文化財所在地図	教育委員会事務局　教育総務部　生涯学習課文化財係	本館１号館６階 横須賀市小川町11	046-822-8484	担当窓口で閲覧可能 FAX（046-822-6849）による照会可能	市HPで「よこすかわが街ガイド」より閲覧可能
	農地全般	農業委員会事務局	本館１号館４階 横須賀市小川町11	046-822-8296	担当窓口で各種許可等を申請	—
	土地区画整理図	都市部　市街地整備景観課　市街地整備係	分館３階 横須賀市小川町11	046-822-8134	担当窓口で閲覧が可能	—
	土壌汚染	環境政策部　環境管理課	本館１号館４階 横須賀市小川町11	046-822-8329	担当窓口で閲覧が可能	市HPで「土壌汚染対策法に基づく区域」の閲覧可能

横須賀市役所　〒238-8550　神奈川県横須賀市小川町11番地　電話 046-822-4000（代表）
交通アクセス　●京浜急行横須賀中央駅下車　徒歩７分
●JR横須賀駅　京急バス乗り換え「横須賀中央」バス停下車　徒歩７分

46 埼玉県さいたま市（1/2）

法令	評価等に必要な書類等		担当課	担当所在（問合せ先）	電話	窓口対応	HP閲覧
固定資産税	固定資産地番参考図		財政局税務部固定資産税課	本庁舎6階 さいたま市浦和区常盤6-4-4	048-829-1185	担当窓口で閲覧が可能	—
	固定資産税路線価図		財政局税務部固定資産税課	本庁舎6階 さいたま市浦和区常盤6-4-4	048-829-1185	担当窓口で閲覧が可能	—
	固定資産課税台帳・土地家屋名寄帳		財政局税務部固定資産税課	本庁舎6階 さいたま市浦和区常盤6-4-4	048-829-1185	固定資産（土地・家屋）の所有者、所有者の代理人又は納税管理人等が閲覧可能	—
	固定資産評価証明書 （固定資産公課証明書）		浦和区役所　区民生活部課税課	浦和区役所2階 さいたま市浦和区常盤6-4-4	048-829-6088	各区役所でも交付が可能 固定資産（土地・家屋）の所有者、所有者の代理人又は納税管理人等へ交付が可能	—
都市計画・建築	都市計画図（用途地域・容積率・建ぺい率等含む。）	北部	北部都市・公園管理事務所　管理課都市管理係	さいたま市大宮区大門町3-1	048-646-3178	担当窓口で閲覧が可能	市HPでネット閲覧可能
		南部	南部都市・公園管理事務所　管理課都市管理係	さいたま市中央区下落合5-7-10	048-840-6178		
	都市計画証明（生産緑地等）	北部	北部都市・公園管理事務所　管理課都市管理係	さいたま市大宮区大門町3-1	048-646-3178	担当窓口で交付が可能	—
		南部	南部都市・公園管理事務所　管理課都市管理係	さいたま市中央区下落合5-7-10	048-840-6178		
	白地図（地形図）		都市局都市計画部 都市計画課都市施設係	本庁舎8階 さいたま市浦和区常盤6-4-4	048-829-1404	担当窓口で購入が可能	市HPから閲覧可能
	開発登録簿、開発許可 開発指導要綱等	北部	北部都市・公園管理事務所　開発指導課	さいたま市大宮区大門町3-1	048-646-3184	担当窓口で閲覧、交付が可能	市HP開発市道要綱のダウンロードが可能
		南部	南部都市・公園管理事務所　開発指導課	さいたま市中央区下落合5-7-10	048-840-6184		
	建築計画概要書	北部	北部建設事務所建築審査課	さいたま市大宮区大門町3-1	048-646-3242	担当窓口で閲覧、交付が可能	—
		南部	南部建設事務所建築審査課	さいたま市中央区下落合5-7-10	048-840-6242		
道路	建築基準法上の道路の判定、位置指定道路	北部	北部建設事務所建築指導課	さいたま市大宮区大門町3-1	048-646-3235	担当窓口で閲覧が可能	—
		南部	南部建設事務所建築指導課	さいたま市中央区下落合5-7-10	048-840-6236		
	道路台帳平面図	北部	北部建設事務所土木管理課	さいたま市大宮区大門町3-1	048-646-3196	担当窓口で閲覧、交付が可能	—
		南部	南部建設事務所土木管理課	さいたま市中央区下落合5-7-10	048-840-6199		

（注）さいたま市の都市計画・建築・土木に関する事務は下記地域により窓口が異なる。
1　北部（西区、北区、大宮区、見沼区、岩槻区）　北部都市・公園管理事務所及び北部建設事務所（大宮区役所内）
2　南部（中央区、桜区、浦和区、南区、緑区）　南部都市・公園管理事務所及び南部建設事務所（中央区役所内）

46 埼玉県さいたま市（2/2）

法令	評価等に必要な書類等		担当課	担当所在（問合せ先）	電話	窓口対応	HP閲覧
道路等	道路境界確定図	北部	北部建設事務所土木管理課	さいたま市大宮区大門町３-１	048-646-3200	市有地に隣接する土地の所有者等が、境界の明示を受けようとするときに窓口閲覧	—
		南部	南部建設事務所土木管理課	さいたま市中央区下落合５-７-10	048-840-6200		
	都市計画道路予定図	北部	北部都市・公園管理事務所　管理課都市管理係	さいたま市大宮区大門町３-１	048-646-3178	担当窓口で閲覧が可能	—
		南部	南部都市・公園管理事務所　管理課都市管理係	さいたま市中央区下落合５-７-10	048-840-6178		
	法定外公共物（里道、水路）	北部	北部建設事務所土木管理課	さいたま市大宮区大門町３-１	048-646-3199	担当窓口で対応可能	—
		南部	南部建設事務所土木管理課	さいたま市中央区下落合５-７-10	048-840-6198		
	ライフライン（上下水道等）	上水道	水道局給水工事課	さいたま市浦和区針ヶ谷１-18-２	048-714-3089	担当窓口で閲覧、交付が可能	—
		下水道　北部	北部建設事務所下水道管理課	さいたま市大宮区大門町３-１	048-646-3248		
		下水道　南部	南部建設事務所下水道管理課	さいたま市中央区下落合５-７-10	048-840-6248		
その他	周知の埋蔵文化財所在地図		教育委員会事務局生涯学習部文化財保護課	本庁舎９階 さいたま市浦和区常盤６-４-４	048-829-1724	担当窓口で閲覧可能 FAX（048-829-1989）での照会も受付	市HPで該当箇所をネット閲覧可能
	農地全般		農業委員会事務局農地調整課	ときわ会館２階 さいたま市浦和区常盤６-４-４	048-829-1903	担当窓口で各種許可等を申請	—
	土地区画整理図		都市局まちづくり推進部　市街地整備課	本庁舎８階 さいたま市浦和区常盤６-４-４	048-829-1465	担当窓口で閲覧が可能	—
	土壌汚染		環境局環境共生部環境対策課水質土壌係	本庁舎２階 さいたま市浦和区常盤６-４-４	048-829-1331	担当窓口で閲覧が可能	市HPで該当箇所をネット閲覧可能

さいたま市役所　〒330-9588　埼玉県さいたま市浦和区常盤六丁目４番４号　電話 048-829-1111（代表）
交通アクセス　●JR京浜東北線　浦和駅西口、北浦和駅西口よりそれぞれバスで５分
●JR埼京線中浦和駅から徒歩15分から20分

47 埼玉県上尾市（1/2）

法令	評価等に必要な書類等	担当課	担当所在（問合せ先）	電話	窓口対応	HP閲覧
固定資産税	固定資産地番参考図	行政経営部　資産税課	本庁舎２階 上尾市本町３-１-１	048-775-5133		―
固定資産税	固定資産税路線価図	行政経営部　資産税課	本庁舎２階 上尾市本町３-１-１	048-775-5133	担当窓口で閲覧が可能	―
固定資産税	固定資産課税台帳・土地家屋名寄帳	行政経営部　資産税課	本庁舎２階 上尾市本町３-１-１	048-775-5133	固定資産（土地・家屋）の所有者、所有者の代理人又は納税管理人等が閲覧可能	―
固定資産税	固定資産評価証明書 （固定資産公課証明書）	行政経営部　資産税課	本庁舎２階 上尾市本町３-１-１	048-775-5133	固定資産（土地・家屋）の所有者、所有者の代理人又は納税管理人等へ交付が可能	―
都市計画・建築	都市計画図（用途地域・容積率・建ぺい率等含む。）	都市整備部　都市計画課	本庁舎６階 上尾市本町３-１-１	048-775-7629	担当窓口で閲覧が可能	市HPでネット閲覧可能
都市計画・建築	都市計画証明（生産緑地等）	都市整備部　都市計画課	本庁舎６階 上尾市本町３-１-１	048-775-7629	担当窓口で交付が可能	―
都市計画・建築	都市計画証明（生産緑地等）	生産緑地　都市整備部　みどり公園課	本庁舎６階 上尾市本町３-１-１	048-775-8129	担当窓口で交付が可能	―
都市計画・建築	白地図（地形図）	都市整備部　都市計画課	本庁舎６階 上尾市本町３-１-１	048-775-7629	担当窓口で購入が可能	―
都市計画・建築	開発登録簿、開発許可 開発指導要綱等	都市整備部　開発指導課	本庁舎６階 上尾市本町３-１-１	048-775-8194	担当窓口で閲覧、交付が可能	市HP開発市道要綱のダウンロードが可能
都市計画・建築	建築計画概要書	都市整備部　建築安全課	本庁舎６階 上尾市本町３-１-１	048-775-8490	担当窓口で閲覧、交付が可能	―
道路	建築基準法上の道路の判定、位置指定道路	都市整備部　開発指導課	本庁舎６階 上尾市本町３-１-１	048-775-8194	担当窓口で閲覧が可能	市HPで該当箇所をネット閲覧可能
道路	道路台帳平面図	都市整備部　道路課	本庁舎６階 上尾市本町３-１-１	048-775-8597	担当窓口で閲覧、交付が可能	―

47 埼玉県上尾市（2/2）

法令	評価等に必要な書類等		担当課	担当所在（問合せ先）	電話	窓口対応	HP閲覧
道路等	道路境界確定図		都市整備部　道路課	本庁舎６階 上尾市本町３-１-１	048-775-8597	市有地に隣接する土地の所有者等が、境界の明示を受けようとするときに窓口閲覧	—
	都市計画道路予定図		都市整備部　都市計画課	本庁舎６階 上尾市本町３-１-１	048-775-7629	担当窓口で閲覧が可能	—
	法定外公共物（里道、水路）	里道	都市整備部　道路課	本庁舎６階 上尾市本町３-１-１	048-775-8597	担当窓口で対応可能	—
		水路	都市整備部　河川課		048-775-9381		
	ライフライン（上下水道等）	上水道	上下水道部　水道施設課	上尾市大字上尾村1157	048-775-5155	担当窓口で閲覧、交付が可能	
		下水道	上下水道部　下水道施設課		048-775-9372		市HPで該当箇所をネット閲覧可能
その他	周知の埋蔵文化財所在地図		教育総務部　生涯学習課　文化・文化財保護担当	本庁舎７階 上尾市本町３-１-１	048-775-9496	担当窓口で閲覧可能 FAX（048-776-2250）での照会も受付	市HPで該当箇所をネット閲覧可能
	農地全般		農業委員会事務局	本庁舎５階 上尾市本町３-１-１	048-775-9694	担当窓口で各種許可等を申請	—
	土地区画整理図		都市整備部　市街地整備課	本庁舎５階 上尾市本町３-１-１	048-775-7913	担当窓口で閲覧が可能	—
	土壌汚染		環境経済部　生活環境課	本庁舎５階 上尾市本町３-１-１	048-775-6940	担当窓口で閲覧が可能	—

上尾市役所　〒362-8501　埼玉県上尾市本町三丁目１番１号　電話 048-775-5111（代表）
交通アクセス　●JR高崎線　上尾駅東口から徒歩約８分

48 埼玉県川口市（1/2）

法令	評価等に必要な書類等	担当課	担当所在（問合せ先）	電話	窓口対応	HP閲覧
固定資産税	固定資産地番参考図	理財部　固定資産税課	本庁舎３階 川口市青木２-１-１	048-258-1110 （市役所代表）	担当窓口で閲覧が可能	—
	固定資産税路線価図	理財部　固定資産税課	本庁舎３階 川口市青木２-１-１	048-258-1110 （市役所代表）	担当窓口で閲覧が可能	市HPでネット閲覧可能
	固定資産課税台帳・土地家屋名寄帳	理財部　固定資産税課	本庁舎３階 川口市青木２-１-１	048-258-1110 （市役所代表）	固定資産（土地・家屋）の所有者、所有者の代理人又は納税管理人等が閲覧可能	—
	固定資産評価証明書 （固定資産公課証明書）	理財部　税制課	本庁舎３階 川口市青木２-１-１	048-258-1110 （市役所代表）	固定資産（土地・家屋）の所有者、所有者の代理人又は納税管理人等へ交付が可能	—
都市計画・建築	都市計画図（用途地域・容積率・建ぺい率等含む。）	都市計画部　都市計画課	鳩ヶ谷庁舎５階 川口市三ツ和１-14-３	048-242-6331	担当窓口で閲覧が可能	市HPでネット閲覧可能
	都市計画証明（生産緑地等）	都市計画部　都市計画課	鳩ヶ谷庁舎５階 川口市三ツ和１-14-３	048-242-6331	担当窓口で交付が可能	—
	白地図（地形図）	都市計画部　計画管理課	鳩ヶ谷庁舎４階 川口市三ツ和１-14-３	048-242-6328	担当窓口で購入が可能	—
	開発登録簿、開発許可 開発指導要綱等	都市計画部　開発審査課	鳩ヶ谷庁舎５階 川口市三ツ和１-14-３	048-242-6348	担当窓口で閲覧、交付が可能	市HP開発市道要綱のダウンロードが可能
	建築計画概要書	都市計画部　建築安全課 （管理係）	鳩ヶ谷庁舎５階 川口市三ツ和１-14-３	048-242-6343	担当窓口で閲覧、交付が可能	—
道路	建築基準法上の道路の判定、位置指定道路	都市計画部　建築安全課 （建築指導係）	鳩ヶ谷庁舎５階 川口市三ツ和１-14-３	048-242-6344	担当窓口で閲覧が可能	—
	道路台帳平面図	建設部　道路維持課	鳩ヶ谷庁舎１階 川口市三ツ和１-14-３	048-280-1212	担当窓口で閲覧、交付が可能	—

48 埼玉県川口市（2/2）

法令	評価等に必要な書類等	担当課	担当所在（問合せ先）	電話	窓口対応	HP閲覧
道路等	道路境界確定図	建設部　道路維持課	鳩ヶ谷庁舎１階 川口市三ツ和１-14-３	048-280-1212	市有地に隣接する土地の所有者等が、境界の明示を受けようとするときに窓口閲覧	—
	都市計画道路予定図	都市計画部　都市計画課	鳩ヶ谷庁舎６階 川口市三ツ和１-14-３	048-242-6331	担当窓口で閲覧が可能	—
	法定外公共物（里道、水路）	里道　建設部　道路維持課	鳩ヶ谷庁舎１階 川口市三ツ和１-14-３	048-280-1212	担当窓口で対応可能	—
		水路　建設部　河川課		048-280-1209		
	ライフライン（上下水道等）	上水道　水道局給水管理課	川口市青木５-13-１	048-258-4132 （水道局代表）	担当窓口で閲覧、交付が可能	—
		下水道　下水道部　下水道維持課	川口市青木５-13-１	048-258-4132 （水道局代表）		
その他	周知の埋蔵文化財所在地図	生涯学習部　文化財課 埋蔵文化財係	文化財センター内 川口市本町１-17-１	048-222-1061	担当窓口で閲覧可能 FAX(048-222-2007）での照会も可能	—
	農地全般	農業委員会事務局	本庁舎４階 川口市青木２-１-１	048-258-1110 （市役所代表）	担当窓口で各種許可等を申請	—
	土地区画整理図	都市整備部　区画整理課	鳩ヶ谷庁舎２階 川口市三ツ和１-14-３	048-280-1206	担当窓口で閲覧が可能	—
	土壌汚染	環境部　環境保全課 水質係	リサイクルプラザ４階 川口市朝日４-21-33	048-228-5389	担当窓口で閲覧が可能	市HPで該当箇所をネット閲覧可能

1　川口市役所　〒332-8601　埼玉県川口市青木二丁目１番１号　電話 048-258-1110（代表）
　交通アクセス　●JR京浜東北線　川口駅下車　徒歩約12分
　●埼玉高速鉄道線　川口元郷駅下車　徒歩約15分
2　鳩ヶ谷庁舎　〒334-0011　埼玉県川口市三ツ和一丁目14番３号　電話 048-258-1110（代表）
　交通アクセス　●JR京浜東北線　西川口駅下車　バス鳩ヶ谷庁舎下車　徒歩約２分
　●埼玉高速鉄道線　鳩ヶ谷駅下車　徒歩約８分

49 埼玉県川越市（1/2）

法令	評価等に必要な書類等	担当課	担当所在（問合せ先）	電話	窓口対応	HP閲覧
固定資産税	固定資産地番参考図	財政部　資産税課	本庁舎２階 川越市元町１-３-１	049-224-5642	担当窓口で閲覧が可能	—
	固定資産税路線価図	財政部　資産税課	本庁舎２階 川越市元町１-３-１	049-224-5642	担当窓口で閲覧が可能	市HPでネット閲覧可能
	固定資産課税台帳・土地家屋名寄帳	財政部　資産税課	本庁舎２階 川越市元町１-３-１	049-224-5642	固定資産（土地・家屋）の所有者、所有者の代理人又は納税管理人等が閲覧可能	—
	固定資産評価証明書 （固定資産公課証明書）	財政部　資産税課	本庁舎２階 川越市元町１-３-１	049-224-5642	固定資産（土地・家屋）の所有者、所有者の代理人又は納税管理人等へ交付が可能	—
都市計画・建築	都市計画図（用途地域・容積率・建ぺい率等含む。）	都市計画部　都市計画課 まちづくり推進担当	本庁舎５階 川越市元町１-３-１	049-224-5945	担当窓口で閲覧が可能	市HPでネット閲覧可能
	都市計画証明（生産緑地等）	都市計画部　都市計画課 まちづくり推進担当	本庁舎５階 川越市元町１-３-１	049-224-5945	担当窓口で交付が可能	—
	白地図（地形図）	都市計画部　都市計画課 まちづくり推進担当	本庁舎５階 川越市元町１-３-１	049-224-5945	担当窓口で購入が可能	—
	開発登録簿、開発許可 開発指導要綱等	都市計画部　開発指導課 開発指導担当	本庁舎５階 川越市元町１-３-１	049-224-5978	担当窓口で閲覧、交付が可能	市HP開発指導要綱のダウンロードが可能
	建築計画概要書	都市計画部　建築指導課 管理担当	本庁舎５階 川越市元町１-３-１	049-224-5974	担当窓口で閲覧、交付が可能	—
道路	建築基準法上の道路の判定、位置指定道路	都市計画部　建築指導課 建築指導担当	本庁舎５階 川越市元町１-３-１	049-224-5974	担当窓口で閲覧が可能	—
	道路台帳平面図	建設部　建設管理課	小仙波庁舎 川越市小仙波町２-50-１	049-224-5987	担当窓口で閲覧、交付が可能	—

49 埼玉県川越市（2/2）

法令	評価等に必要な書類等	担当課	担当所在（問合せ先）	電話	窓口対応	HP閲覧
道路等	道路境界確定図	建設部　建設管理課	小仙波庁舎 川越市小仙波町２-50-１	049-224-5987	市有地に隣接する土地の所有者等が、境界の明示を受けようとするときに窓口閲覧	―
	都市計画道路予定図	都市計画部　都市計画課 まちづくり推進担当	本庁舎５階 川越市元町１-３-１	049-224-5945	担当窓口で閲覧が可能	―
	法定外公共物（里道、水路）	建設部　建設管理課	小仙波庁舎 川越市小仙波町２-50-１	049-224-5987	担当窓口で対応可能	―
	ライフライン（上下水道等）	上水道　上下水道局 事業計画課	川越市三久保町20-10	049-223-0332	担当窓口で閲覧、交付が可能	―
		下水道　上下水道局 下水道課		049-223-0331		
その他	周知の埋蔵文化財所在地図	教育委員会教育総務部 文化財保護課　調査担当	東庁舎２階 川越市元町１-３-１	049-224-6097	担当窓口で閲覧可能 FAX(049-226-4699）での照会も可能	―
	農地全般	農業委員会事務局　農地担当	東庁舎３階 川越市元町１-３-１	049-224-6134	担当窓口で各種許可等を申請	―
	土地区画整理図	都市計画部　都市整備課	本庁舎５階 川越市元町１-３-１	049-224-5964	担当窓口で閲覧が可能	―
	土壌汚染	環境部環境対策課 大気・土壌担当	本庁舎５階 川越市元町１-３-１	049-224-5894	担当窓口で閲覧が可能	市HPで該当箇所をネット閲覧可能

川越市役所　〒350-8601　埼玉県川越市元町一丁目３番１号　電話 049-224-8811（代表）
交通アクセス　●JR川越線・東武東上線　川越駅下車　バスで約10分
●西武新宿線　本川越駅下車　バスで約10分

50 埼玉県春日部市（1/2）

法令	評価等に必要な書類等	担当課	担当所在（問合せ先）	電話	窓口対応	HP閲覧
固定資産税	固定資産地番参考図	財務部　資産税課　償却担当	本庁舎１階 春日部市中央６-２	048-736-1111	担当窓口で閲覧、交付が可能	—
	固定資産税路線価図				担当窓口で閲覧、交付が可能	—
	固定資産課税台帳・土地家屋名寄帳				固定資産（土地・家屋）の所有者、所有者の代理人又は納税管理人等が閲覧可能	—
	固定資産評価証明書（固定資産公課証明書）				担当窓口で交付、固定資産（土地·家屋）の所有者、所有者の代理人又は納税管理人等が申請可能	—
都市計画・建築	都市計画図（用途地域・容積率・建ぺい率等含む。）	都市整備部　都市計画課	本庁舎４階 春日部市中央６-２	048-736-1111	担当窓口で閲覧可能	市HP「かすかべ　オラナビ」でネット閲覧可能
	都市計画証明（生産緑地）	都市整備部　都市計画課	本庁舎４階 春日部市中央６-２	048-736-1111	担当窓口で交付	—
	白地図（地形図）	都市整備部　都市計画課	本庁舎４階 春日部市中央６-２	048-736-1111	担当窓口又は別館１階市民生活相談課で購入可能	—
	開発登録簿、開発許可 開発指導要綱等	都市整備部　開発調整課	本庁舎４階 春日部市中央６-２	048-736-1111	担当窓口で閲覧、交付が可能	市HPから「春日部市開発事業の手続及び基準に関する条例」のダウンロードが可能
	建築計画概要書	都市整備部　建築課	本庁舎４階 春日部市中央６-２	048-736-1111	担当窓口で閲覧、交付が可能	—
道路	建築基準法上の道路の判定、位置指定道路	都市整備部　建築課	本庁舎４階 春日部市中央６-２	048-736-1111	担当窓口で閲覧、交付が可能	—
	道路台帳平面図	建設部　道路管理課　管理担当	本庁舎４階 春日部市中央６-２	048-736-1111	担当窓口で閲覧、交付が可能	市HPより「道路台帳参考図（道路台帳現況平面図および市道認定路線網図）の閲覧可能

50 埼玉県春日部市（2/2）

法令	評価等に必要な書類等	担当課	担当所在（問合せ先）	電話	窓口対応	HP閲覧
道路等	道路境界確定図	建設部　道路管理課　境界担当	本庁舎４階 春日部市中央６-２	048-736-1111	担当窓口で閲覧、交付が可能	—
	都市計画道路予定図	都市整備部　都市計画課　交通計画担当	本庁舎４階 春日部市中央６-２	048-736-1111	担当窓口で閲覧、交付が可能	市HPから「春日部市の都市計画道路の一覧」の閲覧可能
	法定外公共物（里道、水路）	建設部　道路管理課　境界担当	本庁舎４階 春日部市中央６-２	048-736-1111	担当窓口で対応	—
	ライフライン（上下水道）	上水道：水道部　施設管理課　給水担当	水道部事務所 春日部市大衾455-１	048-736-1111	担当窓口で閲覧、交付が可能	—
		下水道：建設部　下水道課　維持管理担当	庄和総合支所庁舎２階 春日部市金崎839-１	048-746-1111		
その他	周知の埋蔵文化財所在地図	社会教育部　文化財保護課　文化財担当	春日部市教育センター１階　春日部市粕壁東３-２-15	048-763-2449	担当窓口で閲覧、購入可能 FAX（048-763-2218）での照会可能	市HPより「市内の遺跡一覧」を閲覧可能
	農地全般	農業委員会事務局　農地振興担当	第三別館３階 春日部市中央６-６-11	048-736-1111	担当窓口で各種許可等を申請	—
	土地区画整理図	都市整備部　まちづくり推進課　市街地整備担当	本庁舎４階 春日部市中央６-２	048-736-1111	担当窓口で閲覧、交付が可能	市HPより「土地区画整理事業の実績(完了地区・施工地区)」の閲覧可能
	土壌汚染	環境経済部　環境政策推進課　環境政策推進担当	第三別館１階 春日部市中央６-６-11	048-736-1111	担当窓口で対応	市HPで該当箇所をネット閲覧可能

1　**春日部市役所**　〒344-8577　埼玉県春日部市中央六丁目２番地　電話 048-736-1111（代表）
　交通アクセス　●東武スカイツリーライン・野田線　春日部駅下車　西口より徒歩10分
2　**庄和総合支所**　〒344-0192　埼玉県春日部市金崎839番地１　電話 048-746-1111（代表）
　交通アクセス　●東武野田線「南桜井」駅下車　春日部市コミュニティバス「春バス（北ルート）」南桜井駅北口より乗り換え又は徒歩20分
　「春バス（北ルート）」（月・水・金のみ運行）「庄和総合支所」または「総合支所入口」下車

51 埼玉県久喜市（1/2）

法令	評価等に必要な書類等	担当課	担当所在（問合せ先）	電話	窓口対応	HP閲覧
固定資産税	固定資産地番参考図	財政部　資産税課	本庁舎１階 久喜市下早見85-３	0480-22-1111	担当窓口で閲覧が可能	—
	固定資産税路線価図	財政部　資産税課	本庁舎１階 久喜市下早見85-３	0480-22-1111	担当窓口で閲覧が可能	—
	固定資産課税台帳・土地家屋名寄帳	財政部　資産税課	本庁舎１階 久喜市下早見85-３	0480-22-1111	固定資産（土地・家屋）の所有者、所有者の代理人又は納税管理人等が閲覧可能	—
	固定資産評価証明書 （固定資産公課証明書）	財政部　資産税課	本庁舎１階 久喜市下早見85-３	0480-22-1111	固定資産（土地・家屋）の所有者、所有者の代理人又は納税管理人等へ交付が可能	—
都市計画・建築	都市計画図（用途地域・容積率・建ぺい率等含む。）	建設部　都市計画課	第二庁舎１階 久喜市北青柳1404-７	0480-22-1111	担当窓口で閲覧が可能	市HPでネット閲覧可能
	都市計画証明（生産緑地等）	建設部　都市計画課	第二庁舎１階 久喜市北青柳1404-７	0480-22-1111	担当窓口で交付が可能	—
		生産緑地　建設部　公園緑地課	第二庁舎２階 久喜市北青柳1404-７			
	白地図（地形図）	建設部　都市計画課	第二庁舎１階 久喜市北青柳1404-７	0480-22-1111	担当窓口で購入が可能	—
	開発登録簿、開発許可 開発指導要綱等	建設部　都市計画課	第二庁舎１階 久喜市北青柳1404-７	0480-22-1111	担当窓口で閲覧、交付が可能	市HP開発指導要綱のダウンロードが可能
	建築計画概要書	建設部　建築審査課	第二庁舎１階 久喜市北青柳1404-７	0480-22-1111	担当窓口で閲覧、交付が可能	—
道路	建築基準法上の道路の判定、位置指定道路	建設部　建築審査課	第二庁舎１階 久喜市北青柳1404-７	0480-22-1111	担当窓口で閲覧が可能	—
	道路台帳平面図	建設部　建設管理課	第二庁舎１階 久喜市北青柳1404-７	0480-22-1111	担当窓口で閲覧、交付が可能	—

51 埼玉県久喜市（2/2）

法令	評価等に必要な書類等	担当課	担当所在（問合せ先）	電話	窓口対応	HP閲覧
道路等	道路境界確定図	建設部　建設管理課	第二庁舎１階 久喜市北青柳1404-７	0480-22-1111	市有地に隣接する土地の所有者等が、境界の明示を受けようとするときに窓口閲覧	—
	都市計画道路予定図	建設部　都市計画課	第二庁舎１階 久喜市北青柳1404-７	0480-22-1111	担当窓口で閲覧が可能	—
	法定外公共物（里道、水路）	建設部　建設管理課	第二庁舎１階 久喜市北青柳1404-７	0480-22-1111	担当窓口で対応可能	—
	ライフライン（上下水道等）	上水道　上下水道部 水道業務課	久喜市鷲宮６-１-１	0480-58-1111	担当窓口で閲覧、交付が可能	—
		下水道　上下水道部 下水道業務課		0480-58-1111		
その他	周知の埋蔵文化財所在地図	教育委員会文化財保護課	久喜市菖蒲町新堀38	0480-85-1111	担当窓口で閲覧可能 FAX(0480-85-1788）での照会も可能	—
	農地全般	農業委員会事務局	本庁舎２階 久喜市下早見85-３	0480-22-1111	担当窓口で各種許可等を申請	—
	土地区画整理図	建設部　都市整備課	第二庁舎２階 久喜市北青柳1404-７	0480-22-1111	担当窓口で閲覧が可能	—
	土壌汚染	環境経済部　環境課	本庁舎２階 久喜市下早見85-３	0480-22-1111	担当窓口で閲覧が可能	市HPで該当箇所をネット閲覧可能

1　**久喜市役所**　〒346-8501　埼玉県久喜市下早見町85番地の３　電話 0480-22-1111（代表）
　交通アクセス　●JR宇都宮線、東武伊勢崎線　久喜駅下車　西口よりバスで約６分

2　**第二庁舎**　〒346-0024　埼玉県久喜市北青柳1404番地７　電話 0480-22-1111（代表）
　交通アクセス　●JR宇都宮線、東武伊勢崎線　久喜駅下車　西口よりバスで約13分

52 埼玉県熊谷市（1/2）

法令	評価等に必要な書類等	担当課	担当所在（問合せ先）	電話	窓口対応	HP閲覧
固定資産税	固定資産地番参考図	総務部　資産税課	本庁舎２階 熊谷市宮町２-47-１	048-524-1111	担当窓口で閲覧が可能	—
	固定資産税路線価図	総務部　資産税課	本庁舎２階 熊谷市宮町２-47-１	048-524-1111	担当窓口で閲覧が可能	—
	固定資産課税台帳・土地家屋名寄帳	総務部　資産税課	本庁舎２階 熊谷市宮町２-47-１	048-524-1111	固定資産（土地・家屋）の所有者、所有者の代理人又は納税管理人等が閲覧可能	—
	固定資産評価証明書 （固定資産公課証明書）	総務部　資産税課	本庁舎２階 熊谷市宮町２-47-１	048-524-1111	固定資産（土地・家屋）の所有者、所有者の代理人又は納税管理人等へ交付が可能	—
都市計画・建築	都市計画図（用途地域・容積率・建ぺい率等含む。）	都市整備部　都市計画課	大里庁舎２階 熊谷市中曽根654-１	0493-39-4813	担当窓口で閲覧が可能	市HPでネット閲覧可能
	都市計画証明（生産緑地等）	都市整備部　都市計画課	大里庁舎２階 熊谷市中曽根654-１	0493-39-4813	担当窓口で交付が可能	—
	白地図（地形図）	都市整備部　都市計画課	大里庁舎２階 熊谷市中曽根654-１	0493-39-4813	担当窓口で購入が可能	—
	開発登録簿、開発許可 開発指導要綱等	都市整備部　開発審査課	大里庁舎２階 熊谷市中曽根654-１	0493-39-4817	担当窓口で閲覧、交付が可能	—
	建築計画概要書	都市整備部　建築審査課	大里庁舎２階 熊谷市中曽根654-１	0493-39-4809	担当窓口で閲覧、交付が可能	—
道路	建築基準法上の道路の判定、位置指定道路	都市整備部　建築審査課	大里庁舎２階 熊谷市中曽根654-１	0493-39-4809	担当窓口で閲覧が可能	—
	道路台帳平面図	建設部　管理課	本庁舎５階 熊谷市宮町２-47-１	048-524-1111	担当窓口で閲覧、交付が可能	—

52 埼玉県熊谷市（2/2）

法令	評価等に必要な書類等	担当課	担当所在（問合せ先）	電話	窓口対応	HP閲覧
道路等	道路境界確定図	建設部　管理課	本庁舎５階 熊谷市宮町２-47-１	048-524-1111	市有地に隣接する土地の所有者等が、境界の明示を受けようとするときに窓口閲覧	—
	都市計画道路予定図	都市整備部　都市計画課	大里庁舎２階 熊谷市中曽根654-１	0493-39-4813	担当窓口で閲覧が可能	—
	法定外公共物（里道、水路）	建設部　管理課	本庁舎５階 熊谷市宮町２-47-１	048-524-1111	担当窓口で対応可能	—
	ライフライン（上下水道等）	上水道　水道部　営業課	熊谷市原島1031	048-520-4132	担当窓口で閲覧、交付が可能	—
		下水道　建設部　下水道課	本庁舎５階 熊谷市宮町２-47-１	048-524-1111		
その他	周知の埋蔵文化財所在地図	教育委員会 江南文化財センター	熊谷市千代329	048-536-5062	担当窓口で閲覧可能 FAX（048-536-4575）での照会も可能	—
	農地全般	農業委員会事務局	本庁舎７階 熊谷市宮町２-47-１	048-524-1111	担当窓口で各種許可等を申請	—
	土地区画整理図	都市整備部　都市計画課	大里庁舎２階 熊谷市中曽根654-１	0493-39-4813	担当窓口で閲覧が可能	—
	土壌汚染	環境部　環境政策課 公害対策係	江南庁舎（江南行政センター）２階 熊谷市江南中央１-１	048-536-1548	担当窓口で閲覧が可能	市HPで該当箇所をネット閲覧可能

1　**熊谷市役所**　〒360-8601　埼玉県熊谷市宮町二丁目47番地１　電話 048-524-1111（代表）
交通アクセス　●JR高崎線、秩父鉄道　熊谷駅下車　北口より徒歩約13分

2　**大里庁舎（大里行政センター）**　〒360-0195　埼玉県熊谷市中曽根654番地１　電話 0493-39-0311（代表）
交通アクセス　●JR高崎線、秩父鉄道　熊谷駅下車　南口よりバスで約20分

53 埼玉県越谷市（1/2）

法令	評価等に必要な書類等	担当課	担当所在（問合せ先）	電話	窓口対応	HP閲覧
固定資産税	固定資産地番参考図	行財政部　資産税課	第三庁舎３階 越谷市越ケ谷４-２-１	048-963-9147	担当窓口で閲覧が可能	—
	固定資産税路線価図	行財政部　資産税課	第三庁舎３階 越谷市越ケ谷４-２-１	048-963-9147	担当窓口で閲覧が可能	—
	固定資産課税台帳・土地家屋名寄帳	行財政部　資産税課	第三庁舎３階 越谷市越ケ谷４-２-１	048-963-9147	固定資産（土地・家屋）の所有者、所有者の代理人又は納税管理人等が閲覧可能	—
	固定資産評価証明書 （固定資産公課証明書）	行財政部　資産税課	第三庁舎３階 越谷市越ケ谷４-２-１	048-963-9147	固定資産（土地・家屋）の所有者、所有者の代理人又は納税管理人等へ交付が可能	—
都市計画・建築	都市計画図（用途地域・容積率・建ぺい率等含む。）	都市整備部　都市計画課	本庁舎３階 越谷市越ケ谷４-２-１	048-963-9222	担当窓口で閲覧が可能	市HPでネット閲覧可能
	都市計画証明（生産緑地等）	都市整備部　公園緑地課	本庁舎３階 越谷市越ケ谷４-２-１	048-963-9225	担当窓口で交付が可能	—
	白地図（地形図）	都市整備部　都市計画課	本庁舎３階 越谷市越ケ谷４-２-１	048-963-9222	担当窓口で購入が可能	—
	開発登録簿、開発許可 開発指導要綱等	都市整備部　開発指導課	本庁舎３階 越谷市越ケ谷４-２-１	048-963-9234	担当窓口で閲覧、交付が可能	市HP開発指導要綱のダウンロードが可能
	建築計画概要書	都市整備部　建築住宅課	本庁舎３階 越谷市越ケ谷４-２-１	048-963-9235	担当窓口で閲覧、交付が可能	—
道路	建築基準法上の道路の判定、位置指定道路	都市整備部　建築住宅課	本庁舎３階 越谷市越ケ谷４-２-１	048-963-9235	担当窓口で閲覧が可能	—
	道路台帳平面図	建設部　道路総務課	本庁舎３階 越谷市越ケ谷４-２-１	048-963-9201	担当窓口で閲覧、交付が可能	—

53 埼玉県越谷市（2/2）

法令	評価等に必要な書類等	担当課	担当所在（問合せ先）	電話	窓口対応	HP閲覧
道路等	道路境界確定図	建設部　道路総務課	本庁舎３階 越谷市越ヶ谷４-２-１	048-963-9201	市有地に隣接する土地の所有者等が、境界の明示を受けようとするときに窓口閲覧	—
	都市計画道路予定図	都市整備部　都市計画課	本庁舎３階 越谷市越ヶ谷４-２-１	048-963-9222	担当窓口で閲覧が可能	—
	法定外公共物（里道、水路）	建設部　道路総務課	本庁舎３階 越谷市越ヶ谷４-２-１	048-963-9201	担当窓口で対応可能	—
	ライフライン（上下水道等）	上水道　越谷・松伏水道企業団	越谷市越ヶ谷３-５-２	048-966-3931	担当窓口で閲覧、交付が可能	—
		下水道　建設部　下水道課	本庁舎３階 越谷市越ヶ谷４-２-１	048-963-9206		
その他	周知の埋蔵文化財所在地図	教育総務部　生涯学習課	第二庁舎４階 越谷市越ヶ谷４-２-１	048-963-9283	担当窓口で閲覧可能 FAX（048-965-5954）での照会も可能	—
	農地全般	農業委員会事務局	第三庁舎４階 越谷市越ヶ谷４-２-１	048-963-9279	担当窓口で各種許可等を申請	—
	土地区画整理図	都市整備部　市街地整備課	本庁舎３階 越谷市越ヶ谷４-２-１	048-963-9231	担当窓口で閲覧が可能	—
	土壌汚染	環境経済部　環境政策課	第三庁舎４階 越谷市越ヶ谷４-２-１	048-963-9186	担当窓口で閲覧が可能	市HPで該当箇所をネット閲覧可能

越谷市役所　〒343-8501　埼玉県越谷市越ヶ谷四丁目２番１号　電話 048-964-2111（代表）
交通アクセス　●東武伊勢崎線　越谷駅下車　東口より徒歩約７分

54 埼玉県狭山市（1/2）

法令	評価等に必要な書類等	担当課	担当所在（問合せ先）	電話	窓口対応	HP閲覧
固定資産税	固定資産地番参考図	—	—	—	—	—
	固定資産税路線価図	総務部　資産税課	市庁舎１階 狭山市入間川１-23-５	04-2953-1111（代）	担当窓口で閲覧が可能	—
	固定資産課税台帳・土地家屋名寄帳	総務部　資産税課	市庁舎１階 狭山市入間川１-23-５	04-2953-1111（代）	担当窓口で固定資産（土地・家屋）の所有者、所有者の代理人又は納税管理人等による閲覧が可能	—
	固定資産評価証明書（固定資産公課証明書）	総務部　資産税課	市庁舎１階 狭山市入間川１-23-５	04-2953-1111（代）	担当窓口で固定資産（土地・家屋）の所有者、所有者の代理人又は納税管理人等へ交付が可能	—
都市計画・建築	都市計画図（用途地域・容積率・建ぺい率等含む。）	都市建設部　都市計画課	市庁舎２階 狭山市入間川１-23-５	04-2953-1111（代）	担当窓口で閲覧が可能	市HPでネット閲覧可能
	都市計画証明（生産緑地等）	都市建設部　都市計画課	市庁舎２階 狭山市入間川１-23-５	04-2953-1111（代）	担当窓口で交付が可能	—
	白地図（地形図）	都市建設部　都市計画課	市庁舎２階 狭山市入間川１-23-５	04-2953-1111（代）	１階行政資料コーナーで購入が可能	—
	開発登録簿、開発許可開発指導要綱等	都市建設部　開発審査課	市庁舎２階 狭山市入間川１-23-５	04-2953-1111（代）	担当窓口で閲覧、交付が可能	市HPで開発指導要綱のダウンロードが可能
	建築計画概要書	都市建設部　建築審査課	市庁舎２階 狭山市入間川１-23-５	04-2953-1111（代）	担当窓口で閲覧、交付が可能	—
道路	建築基準法上の道路の判定、位置指定道路	都市建設部　建築審査課	市庁舎２階 狭山市入間川１-23-５	04-2953-1111（代）	担当窓口で閲覧が可能	—
	道路台帳平面図	都市建設部　管理課	市庁舎２階 狭山市入間川１-23-５	04-2953-1111（代）	担当窓口で閲覧、交付が可能	—

54 埼玉県狭山市（2/2）

法令	評価等に必要な書類等	担当課	担当所在（問合せ先）	電話	窓口対応	HP閲覧
道路等	道路境界確定図	都市建設部　管理課	市庁舎２階 狭山市入間川１-23-５	04-2953-1111（代）	担当窓口で閲覧が可能	－
道路等	都市計画道路予定図	都市建設部　都市計画課	市庁舎２階 狭山市入間川１-23-５	04-2953-1111（代）	担当窓口で閲覧が可能	市HPでネット閲覧可能
道路等	法定外公共物（里道、水路）	都市建設部　管理課	市庁舎２階 狭山市入間川１-23-５	04-2953-1111（代）	担当窓口で対応可能	－
道路等	ライフライン（上下水道等）	上水道：上下水道部　水道施設課 下水道：上下水道部　下水道施設課	市庁舎２階 狭山市入間川１-23-５	04-2953-1111（代）	担当窓口で閲覧、交付が可能	－
その他	周知の埋蔵文化財所在地図	生涯学習部　社会教育課	市庁舎５階 狭山市入間川１-23-５	04-2953-1111（代）	担当窓口で閲覧可能 FAX（043-486-9401）での照会も受付	－
その他	農地全般	農業委員会　事務局	市庁舎６階 狭山市入間川１-23-５	04-2953-1111（代）	担当窓口で各種許可等を申請	－
その他	土地区画整理図	都市建設部　管理課	市庁舎２階 狭山市入間川１-23-５	04-2953-1111（代）	担当窓口で閲覧が可能	－
その他	土壌汚染	環境経済部　環境課	市庁舎２階 狭山市入間川１-23-５	04-2953-1111（代）	担当窓口で閲覧が可能	埼玉県HPで「要措置区域等の指定状況」をネット閲覧可能

1　**狭山市役所**　〒350-1380　埼玉県狭山市入間川１丁目23番５号　電話 04-2953-1111（代表）
交通アクセス　●西武新宿線　狭山市駅下車　西口から徒歩８分

55 埼玉県草加市（1/2）

法令	評価等に必要な書類等	担当課	担当所在（問合せ先）	電話	窓口対応	HP閲覧
固定資産税	固定資産地番参考図	総務部　資産税課	第2庁舎3階 草加市中央1-1-8	048-922-1081	担当窓口で閲覧が可能	—
	固定資産税路線価図				担当窓口で閲覧が可能	—
	固定資産課税台帳・土地家屋名寄帳				固定資産（土地・家屋）の所有者、所有者の代理人又は納税管理人等が閲覧、交付の担当窓口は市民課　総合窓口係	—
	固定資産評価証明書（固定資産公課証明書）					
都市計画・建築	都市計画図（用途地域・容積率・建ぺい率等含む。）	都市整備部　都市計画課 調整係	仮庁舎（FTビル）5階 草加市住吉1-5-2	048-922-1896	担当窓口で閲覧が可能	市HPで「地域別都市計画図」を閲覧可能
	都市計画証明（生産緑地等）	都市整備部　都市計画課 計画係	仮庁舎（FTビル）5階 草加市住吉1-5-2	048-922-1790	担当窓口で交付が可能	—
	白地図（地形図）	都市整備部　開発指導課 開発指導係	仮庁舎（FTビル）4階 草加市住吉1-5-2	048-922-1904	担当窓口で閲覧、購入可能（本庁舎西棟2階の情報コーナーでも販売）	—
	開発登録簿、開発許可 開発指導要綱等	都市整備部　開発指導課 開発指導係	仮庁舎（FTビル）4階 草加市住吉1-5-2	048-922-1904	担当窓口で閲覧、交付が可能	—
	建築計画概要書	都市整備部　建築指導課 確認検査係	仮庁舎（FTビル）4階 草加市住吉1-5-2	048-922-1954	担当窓口で閲覧、交付が可能	—
道路	建築基準法上の道路の判定、位置指定道路	都市整備部　建築指導課 指導係	仮庁舎（FTビル）4階 草加市住吉1-5-2	048-922-1958	担当窓口で閲覧、交付が可能	—
	道路台帳平面図	建設部　建設管理課　調整係	仮庁舎（FTビル）2階 草加市住吉1-5-2	048-922-2069	担当窓口で閲覧が可能	市HPより草加市道路台帳システム閲覧

55 埼玉県草加市（2/2）

法令	評価等に必要な書類等	担当課	担当所在（問合せ先）	電話	窓口対応	HP閲覧
道路等	道路境界確定図	建設部　建設管理課　境界係	仮庁舎（FTビル）２階　草加市住吉１-５-２	048-922-2153	担当窓口で閲覧可能	—
	都市計画道路予定図	建設部　道路課　街路係	仮庁舎（FTビル）３階　草加市住吉１-５-２	048-922-2198	担当窓口で閲覧が可能	市HPで「草加市都市計画道路一覧」を閲覧可能
	法定外公共物（里道、水路）	建設部　建設管理課　境界係	仮庁舎（FTビル）２階　草加市住吉１-５-２	048-922-2153	担当窓口で対応	—
	ライフライン（上下水道）	上水道　上下水道部　水道営業課	上下水道部庁舎　草加市氷川町2118-５	048-927-2220	担当窓口で閲覧、交付が可能	—
		下水道　上下水道部　下水道課		048-922-2286		
その他	周知の埋蔵文化財所在地図	教育委員会　教育総務部　生涯学習課　文化財保護係	仮庁舎（ぶぎん草加ビル）４階　草加市高砂２-１-７	048-922-2830	担当窓口で閲覧可能、FAX（048-922-3498）での問い合わせも可能	—
	農地全般	農業委員会事務局	本庁舎西棟１階　草加市高砂１-１-１	048-922-0842	担当窓口で対応可能	—
	土地区画整理図	都市整備部　都市計画課	仮庁舎（FTビル）５階　草加市住吉１-５-２	048-922-1896	担当窓口で閲覧、交付が可能	—
	土壌汚染	市民生活部　環境課　公害対策係	本庁舎西棟４階　草加市高砂１-１-１	048-922-1520	担当窓口で閲覧が可能	市HPで「土壌汚染対策法に基づく区域の指定」を閲覧可能

1　**草加市役所**　〒340-8550　埼玉県草加市高砂一丁目１番１号　電話 048-922-0151（代表）
　交通アクセス　●東武伊勢崎線草加駅下車　徒歩10分
2　**市役所仮庁舎（FTビル）**　〒340-0014　埼玉県草加市住吉一丁目５番２号　電話 048-922-0151（代表）
　交通アクセス　●東武伊勢崎線草加駅下車　徒歩３分

56 埼玉県所沢市（1/2）

法令	評価等に必要な書類等	担当課	担当所在（問合せ先）	電話	窓口対応	HP閲覧
固定資産税	固定資産地番参考図	財務部　資産税課	本庁舎低層棟２階 所沢市並木１-１-１	04-2998-9068	担当窓口で閲覧が可能	—
	固定資産税路線価図	財務部　資産税課	本庁舎低層棟２階 所沢市並木１-１-１	04-2998-9068	担当窓口で閲覧が可能	—
	固定資産課税台帳・土地家屋名寄帳	財務部　資産税課	本庁舎低層棟２階 所沢市並木１-１-１	04-2998-9068	固定資産（土地・家屋）の所有者、所有者の代理人又は納税管理人等が閲覧可能	—
	固定資産評価証明書 （固定資産公課証明書）	財務部　資産税課	本庁舎低層棟２階 所沢市並木１-１-１	04-2998-9068	固定資産（土地・家屋）の所有者、所有者の代理人又は納税管理人等へ交付が可能	—
都市計画・建築	都市計画図（用途地域・容積率・建ぺい率等含む。）	街づくり計画部 都市計画課	本庁舎高層棟５階 所沢市並木１-１-１	04-2998-9192	担当窓口で閲覧が可能	市HPでネット閲覧可能
	都市計画証明（生産緑地等）	街づくり計画部 都市計画課	本庁舎高層棟５階 所沢市並木１-１-１	04-2998-9192	担当窓口で交付が可能	—
	白地図（地形図）	市民部市民相談課 市政情報センター	本庁舎低層棟１階 所沢市並木１-１-１	04-2998-9206	担当窓口で購入が可能	—
	開発登録簿、開発許可 開発指導要綱等	街づくり計画部 開発指導課	本庁舎低層棟２階 所沢市並木１-１-１	04-2998-9379	担当窓口で閲覧、交付が可能	—
	建築計画概要書	街づくり計画部 建築指導課	本庁舎低層棟２階 所沢市並木１-１-１	04-2998-9180	担当窓口で閲覧、交付が可能	—
道路	建築基準法上の道路の判定、位置指定道路	街づくり計画部 建築指導課	本庁舎低層棟２階 所沢市並木１-１-１	04-2998-9180	担当窓口で閲覧が可能	—
	道路台帳平面図	建設部　建設総務課	本庁舎低層棟２階 所沢市並木１-１-１	04-2998-9171	担当窓口で閲覧、交付が可能	—

56 埼玉県所沢市（2/2）

法令	評価等に必要な書類等	担当課	担当所在（問合せ先）	電話	窓口対応	HP閲覧
道路等	道路境界確定図	建設部　建設総務課	本庁舎低層棟２階 所沢市並木１-１-１	04-2998-9171	市有地に隣接する土地の所有者等が、境界の明示を受けようとするときに窓口閲覧	―
	都市計画道路予定図	街づくり計画部 都市計画課	本庁舎高層棟５階 所沢市並木１-１-１	04-2998-9192	担当窓口で閲覧が可能	―
	法定外公共物（里道、水路）	建設部 建設総務課	本庁舎低層棟２階 所沢市並木１-１-１	04-2998-9171	担当窓口で対応可能	―
	ライフライン（上下水道等）	上水道　上下水道部 給水管理課	所沢市宮本町２-21-４	04-2921-1082	担当窓口で閲覧、交付が可能	―
		下水道　上下水道部 下水道維持課		04-2921-1022		
その他	周知の埋蔵文化財所在地図	教育委員会教育総務部 埋蔵文化財調査センター	所沢市北野２-12-１	04-2947-0012	担当窓口で閲覧可能 FAX(04-2947-0048）での照会も可能	―
	農地全般	農業委員会事務局	本庁舎高層棟５階 所沢市並木１-１-１	04-2998-9264	担当窓口で各種許可等を申請	―
	土地区画整理図	街づくり計画部 市街地整備課	本庁舎高層棟５階 所沢市並木１-１-１	04-2998-9208	担当窓口で閲覧が可能	―
	土壌汚染	環境クリーン部 環境対策課	本庁舎高層棟５階 所沢市並木１-１-１	04-2998-9230	担当窓口で閲覧が可能	市HPで該当箇所をネット閲覧可能

所沢市役所　〒359-8501　埼玉県所沢市並木一丁目１番１号　電話 04-2998-1111（代表）
交通アクセス　●西武新宿線　航空公園駅下車　東口から徒歩約３分

57 埼玉県新座市（1/2）

法令	評価等に必要な書類等	担当課	担当所在（問合せ先）	電話	窓口対応	HP閲覧
固定資産税	固定資産地番参考図	企画財政部　資産税課	本庁舎 3 階 新座市野火止 1 - 1 - 1	048-481-6791	担当窓口で閲覧、交付が可能	—
	固定資産税路線価図				担当窓口で閲覧、交付が可能	—
	固定資産課税台帳・土地家屋名寄帳				担当窓口で固定資産（土地・家屋）の所有者、所有者の代理人又は納税管理人等が閲覧、交付が可能	—
	固定資産評価証明書 （固定資産公課証明書）				担当窓口で固定資産（土地・家屋）の所有者、所有者の代理人又は納税管理人等へ、交付が可能	—
都市計画・建築	都市計画図（用途地域・容積率・建ぺい率等含む。）	都市整備部　まちづくり計画課	本庁舎 4 階 新座市野火止 1 - 1 - 1	048-424-9613	担当窓口で閲覧可能	市HP「にいざマップ」で閲覧可能
	都市計画証明（生産緑地）				担当窓口で交付	—
	白地図（地形図）				担当窓口で購入可能	—
	開発登録簿、開発許可 開発指導要綱等	都市整備部　建築開発課 開発指導係	本庁舎 4 階 新座市野火止 1 - 1 - 1	048-477-3989	担当窓口で閲覧、交付が可能	市HPから「新座市開発行為等の基準及び手続に関する条例」等のダウンロードが可能
	建築計画概要書	都市整備部　建築開発課 建築審査係	本庁舎 4 階 新座市野火止 1 - 1 - 1	048-477-4309	担当窓口で閲覧、交付が可能	—
道路	建築基準法上の道路の判定、位置指定道路	都市整備部　建築開発課 建築審査係	本庁舎 4 階 新座市野火止 1 - 1 - 1	048-477-4309	担当窓口で閲覧、交付が可能	—
	道路台帳平面図	都市整備部　道路課　管理係	本庁舎 5 階 新座市野火止 1 - 1 - 1	048-477-4596	担当窓口で閲覧、交付が可能	市HPで「新座市道路網図」を閲覧可能

57 埼玉県新座市（2/2）

法令	評価等に必要な書類等	担当課	担当所在（問合せ先）	電話	窓口対応	HP閲覧
道路等	道路境界確定図	都市整備部　道路課　管理係	本庁舎5階 新座市野火止1-1-1	048-477-4596	市有地に隣接する土地の所有者等が窓口で閲覧、交付	—
道路等	都市計画道路予定図	都市整備部　まちづくり計画課　都市計画係	本庁舎4階 新座市野火止1-1-1	048-424-9613	担当窓口で閲覧、交付が可能	市HPから閲覧可能
道路等	法定外公共物（里道、水路）	都市整備部　道路課　管理係	本庁舎5階 新座市野火止1-1-1	048-477-4596	担当窓口で対応	—
道路等	ライフライン（上下水道）	上水道　上下水道部　水道施設課	本庁舎6階 新座市野火止1-1-1	048-477-5798	担当窓口で閲覧、交付が可能	—
道路等	ライフライン（上下水道）	下水道　上下水道部　下水道課	本庁舎6階 新座市野火止1-1-1	048-424-9615	担当窓口で閲覧、交付が可能	—
その他	周知の埋蔵文化財所在地図	教育総務部　生涯学習スポーツ課　生涯学習係	本庁舎7階 新座市野火止1-1-1	048-424-9616	担当窓口で閲覧、FAX(048-458-0791)での照会がそれぞれ可能	—
その他	農地全般	農業委員会　事務局	第二庁舎3階 新座市野火止1-1-1	048-477-1543	担当窓口で対応	—
その他	土地区画整理図	都市整備部　まちづくり計画課	本庁舎4階 新座市野火止1-1-1	048-424-9614	担当窓口で閲覧、交付が可能	—
その他	土壌汚染	埼玉県　西部環境管理事務所	ウェスタ川越公共施設棟4F 川越市新宿町1-17-17	049-244-1250	担当窓口で閲覧可能	県HPで「要措置区域及び形質変更時要届出区域の指定状況」の閲覧可能

新座市役所　〒352-8623　埼玉県新座市野火止一丁目1番1号　電話 048-477-1111（代表）
交通アクセス　●JR武蔵野線新座駅、東武東上線朝霞台駅、西武池袋線東久留米駅から　西武バス乗り換え　新座市役所下車すぐ

58 千葉県千葉市（1/2）

法令	評価等に必要な書類等	担当課	担当所在（問合せ先）	電話	窓口対応	HP閲覧
固定資産税	固定資産地番参考図	東部市税事務所資産税課（中央区・若葉区・緑区） 西部市税事務所資産税課（花見川区・稲毛区・美浜区）	（東部）千葉市若葉区桜木北2-1-1若葉区役所内 （西部）千葉市美浜区真砂5-15-1美浜区役所内	（東部） 043-233-8143 （西部） 043-270-3143	担当窓口で閲覧が可能	—
	固定資産税路線価図	東部市税事務所資産税課（中央区・若葉区・緑区） 西部市税事務所資産税課（花見川区・稲毛区・美浜区）	（東部）千葉市若葉区桜木北2-1-1若葉区役所内 （西部）千葉市美浜区真砂5-15-1美浜区役所内	（東部） 043-233-8143 （西部） 043-270-3143	担当窓口で閲覧が可能	—
	固定資産課税台帳・土地家屋名寄帳	東部市税事務所資産税課（中央区・若葉区・緑区） 西部市税事務所資産税課（花見川区・稲毛区・美浜区）	（東部）千葉市若葉区桜木北2-1-1若葉区役所内 （西部）千葉市美浜区真砂5-15-1美浜区役所内	（東部） 土地班043-233-8143 家屋班043-233-8145 （西部） 土地班043-270-3143 家屋班043-270-3145	担当窓口で固定資産（土地・家屋）の所有者、所有者の代理人又は納税管理人等による閲覧が可能	—
	固定資産評価証明書（固定資産公課証明書）	東部市税事務所資産税課（中央区・若葉区・緑区） 西部市税事務所資産税課（花見川区・稲毛区・美浜区）	（東部）千葉市若葉区桜木北2-1-1若葉区役所内 （西部）千葉市美浜区真砂5-15-1美浜区役所内	（東部） 土地班043-233-8143 家屋班043-233-8145 （西部） 土地班043-270-3143 家屋班043-270-3145	担当窓口で固定資産（土地・家屋）の所有者、所有者の代理人又は納税管理人等へ交付が可能	—
都市計画・建築	都市計画図（用途地域・容積率・建ぺい率等含む。）	都市局　都市部　都市計画課	千葉中央コミュニティセンター3階 千葉市中央区千葉港2-1	043-245-5304	担当窓口で閲覧が可能	市HP「都市計画情報検索サービス」でネット閲覧可能
	都市計画証明（生産緑地等）	都市局　都市部　都市計画課	千葉中央コミュニティセンター3階 千葉市中央区千葉港2-1	043-245-5304	担当窓口で交付が可能	—
	白地図（地形図）	総務局　総務部　政策法務課　市政情報室	千葉中央コミュニティセンター2階 千葉市中央区千葉港2-1	043-245-5716	担当窓口で購入が可能	市HP「千葉市認定道路網システム」から閲覧可能
	開発登録簿、開発許可 開発指導要綱等	都市局　建築部　宅地課	千葉中央コミュニティセンター3階 千葉市中央区千葉港2-1	043-245-5320	担当窓口で閲覧、交付が可能	市HP開発市道要綱のダウンロードが可能
	建築計画概要書	都市局　建築部　建築審査課	千葉中央コミュニティセンター3階 千葉市中央区千葉港2-1	043-245-5841	担当窓口で閲覧、交付が可能	—
道路	建築基準法上の道路の判定、位置指定道路	都市局　建築部　建築審査課　審査第1班、第2班	千葉中央コミュニティセンター3階 千葉市中央区千葉港2-1	（審査第1班） 043-245-5839 （審査第2班） 043-245-5840	担当窓口で閲覧が可能	—
	道路台帳平面図	建設局　土木部　路政課	本庁舎6階 千葉市中央区千葉港1-1	043-245-5371	担当窓口で閲覧、交付が可能	市HP「千葉市認定道路網システム」から閲覧可能

58 千葉県千葉市（2/2）

法令	評価等に必要な書類等	担当課	担当所在（問合せ先）	電話	窓口対応	HP閲覧
道路等	道路境界確定図	建設局　土木部　路政課	本庁舎６階 千葉市中央区千葉港１-１	043-245-5371	担当窓口で閲覧、交付が可能	—
道路等	都市計画道路予定図	都市局　都市部　都市計画課	千葉市中央区千葉港２-１ 千葉中央コミュニティセンター３階	043-245-5304	担当窓口で閲覧が可能	—
道路等	法定外公共物（里道、水路）	建設局　土木部　路政課 調査班	本庁舎６階 千葉市中央区千葉港１-１	043-245-5372 または5373	担当窓口で対応可能	—
道路等	ライフライン（上下水道等）	上水道：千葉市水道局・水道事業事務所 千葉県水道局・千葉水道事務所（花見川区、稲毛区、中央区、美浜区） 四街道市水道局・水道事業センター ※若葉区、緑区は町により異なる。	千葉市水道局・水道事業事務所：千葉市緑区平川町2210 千葉県水道局・千葉水道事務所（施設管理課）：千葉市中央区南町１-４-７ 四街道市水道事業センター：千葉県四街道市鹿渡無番地	水道事業事務所： 043-291-5462 千葉水道事務所： 043-264-1114 四街道市水道事業センター： 043-421-3333	担当窓口で閲覧、交付が可能	下水道配管図については、市HP「下水道台帳システム」にて閲覧可能
		下水道：建設局　下水道管理部　下水道維持課	市役所７階 千葉市中央区千葉港１-１	043-245-5431		
その他	周知の埋蔵文化財所在地図	教育委員会事務局　生涯学習部　文化財課　埋蔵文化財調査センター	千葉市中央区南生実町1210	043-266-5433	担当窓口で閲覧可能 FAX（043-268-9004）でも照会可能	「周知の埋蔵文化財包蔵地」に該当するかどうかは、住居表示を伝えるだけでOK
その他	農地全般	農業委員会事務局　農業審査班	千葉中央コミュニティセンター２階 千葉市中央区千葉港２-１	043-245-5767	担当窓口で各種許可等を申請	—
その他	土地区画整理図	都市局　都市部　市街地整備課	千葉中央コミュニティセンター３階 千葉市中央区千葉港２-１	043-245-5325	担当窓口で閲覧が可能	—
その他	土壌汚染	環境局　環境保全部　環境規制課　水質・土壌班	市役所４階 千葉市中央区千葉港１-１	043-245-5194	担当窓口で閲覧が可能	要措置区域、形質変更時要届出区域については、千葉県HPにて閲覧可能 市HPで該当箇所をネット閲覧可能

千葉市役所　〒260-8722　千葉県千葉市中央区千葉港１番１号　電話：043-245-5111（代表）
交通アクセス　●JR千葉みなと駅～徒歩約７分　●JR千葉駅・京成電鉄千葉駅～徒歩約12分　●千葉モノレール市役所前駅～徒歩約１分

59 千葉県市川市（1/2）

法令	評価等に必要な書類等	担当課	担当所在（問合せ先）	電話	窓口対応	HP閲覧
固定資産税	固定資産地番参考図	財政部　固定資産税課	仮本庁舎 市川市南八幡 2 -20- 2	047-712-8668	担当窓口で閲覧、交付が可能	―
	固定資産税路線価図	財政部　固定資産税課	仮本庁舎 市川市南八幡 2 -20- 2	047-712-8668	担当窓口で閲覧不可能	―
	固定資産課税台帳・土地家屋名寄帳	財政部　固定資産税課	仮本庁舎 市川市南八幡 2 -20- 2	土地担当： 047-712-8668 家屋担当： 047-712-8672	担当窓口で固定資産（土地・家屋）の所有者、所有者の代理人又は納税管理人等による閲覧が可能	―
	固定資産評価証明書 （固定資産公課証明書）	財政部　固定資産税課	仮本庁舎 市川市南八幡 2 -20- 2	土地担当： 047-712-8668 家屋担当： 047-712-8672	担当窓口で固定資産（土地・家屋）の所有者、所有者の代理人又は納税管理人等へ交付が可能	―
都市計画・建築	都市計画図（用途地域・容積率・建ぺい率等含む。）	街づくり部　都市計画課	市川南仮庁舎 市川市市川南 2 - 9 -12	047-712-6323	担当窓口で閲覧が可能	市HP「いち案内」でネット閲覧可能
	都市計画証明（生産緑地等）	街づくり部　都市計画課	市川南仮庁舎 市川市市川南 2 - 9 -12	047-712-6323	担当窓口で交付が可能	―
	白地図（地形図）	街づくり部　都市計画課	市川南仮庁舎 市川市市川南 2 - 9 -12	047-712-6323	担当窓口で購入が可能	―
	開発登録簿、開発許可 開発指導要綱等	街づくり部　開発指導課	市川南仮庁舎 市川市市川南 2 - 9 -12	047-712-6331 047-712-6332	担当窓口で閲覧、交付が可能	―
	建築計画概要書	街づくり部　建築指導課	市川南仮庁舎 市川市市川南 2 - 9 -12	047-712-6336	担当窓口で閲覧、交付が可能	―
道路	建築基準法上の道路の判定、位置指定道路	街づくり部　建築指導課	市川南仮庁舎 市川市市川南 2 - 9 -12	047-712-6336	担当窓口で閲覧が可能	市HP「いち案内」でネット閲覧可能
	道路台帳平面図	道路交通部　道路管理課	市川南仮庁舎 市川市市川南 2 - 9 -12	047-712-6346	担当窓口で閲覧、交付が可能	市道の認定路線については、市HPにて確認可能

59 千葉県市川市（2/2）

法令	評価等に必要な書類等	担当課	担当所在（問合せ先）	電話	窓口対応	HP閲覧
道路等	道路境界確定図	道路交通部　道路管理課	市川南仮庁舎 市川市市川南２-９-12	047-712-6346	担当窓口で閲覧が可能	―
	都市計画道路予定図	街づくり部　都市計画課	市川南仮庁舎 市川市市川南２-９-12	047-712-6323	担当窓口で閲覧、コピーが可能	―
	法定外公共物（里道、水路）	道路交通部　道路管理課	市川南仮庁舎 市川市市川南２-９-12	047-712-6346	担当窓口で閲覧が可能	―
	ライフライン（上下水道等）	上水道：市川水道事務所 市川水道事務所葛南支所	市川水道事務所： 市川市南八幡１-10-15 葛南支所： 市川市新井３-15-10	市川水道事務所： 047-378-1517 葛南支所： 047-357-1197	担当窓口で閲覧、交付が可能	―
		下水道：水と緑の部　河川・下水道管理課	市川市市川南２-９-12	下水道管理課： 047-712-6358		
その他	周知の埋蔵文化財所在地図	教育委員会　生涯学習部　考古博物館　文化財グループ	千葉市堀之内２-27-１ 市川歴史博物館１階	047-701-8399	担当窓口で閲覧可能 FAX（047-372-5770）での照会も可能	―
	農地全般	農業委員会事務局	市川市東大和田１-２-10 分庁舎C棟２階	047-712-5063	担当窓口で各種許可等を申請	―
	土地区画整理図	街づくり部　街づくり推進課	市川南仮庁舎 市川市市川南２-９-12	047-712-6327	担当窓口で閲覧、交付が可能	―
	土壌汚染	環境部　環境保全課	市川南仮庁舎 市川市市川南２-９-12	047-712-6310	担当窓口で閲覧が可能	要措置区域、形質変更時要届出区域については、千葉県HPにて閲覧可能 市HPから照会書をダウンロードしてFAXすることにより、回答可能

市川市役所　〒272-8501　千葉県市川市八幡一丁目１番１号　電話 047-334-1111（代表）
交通アクセス　●JR総武線「本八幡」駅　京成電鉄「京成八幡」駅、都営地下鉄新宿線「本八幡」駅　各駅徒歩７分

60 千葉県市原市（1/2）

法令	評価等に必要な書類等	担当課	担当所在（問合せ先）	電話	窓口対応	HP閲覧
固定資産税	固定資産地番参考図	財政部　固定資産税課	市役所２階 市原市国分寺台中央１-１-１	0436-23-9812	担当窓口で、閲覧、交付が可能	—
	固定資産税路線価図	財政部　固定資産税課	市役所２階 市原市国分寺台中央１-１-１	0436-23-9812	担当窓口で閲覧不可能	—
	固定資産課税台帳・土地家屋名寄帳	市民生活部　市民課	市役所１階 市原市国分寺台中央１-１-１	0436-23-9803	担当窓口で固定資産（土地・家屋）の所有者、所有者の代理人又は納税管理人等による閲覧が可能	—
	固定資産評価証明書（固定資産公課証明書）	市民生活部　市民課	市役所１階 市原市国分寺台中央１-１-１	0436-23-9803	担当窓口で固定資産（土地・家屋）の所有者、所有者の代理人又は納税管理人等へ交付が可能	—
都市計画・建築	都市計画図（用途地域・容積率・建ぺい率等含む。）	市役所　都市部　都市計画課	市役所８階 市原市国分寺台中央１-１-１	0436-23-9838	担当窓口で閲覧が可能	市ＨＰで閲覧可能
	都市計画証明（生産緑地等）	市役所　都市部　都市計画課	市役所８階 市原市国分寺台中央１-１-１	0436-23-9838	担当窓口で交付が可能	—
	白地図（地形図）	市役所　都市部　都市計画課	市役所８階 市原市国分寺台中央１-１-１	0436-23-9838	担当窓口で購入が可能	—
	開発登録簿、開発許可 開発指導要綱等	市役所　都市部　宅地課	市役所８階 市原市国分寺台中央１-１-１	0436-23-9839	担当窓口で閲覧、交付が可能	—
	建築計画概要書	市役所　都市部　建築指導課	市役所８階 市原市国分寺台中央１-１-１	0436-23-9840	担当窓口で閲覧、交付が可能	—
道路	建築基準法上の道路の判定、位置指定道路	市役所　都市部　建築指導課	市役所８階 市原市国分寺台中央１-１-１	0436-23-9840	担当窓口で閲覧が可能	—
	道路台帳平面図	市役所　土木部　土木管理課　境界査定係	市役所７階 市原市国分寺台中央１-１-１	0436-23-9831	担当窓口で閲覧、交付が可能	—

60 千葉県市原市（2/2）

法令	評価等に必要な書類等	担当課	担当所在（問合せ先）	電話	窓口対応	HP閲覧
道路等	道路境界確定図	市役所　土木部　土木管理課　境界査定係	市役所７階 市原市国分寺台中央1-1-1	0436-23-9831	担当窓口で閲覧が可能	―
	都市計画道路予定図	市役所　都市部　都市計画課	市役所８階 市原市国分寺台中央1-1-1	0436-23-9838	担当窓口で閲覧が可能	―
	法定外公共物（里道、水路）	市役所　土木部　土木管理課　占用係　管理係	市役所７階 市原市国分寺台中央1-1-1	0436-23-9831	担当窓口で閲覧が可能	―
	ライフライン（上下水道等）	上水道：水道部　給水課 千葉水道事務所市原支所	市役所10階　市原市国分寺台中央1-1-1 市原支所　市原市五所1445-4	0436-23-9861 0436-41-1362	担当窓口で閲覧、交付が可能	―
		下水道：下水道センター（都市部　下水道管理課）	下水道センター２階 市原市松ヶ島西1-4	0436-23-9043		
その他	周知の埋蔵文化財所在地図	ふるさと文化課文化財保護係	市役所９階 市原市国分寺台中央1-1-1	0436-23-9853	担当窓口で閲覧可能 FAX（0436-24-3005）でも照会可能	「周知の埋蔵文化財包蔵地」に該当するかどうかは、左記へ住宅地図をＦＡＸすることにより回答可能
	農地全般	農業委員会事務局	市役所６階 市原市国分寺台中央1-1-1	0436-23-9837	担当窓口で各種許可等を申請	―
	土地区画整理図	市役所　都市部　都市整備課　区画整理係	市役所６階 市原市国分寺台中央1-1-1	0436-23-9828	担当窓口で閲覧が可能 （ただし、区画整理区域により、管轄部署はまちまちである。）	―
	土壌汚染	市原市役所　環境部　環境管理課	市役所10階 市原市国分寺台中央1-1-1	0436-23-9867	担当窓口で閲覧が可能	要措置区域、形質変更時要届出区域については、千葉県HPにて閲覧可能

市原市役所　千葉県市原市国分寺台中央一丁目１番地１　電話：0436-22-1111（代表）
交通アクセス　●JR内房線「五井駅」東口４番乗り場から「アリオ市原・市原市役所経由国分寺台行き」で約10分（メイン路線）

61 千葉県浦安市（1/2）

法令	評価等に必要な書類等	担当課	担当所在（問合せ先）	電話	窓口対応	HP閲覧
固定資産税	固定資産地番参考図	固定資産税課	市役所２階 浦安市猫実１-１-１	047-712-6065	担当窓口で閲覧が可能	—
	固定資産税路線価図	固定資産税課	市役所２階 浦安市猫実１-１-１	047-712-6065	担当窓口で閲覧が可能	—
	固定資産課税台帳・土地家屋名寄帳	固定資産税課	市役所２階 浦安市猫実１-１-１	047-712-6065	固定資産（土地・家屋）の所有者、所有者の代理人又は納税管理人等が閲覧可能	—
	固定資産評価証明書 （固定資産公課証明書）	固定資産税課	市役所２階 浦安市猫実１-１-１	047-712-6065	固定資産（土地・家屋）の所有者、所有者の代理人又は納税管理人等へ交付が可能	—
都市計画・建築	都市計画図（用途地域・容積率・建ぺい率等含む。）	都市計画課	市役所６階 浦安市猫実１-１-１	047-712-6542	担当窓口で閲覧	市HPでネット閲覧可能
	都市計画証明（生産緑地等）	都市計画課	市役所６階 浦安市猫実１-１-１	047-712-6542	担当窓口で交付が可能	—
	白地図（地形図）	都市計画課	市役所６階 浦安市猫実１-１-１	047-712-6542	担当窓口で購入が可能	市HPでネット閲覧可能
	開発登録簿、開発許可 開発指導要綱等	都市計画課	市役所６階 浦安市猫実１-１-１	047-712-6542	担当窓口で閲覧、交付が可能	—
	建築計画概要書	建築指導課	市役所６階 浦安市猫実１-１-１	047-712-6548	担当窓口で閲覧、交付が可能	—
道路	建築基準法上の道路の判定、位置指定道路	建築指導課	市役所６階 浦安市猫実１-１-１	047-712-6548	担当窓口で閲覧	—
	道路台帳平面図	道路管理課	市役所６階 浦安市猫実１-１-１	047-712-6582	担当窓口で閲覧	—

61 千葉県浦安市（2/2）

法令	評価等に必要な書類等	担当課		担当所在（問合せ先）	電話	窓口対応	HP閲覧
道路等	道路境界確定図	道路管理課		市役所６階 浦安市猫実１-１-１	047-712-6582	市有地に隣接する土地の所有者等が、境界の明示を受けようとするときに窓口閲覧、交付が可能	―
	都市計画道路予定図	都市計画課		市役所６階 浦安市猫実１-１-１	047-712-6542	担当窓口で閲覧	―
	法定外公共物（里道、水路）	道路管理課		市役所６階 浦安市猫実１-１-１	047-712-6582	担当窓口で閲覧	―
	ライフライン（上下水道等）	上水道	千葉県水道局 市川水道事務所 葛南支所	市川市新井３-15-10	047-357-1197	担当窓口で閲覧	―
		下水道	下水道課	市役所６階 浦安市猫実１-１-１	047-712-6499		
その他	周知の埋蔵文化財所在地図	郷土博物館		浦安市猫実１-２-７	047-305-4300	担当窓口で閲覧可能 FAX（047-305-7744）での照会も受付	―
	農地全般	商工観光課		市役所３階 浦安市猫実１-１-１	047-712-6295	担当窓口で閲覧、交付が可能	―
	土地区画整理図	まちづくり事務所		浦安市猫実３-25-10	047-382-3721	担当窓口で閲覧が可能	―
	土壌汚染	環境保全課		市役所６階 浦安市猫実１-１-１	047-352-6482	―	千葉県HP閲覧可能

浦安市役所　〒279-8501　千葉県浦安市猫実一丁目１番１号　電話 047-351-1111（代表）
交通アクセス　●東京メトロ東西線浦安駅から　約20分

62 千葉県柏市（1/2）

法令	評価等に必要な書類等	担当課	担当所在（問合せ先）	電話	窓口対応	HP閲覧
固定資産税	固定資産地番参考図	財政部　資産税課	本庁舎２階 柏市柏５-10-１	04-7167-1125	担当窓口で閲覧、交付が可能	—
	固定資産税路線価図	財政部　資産税課	本庁舎２階 柏市柏５-10-１	04-7167-1125	担当窓口で所在地を伝えると路線価の回答が可能	—
	固定資産課税台帳・土地家屋名寄帳	財政部　資産税課	本庁舎２階 柏市柏５-10-１	04-7167-1125	担当窓口で固定資産（土地・家屋）の所有者、所有者の代理人又は納税管理人等による閲覧が可能	—
	固定資産評価証明書 （固定資産公課証明書）	財政部　資産税課	本庁舎２階 柏市柏５-10-１	04-7167-1125	担当窓口で固定資産（土地・家屋）の所有者、所有者の代理人又は納税管理人等へ交付が可能	—
都市計画・建築	都市計画図（用途地域・容積率・建ぺい率等含む。）	都市部　都市計画課	分庁舎２　２階 柏市柏255-１	04-7167-1144	担当窓口で閲覧、交付が可能	市HP「柏市都市計画情報配信サービス」でネット閲覧可能
	都市計画証明（生産緑地等）	都市部　都市計画課	分庁舎２　２階 柏市柏255-１	04-7167-1144	担当窓口で交付が可能	—
	白地図（地形図）	都市部　都市計画課	分庁舎２　２階 柏市柏255-１	04-7167-1144	担当窓口で販売が可能	—
	開発登録簿、開発許可 開発指導要綱等	都市部　宅地課	分庁舎２　２階 柏市柏255-１	04-7167-1146	担当窓口で閲覧、交付が可能	—
	建築計画概要書	都市部　建築指導課	分庁舎２　１階 柏市柏255-１	04-7167-1145	担当窓口で閲覧、交付が可能	—
道路	建築基準法上の道路の判定、位置指定道路	都市部　建築指導課	分庁舎２　１階 柏市柏255-１	04-7167-1145	担当窓口で閲覧が可能	—
	道路台帳平面図	土木部　道路総務課	分庁舎１　２階 柏市柏255	04-7167-1299	担当窓口で閲覧、交付が可能	—

62 千葉県柏市（2/2）

法令	評価等に必要な書類等	担当課	担当所在（問合せ先）	電話	窓口対応	HP閲覧
道路等	道路境界確定図	土木部　道路総務課	分庁舎１　２階 柏市柏255	04-7167-1299	担当窓口で閲覧、交付が可能	―
道路等	都市計画道路予定図	都市部　都市計画課	分庁舎２　２階 柏市柏255-１	04-7167-1144	担当窓口で閲覧が可能	市HP「柏市都市計画情報配信サービス」でネット閲覧可能
道路等	法定外公共物（里道、水路）	土木部　道路総務課 土木部　雨水排水対策室	分庁舎１　２階 柏市柏255	（道路総務課） 04-7167-1299 （雨水排水対策室） 04-7167-1404	担当窓口で対応が可能	―
道路等	ライフライン（上下水道等）	上水道：水道部　給水課	柏市千代田１-２-32	04-7166-3182	担当窓口で閲覧、交付が可能	―
道路等	ライフライン（上下水道等）	下水道：土木部　下水道維持管理課	柏市柏255	04-7167-1434	担当窓口で閲覧、交付が可能	―
その他	周知の埋蔵文化財所在地図	生涯学習部　文化課	柏市大島田48-１	04-7191-7414	担当窓口で閲覧可能 FAX（04-7190-0892）でも照会可能	「周知の埋蔵文化財包蔵地」に該当するかどうかは、地番等を伝達すると回答可能
その他	農地全般	農業委員会事務局	別館４階 柏市柏５-10-１	04-7167-1549	担当窓口で各種許可等を申請	―
その他	土地区画整理図	都市部　市街地整備課	分庁舎１　３階 柏市柏255	04-7167-1149	担当窓口で閲覧が可能	―
その他	土壌汚染	環境部　環境政策課（水質汚濁防止法等）	（環境政策課） 本庁舎４階 柏市柏５-10-１	（環境政策課） 04-7167-1695	担当窓口で閲覧が可能	要措置区域、形質変更時要届出区域については、千葉県HPにて閲覧可能 水質汚濁防止法については、市HPで確認可能

柏市役所　〒277-8505（柏市役所専用郵便番号）　千葉県柏市柏五丁目10番１号　電話 04-7167-1111（代表）
交通アクセス　●JR常磐線、東武野田線　各「柏」駅　徒歩約13分

63 千葉県佐倉市（1/2）

法令	評価等に必要な書類等	担当課	担当所在（問合せ先）	電話	窓口対応	HP閲覧
固定資産税	固定資産地番参考図	税務部 資産税課	市役所１号館２階 佐倉市海隣寺町97	043-484-6216	担当窓口で閲覧、交付が可能	—
	固定資産税路線価図	税務部 資産税課	市役所１号館２階 佐倉市海隣寺町97	043-484-6216	担当窓口で閲覧が可能	—
	固定資産課税台帳・土地家屋名寄帳	税務部 資産税課	市役所１号館２階 佐倉市海隣寺町97	043-484-6216	担当窓口で固定資産（土地・家屋）の所有者、所有者の代理人又は納税管理人等による閲覧が可能	—
	固定資産評価証明書 （固定資産公課証明書）	税務部 資産税課	市役所１号館２階 佐倉市海隣寺町97	043-484-6216	担当窓口で固定資産（土地・家屋）の所有者、所有者の代理人又は納税管理人等へ交付が可能	—
都市計画・建築	都市計画図（用途地域・容積率・建ぺい率等含む。）	都市部 都市計画課	市役所４号館２階 佐倉市海隣寺町97	043-484-6163	担当窓口で閲覧が可能	市HPでネット閲覧可能
	都市計画証明（生産緑地等）	都市部 都市計画課	市役所４号館２階 佐倉市海隣寺町97	043-484-6163	担当窓口で交付が可能	—
	白地図（地形図）	都市部 都市計画課	市役所４号館２階 佐倉市海隣寺町97	043-484-6163	担当窓口で購入が可能	—
	開発登録簿、開発許可 開発指導要綱等	都市部 市街地整備課	市役所４号館２階 佐倉市海隣寺町97	043-484-6167	担当窓口で閲覧、交付が可能	市HPで開発指導要綱のダウンロードが可能
	建築計画概要書	都市部 建築住宅課	市役所３号館２階 佐倉市海隣寺町97	043-484-6169	担当窓口で閲覧、交付が可能	—
道路	建築基準法上の道路の判定、位置指定道路	都市部 建築住宅課	市役所３号館２階 佐倉市海隣寺町97	043-484-6169	担当窓口で閲覧が可能	—
	道路台帳平面図	土木部 土木河川課	市役所２号館２階 佐倉市海隣寺町97	043-484-6151	担当窓口で閲覧、交付が可能	市HPで道路番号のみネット閲覧可能

63 千葉県佐倉市（2/2）

法令	評価等に必要な書類等	担当課	担当所在（問合せ先）	電話	窓口対応	HP閲覧
道路等	道路境界確定図	土木部 土木河川課	市役所２号館２階 佐倉市海隣寺町97	043-484-6151	担当窓口で閲覧が可能	―
	都市計画道路予定図	土木部 道路建設課	市役所２号館２階 佐倉市海隣寺町97	043-484-6155	担当窓口で閲覧が可能	―
	法定外公共物（里道、水路）	土木部 土木河川課	市役所２号館２階 佐倉市海隣寺町97	043-484-6151	担当窓口で対応可能	―
	ライフライン（上下水道等）	上下水道部 給排水課	市役所３号館１階 佐倉市海隣寺町97	043-485-1191	担当窓口で閲覧、交付が可能	―
その他	周知の埋蔵文化財所在地図	教育委員会事務局 文化課	市役所１号館５階 佐倉市海隣寺町97	043-484-6191	担当窓口で閲覧可能。FAX（043-486-9401）での照会も受付	―
	農地全般	農業委員会事務局	市役所１号館６階 佐倉市海隣寺町97	043-484-6285	担当窓口で各種許可等を申請	―
	土地区画整理図	都市部 市街地整備課	市役所４号館２階 佐倉市海隣寺町97	043-484-6167	担当窓口で閲覧が可能	市HPで各事業地区位置図のネット閲覧可能
	土壌汚染	千葉県環境生活部 水質保全課	本庁舎３階 千葉市中央区市場町１-１	043-223-3812	担当窓口で閲覧が可能	千葉県HPで「要措置区域等の指定状況」をネット閲覧可能

1　**佐倉市役所**　〒285-8501　千葉県佐倉市海隣寺町97　電話 043-484-1111（代表）
　交通アクセス　●京成本線　京成佐倉駅下車　南口から徒歩10分
　　　　　　　　●JR総武本線　佐倉駅下車　北口から徒歩25分
　　　　　　　　●東関東自動車道　佐倉インターチェンジから自動車で20分

2　**印旛地域振興事務所**　〒285-8503　千葉県佐倉市鏑木仲田町８-１印旛合同庁舎　電話 043-483-1111（代表）
　交通アクセス　●JR総武本線　佐倉駅下車　徒歩15分
　　　　　　　　●京成本線　京成佐倉駅下車　徒歩25分

64 千葉県流山市（1/2）

法令	評価等に必要な書類等	担当課	担当所在（問合せ先）	電話	窓口対応	HP閲覧
固定資産税	固定資産地番参考図	財政部資産税課	第１庁舎１階 流山市平和台１-１-１	04-7150-6074	担当窓口で閲覧が可能	—
	固定資産税路線価図	財政部資産税課	第１庁舎１階 流山市平和台１-１-１	04-7150-6074	担当窓口で閲覧が可能	—
	固定資産課税台帳・土地家屋名寄帳	財政部資産税課	第１庁舎１階 流山市平和台１-１-１	04-7150-6074	固定資産（土地・家屋）の所有者、所有者の代理人又は納税管理人等が閲覧可能	—
	固定資産評価証明書 （固定資産公課証明書）	財政部税制課	第１庁舎１階 流山市平和台１-１-１	04-7150-6072	固定資産（土地・家屋）の所有者、所有者の代理人又は納税管理人等へ交付が可能	—
都市計画・建築	都市計画図（用途地域・容積率・建ぺい率等含む。）	都市計画部都市計画課	第２庁舎２階 流山市平和台１-１-１	04-7150-6087	担当窓口で閲覧	市HPでネット閲覧可能
	都市計画証明（生産緑地等）	都市計画部都市計画課	第２庁舎２階 流山市平和台１-１-１	04-7150-6087	担当窓口で交付が可能	—
	白地図（地形図）	都市計画部建築住宅課	第２庁舎２階 流山市平和台１-１-１	04-7150-6088	担当窓口で購入が可能	—
	開発登録簿、開発許可 開発指導要綱等	都市計画部　宅地課	第２庁舎２階 流山市平和台１-１-１	04-7150-6089	担当窓口で閲覧、交付が可能	—
	建築計画概要書	都市計画部建築住宅課	第２庁舎２階 流山市平和台１-１-１	04-7150-6088	担当窓口で閲覧、交付が可能	—
道路	建築基準法上の道路の判定、位置指定道路	都市計画部建築住宅課	第２庁舎２階 流山市平和台１-１-１	04-7150-6088	担当窓口で閲覧、交付が可能	—
	道路台帳平面図	土木部　道路管理課	第２庁舎２階 流山市平和台１-１-１	04-7150-6093	担当窓口で閲覧、交付が可能	—

64 千葉県流山市（2/2）

法令	評価等に必要な書類等	担当課	担当所在（問合せ先）	電話	窓口対応	HP閲覧
道路等	道路境界確定図	土木部　道路管理課	第２庁舎２階 流山市平和台１-１-１	04-7150-6093	市有地に隣接する土地の所有者等が、境界の明示を受けようとするときに窓口閲覧、交付が可能	—
	都市計画道路予定図	土木部　道路建設課	第２庁舎２階 流山市平和台１-１-１	04-7150-6094	担当窓口で閲覧が可能	—
	法定外公共物（里道、水路）	里道　土木部道路管理課	第２庁舎２階 流山市平和台１-１-１	04-7150-6093	担当窓口で閲覧が可能	—
		水路　土木部河川課		04-7150-6095		
	ライフライン（上下水道等）	上水道　上下水道局　経営業務課	流山市西初石５-57 流山市上下水道局	04-7159-5315	担当窓口で閲覧、交付がL可能	—
		下水道　上下水道局　下水道建設課		04-7150-6097		
その他	周知の埋蔵文化財所在地図	生涯学習部　博物館	流山市加１-1225-６ 流山市立博物館	04-7159-3434	担当窓口で閲覧可能。FAX（04-7159-9998）での照会も受付	—
	農地全般	農業委員会事務局	第２庁舎３階 流山市平和台１-１-１	04-7150-6102	担当窓口で閲覧、交付が可能	—
	土地区画整理図	都市整備部　まちづくり推進課	第１庁舎３階 流山市平和台１-１-１	04-7150-6090	担当窓口で閲覧が可能	—
	土壌汚染	千葉県環境生活部水質保全課地質汚染対策班	本庁舎３階 千葉市中央区市場町１-１	043-223-3812	担当窓口で閲覧が可能	千葉県HP閲覧可能

流山市役所　〒270-0192　千葉県流山市平和台一丁目１番地の１　電話 04-7158-1111（代表）
交通アクセス　●つくばエクスプレス「流山セントラルパーク」駅　徒歩約15分
●流鉄流山線「流山駅」徒歩約３分

65 千葉県習志野市（1/2）

法令	評価等に必要な書類等	担当課	担当所在（問合せ先）	電話	窓口対応	HP閲覧
固定資産税	固定資産地番参考図	資産税課	第三分室１階 習志野市鷺沼２-１-47	047-453-9245	担当窓口で閲覧が可能	—
	固定資産税路線価図	資産税課	第三分室１階 習志野市鷺沼２-１-47	047-453-9245	担当窓口で閲覧が可能	—
	固定資産課税台帳・土地家屋名寄帳	資産税課	第三分室１階 習志野市鷺沼２-１-47	047-453-9245	固定資産（土地・家屋）の所有者、所有者の代理人又は納税管理人等が閲覧可能	—
	固定資産評価証明書 （固定資産公課証明書）	税制課	第三分室１階 習志野市鷺沼２-１-47	047-453-9247	固定資産（土地・家屋）の所有者、所有者の代理人又は納税管理人等へ交付が可能	—
都市計画・建築	都市計画図（用途地域・容積率・建ぺい率等含む。）	都市計画課	第二分室１階 習志野市鷺沼２-１-46	047-453-9256	担当窓口で閲覧	市HPでネット閲覧可能
	都市計画証明（生産緑地等）	都市計画課	第二分室１階 習志野市鷺沼２-１-46	047-453-9256	担当窓口で交付が可能	—
	白地図（地形図）	都市計画課	第二分室１階 習志野市鷺沼２-１-46	047-453-9256	担当窓口で購入が可能	—
	開発登録簿、開発許可 開発指導要綱等	都市計画課	第二分室１階 習志野市鷺沼２-１-46	047-453-9256	担当窓口で閲覧、交付が可能	—
	建築計画概要書	建築指導課	第二分室１階 習志野市鷺沼２-１-46	047-453-9231	担当窓口で閲覧、交付が可能	—
道路	建築基準法上の道路の判定、位置指定道路	建築指導課	第二分室１階 習志野市鷺沼２-１-46	047-453-9231	担当窓口で閲覧	—
	道路台帳平面図	道路課	第二分室１階 習志野市鷺沼２-１-46	047-453-9292	担当窓口で閲覧	—

65 千葉県習志野市（2/2）

法令	評価等に必要な書類等	担当課		担当所在（問合せ先）	電話	窓口対応	HP閲覧
道路等	道路境界確定図	道路課		第二分室１階 習志野市鷺沼２-１-46	047-453-9292	市有地に隣接する土地の所有者等が、境界の明示を受けようとするときに窓口閲覧、交付が可能	―
	都市計画道路予定図	都市計画課		第二分室１階 習志野市鷺沼２-１-46	047-453-9256	担当窓口で閲覧	―
	法定外公共物（里道、水路）	里道	道路課	第二分室１階 習志野市鷺沼２-１-46	047-453-9292	担当窓口で閲覧	―
		水路	下水道課	第二分室２階 習志野市鷺沼２-１-46	047-453-5583		
	ライフライン（上下水道等）	上水道	習志野市　企業局	習志野市藤崎１-１-13	047-475-3321	担当窓口で閲覧	―
		下水道	千葉県水道局 船橋水道事務所	船橋合同庁舎１階 船橋市高瀬町62-12	047-433-2514		
その他	周知の埋蔵文化財所在地図	社会教育課文化係　埋蔵文化財担当		習志野市津田沼５-12-４ 京成津田沼駅前ビル２階	047-453-9382	担当窓口で閲覧可能。FAX（047-453-9384）での照会も受付	―
	農地全般	農業委員会事務局		第三分室２階 習志野市鷺沼２-１-47	047-453-7708	担当窓口で閲覧、交付が可能	―
	土地区画整理図	市街地整備課		第二分室２階 習志野市鷺沼２-１-46	047-453-7367	担当窓口で閲覧が可能	
	土壌汚染	環境政策課		第三分室２階 習志野市鷺沼２-１-47	047-451-1400		千葉県HP閲覧可能

習志野市役所　〒275-8601　千葉県習志野市鷺沼一丁目１番１号　電話 047-451-1151（代表）
交通アクセス　●京成津田沼駅より徒歩７分

66 千葉県野田市（1/2）

法令	評価等に必要な書類等	担当課	担当所在（問合せ先）	電話	窓口対応	HP閲覧
固定資産税	固定資産地番参考図	課税課	庁舎２階 野田市鶴奉７-１	04-7123-1718	担当窓口で閲覧が可能	—
	固定資産税路線価図	課税課	庁舎２階 野田市鶴奉７-１	04-7123-1718	担当窓口で閲覧が可能	—
	固定資産課税台帳・土地家屋名寄帳	課税課	庁舎２階 野田市鶴奉７-１	04-7123-1718	担当窓口で固定資産（土地・家屋）の所有者、所有者の代理人又は納税管理人等による閲覧が可能	—
	固定資産評価証明書（固定資産公課証明書）	課税課	庁舎２階 野田市鶴奉７-１	04-7123-1718	担当窓口で固定資産（土地・家屋）の所有者、所有者の代理人又は納税管理人等へ交付が可能	—
都市計画・建築	都市計画図（用途地域・容積率・建ぺい率等含む。）	都市計画課	庁舎６階 野田市鶴奉７-１	04-7123-1193	担当窓口で閲覧が可能	野田市HPでネット閲覧可能
	都市計画証明（生産緑地等）	都市計画課	庁舎６階 野田市鶴奉７-１	04-7123-1193	担当窓口で交付が可能	—
	白地図（地形図）	都市計画課	庁舎６階 野田市鶴奉７-１	04-7123-1193	担当窓口、郵送販売で購入が可能	—
	開発登録簿、開発許可 開発指導要綱等	都市計画課	庁舎６階 野田市鶴奉７-１	04-7123-1193	担当窓口で閲覧、交付が可能	野田市HPで開発指導要綱のダウンロードが可能
	建築計画概要書	都市計画課	庁舎６階 野田市鶴奉７-１	04-7123-1193	担当窓口で閲覧、交付が可能	—
道路	建築基準法上の道路の判定、位置指定道路	都市計画課	庁舎６階 野田市鶴奉７-１	04-7123-1193	担当窓口で閲覧が可能	—
	道路台帳平面図	土木部管理課	庁舎２階 野田市鶴奉７-１	04-7123-1103	担当窓口で閲覧、交付が可能	—

66 千葉県野田市（2/2）

法令	評価等に必要な書類等	担当課	担当所在（問合せ先）	電話	窓口対応	HP閲覧
道路等	道路境界確定図	土木部　管理課	庁舎２階 野田市鶴奉７-１	04-7123-1103	担当窓口で対応可能	―
	都市計画道路予定図	都市計画課	庁舎６階 野田市鶴奉７-１	04-7123-1193	担当窓口で対応可能	―
	法定外公共物（里道、水路）	土木部　管理課	庁舎２階 野田市鶴奉７-１	04-7123-1103	担当窓口で対応可能	―
	ライフライン（上下水道等）	上水道　水道工務課	野田市中根324	04-7124-5146	担当窓口で閲覧、交付が可能	―
		下水道　土木部　下水道課	庁舎２階 野田市鶴奉７-１	04-7123-1105		
その他	周知の埋蔵文化財所在地図	社会教育課	庁舎７階 野田市鶴奉７-１	04-7123-1366	担当窓口で閲覧可能。FAX（04-7122-1581）での照会も受付	―
	農地全般	農業委員会事務局	庁舎７階 野田市鶴奉７-１	04-7123-2128	担当窓口で各種許可等を申請	―
	土地区画整理図	都市整備課	庁舎６階 野田市鶴奉７-１	04-7123-1647	担当窓口で閲覧が可能	―
	土壌汚染	千葉県環境生活部 水質保全課	本庁舎３階 千葉市中央区市場町１-１	043-223-3812	担当窓口で照会等が可能	千葉県HPで「要措置区域等の指定状況」をネット閲覧可能

1　**野田市役所**　〒278-8550　千葉県野田市鶴奉７番地の１　電話 04-7125-1111（代表）
交通アクセス　●東武野田線愛宕駅下車徒歩15分　●愛宕駅からまめバス「市役所」バス停　または茨急バス　「野田市文化会館入口」バス停
下車それぞれ徒歩３分

2　**野田市水道施設**　〒278-0031　千葉県野田市中根324番地　電話 04-7124-5145（代表）
交通アクセス　●東武野田線野田市駅下車徒歩23分　●東部東上線大山駅下車徒歩６分

67 千葉県船橋市（1/2）

法令	評価等に必要な書類等	担当課	担当所在（問合せ先）	電話	窓口対応	HP閲覧
固定資産税	固定資産地番参考図	税務部　資産税課	市役所２階 船橋市湊町２-10-25	047-436-2222	担当窓口で閲覧が可能（法務局備付の公図と同じもの）	—
	固定資産税路線価図	税務部　資産税課	市役所２階 船橋市湊町２-10-25	047-436-2222	担当窓口で閲覧が可能	—
	固定資産課税台帳・土地家屋名寄帳	税務部　資産税課	市役所２階 船橋市湊町２-10-25	047-436-2222	担当窓口で固定資産（土地・家屋）の所有者、所有者の代理人又は納税管理人等による閲覧が可能	—
	固定資産評価証明書（固定資産公課証明書）	税務部　資産税課	市役所２階 船橋市湊町２-10-25	047-436-2222	担当窓口で固定資産（土地・家屋）の所有者、所有者の代理人又は納税管理人等へ交付が可能	—
都市計画・建築	都市計画図（用途地域・容積率・建ぺい率等含む。）	建設局　都市計画部　都市計画課	市役所５階 船橋市湊町２-10-25	047-436-2524	担当窓口で閲覧可能	市HP「船橋市地図情報システム」でネット閲覧可能
	都市計画証明（生産緑地等）	建設局　都市計画部　都市計画課	市役所５階 船橋市湊町２-10-25	047-436-2524	担当窓口で交付が可能	—
	白地図（地形図）	建設局　都市計画部　都市計画課	市役所５階 船橋市湊町２-10-25	047-436-2524	担当窓口で販売が可能	—
	開発登録簿、開発許可 開発指導要綱等	建設局　建築部　宅地課	市役所６階 船橋市湊町２-10-25	047-436-2690	担当窓口で閲覧、交付が可能	—
	建築計画概要書	建設局　建築部　建築指導課	市役所６階 船橋市湊町２-10-25	047-436-2672	担当窓口で閲覧、交付が可能	—
道路	建築基準法上の道路の判定、位置指定道路	建設局　建築部　建築指導課	市役所６階 船橋市湊町２-10-25	047-436-2677	担当窓口で閲覧が可能	—
	道路台帳平面図	建設局　道路部　道路管理課	市役所５階 船橋市湊町２-10-25	047-436-2582	担当窓口で閲覧、交付が可能	—

67 千葉県船橋市（2/2）

法令	評価等に必要な書類等	担当課	担当所在（問合せ先）	電話	窓口対応	HP閲覧
道路等	道路境界確定図	建設局　道路部　道路管理課	市役所５階 船橋市湊町２-10-25	047-436-2585	担当窓口にて閲覧が可能	－
	都市計画道路予定図	建設局　都市計画部　都市計画課	市役所５階 船橋市湊町２-10-25	047-436-2524	担当窓口で閲覧が可能	市HP「船橋市地図情報システム」でネット閲覧可能
	法定外公共物（里道、水路）	建設局　道路部　道路管理課	市役所５階 船橋市湊町２-10-25	047-436-2585	担当窓口で対応が可能	－
	ライフライン（上下水道等）	上水道：船橋市南部：船橋水道事務所　施設管理課 船橋市北部：船場水道事務所　船橋北支所　施設管理課 船橋市小室：船橋水道事務所　千葉ニュータウン支所　工務課 船橋市三山、田喜野井２丁目の一部：習志野市企業局　建設課	船橋水道事務所：船橋市高瀬町62-12（船橋合同庁舎１階） 船橋北支所：船橋市高根台１-５-１ 千葉ニュータウン支所：印西市高花２-１-４ 習志野市企業局：習志野市藤崎１-１-13	船橋水道事務所：047-433-2514 船橋北支所：047-465-9133 千葉ニュータウン支所：0476-46-3514 習志野市企業局：047-475-3321（代表）	担当窓口で閲覧、交付が可能	－
		下水道：下水道部　下水道河川管理課	市役所５階 船橋市湊町２-10-25	下水道河川管理課：047-436-2622		
その他	周知の埋蔵文化財所在地図	船橋市教育委員会文化課　埋蔵文化財保護係	市役所７階 船橋市湊町２-10-25	047-436-2898	担当窓口で閲覧可能 FAX：047-436-2884でも照会可能	市HP「船橋市埋蔵文化財包蔵地分布地図」にて閲覧可能
	農地全般	農業委員会事務局	市役所６階 船橋市湊町２-10-25	047-436-2742	担当窓口で対応が可能	－
	土地区画整理図	都市整備部　都市整備課	市役所４階 船橋市湊町２-10-25	047-436-2535	担当窓口で閲覧が可能	市HP 「土地区画整理事業の実績」で完了後の換地図のネット閲覧可能
	土壌汚染	環境部　環境保全課　水質・地質係	市役所４階 船橋市湊町２-10-25	047-436-2456	担当窓口で閲覧が可能	要措置区域、形質変更時要届出区域については、千葉県HPにて閲覧可能

船橋市役所　〒273-8501　千葉県船橋市湊町二丁目10番25号　電話 047-436-2111（代表）
交通アクセス　●京成本線　京成船橋駅から徒歩約９分

68 千葉県松戸市（1/2）

法令	評価等に必要な書類等	担当課	担当所在（問合せ先）	電話	窓口対応	HP閲覧
固定資産税	固定資産地番参考図	財務部　固定資産税課	新館２階 松戸市根本387-５	047-366-7323	担当窓口で閲覧、交付のためには公文書開示の手続きが必要	—
	固定資産税路線価図	財務部　固定資産税課	新館２階 松戸市根本387-５	047-366-7323	担当窓口で閲覧が可能	市HPでネット閲覧可能
	固定資産課税台帳・土地家屋名寄帳	財務部　固定資産税課	新館２階 松戸市根本387-５	047-366-7323	担当窓口で固定資産（土地・家屋）の所有者、所有者の代理人又は納税管理人等による閲覧が可能	—
	固定資産評価証明書 （固定資産公課証明書）	財務部　固定資産税課	新館２階 松戸市根本387-５	047-366-7323	担当窓口で固定資産（土地・家屋）の所有者、所有者の代理人又は納税管理人等へ交付が可能	—
都市計画・建築	都市計画図（用途地域・容積率・建ぺい率等含む。）	街づくり部　都市計画課	新館８階 松戸市根本387-５	047-366-7372	担当窓口で閲覧可能	市HP「都市計画情報」でネット閲覧可能
	都市計画証明（生産緑地等）	経済振興部　農政課	京葉ガスF松戸第２ビル４階 松戸市小根本７-８	047-366-7328	担当窓口で交付が可能	—
	白地図（地形図）	街づくり部　都市計画課	新館８階 松戸市根本387-５	047-366-7372	担当窓口で購入が可能	—
	開発登録簿、開発許可 開発指導要綱等	街づくり部　住宅政策課	新館８階 松戸市根本387-５	047-366-7366	担当窓口で閲覧、交付が可能	—
	建築計画概要書	街づくり部　建築審査課	新館８階 松戸市根本387-５	047-366-6800	担当窓口で閲覧、交付が可能	—
道路	建築基準法上の道路の判定、位置指定道路	街づくり部　建築審査課	新館８階 松戸市根本387-５	047-366-6800	担当窓口で閲覧が可能	最新ではないが、市HPで閲覧可能
	道路台帳平面図	建設部　建設総務課	別館２階 松戸市根本387-５	047-366-7357	担当窓口で閲覧可能	—

68 千葉県松戸市（2/2）

法令	評価等に必要な書類等	担当課	担当所在（問合せ先）	電話	窓口対応	HP閲覧
道路等	道路境界確定図	建設部　建設総務課	別館２階 松戸市根本387-５	047-366-7357	担当窓口で閲覧可能	―
	都市計画道路予定図	街づくり部　都市計画課	新館８階 松戸市根本387-５	047-366-7372	担当窓口で閲覧可能	市HP「都市計画情報」でネット閲覧可能　ただし、進捗程度は窓口
	法定外公共物（里道、水路）	建設部　建設総務課	別館２階 松戸市根本387-５	047-366-7357	担当窓口で対応が可能	―
	ライフライン（上下水道等）	上水道：小金地区、常磐平地区（一部除く）：松戸市水道部 上記以外：市川水道事務所松戸支所 根木内：流山市水道局　上下水道局　水道工務課	松戸市水道部：松戸市二ツ木2003-１ 市川水道事務所松戸支所：松戸市小根本７（千葉県東葛飾合同庁舎内） 流山市水道局：流山市西初石５-57	松戸市水道部：047-341-0430 市川水道事務所松戸支所：047-368-6143 流山市水道局上下水道局　水道工務課：04-7159-3233 下水道整備課：047-366-7361	担当窓口で閲覧、交付が可能	―
		下水道：建設部　下水道整備課	別館３階 松戸市根本387-５			
その他	周知の埋蔵文化財所在地図	生涯学習部　社会教育課	京葉ガスF松戸ビル６階 松戸市根本356	047-366-7462	担当窓口で閲覧可能 FAX（047-366-7055）での照会も可能	―
	農地全般	農業委員会事務局	京葉ガスF松戸第２ビル４階 松戸市小根本７-８	047-366-7387	担当窓口で対応が可能	―
	土地区画整理図	街づくり部　街づくり課 区画整理担当室	松戸市竹ケ花136-２	047-366-7375	担当窓口で閲覧、交付が可能	―
	土壌汚染	環境部　環境保全課 （水質汚濁防止法等）	新館６階 松戸市根本387-５	047-366-7337	担当窓口で閲覧が可能	要措置区域、形質変更時要届出区域については、千葉県HPにて閲覧可能

松戸市役所　〒271-8588　千葉県松戸市根本387番地の５　電話：047-366-1111（代表）
交通アクセス　●JR常磐線　松戸駅東口下車徒歩５分　●松戸駅東口から、新京成バス３番のりば県立松高前行「市役所入口」下車徒歩２分
●北松戸駅東口から、新京成バス松戸駅行「市役所入口」下車徒歩２分

69 千葉県八千代市（1/2）

法令	評価等に必要な書類等	担当課	担当所在（問合せ先）	電話	窓口対応	HP閲覧
固定資産税	固定資産地番参考図	財務部　資産税課	新館３階 八千代市大和田新田312-5	047-483-1151 （代）	担当窓口で閲覧が可能	—
	固定資産税路線価図	財務部　資産税課	新館３階 八千代市大和田新田312-5	047-483-1151 （代）	担当窓口で閲覧が可能	
	固定資産課税台帳・土地家屋名寄帳	財務部　資産税課	新館３階 八千代市大和田新田312-5	047-483-1151 （代）	担当窓口で固定資産（土地・家屋）の所有者、所有者の代理人又は納税管理人等による閲覧が可能	—
	固定資産評価証明書 （固定資産公課証明書）	財務部　資産税課	新館３階 八千代市大和田新田312-5	047-483-1151 （代）	担当窓口で固定資産（土地・家屋）の所有者、所有者の代理人又は納税管理人等へ交付が可能	—
都市計画・建築	都市計画図（用途地域・容積率・建ぺい率等含む。）	都市整備部　都市計画課	新館５階 八千代市大和田新田312-5	047-483-1151 （代）	担当窓口で閲覧が可能	市HPにてネット閲覧可能
	都市計画証明（生産緑地等）	都市整備部　公園緑地課	旧館５階 八千代市大和田新田312-5	047-483-1151 （代）	担当窓口で交付が可能	—
	白地図（地形図）	都市整備部　都市計画課	新館５階 八千代市大和田新田312-5	047-483-1151 （代）	担当窓口で購入が可能	—
	開発登録簿、開発許可 開発指導要綱等	都市整備部　開発指導室	新館５階 八千代市大和田新田312-5	047-483-1151 （代）	担当窓口で閲覧、交付が可能	区HPで開発指導要綱のダウンロードが可能
	建築計画概要書	都市整備部　建築指導課	新館５階 八千代市大和田新田312-5	047-483-1151 （代）	担当窓口で閲覧、交付が可能	—
道路	建築基準法上の道路の判定、位置指定道路	都市整備部　建築指導課	新館５階 八千代市大和田新田312-5	047-483-1151 （代）	担当窓口で閲覧が可能	区HPでネット閲覧可能
	道路台帳平面図	都市整備部　土木管理課	新館６階 八千代市大和田新田312-5	047-483-1151 （代）	担当窓口で閲覧、交付が可能	—

69 千葉県八千代市（2/2）

法令	評価等に必要な書類等	担当課	担当所在（問合せ先）	電話	窓口対応	HP閲覧
道路等	道路境界確定図	都市整備部　土木管理課	新館６階 八千代市大和田新田312-５	047-483-1151 （代）	担当窓口で対応可能	—
道路等	都市計画道路予定図	都市整備部　都市計画課	新館５階 八千代市大和田新田312-５	047-483-1151 （代）	担当窓口で閲覧が可能	市HPでネット閲覧可能
道路等	法定外公共物（里道、水路）	都市整備部　土木管理課	新館６階 八千代市大和田新田312-５	047-483-1151 （代）	担当窓口で対応可能	—
道路等	ライフライン（上下水道等）	上水道／下水道 上下水道局　給排水相談課	上下水道局 八千代市萱田町596-５	047-483-6156	上水道：担当窓口で閲覧、交付が可能 下水道：担当窓口で閲覧、交付が可能	—
その他	周知の埋蔵文化財所在地図	教育総務課　文化財班	教育委員会庁舎 八千代市大和田138-２	047-481-0304	担当窓口で閲覧可能。FAX（047-486-4199）での照会も受付	—
その他	農地全般	農業委員会事務局	新館６階 八千代市大和田新田312-５	047-483-1151 （代表）	担当窓口で各種許可等を申請	—
その他	土地区画整理図	都市整備部　都市整備課	新館５階 八千代市大和田新田312-５	047-483-1151 （代表）	担当窓口で閲覧が可能	—
その他	土壌汚染	（水質汚濁防止法） 葛南地域振興事務所　地域環境保全課	（葛南地域振興事務所） 船橋市本町１-３-１ フェイス７階	（葛南地域振興事務所） 047-424-8092	担当窓口で閲覧が可能	要措置区域、形質変更時要届出区域については、千葉県HPにて閲覧可能

八千代市役所　〒276-8501　千葉県八千代市大和田新田312-５　電話 047-483-1151（代表）
交通アクセス　●東葉高速鉄道　八千代中央駅下車徒歩10分
●京成電鉄　大和田駅下車徒歩20分
●バス　八千代台駅(西口)発　東洋バス（１番のりば）八千代中央駅行き、八千代医療センター行き、米本団地行きで、「市役所前」下車

70 大阪府大阪市（1/2）

法令	評価等に必要な書類等	担当課	担当所在（問合せ先）	電話	窓口対応	HP閲覧
固定資産税	固定資産地番参考図	固定資産税関係は、次の5か所の市税事務所で市内各区を担当 ①梅田市税事務所の管轄　北、西淀川、東淀川の各区 ②京橋市税事務所の管轄　都島、旭、城東、鶴見の各区 ③弁天町市税事務所の管轄　福島、此花、西、港、大正の各区 ④なんば市税事務所の管轄　中央、天王寺、浪花、東成、生野の各区 ⑤あべの市税事務所の管轄　阿倍野、住之江、住吉、東住吉、平野、西成の各区	①梅田市税事務所 大阪市北区梅田1-2-2-700 （大阪駅前第2ビル7階）	06-4797-2948	固定資産地番参考図及び固定資産税路線価図については各市税事務所で閲覧が可能	固定資産地番参考図及び固定資産税路線価図については、市HP「マップナビおおさか」でネット閲覧可能
	固定資産税路線価図		②京橋市税事務所 大阪市都島区片町2-2-48 JEI京橋ビル4階	06-4801-2948		
	固定資産課税台帳・土地家屋名寄帳		③弁天町市税事務所 大阪市港区弁天1-2-2-100 オーク200　2番街1階	06-4395-2948	土地家屋名寄帳、固定資産評価証明書（固定資産公課証明書）については、担当窓口で固定資産（土地・家屋）の所有者、所有者の代理人又は納税管理人等が閲覧、交付が可能 なお、固定資産課税台帳は閲覧のみ可能	
	固定資産評価証明書（固定資産公課証明書）		④なんば市税事務所 大阪市浪速区湊町1-4-1大阪シティエアターミナルビル（OCAT）5階	06-4397-2948		
			⑤あべの市税事務所 大阪市阿倍野区旭町1-2-7-702 あべのメディックス7階	06-4396-2948		
都市計画・建築	都市計画図（用途地域・容積率・建ぺい率等含む。）	都市計画局　計画部　都市計画課	本庁舎7階 大阪市北区中之島1-3-20	06-6208-7882	担当窓口で閲覧可能 また、担当窓口で縮尺2,500分の1の縦覧図書の閲覧も可能	市HP「マップナビおおさか」でネット閲覧可能
	都市計画証明（生産緑地等）	経済戦略局　産業振興課	大阪市住之江区南港北2-1-10　ATCビル　オズ棟南館4階	06-6615-3751	担当窓口で交付が可能	—
	白地図（地形図）	都市計画局　企画振興部　統計調査担当	本庁舎7階 大阪市北区中之島1-3-20	06-6208-7865	市HP「マップナビおおさか」による閲覧のみで販売していない	—
	開発登録簿、開発許可 開発指導要綱等	都市計画局　開発調整部 開発誘導課	本庁舎7階 大阪市北区中之島1-3-20	06-6208-9285 又は9287	担当窓口で閲覧、交付が可能	市HPから開発指導要綱の閲覧可、許可申請書等のダウンロードが可
	建築計画概要書	都市計画局　建築指導部 建築企画課（建築相談）	本庁舎3階 大阪市北区中之島1-3-20	06-6208-9288	担当窓口で閲覧、交付が可能	—

70 大阪府大阪市（2/2）

法令	評価等に必要な書類等	担当課	担当所在（問合せ先）	電話	窓口対応	HP閲覧
道路	建築基準法上の道路の判定、位置指定道路	都市計画局　建築指導部　建築企画課（道路指定）	本庁舎3階 大阪市北区中之島1-3-20	06-6208-9286	担当窓口で閲覧が可能	市HPから[船場建築線」のネット閲覧可
	道路台帳平面図	建設局　道路・下水道資料閲覧コーナー（建設局管理部管理課）	本庁舎3階 大阪市北区中之島1-3-20	06-6208-8411	大阪市認定道路の情報（認定道路の有無・名称・幅員等）の窓口閲覧可能	—
道路等	道路境界確定図	建設局　総務部　測量明示課	大阪市住之江区南港北2-1-10　ATCビルITM棟6階	06-6615-6651	市有地に隣接する土地の所有者等が、境界の明示を受けようとするときに窓口閲覧可能	—
	都市計画道路予定図	建設局　道路部　街路課	大阪市住之江区南港北2-1-10　ATCビルITM棟6階	06-6615-6753	担当窓口で閲覧可能 事業の進ちょく等は窓口で確認できる	市HP「マップナビおおさか」でネット閲覧可能
	法定外公共物（里道、水路）	建設局　管理部　管理課	大阪市住之江区南港北2-1-10　ATCビルITM棟6階	水路下水道用地 06-6615-6642 道路用地 06-6615-6482	担当窓口で閲覧可能	—
	ライフライン（上下水道等）	建設局　道路・下水道資料閲覧コーナー（建設局管理部管理課）	本庁舎3階 大阪市北区中之島1-3-20	06-6208-8415	担当窓口で閲覧、交付が可能	—
その他	周知の埋蔵文化財所在地図	教育委員会事務局　総務部　文化財保護課	本庁舎3階 大阪市北区中之島1-3-20	06-6208-9168	担当窓口で閲覧可能。FAX（06-6201-5759)で照会も受付	—
	農地全般	農業委員会事務局	大阪市住之江区南港北2-1-10　ATCビル　オズ棟南館4階	06-6615-3753	担当窓口で各種許可等を申請	—
	土地区画整理図	都市整備局　企画部　区画整理課	本庁舎7階 大阪市北区中之島1-3-20	06-6208-9443	担当窓口で閲覧・交付が可能	市HP「マップナビおおさか」でネット閲覧可能
	土壌汚染	環境局　環境管理部　環境管理課　土壌汚染対策グループ	大阪市住之江区南港北2-1-10　ATCビル　オズ棟南館5階	06-6615-7926	担当窓口で閲覧が可能	市HPで「形質変更時要届出区域」をネット閲覧可能

大阪市役所　〒530-8201　大阪府大阪市北区中之島一丁目3番20　電話 06-6208-8181（代表）
交通アクセス　●地下鉄御堂筋線・京阪電車京阪本線「淀屋橋」駅下車すぐ（1番出口）京阪電車中之島線「大江橋」駅下車すぐ（6番出口）

71 大阪府堺市（1/2）

法令	評価等に必要な書類等	担当課	担当所在（問合せ先）	電話	窓口対応	HP閲覧
固定資産税	固定資産地番参考図	堺区内にある不動産は堺市税事務所が、それ以外の区に存するものは、固定資産税事務所が担当 固定資産地番参考図及び固定資産税路線価図の閲覧並びに固定資産評価証明書（固定資産公課証明書）の交付については、各区役所でも対応可能	堺区にある不動産 堺市税事務所 本館３階 堺市堺区南瓦町３番１号 堺区以外にある不動産 固定資産税事務所 堺市北区新金岡町４丁1-5 北部地域整備事務所２階	堺市税事務所 072-228-7433 固定資産税事務所（北区・美原区の不動産） 072-247-8871 （中区・東区の不動産） 072-247-8872 （西区・南区の不動産） 072-247-8873	固定資産地番参考図及び固定資産税路線価図の閲覧並びに固定資産評価証明書（固定資産公課証明書）の交付は、各区の市税担当窓口で可能 土地家屋名寄帳・固定資産評価証明書（固定資産公課証明書）の交付については、所有者又は所有者の代理人又は納税管理人等が閲覧又は交付が可能 なお、固定資産課税台帳は閲覧のみ可能	固定資産地番参考図及び固定資産税路線価図については、市HP「地番参考図」でネット閲覧可能
	固定資産税路線価図					
	固定資産課税台帳・土地家屋名寄帳					
	固定資産評価証明書（固定資産公課証明書）					
都市計画・建築	都市計画図（用途地域・容積率・建ぺい率等含む。）	都市計画課	高層館16階 堺市堺区南瓦町３-１	072-228-8398	窓口で閲覧できる 販売有り	市HP「堺市e-ネット地図帳」都市計画情報でネット閲覧可能
	都市計画証明（生産緑地等）	都市計画課	高層館16階 堺市堺区南瓦町３-１	072-228-8398	都市計画証明書（生産緑地等の証明）は、窓口で交付が可能	市HP「堺市e-ネット地図帳」都市計画情報でネット閲覧可能
	白地図（地形図）	市政情報センター	高層館３階 堺市堺区南瓦町３-１	072-228-7439	窓口で閲覧できる 販売有り	市HP「堺市e-ネット地図帳」でネット閲覧可能
	開発登録簿、開発許可 開発指導要綱等	宅地安全課	高層館13階 堺市堺区南瓦町３-１	072-228-7483	担当窓口で閲覧、交付が可能	開発指導要綱はネット閲覧可
	建築計画概要書	建築安全課	高層館13階 堺市堺区南瓦町３-１	072-228-7936	担当窓口で閲覧、交付が可能	―

71 大阪府堺市（2/2）

法令	評価等に必要な書類等	担当課	担当所在（問合せ先）	電話	窓口対応	HP閲覧
道路	建築基準法上の道路の判定、位置指定道路	建築安全課	高層館13階 堺市堺区南瓦町３-１	072-228-7936	担当窓口で閲覧が可能	市HP「堺市e-ネット地図帳」認定道路情報でネット閲覧可能
	道路台帳平面図	建設局　土木部　路政課	高層館18階 堺市堺区南瓦町３-１	072-228-7417	担当窓口で閲覧が可能	―
	道路境界確定図	建設局　土木部　路政課	高層館18階 堺市堺区南瓦町３-１	072-228-7417	担当窓口で閲覧が可能	―
道路等	都市計画道路予定図	建設局　道路部　道路計画課	高層館17階 堺市堺区南瓦町３-１	072-228-7423	担当窓口で閲覧が可能	市HP「堺市e-ネット地図帳」都市計画情報でネット閲覧可能
	法定外公共物（里道、水路）	建設局　土木部　法定外公共物課	高層館18階 堺市堺区南瓦町３-１	072-228-7093	担当窓口で閲覧が可能	―
	ライフライン（上下水道等）	上下水道局　総務課	堺市北区百舌鳥梅北町１-39-２	072-250-9108	担当窓口で閲覧が可能	市HP「堺市e-ネット地図帳」下水道参考情報で概要をネット閲覧可能
その他	周知の埋蔵文化財所在地図	文化観光局　文化部　文化財課	高層館５階 堺市堺区南瓦町３-１	072-228-7198	担当窓口で閲覧が可能	市HP「堺市e-ネット地図帳」文化財情報で概要をネット閲覧可能
	農地全般	農業委員会事務局	高層館12階 堺市堺区南瓦町３-１	072-228-6825	担当窓口で各種許可等を申請	―
	土地区画整理図	建設局　土木部　路政課	高層館18階 堺市堺区南瓦町３-１	072-228-7417	担当窓口で閲覧が可能	―
	土壌汚染	環境局　環境保全部　環境対策課	高層館４階 堺市堺区南瓦町３-１	072-228-7474	担当窓口で閲覧が可能	形質変更時要届出区域は、HPで閲覧可能

堺市役所（本庁）　〒590-0078　大阪府堺市堺区南瓦町３番１号　電話 072-233-1101（大代表）
交通アクセス　●南海電鉄高野線「堺東駅」下車、西出口からバスロータリーの方向に約200メートル
●南海電鉄南海線「堺駅」より南海シャトルバス（堺東駅前行き）約10分「堺市役所前」下車すぐ

72 大阪府和泉市（1/2）

法令	評価等に必要な書類等	担当課	担当所在（問合せ先）	電話	窓口対応	HP閲覧
固定資産税	固定資産地番参考図	総務部　税務室　資産税担当	和泉市府中町２-７-５	0725-99-8107	担当窓口で閲覧が可能	紙媒体での交付のほか、CD-Rでの交付も可能
	固定資産税路線価図	総務部　税務室　資産税担当	和泉市府中町２-７-５	0725-99-8107	担当窓口で閲覧が可能	—
	固定資産課税台帳・土地家屋名寄帳	総務部　税務室　資産税担当	和泉市府中町２-７-５	0725-99-8107	担当窓口で固定資産（土地・家屋）の所有者、所有者の代理人又は納税管理人等が閲覧可能	—
	固定資産評価証明書（固定資産公課証明書）	総務部　税務室　資産税担当	和泉市府中町２-７-５	0725-99-8107	担当窓口で固定資産（土地・家屋）の所有者、所有者の代理人又は納税管理人等へ交付可能	—
都市計画・建築	都市計画図（用途地域・容積率・建ぺい率等含む。）	都市デザイン部　都市政策課	和泉市府中町２-７-５	0725-99-8140	担当窓口で閲覧可能	市HP上のPDFファイルによる閲覧可能
	都市計画証明（生産緑地等）	農業委員会事務局	和泉市府中町２-７-５	0725-99-8156	担当窓口で交付が可能	—
	白地図（地形図）	都市デザイン部　都市政策課	和泉市府中町２-７-５	0725-99-8140	担当窓口で閲覧・購入が可能	—
	開発登録簿、開発許可開発指導要綱等	都市デザイン部　建築・開発指導室　開発指導担当	和泉市府中町２-７-５	0725-99-8142	担当窓口で閲覧、交付が可能	市HPから閲覧及び和泉市宅地開発条例等のダウンロードが可能
	建築計画概要書	都市デザイン部　建築・開発指導室　建築指導担当	和泉市府中町２-７-５	0725-99-8141	担当窓口で閲覧、交付が可能	—
道路	建築基準法上の道路の判定、位置指定道路	都市デザイン部　建築・開発指導室　建築指導担当	和泉市府中町２-７-５	0725-99-8142	担当窓口で閲覧が可能	市HP和泉市道路種別情報からネット閲覧可能
	道路台帳平面図	都市デザイン部　土木維持管理室	和泉市府中町２-７-５	0725-99-8146	担当窓口で閲覧が可能	—

72 大阪府和泉市（2/2）

法令	評価等に必要な書類等	担当課	担当所在（問合せ先）	電話	窓口対応	HP閲覧
道路等	道路境界確定図	都市デザイン部　土木維持管理室　管理担当	和泉市府中町2-7-5	0725-99-8147	担当窓口で閲覧が可能	—
	都市計画道路予定図	都市デザイン部　都市政策課	和泉市府中町2-7-5	0725-99-8140	担当窓口で閲覧可能	—
	法定外公共物（里道、水路）	都市デザイン部　土木維持管理室　管理担当	和泉市府中町2-7-5	0725-99-8147	担当窓口で閲覧可能	—
	ライフライン（上下水道等）	上水道　水道工務課	和泉市いぶき野5-4-11	0725-99-8151	担当窓口で閲覧、交付が可能	—
		下水道　下水道整備課		0725-99-8152		
その他	周知の埋蔵文化財所在地図	教育委員会生涯学習部　文化財振興課	和泉市府中町2-7-5	0725-99-8163	担当窓口で閲覧可能 FAX（0725-41-0599）で照会も受付	—
	農地全般	農業委員会事務局	和泉市府中町2-7-5	0725-99-8156	担当窓口で各種許可等を申請	—
	土地区画整理図	都市デザイン部　都市政策課	和泉市府中町2-7-5	0725-99-8140	担当窓口で閲覧が可能	—
	土壌汚染	環境産業部　環境保全課	和泉市府中町2-7-5	0725-99-8121	担当窓口で閲覧が可能	—

和泉市役所　〒594-8501　大阪府和泉市府中町二丁目7番5号　電話 0725－41－1551（代表）
交通アクセス　●JR「和泉府中駅」から徒歩8分

73 大阪府茨木市（1/2）

法令	評価等に必要な書類等	担当課	担当所在（問合せ先）	電話	窓口対応	HP閲覧
固定資産税	固定資産地番参考図	総務部　資産税課	本館２階（11番窓口） 茨木市駅前３-８-13	072-620-1615	担当窓口で閲覧が可能	―
	固定資産税路線価図	総務部　資産税課	本館２階（11番窓口） 茨木市駅前３-８-13	072-620-1615	担当窓口で閲覧が可能	―
	固定資産課税台帳・土地家屋名寄帳	総務部　資産税課	本館２階（11番窓口） 茨木市駅前３-８-13	072-620-1615	担当窓口で固定資産（土地・家屋）の所有者、所有者の代理人又は納税管理人等による閲覧が可能	―
	固定資産評価証明書 （固定資産公課証明書）	総務部　資産税課	本館２階（11番窓口） 茨木市駅前３-８-13	072-620-1615	担当窓口で固定資産（土地・家屋）の所有者、所有者の代理人又は納税管理人等へ交付が可能	―
都市計画・建築	都市計画図（用途地域・容積率・建ぺい率等含む。）	都市整備部　都市政策課	南館５階 茨木市駅前３-８-13	072-620-1660	縦覧図書で確認	市HP「いばなびマップ」でネット閲覧可能
	都市計画証明（生産緑地等）	都市整備部　都市政策課	南館５階 茨木市駅前３-８-13	072-620-1660	担当窓口で交付が可能	―
	白地図（地形図）	都市整備部　都市政策課	南館５階 茨木市駅前３-８-13	072-620-1660	担当窓口で閲覧が可能	市HP「いばなびマップ」でネット閲覧可能
	開発登録簿、開発許可 開発指導要綱等	都市整備部　審査指導課	南館５階 茨木市駅前３-８-13	072-620-1661	担当窓口で閲覧、交付が可能	―
	建築計画概要書	都市整備部　審査指導課	南館５階 茨木市駅前３-８-13	072-620-1661	担当窓口で閲覧、交付が可能	―
道路	建築基準法上の道路の判定、位置指定道路	都市整備部　審査指導課	南館５階 茨木市駅前３-８-13	072-620-1661	担当窓口で閲覧が可能	―
	道路台帳平面図	建設部　建設管理課	南館４階 茨木市駅前３-８-13	072-620-1650	担当窓口で閲覧が可能	―

73 大阪府茨木市（2/2）

法令	評価等に必要な書類等	担当課		担当所在（問合せ先）	電話	窓口対応	HP閲覧
道路等	道路境界確定図		建設部　建設管理課	南館４階 茨木市駅前３-８-13	072-620-1650	市有地に隣接する土地の所有者等が、境界の明示を受けようとするときに窓口閲覧	―
	都市計画道路予定図		都市整備部　都市政策課	南館５階 茨木市駅前３-８-13	072-620-1660	縦覧図書で確認	市HP「いばなびマップ」でネット閲覧可能
	法定外公共物（里道、水路）	里道	建設部　建設管理課	南館４階 茨木市駅前３-８-13	072-620-1650	担当窓口で閲覧可能	―
		水路	建設部　下水道施設課	本館８階 茨木市駅前３-８-13	072-620-1667		
	ライフライン（上下水道等）	上水道	水道部　工務課管理	茨木市駅前４-７-55　福祉文化会館内	072-620-1692	担当窓口で閲覧、交付が可能	―
		下水道	建設部　下水道施設課	本館８階 茨木市駅前３-８-13	072-620-1667		
その他	周知の埋蔵文化財所在地図		教育総務部　社会教育振興課	南館６階 茨木市駅前３-８-13	072-620-1686	担当窓口で閲覧可能	―
	農地全般		農業委員会事務局	本館７階 茨木市駅前３-８-13	072-620-1677	担当窓口で各種許可等を申請	―
	土地区画整理図		都市整備部　市街地新生課	南館５階 茨木市駅前３-８-13	072-620-1821	担当窓口で閲覧が可能	―
	土壌汚染		産業環境部　環境政策課	本館２階（15番窓口） 茨木市駅前３-８-13	072-620-1644	担当窓口で閲覧が可能	市HPで「要措置区域・形質変更時要届出区域」をネット閲覧可能

茨木市役所　〒567-8505　大阪府茨木市駅前三丁目８番13号　電話 072-622-8121（代表）
交通アクセス　●JR東海道線　茨木駅下車　東口より徒歩約10分
●阪急京都線　茨木市駅下車　徒歩約10分

74 大阪府岸和田市（1/2）

法令	評価等に必要な書類等	担当課	担当所在（問合せ先）	電話	窓口対応	HP閲覧
固定資産税	固定資産地番参考図	固定資産税課	旧館２階 岸和田市岸城町７-１	（土地担当） 072-423-9427 （家屋担当） 072-423-9428	担当窓口で閲覧が可能	―
	固定資産税路線価図	固定資産税課	旧館２階 岸和田市岸城町７-１	（土地担当） 072-423-9427	担当窓口で閲覧が可能	―
	固定資産課税台帳・土地家屋名寄帳	固定資産税課	旧館２階 岸和田市岸城町７-１	（土地担当） 072-423-9427 （家屋担当） 072-423-9428	担当窓口で担当窓口で固定資産（土地・家屋）の所有者、所有者の代理人又は納税管理人等が閲覧可能	―
	固定資産評価証明書 （固定資産公課証明書）	固定資産税課	旧館２階 岸和田市岸城町７-１	（土地担当） 072-423-9427 （家屋担当） 072-423-9428	担当窓口で担当窓口で固定資産（土地・家屋）の所有者、所有者の代理人又は納税管理人等へ交付可能	―
都市計画・建築	都市計画図（用途地域・容積率・建ぺい率等含む。）	都市計画課　都市計画担当	別館２階 岸和田市岸城町７-１	072-423-9629	都市計画図は、担当窓口で閲覧が可能 担当窓口で購入も可能	市HPによる閲覧可能
	都市計画証明（生産緑地等）	都市計画課　都市計画担当	別館２階 岸和田市岸城町７-１	072-423-9629	担当窓口で申請交付が可能	―
	白地図（地形図）	都市計画課　都市計画担当	別館２階 岸和田市岸城町７-１	072-423-9629	担当窓口で販売	―
	開発登録簿、開発許可 開発指導要綱等	建設指導課　開発指導担当	別館２階 岸和田市岸城町７-１	072-423-9572	担当窓口で閲覧が可能	市HPから「岸和田市開発行為等の手続等に関する条例」等のダウンロードが可能
	建築計画概要書	建設指導課　建築指導担当	別館２階 岸和田市岸城町７-１	072-423-9571	担当窓口で閲覧・交付が可能	―

74 大阪府岸和田市（2/2）

法令	評価等に必要な書類等	担当課	担当所在（問合せ先）	電話	窓口対応	HP閲覧
道路	建築基準法上の道路の判定、位置指定道路	建設指導課　建築指導担当	別館2階 岸和田市岸城町7-1	072-423-9571	担当窓口で閲覧が可能	―
道路	道路台帳平面図	建設管理課　道路管理担当	第2別館2階 岸和田市岸城町7-1	072-423-9497	担当窓口で閲覧が可能	―
道路等	道路境界確定図	建設管理課　用地管理担当	第2別館2階 岸和田市岸城町7-1	072-423-9504	担当窓口で閲覧が可能	―
道路等	都市計画道路予定図	都市計画課　都市計画担当	別館2階 岸和田市岸城町7-1	072-423-9629	担当窓口で閲覧が可能	―
道路等	法定外公共物（里道、水路）	建設管理課　道路管理担当	第2別館2階 岸和田市岸城町7-1	072-423-9504	担当窓口で閲覧が可能	―
道路等	ライフライン（上下水道等）	上水道　上水道工務課 下水道　下水道整備課	上水道：別館1階 下水道：別館3階 岸和田市岸城町7-1	072-423-9601 072-423-9585	担当窓口で閲覧、交付が可能	―
その他	周知の埋蔵文化財所在地図	生涯学習部　郷土文化室文化財担当	旧館地階 岸和田市岸城町7-1	072-423-9688	担当窓口で閲覧可能。FAX（072-423-8011）で照会も受付	―
その他	農地全般	農業委員会事務局	別館3階 岸和田市岸城町7-1	072-423-9704	担当窓口で申請が可能	―
その他	土地区画整理図	市街地整備課　地域整備担当	別館4階 岸和田市岸城町7-1	072-423-9598	担当窓口で閲覧が可能	―
その他	土壌汚染	環境保全課　岸和田市環境事務所　事業所指導担当	岸和田市土生町2-4-30	072-423-9462	担当窓口で閲覧が可能	市HPで「形質変更時要届出区域」をネット閲覧可能

岸和田市役所　〒596-8510　大阪府岸和田市岸城町7番1号　電話 072-423-2121（代表）
交通アクセス　●南海本線「岸和田駅」か「蛸地蔵駅」から徒歩約10分

75 大阪府吹田市（1/2）

法令	評価等に必要な書類等	担当課	担当所在（問合せ先）	電話	窓口対応	HP閲覧
固定資産税	固定資産地番参考図	税務部　資産税課	中層棟２階 吹田市泉町１-３-40	06-6384-1245	担当窓口で閲覧が可能	市HPでネット閲覧可能
	固定資産税路線価図	税務部　資産税課	中層棟３階 吹田市泉町１-３-40	06-6384-1245	担当窓口で閲覧が可能	—
	固定資産課税台帳・土地家屋名寄帳	税務部　資産税課	中層棟３階 吹田市泉町１-３-40	06-6384-1245	担当窓口で固定資産（土地・家屋）の所有者、所有者の代理人又は納税管理人等による閲覧が可能	—
	固定資産評価証明書 （固定資産公課証明書）	税務部　資産税課	中層棟３階 吹田市泉町１-３-40	06-6384-1245	担当窓口で固定資産（土地・家屋）の所有者、所有者の代理人又は納税管理人等へ交付が可能	—
都市計画・建築	都市計画図（用途地域・容積率・建ぺい率等含む。）	都市計画部　都市計画室	低層棟２階 吹田市泉町１-３-40	06-6384-1947	縦覧図書で確認	市HPでネット閲覧可能
	都市計画証明（生産緑地等）	都市計画部　都市計画室	低層棟２階 吹田市泉町１-３-40	06-6384-1947	担当窓口で交付が可能	—
	白地図（地形図）	都市計画部　都市計画室	低層棟２階 吹田市泉町１-３-40	06-6384-1947	担当窓口で閲覧が可能	市HPでネット閲覧可能
	開発登録簿、開発許可 開発指導要綱等	都市計画部　開発審査室	低層棟２階 吹田市泉町１-３-40	06-6384-1975	担当窓口で閲覧、交付が可能	—
	建築計画概要書	都市計画部　開発審査室	低層棟２階 吹田市泉町１-３-40	06-6384-1930	担当窓口で閲覧、交付が可能	—
道路	建築基準法上の道路の判定、位置指定道路	都市計画部　開発審査室	低層棟２階 吹田市泉町１-３-40	06-6384-1975	担当窓口で閲覧が可能	—
	道路台帳平面図	土木部　道路室	南千里庁舎１階、３階 吹田市佐竹台１-６-１	06-6872-6114	市役所高層棟１階市民総務室で閲覧、コピーが可能	—

75 大阪府吹田市（2/2）

法令	評価等に必要な書類等	担当課	担当所在（問合せ先）	電話	窓口対応	HP閲覧
道路等	道路境界確定図	土木部　道路室	南千里庁舎１階、３階 吹田市佐竹台１-６-１	06-6872-6114	市有地に隣接する土地の所有者等が、境界の明示を受けようとするときに窓口閲覧	―
	都市計画道路予定図	都市計画部　都市計画室	低層棟２階 吹田市泉町１-３-40	06-6384-1947	縦覧図書で確認	市HPでネット閲覧可能
	法定外公共物（里道、水路）	里道　土木部　道路室	南千里庁舎１階、３階 吹田市佐竹台１-６-１	06-6872-6114	担当窓口で閲覧可能	―
		水路　下水道部　水循環室　管理	高層棟６階 吹田市泉町１-３-40	06-6384-2068		
	ライフライン（上下水道等）	上水道　水道部　工務室　給水相談	吹田市南吹田３-３-60	06-6384-1258	市役所高層棟１階市民総務室で閲覧、コピーが可能	―
		下水道　下水道部　水循環室　管理	高層棟６階 吹田市泉町１-３-40	06-6384-2068		
その他	周知の埋蔵文化財所在地図	地域教育部　文化財保護課	吹田市立博物館内 吹田市岸部北４-10-１	06-6338-5500	担当窓口で閲覧可能 FAX 06-6338-9886	―
	農地全般	農業委員会事務局	高層棟３階 吹田市泉町１-３-40	06-6384-2792	担当窓口で各種許可等を申請	―
	土地区画整理図	都市計画部　計画調整室	低層棟２階 吹田市泉町１-３-40	06-6318-6367	担当窓口で閲覧が可能	―
	土壌汚染	環境部　環境保全課	高層棟１階 吹田市泉町１-３-40	06-6384-1850	担当窓口で閲覧が可能	市HPで「要措置区域・形質変更時要届出区域」をネット閲覧可能

吹田市役所　〒564-8550　大阪府吹田市泉一丁目３番40号　電話 06-6384-1231（代表）
交通アクセス　●阪急千里線　吹田駅下車　すぐ
●JR京都線　吹田駅下車　徒歩12分

76 大阪府高槻市（1/2）

法令	評価等に必要な書類等	担当課	担当所在（問合せ先）	電話	窓口対応	HP閲覧
固定資産税	固定資産地番参考図	総務部　資産税課	総合センター１階 高槻市桃園町２-１	072-674-7143	担当窓口で閲覧が可能	市HPでネット閲覧可能
	固定資産税路線価図	総務部　資産税課	総合センター１階 高槻市桃園町２-１	072-674-7143	担当窓口で閲覧が可能	—
	固定資産課税台帳・土地家屋名寄帳	総務部　資産税課	総合センター１階 高槻市桃園町２-１	072-674-7143	担当窓口で固定資産（土地・家屋）の所有者、所有者の代理人又は納税管理人等による閲覧が可能	—
	固定資産評価証明書 （固定資産公課証明書）	総務部　資産税課	総合センター１階 高槻市桃園町２-１	072-674-7143	担当窓口で固定資産（土地・家屋）の所有者、所有者の代理人又は納税管理人等へ交付が可能	—
都市計画・建築	都市計画図（用途地域・容積率・建ぺい率等含む。）	都市創造部　都市づくり推進課	本館６階 高槻市桃園町２-１	072-674-7552	縦覧図書で確認	市HPでネット閲覧可能
	都市計画証明（生産緑地等）	都市創造部　都市づくり推進課	本館６階 高槻市桃園町２-１	072-674-7552	担当窓口で交付が可能	—
	白地図（地形図）	都市創造部　都市づくり推進課	本館６階 高槻市桃園町２-１	072-674-7552	担当窓口で閲覧が可能	市HPでネット閲覧可能
	開発登録簿、開発許可 開発指導要綱等	都市創造部　審査指導課	本館６階 高槻市桃園町２-１	072-674-7567	担当窓口で閲覧、交付が可能	—
	建築計画概要書	都市創造部　審査指導課	本館６階 高槻市桃園町２-１	072-674-7567	担当窓口で閲覧、交付が可能	—
道路	建築基準法上の道路の判定、位置指定道路	都市創造部　審査指導課	本館６階 高槻市桃園町２-１	072-674-7567	担当窓口で閲覧が可能	—
	道路台帳平面図	都市創造部　管理課	本館５階 高槻市桃園町２-１	072-674-7532	担当窓口で閲覧が可能	—

76 大阪府高槻市（2/2）

法令	評価等に必要な書類等		担当課	担当所在（問合せ先）	電話	窓口対応	HP閲覧
道路等	道路境界確定図		都市創造部　管理課	本館５階 高槻市桃園町２-１	072-674-7532	担当窓口で閲覧可能	―
	都市計画道路予定図		都市創造部　都市づくり推進課	本館６階 高槻市桃園町２-１	072-674-7552	縦覧図書で確認	市HPでネット閲覧可能
	法定外公共物（里道、水路）	里道	都市創造部　管理課	本館５階、６階 高槻市桃園町２-１	072-674-7532	担当窓口で閲覧可能	―
		水路	都市創造部　下水河川企画課		072-674-7432		
	ライフライン（上下水道等）	上水道	水道部　管路整備課	高槻市桃園町４-15	072-674-7922	担当窓口で閲覧、交付が可能	―
		下水道	都市創造部　下水河川企画課	本館７階 高槻市桃園町２-１	072-674-7432		
その他	周知の埋蔵文化財所在地図		教育委員会　教育管理部文化財課	総合センター10階 高槻市桃園町２-１	072-674-7652	担当窓口で閲覧可能	―
	農地全般		農業委員会事務局	総合センター９階 高槻市桃園町２-１	072-674-7421	担当窓口で各種許可等を申請	―
	土地区画整理図		都市創造部　都市づくり推進課	本館６階 高槻市桃園町２-１	072-674-7552	担当窓口で閲覧が可能	―
	土壌汚染		産業環境部　環境保全課	本館５階 高槻市桃園町２-１	072-674-7486	担当窓口で閲覧が可能	市HPで「要措置区域・形質変更時要届出区域」をネット閲覧可能

高槻市役所　〒569-0067　大阪府高槻市桃園町２番１号　電話 072-674-7111（代表）
交通アクセス　●阪急京都線・高槻市駅下車、徒歩９分（約700メートル）
●JR東海道本線・高槻駅下車、徒歩約８分（約650メートル）

77 大阪府豊中市（1/2）

法令	評価等に必要な書類等	担当課	担当所在（問合せ先）	電話	窓口対応	HP閲覧
固定資産税	固定資産地番参考図	財務部　固定資産税課	第一庁舎２階 豊中市中桜塚３-１-１	06-6858-2150	担当窓口で閲覧が可能	市HP「地図情報とよなか」でネット閲覧可能
	固定資産税路線価図	財務部　固定資産税課	第一庁舎２階 豊中市中桜塚３-１-１	06-6858-2150	担当窓口で閲覧が可能	―
	固定資産課税台帳・土地家屋名寄帳	財務部　固定資産税課	第一庁舎２階 豊中市中桜塚３-１-１	06-6858-2447	担当窓口で固定資産（土地・家屋）の所有者、所有者の代理人又は納税管理人等による閲覧が可能	―
	固定資産評価証明書（固定資産公課証明書）	財務部　固定資産税課	第一庁舎２階 豊中市中桜塚３-１-１	06-6858-2447	担当窓口で固定資産（土地・家屋）の所有者、所有者の代理人又は納税管理人等へ交付が可能	―
都市計画・建築	都市計画図（用途地域・容積率・建ぺい率等含む。）	都市計画推進部　都市計画課	第二庁舎４階 豊中市中桜塚３-１-１	06-6858-2089	縦覧図書で確認	市HP「地図情報とよなか」でネット閲覧可能
	都市計画証明（生産緑地等）	都市計画推進部　都市計画課	第二庁舎４階 豊中市中桜塚３-１-１	06-6858-2089	担当窓口で交付が可能	―
	白地図（地形図）	都市計画推進部　都市計画課	第二庁舎４階 豊中市中桜塚３-１-１	06-6858-2089	担当窓口で閲覧が可能	市HP「地図情報とよなか」でネット閲覧可能
	開発登録簿、開発許可 開発指導要綱等	都市計画推進部　開発審査課	第二庁舎５階 豊中市中桜塚３-１-１	06-6858-2425	担当窓口で閲覧、交付が可能	―
	建築計画概要書	都市計画推進部　建築審査課	第二庁舎５階 豊中市中桜塚３-１-１	06-6858-2417	担当窓口で閲覧、交付が可能	―
道路	建築基準法上の道路の判定、位置指定道路	都市計画推進部　建築審査課	第二庁舎５階 豊中市中桜塚３-１-１	06-6858-2860	担当窓口で閲覧が可能	―
	道路台帳平面図	都市基盤部　道路管理課	第二庁舎４階 豊中市中桜塚３-１-１	06-6858-2369	担当窓口で閲覧が可能	市HP「地図情報とよなか」でネット閲覧可能

77 大阪府豊中市（2/2）

法令	評価等に必要な書類等	担当課	担当所在（問合せ先）	電話	窓口対応	HP閲覧
道路等	道路境界確定図	資産活用部　土地活用課	第二庁舎４階 豊中市中桜塚３-１-１	06-6858-2370	市有地に隣接する土地の所有者等が、境界の明示を受けようとするときに窓口閲覧	―
	都市計画道路予定図	都市計画推進部　都市計画課	第二庁舎４階 豊中市中桜塚３-１-１	06-6858-2089	縦覧図書で確認	市HP「地図情報とよなか」でネット閲覧可能
	法定外公共物（里道、水路）	里道　道路管理課	第二庁舎４階 豊中市中桜塚３-１-１	06-6858-2370	担当窓口で閲覧可能	―
		水路　下水道管理課	上下水道局５階 豊中市北桜塚４-11-18	06-6858-2941		
	ライフライン（上下水道等）	上下水道局　経営部　経営企画課	上下水道局３階 豊中市北桜塚４-11-18	06-6858-2921	担当窓口で閲覧、交付が可能	下水道につき市HP「地図情報とよなか」でネット閲覧可能
その他	周知の埋蔵文化財所在地図	教育委員会事務局　生涯学習課	第一庁舎６階 豊中市中桜塚３-１-１	06-6858-2581	担当窓口で閲覧可能 FAX　06-6846-9649	市HP「地図情報とよなか」でネット閲覧可能
	農地全般	農業委員会事務局	第一庁舎４階 豊中市中桜塚３-１-１	06-6615-3753	担当窓口で各種許可等を申請	―
	土地区画整理図	都市計画推進部　市街地整備課	第二庁舎５階 豊中市中桜塚３-１-１	06-6858-2427	担当窓口で閲覧が可能	市HP「土地区画整理事業施行位置図」でネット閲覧可能
	土壌汚染	環境部　環境政策課	第二庁舎５階 豊中市中桜塚３-１-１	06-6858-2102	担当窓口で閲覧が可能	市HPで「要措置区域・形質変更時要届出区域」をネット閲覧可能

豊中市役所　〒561-8501　大阪府豊中市中桜塚三丁目１番１号　電話 06-6858-5050（総合コールセンター）
交通アクセス　●阪急宝塚線　岡町駅下車　徒歩８分

78 大阪府寝屋川市（1/2）

法令	評価等に必要な書類等	担当課	担当所在（問合せ先）	電話	窓口対応	HP閲覧
固定資産税	固定資産地番参考図	固定資産税課	本館１階 寝屋川市本町１-１	072-824-1181 （代表）	担当窓口で閲覧、交付が可能	—
	固定資産税路線価図	固定資産税課	本館１階 寝屋川市本町１-１	072-824-1181 （代表）	担当窓口で閲覧が可能	市HP「ワガヤネヤガワマップ」でネット閲覧可能
	固定資産課税台帳・土地家屋名寄帳	固定資産税課	本館１階 寝屋川市本町１-１	072-824-1181 （代表）	担当窓口で固定資産（土地・家屋）の所有者、所有者の代理人又は納税管理人等が閲覧可能	—
	固定資産評価証明書 （固定資産公課証明書）	固定資産税課	本館１階 寝屋川市本町１-１	072-824-1181 （代表）	担当窓口で固定資産（土地・家屋）の所有者、所有者の代理人又は納税管理人等へ交付可能	—
都市計画・建築	都市計画図（用途地域・容積率・建ぺい率等含む。）	都市計画室	本館３階 寝屋川市本町１-１	072-824-1181 （代表）	担当窓口で閲覧、交付が可能	市HP「ワガヤネヤガワマップ」でネット閲覧可能
	都市計画証明（生産緑地等）	都市計画室	本館３階 寝屋川市本町１-１	072-824-1181 （代表）	担当窓口で交付が可能	—
	白地図（地形図）	都市計画室	本館３階 寝屋川市本町１-１	072-824-1181 （代表）	担当窓口で閲覧、コピーが可能	—
	開発登録簿、開発許可 開発指導要綱等	まちづくり指導課	本館３階 寝屋川市本町１-１	072-824-1181 （代表）	担当窓口で閲覧、交付が可能	市HPから寝屋川市開発事業に関する指導要綱の閲覧可、許可申請書等のダウンロードが可
	建築計画概要書	まちづくり指導課	本館３階 寝屋川市本町１-１	072-824-1181 （代表）	担当窓口で閲覧、交付が可能	—
道路	建築基準法上の道路の判定、位置指定道路	まちづくり指導課	本館３階 寝屋川市本町１-１	072-824-1181 （代表）	担当窓口で閲覧が可能	市HP「ワガヤネヤガワマップ」でネット閲覧可能
	道路台帳平面図	道路交通課	本館３階 寝屋川市本町１-１	072-824-1181 （代表）	担当窓口で閲覧が可能	—

78 大阪府寝屋川市（2/2）

法令	評価等に必要な書類等	担当課	担当所在（問合せ先）	電話	窓口対応	HP閲覧
道路等	道路境界確定図	道路交通課	本館３階 寝屋川市本町１-１	072-824-1181 （代表）	担当窓口で閲覧が可能	—
道路等	都市計画道路予定図	都市計画室	本館３階 寝屋川市本町１-１	072-824-1181 （代表）	担当窓口で閲覧可能	市HP「ワガヤネヤガワマップ」でネットにより概要の閲覧可能
道路等	法定外公共物（里道、水路）	里道：道路交通課	本館３階 寝屋川市本町１-１	072-824-1181 （代表）	担当窓口で閲覧可能	—
道路等	法定外公共物（里道、水路）	水路：水・みどり室（河川担当）	上下水道局２階 本町15-１	072-824-1181 （代表）	担当窓口で閲覧可能	—
道路等	ライフライン（上下水道等）	上水道：上下水道局	上下水道局１階 本町15-１	072-824-1181 （代表）	担当窓口で閲覧可能	—
道路等	ライフライン（上下水道等）	下水道：上下水道局	上下水道局２階 本町15-１	072-824-1181 （代表）	担当窓口で閲覧可能	—
その他	周知の埋蔵文化財所在地図	文化スポーツ室	東館１階 寝屋川市本町１-１	072-824-1181 （代表）	担当窓口で閲覧可能 電話照会の場合は住居表示により照会可 FAX（072-813-0087）で照会も受付	—
その他	農地全般	農業委員会事務局	本館１階 寝屋川市本町１-１	072-824-1181 （代表）	担当窓口で各種許可等を申請	—
その他	土地区画整理図	まちづくり事業推進室	本館３階 寝屋川市本町１-１	072-824-1181 （代表）	担当窓口で閲覧・交付が可能	—
その他	土壌汚染	環境推進課	クリーンセンター７階 寝屋川市寝屋南１-２-１	072-824-1181 （代表）	担当窓口で閲覧が可能	市HPで「形質変更時要届出区域」をネット閲覧可能

寝屋川市役所　〒572-8555　大阪府寝屋川市本町１番１号　電話 072-824-1181（代表）
交通アクセス　●京阪「寝屋川市駅」から東へ徒歩８分

79 大阪府東大阪市（1/2）

法令	評価等に必要な書類等	担当課	担当所在（問合せ先）	電話	窓口対応	HP閲覧
固定資産税	固定資産地番参考図	税務部固定資産税課	市役所３階 東大阪市荒本北１-１-１	土地家屋担当 06-4309-3141～44	担当窓口で閲覧が可能	―
	固定資産税路線価図	税務部固定資産税課	市役所３階 東大阪市荒本北１-１-１	土地家屋担当 06-4309-3141～44	担当窓口で閲覧が可能	―
	固定資産課税台帳・土地家屋名寄帳	税務部固定資産税課	市役所３階 東大阪市荒本北１-１-１	土地家屋担当 06-4309-3141～44	担当窓口で担当窓口で固定資産（土地・家屋）の所有者、所有者の代理人又は納税管理人等が閲覧可能	―
	固定資産評価証明書 （固定資産公課証明書）	税務部固定資産税課	市役所３階 東大阪市荒本北１-１-１	土地家屋担当 06-4309-3140～45	担当窓口で担当窓口で固定資産（土地・家屋）の所有者、所有者の代理人又は納税管理人等が交付可能	―
都市計画・建築	都市計画図（用途地域・容積率・建ぺい率等含む。）	建設局　都市整備部都市計画室	市役所14階 東大阪市荒本北１-１-１	06-4309-3211	都市計画図(縮尺１/2500)は、担当窓口で閲覧が可能 担当窓口で購入が可能	「ひがしおおさかe～まちマップ」で閲覧可能 郵送で購入も可能
	都市計画証明（生産緑地等）	農業委員会事務局	市役所７階 東大阪市荒本北１-１-１	06-4309-3292	担当窓口で交付が可能	―
	白地図（地形図）	建設局　都市整備部都市計画室	市役所14階 東大阪市荒本北１-１-１	06-4309-3211	担当窓口で購入が可能	郵送で購入可能
	開発登録簿、開発許可 開発指導要綱等	建設局　建設部建築市道室　開発指導課	市役所15階 東大阪市荒本北１-１-１	06-4309-3242	担当窓口で閲覧、交付が可能	開発指導要綱は、ネットで入手可
	建築計画概要書	建設局　建築部建築指導室　建築審査課	市役所15階 東大阪市荒本北１-１-１	06-4309-3240	担当窓口で閲覧、交付が可能	―
道路	建築基準法上の道路の判定、位置指定道路	建設局　建築部建築指導室　建築審査課	市役所15階 東大阪市荒本北１-１-１	06-4309-3240	担当窓口で閲覧が可能、道路位置指定図の交付、証明も実施	―
	道路台帳平面図	建設局　土木部　道路管理室	市役所16階 東大阪市荒本北１-１-１	06-4309-3219	窓口で閲覧	―

79 大阪府東大阪市（2/2）

法令	評価等に必要な書類等	担当課	担当所在（問合せ先）	電話	窓口対応	HP閲覧
道路等	道路境界確定図	建設局　土木部　道路管理室	市役所16階 東大阪市荒本北１-１-１	06-4309-3219	市有地に隣接する土地の所有者等が、境界の明示を受けようとするときに窓口で閲覧可能	―
	都市計画道路予定図	建設局　都市整備部　都市計画室	市役所14階 東大阪市荒本北１-１-１	06-4309-3211	窓口で閲覧可能 事業の進ちょく等は窓口で確認できる	―
	法定外公共物（里道、水路）	建設局　土木部　道路管理室	市役所16階 東大阪市荒本北１-１-１	06-4309-3219	担当窓口で閲覧可能	―
	ライフライン（上下水道等）	上水道　上下水道局	水道庁舎 東大阪市若江西新町１-６-６	06-6724-1221	上水道は水道庁舎、下水道は東大阪市役所内で担当窓口閲覧	―
		下水道	市役所13階、14階 東大阪市荒本北１-１-１	06-4309-3246		
その他	周知の埋蔵文化財所在地図	教育委員会事務局　社会教育部　文化財課	市役所17階 東大阪市荒本北１-１-１	06-4309-3283	担当窓口で閲覧可能 電話での問合わせは地番による照会が可能	「ひがしおおさかe～まちマップ」で閲覧可
	農地全般	農業委員会事務局	市役所７階 東大阪市荒本北１-１-１	06-4309-3292	担当窓口で各種許可等を申請	―
	土地区画整理図	建設局　都市整備部　市街地整備課	市役所14階 東大阪市荒本北１-１-１	06-4309-3215	担当窓口で閲覧が可能	―
	土壌汚染	環境部　公害対策課	市役所７階 東大阪市荒本北１-１-１	06-4309-3203～06	担当窓口で閲覧が可能	市HPで「形質変更時要届出区域」をネット閲覧可

東大阪市役所　〒577-8521　大阪府東大阪市荒本北一丁目１番１号　電話 06-4309-3000（代表）

交通アクセス
- ●電車利用の場合 近鉄けいはんな線(地下鉄中央線)「荒本」駅下車、１番出口より西へ徒歩５分
- ●バス利用の場合 近鉄バス(「近鉄小阪駅・八戸ノ里駅～JR学研都市線鴻池新田駅)「東大阪市役所前」停留所下車すぐ
- ●車利用の場合 阪神高速13号東大阪線「長田」出口より東進、国道308号線「春宮団地南」交差点(陸橋あり)を左折、一つ目信号を左折

80 大阪府枚方市（1/2）

法令	評価等に必要な書類等	担当課	担当所在（問合せ先）	電話	窓口対応	HP閲覧
固定資産税	固定資産地番参考図	資産税課	市役所本館２階 枚方市大垣内町２-１-20	072-841-1221 （代表）	担当窓口で閲覧が可能	—
	固定資産税路線価図	資産税課	市役所本館２階 枚方市大垣内町２-１-20		担当窓口で閲覧が可能	—
	固定資産課税台帳・土地家屋名寄帳	資産税課	市役所本館２階 枚方市大垣内町２-１-20		担当窓口で担当窓口で固定資産（土地・家屋）の所有者、所有者の代理人又は納税管理人等が閲覧可能	—
	固定資産評価証明書 （固定資産公課証明書）	資産税課	市役所本館２階 枚方市大垣内町２-１-20	072-841-1361 （直通）	担当窓口で担当窓口で固定資産（土地・家屋）の所有者、所有者の代理人又は納税管理人等が交付可能	—
都市計画・建築	都市計画図（用途地域・容積率・建ぺい率等含む。）	都市計画課	市役所分館３階 枚方市大垣内町２-９-15	072-841-1414	担当窓口で閲覧が可能 都市計画図、用途地域図を販売している	市HP「きてみてひらかたマップ」でネット閲覧可
	都市計画証明（生産緑地等）	都市計画課	市役所分館３階 枚方市大垣内町２-９-15	072-841-1414	担当窓口で交付が可能	—
	白地図（地形図）	都市計画課	市役所分館３階 枚方市大垣内町２-９-15	072-841-1414	担当窓口で閲覧可、販売中 別館３階の行政資料コーナーでコピー可	市HP「きてみてひらかたマップ」でネット閲覧可
	開発登録簿、開発許可 開発指導要綱等	開発調整課	市役所分館２階 枚方市大垣内町２-９-15	072-841-1432	担当窓口で閲覧、交付が可能	開発指導要綱は、市HPで閲覧可
	建築計画概要書	開発調整課	市役所分館２階 枚方市大垣内町２-９-15	072-841-1432	担当窓口で閲覧、交付が可能	—
道路	建築基準法上の道路の判定、位置指定道路	開発調整課	市役所分館２階 枚方市大垣内町２-９-15	072-841-1432	担当窓口で閲覧が可能	—
	道路台帳平面図	道路河川管理課	市役所第２分館１階 枚方市大垣内町２-９-21	050-7102-6510	担当窓口で閲覧が可能	「きてみてひらかたマップ」のまちづくり情報マップより、市道の路線名が確認可

80 大阪府枚方市（2/2）

法令	評価等に必要な書類等	担当課	担当所在（問合せ先）	電話	窓口対応	HP閲覧
道路等	道路境界確定図	道路河川管理課	市役所第２分館１階 枚方市大垣内町２-９-21	050-7102-6510	担当窓口で閲覧が可能	―
	都市計画道路予定図	都市計画課	市役所分館３階 枚方市大垣内町２-９-15	072-841-1414	担当窓口で閲覧が可能	市HP「きてみてひらかたマップ」でネット閲覧可
	法定外公共物（里道、水路）	道路河川管理課	市役所第２分館１階 枚方市大垣内町２-９-21	050-7102-6510	担当窓口で閲覧が可能	―
	ライフライン（上下水道等）	上下水道経営室	枚方市上下水道局 枚方市中宮北町20-３	072-848-4199	担当窓口で閲覧が可能	―
その他	周知の埋蔵文化財所在地図	文化財課	輝きプラザきらら４階 枚方市車塚１-１-１	050-7105-8058	担当窓口で閲覧可能、文化財分布図を販売 FAX（072-851-9335）での照会可能	―
	農地全般	農業委員会	市役所別館３階 枚方市大垣内町２-１-20	072-841-1534	担当窓口で各種許可等を申請	―
	土地区画整理図	景観住宅整備課	市役所分館２階 枚方市大垣内町２-９-15	072-841-1478	担当窓口で閲覧が可能	―
	土壌汚染	環境指導課	枚方市役所分室 枚方市朝日丘町２-17	050-7102-6013 ～6015	担当窓口で閲覧が可能	形質変更時要届出区域は、市HPから閲覧可

枚方市役所　〒573-8666　大阪府枚方市大垣内町二丁目１番20号　電話 072-841-1221（代表）
交通アクセス　●京阪電車「枚方市駅」から徒歩約５分

81 大阪府八尾市（1/2）

法令	評価等に必要な書類等	担当課	担当所在（問合せ先）	電話	窓口対応	HP閲覧
固定資産税	固定資産地番参考図	財政部　資産税課	本館２階 八尾市本町１-１-１	072-924-3823	担当窓口で閲覧が可能	—
	固定資産税路線価図	財政部　資産税課	本館２階 八尾市本町１-１-１	072-924-3823	担当窓口で閲覧が可能	—
	固定資産課税台帳・土地家屋名寄帳	財政部　資産税課	本館２階 八尾市本町１-１-１	072-924-3823	担当窓口で固定資産（土地・家屋）の所有者、所有者の代理人又は納税管理人等による閲覧が可能	—
	固定資産評価証明書 （固定資産公課証明書）	財政部　資産税課	本館２階 八尾市本町１-１-１	072-924-3823	担当窓口で固定資産（土地・家屋）の所有者、所有者の代理人又は納税管理人等へ交付が可能	—
都市計画・建築	都市計画図（用途地域・容積率・建ぺい率等含む。）	都市整備部　都市政策課	西館３階 八尾市本町１-１-１	072-924-3850	縦覧図書で確認	市HPでネット閲覧可能
	都市計画証明（生産緑地等）	都市整備部　都市政策課	西館３階 八尾市本町１-１-１	072-924-3850	担当窓口で交付が可能	—
	白地図（地形図）	都市整備部　都市政策課	西館３階 八尾市本町１-１-１	072-924-3850	担当窓口で閲覧が可能	—
	開発登録簿、開発許可 開発指導要綱等	建築部　開発指導室	西館１階 八尾市本町１-１-１	072-924-8554	担当窓口で閲覧、交付が可能	—
	建築計画概要書	建築部　建築指導室	西館１階 八尾市本町１-１-１	072-924-8544	担当窓口で閲覧、交付が可能	—
道路	建築基準法上の道路の判定、位置指定道路	建築部　開発指導室	西館１階 八尾市本町１-１-１	072-924-8554	担当窓口で閲覧が可能	—
	道路台帳平面図	都市整備部　土木管財課	西館３階 八尾市本町１-１-１	072-924-8552	担当窓口で閲覧が可能	—

81 大阪府八尾市（2/2）

法令	評価等に必要な書類等	担当課	担当所在（問合せ先）	電話	窓口対応	HP閲覧
道路等	道路境界確定図	都市整備部　土木管財課	西館３階 八尾市本町１-１-１	072-924-8552	担当窓口で閲覧可能	－
	都市計画道路予定図	都市整備部　都市政策課	西館３階 八尾市本町１-１-１	072-924-3850	縦覧図書で確認	市HPでネット閲覧可能
	法定外公共物（里道、水路）	都市整備部　土木管財課	西館３階 八尾市本町１-１-１	072-924-8552	担当窓口で閲覧可能	－
	ライフライン（上下水道等）	上水道　八尾市水道局	八尾市光南町１-４-30	072-923-6311	担当窓口で閲覧、交付が可能	－
		下水道　都市整備部　下水道管理課	西館２階 八尾市本町１-１-１	072-924-3861		
その他	周知の埋蔵文化財所在地図	教育総務部　文化財課	本館３階 八尾市本町１-１-１	072-924-8555	担当窓口で閲覧可能 FAX　072-924-3785	市HPでネット閲覧可能
	農地全般	農業委員会事務局	八尾商工会議所１階 八尾市清水町１-１-６	072-924-3897	担当窓口で各種許可等を申請	－
	土地区画整理図	都市整備部　都市基盤整備課	西館３階 八尾市本町１-１-１	072-924-3982	担当窓口で閲覧が可能	－
	土壌汚染	経済環境部　環境保全課	八尾市清掃庁舎１階 八尾市高美町５-２-２	072-924-9359	担当窓口で閲覧が可能	市HPで「形質変更時要届出区域」をネット閲覧可能

八尾市役所　〒581-0003　大阪府八尾市本町一丁目１番１号　電話 072-991-3881（代表）
交通アクセス　●JR大和路線　「八尾」駅下車　東口より徒歩約16分
●近鉄大阪線　「近鉄八尾」駅下車　徒歩約７分

82 兵庫県神戸市（1/2）

法令	評価等に必要な書類等	担当課	担当所在（問合せ先）	電話	窓口対応	HP閲覧
固定資産税	固定資産地番参考図	市民情報サービス課　市政情報室	1号館2階 神戸市中央区加納町6-5-1	078-322-5153	担当窓口で閲覧が可能	市HPでネット閲覧可能
	固定資産税路線価図	市民情報サービス課　市政情報室	1号館2階 神戸市中央区加納町6-5-1	078-322-5153	担当窓口で閲覧が可能	市HPでネット閲覧可能
	固定資産課税台帳・土地家屋名寄帳	物件が所在する区	東灘区　東灘区住吉東町5-2-1 灘区　灘区桜口町4-2-1 中央区　中央区雲井通5-1-1 兵庫区　兵庫区荒田町1-21-1 北区　北区鈴蘭台西町1-25-1 長田区　長田区北町3-4-3 須磨区　須磨区大黒町4-1-1 垂水区　垂水区日向1-5-1 西区　西区玉津町小山180-3	東灘市税事務所 078-841-4131 灘市税事務所 078-843-7001 中央市税事務所 078-232-4411 兵庫市税事務所 078-511-2111 北市税事務所 078-593-1111 長田市税事務所 078-579-2311 須磨市税事務所 078-731-4341 垂水市税事務所 078-708-5151 西市税事務所 078-929-0001	固定資産（土地・家屋）の所有者、所有者の代理人又は納税管理人等が閲覧可能	—
	固定資産評価証明書 （固定資産公課証明書）	物件が所在する区	東灘区　東灘区住吉東町5-2-1 灘区　灘区桜口町4-2-1 中央区　中央区雲井通5-1-1 兵庫区　兵庫区荒田町1-21-1 北区　北区鈴蘭台西町1-25-1 長田区　長田区北町3-4-3 須磨区　須磨区大黒町4-1-1 垂水区　垂水区日向1-5-1 西区　西区玉津町小山180-3	東灘市税事務所 078-841-4131 灘市税事務所 078-843-7001 中央市税事務所 078-232-4411 兵庫市税事務所 078-511-2111 北市税事務所 078-593-1111 長田市税事務所 078-579-2311 須磨市税事務所 078-731-4341 垂水市税事務所 078-708-5151 西市税事務所 078-929-0001	固定資産（土地・家屋）の所有者、所有者の代理人又は納税管理人等へ交付が可能	—
都市計画・建築	都市計画図（用途地域・容積率・建ぺい率等含む。）	住宅都市局　計画部　計画課	2号館4階 神戸市中央区加納町6-5-1	078-322-5479	都市計画情報案内システム（ゆーまっぷ）閲覧可能	市HP、「神戸市情報マップ」でネット閲覧可能
	都市計画証明（生産緑地等）	住宅都市局　計画部　計画課	2号館4階 神戸市中央区加納町6-5-1	078-322-5479	担当窓口で交付が可能	—
	白地図（地形図）	中央図書館	神戸市中央区楠町7-2-1	078-371-3351	担当窓口で閲覧が可能	市HP、「神戸市情報マップ」でネット閲覧可能
	開発登録簿、開発許可 開発指導要綱等	建設局　防災部　宅地開発指導課	2号館3階 神戸市中央区加納町6-5-1	078-322-5412	担当窓口で閲覧が可能	
	建築計画概要書	住宅都市局　建築指導部 建築安全課	2号館1階 神戸市中央区加納町6-5-1	078-322-5612	担当窓口で閲覧、交付が可能	—

82 兵庫県神戸市（2/2）

法令	評価等に必要な書類等	担当課		担当所在（問合せ先）	電話	窓口対応	HP閲覧
道路	建築基準法上の道路の判定、位置指定道路		住宅都市局　建築指導部　建築安全課	2号館1階 神戸市中央区加納町6-5-1	078-322-5612	担当窓口で閲覧が可能	市HP指定道路情報配信サービスから閲覧可能
	道路台帳平面図		建設局　道路部　管理課　道路台帳係	2号館3階 神戸市中央区加納町6-5-1	078-322-5384	担当窓口で閲覧が可能	—
道路等	道路境界確定図		建設局　道路部　管理課　境界調査係	2号館3階 神戸市中央区加納町6-5-1	078-322-5383	担当窓口で閲覧が可能	—
	都市計画道路予定図		住宅都市局　計画部　計画課	2号館4階 神戸市中央区加納町6-5-1	078-322-5481	担当窓口で閲覧が可能	市HP「神戸市情報マップ」から閲覧可能
	法定外公共物（里道、水路）	里道	建設局　道路部　管理課　管理係	2号館3階 神戸市中央区加納町6-5-1	078-322-5382	担当窓口で閲覧が可能	—
		水路	建設局　河川部　河川課　計画調整係	2号館4階 神戸市中央区加納町6-5-1	078-322-5466		
	ライフライン（上下水道等）	上水道	水道局　配水課　給水装置係	4号館（危機管理センター）7階 神戸市中央区加納町6-5-1	078-322-5887	担当窓口で閲覧、交付が可能	—
		下水道	建設局　下水道部　保全課　排水設備係	2号館4階 神戸市中央区加納町6-5-1	078-751-8260		
その他	周知の埋蔵文化財所在地図		教育委員会事務局　社会教育部　文化財課	3号館7階 神戸市中央区加納町6-5-1	078-322-5798	担当窓口で閲覧可能 FAX（078-322-6148）での照会も受付	市HPから閲覧可能
	農地全般		農業委員会事務局	1号館7階 神戸市中央区加納町6-5-1	078-322-6555	担当窓口で各種許可等を申請	—
	土地区画整理図		住宅都市局　市街地整備部　市街地整備課	2号館5階 神戸市中央区加納町6-5-1	078-322-5524	担当窓口で閲覧が可能	市HP、「神戸市情報マップ」でネット閲覧可能
	土壌汚染		環境局　環境保全部　環境保全指導課	3号館6階 神戸市中央区加納町6-5-1	078-322-5309	担当窓口で閲覧が可能	市HPで「形質変更時要届出区域」をネット閲覧可能

神戸市役所　〒650-8570　兵庫県神戸市中央区加納町六丁目5番1号　電話 078-331-8181（代表）
交通アクセス　●JR・阪急・阪神・市営地下鉄山手線「三宮」駅下車 南徒歩約6分　●市営地下鉄海岸線「三宮・花時計」駅下車徒歩約3分

83 兵庫県明石市（1/2）

法令	評価等に必要な書類等	担当課	担当所在（問合せ先）	電話	窓口対応	HP閲覧
固定資産税	固定資産地番参考図	財務部　資産税課	西庁舎２階 明石市中崎１-５-１	078-918-5015	担当窓口で閲覧が可能	—
	固定資産税路線価図	財務部　資産税課	西庁舎２階 明石市中崎１-５-１	078-918-5016	担当窓口で閲覧が可能	—
	固定資産課税台帳・土地家屋名寄帳	財務部　資産税課	西庁舎２階 明石市中崎１-５-１	078-918-5017	固定資産（土地・家屋）の所有者、所有者の代理人又は納税管理人等が閲覧可能	—
	固定資産評価証明書 （固定資産公課証明書）	財務部　市民税課	西庁舎１階 明石市中崎１-５-１	078-918-5014	固定資産（土地・家屋）の所有者、所有者の代理人又は納税管理人等へ交付が可能	—
都市計画・建築	都市計画図（用途地域・容積率・建ぺい率等含む。）	都市整備部　都市計画課	本庁舎７階 明石市中崎１-５-１	078-918-5037	担当窓口で閲覧	市HPでネット閲覧可能
	都市計画証明（生産緑地等）	都市整備部　都市計画課	本庁舎７階 明石市中崎１-５-１	078-918-5038	担当窓口で交付が可能	—
	白地図（地形図）	都市整備部　都市計画課	本庁舎７階 明石市中崎１-５-１	078-918-5037	担当窓口で購入が可能	—
	開発登録簿、開発許可 開発指導要綱等	都市整備部　都市計画課	本庁舎７階 明石市中崎１-５-１	078-918-5038	担当窓口で閲覧、交付が可能	—
	建築計画概要書	都市整備部　建築安全課	本庁舎７階 明石市中崎１-５-１	078-918-5046	担当窓口で閲覧、交付が可能	—
道路	建築基準法上の道路の判定、位置指定道路	都市整備部　建築安全課	本庁舎７階 明石市中崎１-５-１	078-918-5046	担当窓口で閲覧、交付が可能	—
	道路台帳平面図	土木交通部　土木総務課	本庁舎６階 明石市中崎１-５-１	078-918-5031	担当窓口で閲覧が可能	市HPでネット閲覧可能

83 兵庫県明石市（2/2）

法令	評価等に必要な書類等	担当課		担当所在（問合せ先）	電話	窓口対応	HP閲覧
道路等	道路境界確定図	土木交通部　土木総務課		本庁舎6階 明石市中崎1-5-1	078-918-5032	市有地に隣接する土地の所有者等が、境界の明示を受けようとするときに窓口閲覧	－
道路等	都市計画道路予定図	都市整備部　都市計画課		本庁舎7階 明石市中崎1-5-1	078-918-5037	担当窓口で閲覧が可能	市HPでネット閲覧可能
道路等	法定外公共物（里道、水路）	里道	土木交通部　土木総務課	本庁舎6階 明石市中崎1-5-1	078-918-5032	担当窓口で閲覧が可能	－
道路等	法定外公共物（里道、水路）	水路	産業振興部　農水産課	本庁舎5階 明石市中崎1-5-1	078-918-5017	担当窓口で閲覧が可能	－
道路等	ライフライン（上下水道等）	上水道	水道部営業課	分庁舎2階 明石市中崎1-5-1	078-918-5043	担当窓口で閲覧、交付が可能	－
道路等	ライフライン（上下水道等）	下水道	下水道部　下水道整備課調整係	明石市大久保町八木742 大久保浄化センター1階	078-934-9628	担当窓口で閲覧、交付が可能	－
その他	周知の埋蔵文化財所在地図	文化・スポーツ部文化振興課文化財係		明石市上ノ丸2-13-1明石市立文化博物館1階	078-918-5629	担当窓口で閲覧可能。FAX（078-918-5633）での照会も受付	－
その他	農地全般	農業委員会事務局		明石市相生町2-5-15保健センター	078-918-5063	担当窓口で各種許可等を申請	－
その他	土地区画整理図	都市整備部　区画整理課		本庁舎7階 明石市中崎1-5-1	078-918-5038	担当窓口で閲覧が可能	市HPでネット閲覧可能
その他	土壌汚染	環境部　環境保全課		明石市大久保町松陰1131 明石クリーンセンター	078-918-5030	担当窓口で閲覧が可能	市HPで「形質変更時要届出区域」をネット閲覧可能

明石市役所　〒673-8686　兵庫県明石市中崎一丁目5番1号　電話 078-912-1111（代表）
交通アクセス　●JR明石駅・山陽電車明石駅から徒歩約13分。

84 兵庫県芦屋市（1/2）

法令	評価等に必要な書類等	担当課	担当所在（問合せ先）	電話	窓口対応	HP閲覧
固定資産税	固定資産地番参考図	総務部　課税課　管理係	北館２階 芦屋市精道町７-６	0797-38-2015	担当窓口で閲覧が可能	―
	固定資産税路線価図	総務部　課税課　管理係	北館２階 芦屋市精道町７-６	0797-38-2015	担当窓口で閲覧が可能	―
	固定資産課税台帳・土地家屋名寄帳	総務部　課税課　管理係	北館２階 芦屋市精道町７-６	0797-38-2015	固定資産（土地・家屋）の所有者、所有者の代理人又は納税管理人等が閲覧可能	―
	固定資産評価証明書 （固定資産公課証明書）	総務部　課税課　管理係	北館２階 芦屋市精道町７-６	0797-38-2015	固定資産（土地・家屋）の所有者、所有者の代理人又は納税管理人等へ交付が可能	―
都市計画・建築	都市計画図（用途地域・容積率・建ぺい率等含む。）	都市建設部　都市計画課 都市計画係	東館２階 芦屋市精道町７-６	0797-38-2073	担当窓口で閲覧、交付が可能	市HPでネット閲覧可能
	都市計画証明（生産緑地等）	都市建設部　都市計画課 都市計画係	東館２階 芦屋市精道町７-６	0797-38-2073	担当窓口で交付が可能	―
	白地図（地形図）	都市建設部　建設総務課	東館２階 芦屋市精道町７-６	0797-38-2063	担当窓口で購入が可能	市HPでネット閲覧可能、ダウンロード可能
	開発登録簿、開発許可 開発指導要綱等	都市建設部　建築指導課 開発指導係	東館２階 芦屋市精道町７-６	0797-38-2071	担当窓口で閲覧、交付が可能	―
	建築計画概要書	都市建設部　建築指導課 建築指導係	東館２階 芦屋市精道町７-６	0797-38-2114	担当窓口で閲覧、交付が可能	―
道路	建築基準法上の道路の判定、位置指定道路	都市建設部　建築指導課 建築指導係	東館２階 芦屋市精道町７-６	0797-38-2114	担当窓口で閲覧が可能	―
	道路台帳平面図	都市建設部　道路課	東館２階 芦屋市精道町７-６	0797-38-2062	担当窓口で閲覧、交付が可能	―

84 兵庫県芦屋市（2/2）

法令	評価等に必要な書類等	担当課	担当所在（問合せ先）	電話	窓口対応	HP閲覧
道路等	道路境界確定図	都市建設部　道路課　管理係	東館2階 芦屋市精道町7-6	0797-38-2062	市有地に隣接する土地の所有者等が、境界の明示を受けようとするときに窓口閲覧、交付が可能	—
道路等	都市計画道路予定図	都市建設部　都市計画課　都市計画係	東館2階 芦屋市精道町7-6	0797-38-2073	担当窓口で閲覧が可能	—
道路等	法定外公共物（里道、水路）	里道　都市建設部　道路課	東館2階 芦屋市精道町7-6	0797-38-2062	担当窓口で閲覧が可能	—
道路等	法定外公共物（里道、水路）	水路　上下水道部　下水道課　維持係	東館1階 芦屋市精道町7-6	0797-38-2064	担当窓口で閲覧が可能	—
道路等	ライフライン（上下水道等）	上水道　上下水道部　水道管理課	東館1階 芦屋市精道町7-6	0797-38-2080	担当窓口で閲覧が可能	—
道路等	ライフライン（上下水道等）	下水道　上下水道部　下水道課　維持係	東館1階 芦屋市精道町7-6	0797-38-2064	担当窓口で閲覧が可能	—
その他	周知の埋蔵文化財所在地図	教育委員会社会　教育部生涯学習課　文化財係	北館4階 芦屋市精道町7-6	0797-38-2115	担当窓口で閲覧可能。FAX（0797-38-2072）での照会も受付	市HPでネット閲覧可能
その他	農地全般	市民生活部　経済課　商工観光・農林係	分庁舎 芦屋市公光町5-10	0797-38-2033	担当窓口で閲覧、交付が可能	—
その他	土地区画整理図	都市建設部　都市整備課　都市整備係	東館2階 芦屋市精道町7-6	0797-38-2074	担当窓口で閲覧が可能	
その他	土壌汚染	阪神北県民局　環境課	宝塚市旭町2-4-15	0797-83-3146	担当窓口で閲覧が可能	兵庫県HP閲覧可能

芦屋市役所　〒659-8501　兵庫県芦屋市精道町7番6号　電話 0797-31-2121（代表）
交通アクセス　●阪神「芦屋」駅東出口から　約1分

85 兵庫県尼崎市（1/2）

法令	評価等に必要な書類等	担当課	担当所在（問合せ先）	電話	窓口対応	HP閲覧
固定資産税	固定資産地番参考図	資産統括局　税務管理部 資産税課	本庁舎南館２階 尼崎市東七松町１-23-１	06-6489-6264	担当窓口で閲覧が可能（コピーは市政情報センター（兵庫県尼崎市東七松町１-５-20）で可能）	市HPでは閲覧不可能
	固定資産税路線価図	資産統括局　税務管理部 資産税課	本庁舎南館２階 尼崎市東七松町１-23-１	06-6489-6264	担当窓口で閲覧が可能	—
	固定資産課税台帳・土地家屋名寄帳	資産統括局　税務管理部 資産税課	本庁舎南館２階 尼崎市東七松町１-23-１	06-6489-6264	担当窓口で固定資産（土地・家屋）の所有者、所有者の代理人又は納税管理人等による閲覧が可能	—
	固定資産評価証明書 （固定資産公課証明書）	資産統括局　税務管理部 資産税課	本庁舎南館２階 尼崎市東七松町１-23-１	06-6489-6264	担当窓口で固定資産（土地・家屋）の所有者、所有者の代理人又は納税管理人等へ交付が可能	—
都市計画・建築	都市計画図（用途地域・容積率・建ぺい率等含む。）	都市整備局　都市計画部 都市計画課	本庁北館５階 尼崎市東七松町１-23-１	06-6489-6604	担当窓口で閲覧が可能	市HP「尼崎市都市計画図・地形図」でネット閲覧、印刷が可能
	都市計画証明（生産緑地等）	都市整備局　都市計画部 都市計画課	本庁北館５階 尼崎市東七松町１-23-１	06-6489-6604	担当窓口で交付が可能	—
	白地図（地形図）	都市整備局　都市計画部 都市計画課	本庁北館５階 尼崎市東七松町１-23-１	06-6489-6604	担当窓口での販売	市HP「尼崎市都市計画図・地形図」でネット閲覧、印刷が可能
	開発登録簿、開発許可 開発指導要綱等	都市整備局　都市計画部 開発指導課	本庁北館５階 尼崎市東七松町１-23-１	06-6489-6612	担当窓口で閲覧が可能	市HPから住環境整備条例のダウンロードが可能
	建築計画概要書	都市整備局　都市計画部 建築指導課	本庁北館５階 尼崎市東七松町１-23-１	06-6489-6650	担当窓口で閲覧、交付が可能	—
道路	建築基準法上の道路の判定、位置指定道路	都市整備局　都市計画部 建築指導課	本庁北館５階 尼崎市東七松町１-23-１	06-6489-6650	担当窓口で閲覧が可能	市道名については、HPで閲覧可能
	道路台帳平面図	都市整備局　土木部　道路課	本庁北館６階 尼崎市東七松町１-23-１	06-6489-6481	尼崎市認定道路の情報（認定道路の有無・名称・幅員等）の窓口閲覧、写真撮影可能	—

85 兵庫県尼崎市（2/2）

法令	評価等に必要な書類等	担当課	担当所在（問合せ先）	電話	窓口対応	HP閲覧
道路等	道路境界確定図	都市整備局　土木部　道路課	本庁北館６階 尼崎市東七松町１-23-１	06-6489-6480	市有地に隣接する土地の所有者等が、境界の明示を受けようとするときに窓口閲覧	—
	都市計画道路予定図	都市整備局　土木部　道路整備担当	本庁北館６階 尼崎市東七松町１-23-１	06-6489-6493	担当窓口で閲覧が可能	市HP「都市計画道路の変更位置図」にて確認可能
	法定外公共物（里道、水路）	里道：都市整備局　土木部　道路課	本庁北館６階 尼崎市東七松町１-23-１	06-6489-6481	担当窓口で対応が可能	—
		水路：都市整備局　土木部　河港課		06-6489-6498		
	ライフライン（上下水道等）	上水道：尼崎水道局　給水装置課	尼崎市東七松町２-４-16	06-6489-7430	担当窓口で閲覧が可能	—
		下水道：都市整備局　下水道部　建設課	本庁中館９階 尼崎市東七松町１-23-１	06-6489-6562		
その他	周知の埋蔵文化財所在地図	教育委員会事務局　社会教育部　歴博・文化財担当	尼崎市南城内10-２ 尼崎市立文化財収蔵庫	06-4868-0362	担当窓口で閲覧可能 FAX：06-6489-9801でも照会可能	HP「尼崎の埋蔵文化財・遺跡分布地図」で閲覧可能 FAXでお問い合わせする場合は、市HP照会様式を使うと便利（FAX：06-6489-9801）
	農地全般	農業委員会事務局	本庁北館５階 尼崎市東七松町１-23-１	06-6489-6792	担当窓口で各種許可等を申請	—
	土地区画整理図	市街地整備課：都市整備局　都市計画部　市街地整備課	本庁北館５階 尼崎市東七松町１-23-１	06-6489-6620	担当窓口で閲覧が可能	市HP「土地区画整理事業実施状況図」でネット閲覧可能
		道路課：都市整備局　土木部　道路課	本庁北館６階 尼崎市東七松町１-23-１	06-6489-6484		
	土壌汚染	経済環境局　環境部　環境保全課	本庁中館９階 尼崎市東七松町１-23-１	06-6489-6305	担当窓口で閲覧が可能	要措置区域、形質変更時要届出区域については、市HPで閲覧可能

尼崎市役所　〒660-8501　兵庫県尼崎市東七松町一丁目23番１号　電話 06-6375-5639（代表）
交通アクセス　●JR東海道本線「立花」駅　徒歩約12分　●阪神バス「立花駅（橋上）」から「市役所」下車（乗車時間約４分）

86 兵庫県伊丹市（1/2）

法令	評価等に必要な書類等	担当課	担当所在（問合せ先）	電話	窓口対応	HP閲覧
固定資産税	固定資産地番参考図	財政基盤部　資産税課	市役所２階 伊丹市千僧１-１	072-784-8024	担当窓口で閲覧が可能	—
	固定資産税路線価図	財政基盤部　資産税課	市役所２階 伊丹市千僧１-１	072-784-8024	担当窓口で閲覧が可能	—
	固定資産課税台帳・土地家屋名寄帳	財政基盤部　資産税課	市役所２階 伊丹市千僧１-１	072-784-8024	担当窓口で固定資産（土地・家屋）の所有者、所有者の代理人又は納税管理人等による閲覧が可能	—
	固定資産評価証明書 （固定資産公課証明書）	財政基盤部　資産税課	市役所２階 伊丹市千僧１-１	072-784-8024	担当窓口で固定資産（土地・家屋）の所有者、所有者の代理人又は納税管理人等へ交付が可能	—
都市計画・建築	都市計画図（用途地域・容積率・建ぺい率等含む。）	都市活力部　都市計画課	市役所６階 伊丹市千僧１-１	072-784-8067	担当窓口で閲覧が可能	市HPでネット閲覧可能
	都市計画証明（生産緑地等）	都市活力部　都市計画課	市役所６階 伊丹市千僧１-１	072-784-8067	担当窓口で交付が可能	—
	白地図（地形図）	都市活力部　都市計画課	市役所６階 伊丹市千僧１-１	072-784-8067	担当窓口で購入が可能	市HPでネット閲覧可能
	開発登録簿、開発許可 開発指導要綱等	都市活力部　都市計画課	市役所６階 伊丹市千僧１-１	072-784-8067	担当窓口で閲覧、交付が可能	市HPで開発指導要綱のダウンロードが可能
	建築計画概要書	都市活力部　建築指導課	市役所６階 伊丹市千僧１-１	072-784-8065	担当窓口で閲覧、交付が可能	—
道路	建築基準法上の道路の判定、位置指定道路	都市活力部　建築指導課	市役所６階 伊丹市千僧１-１	072-784-8065	担当窓口で閲覧が可能	—
	道路台帳平面図	都市交通部　土地調査課	市役所５階 伊丹市千僧１-１	072-784-8059	担当窓口で閲覧が可能	—

86 兵庫県伊丹市（2/2）

法令	評価等に必要な書類等	担当課	担当所在（問合せ先）	電話	窓口対応	HP閲覧
道路等	道路境界確定図	都市交通部　土地調査課	市役所5階 伊丹市千僧1-1	072-784-8059	担当窓口で対応可能	—
道路等	都市計画道路予定図	都市交通部　都市計画課	市役所6階 伊丹市千僧1-1	072-784-8067	担当窓口で閲覧が可能	市HPでネット閲覧可能
道路等	法定外公共物（里道、水路）	都市交通部　土地調査課	市役所5階 伊丹市千僧1-1	072-784-8059	担当窓口で対応可能	—
道路等	ライフライン（上下水道等）	上下水道局　整備保全室管理課	上下水道局 伊丹市昆陽1-1-2	072-783-1654	担当窓口で対応可能	—
その他	周知の埋蔵文化財所在地図	生涯学習部　社会教育課	市役所4階 伊丹市千僧1-1	072-784-8090	担当窓口で閲覧可能 FAX（072-784-8083）での照会も受付	
その他	農地全般	農業委員会事務局	市役所6階 伊丹市千僧1-1	072-784-8094	担当窓口で各種許可等を申請	—
その他	土地区画整理図	都市交通部　土地調査課	市役所5階 伊丹市千僧1-1	072-784-8059	担当窓口で閲覧が可能	—
その他	土壌汚染	（水質汚濁防止法） 兵庫県　農政環境部　環境管理局　水大気課	（水質汚濁防止法） 兵庫県庁1号館2階 神戸市中央区下山手通5-10-1	（水質汚濁防止法） 078-362-9094	担当窓口で閲覧が可能	兵庫県農政環境部HPで「要措置区域等の指定状況」をネット閲覧可能

伊丹市役所　〒664-8503　兵庫県伊丹市千僧1-1　電話 072-783-1234（代表）

交通アクセス
- JR伊丹駅前ターミナルと阪急伊丹駅前ターミナルから次のバス（伊丹市営バス）が出ています。
- JR・阪急とも2番のりばから、昆陽里行きで市役所前下車すぐ
- JR・阪急とも4番のりばから、裁判所前経由西野武庫川センター前行き・サンシティ行きで裁判所前下車すぐ
- 他、伊丹市営バス有り

87 兵庫県加古川市（1/2）

法令	評価等に必要な書類等	担当課	担当所在（問合せ先）	電話	窓口対応	HP閲覧
固定資産税	固定資産地番参考図	税務部　資産税課	新館２階 加古川市加古川町北在家2000	079-427-9168	担当窓口で閲覧が可能	—
	固定資産税路線価図	税務部　資産税課	新館２階 加古川市加古川町北在家2000	079-427-9168	担当窓口で閲覧が可能	—
	固定資産課税台帳・土地家屋名寄帳	税務部　資産税課	新館２階 加古川市加古川町北在家2000	079-427-9168	固定資産（土地・家屋）の所有者、所有者の代理人又は納税管理人等が閲覧可能	—
	固定資産評価証明書 （固定資産公課証明書）	税務部　資産税課	新館２階 加古川市加古川町北在家2000	079-427-9168	固定資産（土地・家屋）の所有者、所有者の代理人又は納税管理人等へ交付が可能	—
都市計画・建築	都市計画図（用途地域・容積率・建ぺい率等含む。）	都市計画部　都市計画課	新館５階 加古川市加古川町北在家2000	079-427-9269	担当窓口で閲覧が可能	市HPでネット閲覧可能
	都市計画証明（生産緑地等）	都市計画部　都市計画課	新館５階 加古川市加古川町北在家2000	079-427-9269	担当窓口で交付が可能	—
	白地図（地形図）	都市計画部　建築指導課	新館５階 加古川市加古川町北在家2000	079-427-9264	担当窓口で閲覧が可能	—
	開発登録簿、開発許可 開発指導要綱等	都市計画部　開発指導課	新館５階 加古川市加古川町北在家2000	079-427-9261	担当窓口で閲覧、交付が可能	市HP開発市道要綱のダウンロードが可能
	建築計画概要書	都市計画部　建築指導課	新館５階 加古川市加古川町北在家2000	079-427-9264	担当窓口で閲覧、交付が可能	—
道路	建築基準法上の道路の判定、位置指定道路	都市計画部　建築指導課	新館５階 加古川市加古川町北在家2000	079-427-9264	担当窓口で閲覧が可能	—
	道路台帳平面図	建設部　土木総務課　調査係	新館６階 加古川市加古川町北在家2000	079-427-3064	担当窓口で閲覧、交付が可能	—

87 兵庫県加古川市（2/2）

法令	評価等に必要な書類等	担当課	担当所在（問合せ先）	電話	窓口対応	HP閲覧
道路等	道路境界確定図	建設部　土木総務課　調査係	新館６階 加古川市加古川町北在家2000	079-427-3064	市有地に隣接する土地の所有者等が、境界の明示を受けようとするときに窓口閲覧	―
道路等	都市計画道路予定図	都市計画部　都市計画課 都市計画係	新館５階 加古川市加古川町北在家2000	079-427-9268	担当窓口で閲覧が可能	―
道路等	法定外公共物（里道、水路）	建設部　土木総務課　調査係	新館６階 加古川市加古川町北在家2000	079-427-3064	担当窓口で対応可能	―
道路等	ライフライン（上下水道等）	上水道　上下水道局　配水課	加古川市野口町良野398-１	079-427-9329	担当窓口で閲覧、交付が可能	―
道路等	ライフライン（上下水道等）	下水道　上下水道局　下水道課	加古川市野口町良野398-１	079-427-9289	担当窓口で閲覧、交付が可能	―
その他	周知の埋蔵文化財所在地図	教育指導部 文化財調査研究センター	中央図書館２階 加古川市平岡町新在家1224-７	079-423-4088	担当窓口で閲覧可能 FAX（079-423-8975）による問合せも可能	―
その他	農地全般	農業委員会事務局	新館９階 加古川市加古川町北在家2000	079-427-9369	担当窓口で各種許可等を申請	―
その他	土地区画整理図	都市計画部　市街地整備課	新館５階 加古川市加古川町北在家2000	079-427-9278	担当窓口で閲覧が可能	―
その他	土壌汚染	環境部　環境政策課 環境保全係	新館７階 加古川市加古川町北在家2000	079-427-9200	担当窓口で閲覧が可能	市HPで該当箇所をネット閲覧可能

加古川市役所　〒675-8501　兵庫県加古川市加古川町北在家2000　電話 079-421-2000（代表）
交通アクセス　●JR山陽本線　加古川駅下車　徒歩約20分
●バス　南出口から「市役所前」 約７分

88 兵庫県川西市（1/2）

法令	評価等に必要な書類等	担当課	担当所在（問合せ先）	電話	窓口対応	HP閲覧
固定資産税	固定資産地番参考図	総務部　税務室　資産税課	市役所２階 川西市中央町12-１	072-740-1133	担当窓口で閲覧が可能	—
	固定資産税路線価図	総務部　税務室　資産税課	市役所２階 川西市中央町12-１	072-740-1133	担当窓口で閲覧が可能	—
	固定資産課税台帳・土地家屋名寄帳	総務部　税務室　資産税課	市役所２階 川西市中央町12-１	072-740-1133	担当窓口で固定資産（土地・家屋）の所有者、所有者の代理人又は納税管理人等による閲覧が可能	—
	固定資産評価証明書 （固定資産公課証明書）	総務部　税務室　資産税課	市役所２階 川西市中央町12-１	072-740-1133	担当窓口で固定資産（土地・家屋）の所有者、所有者の代理人又は納税管理人等へ交付が可能	—
都市計画・建築	都市計画図（用途地域・容積率・建ぺい率等含む。）	都市政策部　まちづくり指導室　都市計画課	市役所５階 川西市中央町12-１	072-740-1201	担当窓口で閲覧、交付が可能	市HPでネット閲覧可能
	都市計画証明（生産緑地等）	都市政策部　まちづくり指導室　都市計画課	市役所５階 川西市中央町12-１	072-740-1201	担当窓口で交付が可能	—
	白地図（地形図）	都市政策部　まちづくり指導室　都市計画課	市役所５階 川西市中央町12-１	072-740-1201	担当窓口で購入が可能	—
	開発登録簿、開発許可 開発指導要綱等	都市政策部　まちづくり指導室　開発指導課	市役所５階 川西市中央町12-１	072-740-1204	担当窓口で閲覧、交付が可能	市HPで開発指導要綱のダウンロードが可能
	建築計画概要書	都市政策部　まちづくり指導室　建築指導課	市役所５階 川西市中央町12-１	072-740-1205	担当窓口で閲覧、交付が可能	—
道路	建築基準法上の道路の判定、位置指定道路	都市政策部　まちづくり指導室　建築指導課	市役所５階 川西市中央町12-１	072-740-1205	担当窓口で閲覧が可能	—
	道路台帳平面図	みどり土木部　道路公園室　道路管理課	市役所５階 川西市中央町12-１	072-740-1182	担当窓口で閲覧が可能	—

88 兵庫県川西市（2/2）

法令	評価等に必要な書類等	担当課	担当所在（問合せ先）	電話	窓口対応	HP閲覧
道路等	道路境界確定図	みどり土木部　道路公園室　道路管理課	市役所５階 川西市中央町12-１	072-740-1182	担当窓口で対応可能	ー
	都市計画道路予定図	都市政策部　まちづくり指導室　都市計画課	市役所５階 川西市中央町12-１	072-740-1201	担当窓口で閲覧が可能	市HPでネット閲覧可能
	法定外公共物（里道、水路）	みどり土木部　道路公園室　道路管理課	市役所５階 川西市中央町12-１	072-740-1182	担当窓口で対応可能	ー
	ライフライン（上下水道等）	川西上下水道局　給排水設備課	市役所３階 川西市中央町12-１	072-740-1221	担当窓口で閲覧が可能	ー
その他	周知の埋蔵文化財所在地図	文化財資料館	川西市南花屋敷２-13-10	072-757-8624	担当窓口で閲覧可能 FAX（072-757-8624）での照会も受付	
	農地全般	農業委員会事務局	市役所５階 川西市中央町12-１	072-740-1253	担当窓口で各種許可等を申請	ー
	土地区画整理図	都市政策部　都市政策室	市役所５階 川西市中央町12-１	072-740-1180	担当窓口で閲覧が可能	ー
	土壌汚染	（水質汚濁防止法） 兵庫県　阪神北県民局宝塚庁舎	（水質汚濁防止法） 宝塚市旭町２-４-15	（水質汚濁防止法） 0797-83-3146	担当窓口で閲覧が可能	兵庫県農政環境部HPで「要措置区域等の指定状況」をネット閲覧可能

川西市役所　〒666-8501　兵庫県川西市中央町12番１号　電話：072-740-1111（代表）
交通アクセス　●阪急電鉄川西能勢口駅下車、徒歩で約５分
●JR川西池田駅下車、徒歩で約13分

89 兵庫県宝塚市（1/2）

法令	評価等に必要な書類等	担当課	担当所在（問合せ先）	電話	窓口対応	HP閲覧
固定資産税	固定資産地番参考図	企画経営部　市税収納室 資産税課	本庁１階 宝塚市東洋町１-１	0797-77-2058	窓口にて閲覧可能	—
	固定資産税路線価図	企画経営部　市税収納室 資産税課	本庁１階 宝塚市東洋町１-１	0797-77-2058 （土地担当）	担当窓口で閲覧不可能	—
	固定資産課税台帳・土地家屋名寄帳	企画経営部　市税収納室 資産税課	本庁１階 宝塚市東洋町１-１	0797-77-2058 （土地担当） 0797-77-2059 （家屋担当）	担当窓口で固定資産（土地・家屋）の所有者、所有者の代理人又は納税管理人等による閲覧が可能	—
	固定資産評価証明書 （固定資産公課証明書）	企画経営部　市税収納室 資産税課	本庁１階 宝塚市東洋町１-１	0797-77-2058 （土地担当） 0797-77-2059 （家屋担当）	担当窓口で固定資産（土地・家屋）の所有者、所有者の代理人又は納税管理人等へ交付が可能	—
都市計画・建築	都市計画図（用途地域・容積率・建ぺい率等含む。）	都市整備部　都市整備室 都市計画課	本庁２階 宝塚市東洋町１-１	0797-77-2088	担当窓口で閲覧が可能	市HPにて閲覧可能
	都市計画証明（生産緑地等）	都市整備部　都市整備室 都市計画課	本庁２階 宝塚市東洋町１-１	0797-77-2088	担当窓口で交付が可能	—
	白地図（地形図）	都市整備部　都市整備室 都市計画課	本庁２階 宝塚市東洋町１-１	0797-77-2088	担当窓口で購入が可能	—
	開発登録簿、開発許可 開発指導要綱等	都市整備部　都市整備室 開発審査課	本庁２階 宝塚市東洋町１-１	0797-77-2194	担当窓口で閲覧、交付が可能	—
	建築計画概要書	都市整備部　都市整備室 建築指導課	本庁２階 宝塚市東洋町１-１	0797-77-2082	担当窓口で閲覧、交付が可能	—
道路	建築基準法上の道路の判定、位置指定道路	都市整備部　都市整備室 建築指導課	本庁２階 宝塚市東洋町１-１	0797-77-2082	担当窓口で閲覧が可能	
	道路台帳平面図	都市安全部　建設室　道路管理課	本庁２階 宝塚市東洋町１-１	0797-77-2095 （道路維持、補修担当）	担当窓口で閲覧、交付が可能	

89 兵庫県宝塚市（2/2）

法令	評価等に必要な書類等	担当課	担当所在（問合せ先）	電話	窓口対応	HP閲覧
道路等	道路境界確定図	都市安全部　建設室　道路管理課	本庁２階 宝塚市東洋町１-１	0797-77-2093 （道路占用、住居表示、地籍、明示担当）	担当窓口で閲覧が可能	—
	都市計画道路予定図	都市整備部　都市整備室 都市計画課	本庁２階 宝塚市東洋町１-１	0797-77-2088	担当窓口で閲覧、コピーが可能	—
	法定外公共物（里道、水路）	都市安全部　建設室　道路管理課	本庁２階 宝塚市東洋町１-１	0797-77-2093 （道路占用、住居表示、地籍、明示担当）	担当窓口で閲覧が可能	—
	ライフライン（上下水道等）	上下水道局　施設部　給排水設備課	上下水道局庁舎２階 宝塚市東洋町１-３	0797-73-3691	担当窓口で閲覧、交付が可能	—
その他	周知の埋蔵文化財所在地図	教育委員会　社会教育部 生涯学習室　社会教育課	本庁２階 宝塚市東洋町１-１	0797-77-2029	担当窓口で閲覧可能 FAX（0797-71-1891）でも照会可能	「周知の埋蔵文化財包蔵地」に該当するかどうかは、左記へ所在地を伝えることにより、回答可能
	農地全般	農業委員会事務局	本庁１階 宝塚市東洋町１-１	0797-77-2110	担当窓口で各種許可等を申請	—
	土地区画整理図	都市整備部　都市整備室 都市計画課	本庁２階 宝塚市東洋町１-１	0797-77-2088	担当窓口で閲覧、交付が可能	—
	土壌汚染	環境部　環境室　環境政策課	宝塚市東洋町１-１	0797-77-2070 （環境保全担当） 0797-77-2072 （公害担当）	担当窓口で閲覧が可能	要措置区域 形質変更時要届出区域はHPで公開

宝塚市役所　〒665-8665　兵庫県宝塚市東洋町１番１号　電話 0797-71-1141（代表）
交通アクセス　●阪急逆瀬川駅前（東口）から６番乗り場から甲東園行き、７番乗り場から阪急中山・阪急山本・総合福祉センター前・中野住宅前・売布神社駅前行きで、いずれも市役所前下車すぐ

90 兵庫県西宮市（1/2）

法令	評価等に必要な書類等	担当課	担当所在（問合せ先）	電話	窓口対応	HP閲覧
固定資産税	固定資産地番参考図	総務局　税務部　資産税課	本庁舎２階 西宮市六湛寺町10-３	0798-35-3269	担当窓口で閲覧が可能	市HP「西宮Web GIS」にて閲覧可能
	固定資産税路線価図	総務局　税務部　資産税課	本庁舎２階 西宮市六湛寺町10-３	0798-35-3269	担当窓口で閲覧が可能	市HP「西宮Web GIS」にて閲覧可能
	固定資産課税台帳・土地家屋名寄帳	総務局　税務部　資産税課	本庁舎２階 西宮市六湛寺町10-３	0798-35-3269	担当窓口で固定資産（土地・家屋）の所有者、所有者の代理人又は納税管理人等による閲覧が可能	—
	固定資産評価証明書 （固定資産公課証明書）	総務局　税務部　資産税課	本庁舎２階 西宮市六湛寺町10-３	0798-35-3269	担当窓口で固定資産（土地・家屋）の所有者、所有者の代理人又は納税管理人等へ交付が可能	—
都市計画・建築	都市計画図（用途地域・容積率・建ぺい率等含む。）	都市局　都市計画部　都市計画課	南館３階 西宮市六湛寺町10-３	0798-35-3660	担当窓口で閲覧が可能	市HP「西宮Web GIS」にて閲覧可能
	都市計画証明（生産緑地等）	都市局　都市計画部　都市計画課	南館３階 西宮市六湛寺町10-３	0798-35-3660	担当窓口で交付が可能	—
	白地図（地形図）	土木局　土木総括室　土木調査課	本庁舎６階 西宮市六湛寺町10-３	0798-35-3629	西宮市職員会館２階の生活協同組合売店での販売 または南館３階のプリントサービスで印刷可能	市HP「西宮Web GIS」にて閲覧可能
	開発登録簿、開発許可 開発指導要綱等	都市局　建築・開発指導部　開発審査課	南館２階 西宮市六湛寺町10-３	0798-35-3492	担当窓口で閲覧、写しの交付が可能	—
	建築計画概要書	都市局　建築・開発指導部　建築調整課	南館２階 西宮市六湛寺町10-３	0798-35-3483	担当窓口で閲覧、写しの交付が可能	—
道路	建築基準法上の道路の判定、位置指定道路	都市局　建築・開発指導部　建築指導課	南館２階 西宮市六湛寺町10-３	0798-35-3707	担当窓口で閲覧が可能 地図プリントサービスでの閲覧・印刷が可能	市HP「西宮Web GIS」にて閲覧可能
	道路台帳平面図	土木局　土木総括室　土木調査課	本庁舎６階 西宮市六湛寺町10-３	0798-35-3629	担当窓口で閲覧が可能 地図プリントサービスでの閲覧・印刷が可能	市HP「西宮Web GIS」にて閲覧可能

90 兵庫県西宮市（2/2）

法令	評価等に必要な書類等	担当課	担当所在（問合せ先）	電話	窓口対応	HP閲覧
道路等	道路境界確定図	土木局　土木総括室　土木調査課	本庁舎６階 西宮市六湛寺町10-３	0798-35-3675	担当窓口対応	―
道路等	都市計画道路予定図	都市局　都市計画部　都市計画課	南館３階 西宮市六湛寺町10-３	0798-35-3660	担当窓口で閲覧が可能 地図プリントサービスでの閲覧・印刷が可能	市HP「西宮Web GIS」にて閲覧可能
道路等	法定外公共物（里道、水路）	土木局　土木総括室　土木調査課	本庁舎６階 西宮市六湛寺町10-３	0798-35-3636	担当窓口対応	―
道路等	ライフライン（上下水道等）	上水道：上下水道局　給水装置課	上下水道局庁舎２階 西宮市池田町８-11	0798-32-2262	担当窓口で閲覧が可能	下水道台帳については、市HP「西宮Web GIS」にて閲覧可能
道路等	ライフライン（上下水道等）	下水道：上下水道局　下水管理課	上下水道局庁舎２階 西宮市池田町８-11	0798-32-2230	担当窓口で閲覧が可能	下水道台帳については、市HP「西宮Web GIS」にて閲覧可能
その他	周知の埋蔵文化財所在地図	西宮市立郷土資料館内文化財課	西宮市川添町15-26西宮市立郷土資料館内	0798-33-2074	担当窓口で照会可能	市HP「西宮Web GIS」にて閲覧可能
その他	農地全般	議会・各種行政委員会農業委員会	市役所前ビル６階 西宮市六湛寺町９-８	0798-34-8481	担当窓口で照会可能	―
その他	土地区画整理図	都市局　都市総括室　市街地整備課	南館３階 西宮市六湛寺町10-３	0798-35-3623	担当窓口で閲覧が可能	
その他	土壌汚染	環境局　環境総括室　環境保全課	本庁舎８階 西宮市六湛寺町10-３	0798-35-3809	担当窓口で照会可能	要措置区域、形質変更時要届出区域については兵庫県HPにて閲覧可能

西宮市役所　〒662-8567　兵庫県西宮市六湛寺町10-３　電話 0798-35-3151（代表）
交通アクセス　●阪神本線「西宮」駅　徒歩約２分

91 兵庫県姫路市（1/2）

法令	評価等に必要な書類等	担当課	担当所在（問合せ先）	電話	窓口対応	HP閲覧
固定資産税	固定資産地番参考図	財政局　資産税課	本庁舎２階 姫路市安田４-１	079-221-2270	担当窓口で閲覧が可能	—
	固定資産税路線価図	財政局　資産税課	本庁舎２階 姫路市安田４-１	079-221-2270	担当窓口で閲覧が可能	市HPでネット閲覧可能
	固定資産課税台帳・土地家屋名寄帳	財政局　資産税課	本庁舎２階 姫路市安田４-１	079-221-2270	固定資産（土地・家屋）の所有者、所有者の代理人又は納税管理人等が閲覧可能	—
	固定資産評価証明書 （固定資産公課証明書）	財政局　主税課	本庁舎２階 姫路市安田４-１	079-221-2249	固定資産（土地・家屋）の所有者、所有者の代理人又は納税管理人等へ交付が可能	—
都市計画・建築	都市計画図（用途地域・容積率・建ぺい率等含む。）	都市局　都市計画課 地域計画担当	本庁舎５階 姫路市安田４-１	079-221-2534	担当窓口で閲覧が可能	市HPでネット閲覧可能
	都市計画証明（生産緑地等）	都市局　都市計画課 地域計画担当	本庁舎５階 姫路市安田４-１	079-221-2534	担当窓口で交付が可能	—
	白地図（地形図）	総務局　情報政策室 内部情報システム担当	本庁舎２階 姫路市安田４-１	079-221-2162	担当窓口で購入が可能	—
	開発登録簿、開発許可 開発指導要綱等	都市局　まちづくり指導課	本庁舎５階 姫路市安田４-１	079-221-2540	担当窓口で閲覧、交付が可能	市HP開発市道要綱のダウンロードが可能
	建築計画概要書	都市局　建築指導課 （管理・耐震担当）	本庁舎５階 姫路市安田４-１	079-221-2544	担当窓口で閲覧、交付が可能	—
道路	建築基準法上の道路の判定、位置指定道路	都市局　建築指導課 （道路・指導担当）	本庁舎５階 姫路市安田４-１	079-221-2579	担当窓口で閲覧が可能	—
	道路台帳平面図	建設局　建設総務課	本庁舎６階 姫路市安田４-１	079-221-2439	担当窓口で閲覧、交付が可能	—

91 兵庫県姫路市（2/2）

法令	評価等に必要な書類等	担当課	担当所在（問合せ先）	電話	窓口対応	HP閲覧
道路等	道路境界確定図	建設局　建設総務課	本庁舎6階 姫路市安田4-1	079-221-2439	市有地に隣接する土地の所有者等が、境界の明示を受けようとするときに窓口閲覧	—
	都市計画道路予定図	都市局　都市計画課	本庁舎5階 姫路市安田4-1	079-221-2534	担当窓口で閲覧が可能	—
	法定外公共物（里道、水路）	建設局　建設総務課	本庁舎6階 姫路市安田4-1	079-221-2439	担当窓口で対応可能	—
	ライフライン（上下水道等）	上水道：水道局　水道施設課	本庁舎東館2階 姫路市安田4-1	079-221-2722	担当窓口で閲覧、交付が可能	—
		下水道：下水道局　下水道業務課	本庁舎東館3階 姫路市安田4-1	079-221-2656		
その他	周知の埋蔵文化財所在地図	教育委員会　文化財課 埋蔵文化財担当	本庁舎8階 姫路市安田4-1	079-221-2787	担当窓口で閲覧可能 FAX（079-221-2779）での照会も可能	
	農地全般	農業委員会事務局	本庁舎9階 姫路市安田4-1	079-221-2822	担当窓口で各種許可等を申請	—
	土地区画整理図	都市局　区画整理課	本庁舎7階 姫路市安田4-1	079-221-2552	担当窓口で閲覧が可能	市HPで該当箇所をネット閲覧可能
	土壌汚染	環境局　環境政策室 水質担当	本庁舎7階 姫路市安田4-1	079-221-2467	担当窓口で閲覧が可能	市HPで該当箇所をネット閲覧可能

姫路市役所　〒670-8501　兵庫県姫路市安田四丁目1番地　電話 079-221-2111（代表）
交通アクセス　●JR山陽本線　姫路駅下車　南出口より徒歩約20分　南口よりバス約5分、姫路市役所前下車すぐ
●山陽電鉄線　手柄駅下車　徒歩約8分

92 京都府京都市（1/2）

法令	評価等に必要な書類等	担当課	担当所在（問合せ先）	電話	窓口対応	HP閲覧
固定資産税	固定資産地番参考図	行財政局　税務部 資産税課	京都市中京区烏丸通御池下る虎屋町566-1　井門明治安田生命ビル5階	075-213-5210	担当窓口で閲覧が可能	市HPでネット閲覧可能
	固定資産税路線価図	行財政局　税務部 資産税課	京都市中京区烏丸通御池下る虎屋町566-1　井門明治安田生命ビル5階	075-213-5210	担当窓口で閲覧が可能	市HPでネット閲覧可能
	固定資産課税台帳・土地家屋名寄帳	行財政局　税務部 資産税課	京都市中京区烏丸通御池下る虎屋町566-1　井門明治安田生命ビル5階	075-213-5210	担当窓口で固定資産（土地・家屋）の所有者、所有者の代理人又は納税管理人等による閲覧が可能	—
	固定資産評価証明書 （固定資産公課証明書）	行財政局　税務部 資産税課	京都市中京区烏丸通御池下る虎屋町566-1　井門明治安田生命ビル5階	075-213-5210	担当窓口で固定資産（土地・家屋）の所有者、所有者の代理人又は納税管理人等へ交付が可能	—
都市計画・建築	都市計画図（用途地域・容積率・建ぺい率等含む。）	都市計画局　都市企画部 都市計画課	北庁舎2階 京都市中京区寺町通御池上る上本能寺前町488	075-222-3505	縦覧図書（縮尺2,500分の1）で確認	市HPでネット閲覧可能
	都市計画証明（生産緑地等）	建設局　土木管理部 道路明示課	北庁舎2階 京都市中京区寺町通御池上る上本能寺前町488	075-222-3505	担当窓口で交付が可能	市HPでネット閲覧可能
	白地図（地形図）	情報公開コーナー	北庁舎8階 京都市中京区寺町通御池上る上本能寺前町488	075-222-3505	担当窓口で閲覧、謄写が可能 なお、京都府建築士会（TEL075-211-2857）において、購入も可能	府HP「京都府・市町村共同　統合型地理情報システム」でネット閲覧可能
	開発登録簿、開発許可 開発指導要綱等	都市計画局　都市景観部 開発指導課	北庁舎2階 京都市中京区寺町通御池上る上本能寺前町488	075-222-3558	担当窓口で閲覧、交付が可能	—
	建築計画概要書	都市計画局　建築指導部 建築審査課	北庁舎2階 京都市中京区寺町通御池上る上本能寺前町488	075-222-3616	担当窓口で閲覧、交付が可能	—
道路	建築基準法上の道路の判定、位置指定道路	都市計画局　建築指導部 建築指導課	北庁舎2階 京都市中京区寺町通御池上る上本能寺前町488	075-222-3620	担当窓口で閲覧が可能	市HPでネット閲覧可能
	道路台帳平面図	建設局　土木管理部 道路明示課	北庁舎4階 京都市中京区寺町通御池上る上本能寺前町488	075-222-3566	担当窓口で閲覧、交付が可能	市HPでネット閲覧可能

92 京都府京都市（2/2）

法令	評価等に必要な書類等	担当課	担当所在（問合せ先）	電話	窓口対応	HP閲覧
道路等	道路境界確定図	建設局　土木管理部 道路明示課	北庁舎４階 京都市中京区寺町通御池上る上本能寺前町488	075-222-3566	担当窓口で閲覧が可能	―
	都市計画道路予定図	都市計画局　都市企画部 都市計画課	北庁舎２階 京都市中京区寺町通御池上る上本能寺前町488	075-222-3505	担当窓口で閲覧が可能	―
	法定外公共物（里道、水路）	建設局　土木管理部 道路明示課	北庁舎４階 京都市中京区寺町通御池上る上本能寺前町488	075-222-3566	担当窓口で対応可能	―
	ライフライン（上下水道等）	京都市上下水道局	本庁舎別館１階 京都市南区東九条東山王町12	（本庁）075-672-7733 （北部）075-406-6051 （南部）075-406-6025	担当窓口で閲覧、交付が可能	下水道のみ市HPでネット閲覧可能
その他	周知の埋蔵文化財所在地図	文化市民局 文化芸術都市推進室 文化財保護課	京都市中京区河原町通御池下る下丸屋町394　Y・J・Kビル２階	075-366-1498	担当窓口で閲覧可能 FAX（048-965-5954）での照会も可能	市HPでネット閲覧可能
	農地全般	農業委員会事務局	京都市中京区寺町通御池下ル下本能寺前町522 本能寺文化会館２階	075-212-9050	担当窓口で各種許可等を申請	―
	土地区画整理図	建設局　都市整備部 市街地整備課	京都市中京区御池通東洞院西入る笹屋町435　京都御池第一生命ビル　３Ｆ	075-213-3537	担当窓口で閲覧が可能	―
	土壌汚染	環境政策局　環境企画部 環境指導課	北庁舎８階 京都市中京区寺町通御池上る上本能寺前町488	075-222-3955	担当窓口で閲覧が可能	市HPで該当箇所をネット閲覧可能

京都市役所　〒604-8571　京都府京都市中京区寺町通御池上る上本能寺前町488番地　電話 075-222-3111（代表）
交通アクセス　●地下鉄東西線 京都市役所前駅下車すぐ 京阪電車「三条」駅下車徒歩400m

93 京都府宇治市（1/2）

法令	評価等に必要な書類等	担当課	担当所在（問合せ先）	電話	窓口対応	HP閲覧
固定資産税	固定資産地番参考図	総務部　資産税課	市役所庁舎２階 宇治市宇治琵琶33	0774-22-3141	担当窓口で閲覧が可能	—
	固定資産税路線価図	総務部　資産税課	市役所庁舎２階 宇治市宇治琵琶33	0774-22-3141	担当窓口で閲覧が可能	—
	固定資産課税台帳・土地家屋名寄帳	総務部　資産税課	市役所庁舎２階 宇治市宇治琵琶33	0774-22-3141	担当窓口で固定資産（土地・家屋）の所有者、所有者の代理人又は納税管理人等による閲覧が可能	—
	固定資産評価証明書 （固定資産公課証明書）	総務部　資産税課	市役所庁舎２階 宇治市宇治琵琶33	0774-22-3141	担当窓口で固定資産（土地・家屋）の所有者、所有者の代理人又は納税管理人等へ交付が可能	—
都市計画・建築	都市計画図（用途地域・容積率・建ぺい率等含む。）	都市整備部　都市計画課	市役所庁舎４階 宇治市宇治琵琶33	0774-22-3141	縦覧図書で確認	—
	都市計画証明（生産緑地等）	都市整備部　都市計画課	市役所庁舎４階 宇治市宇治琵琶33	0774-22-3141	担当窓口で交付が可能	—
	白地図（地形図）	都市整備部　都市計画課	市役所庁舎４階 宇治市宇治琵琶33	0774-22-3141	担当窓口で閲覧が可能	—
	開発登録簿、開発許可 開発指導要綱等	1ha以上　京都府　建設交通部　建築指導課	京都市上京区下立売通新町西入薮ノ内町	075-414-5341	担当窓口で閲覧、交付が可能	—
		1ha未満　山城北土木事務所	京田辺市田辺明田１	0774-62-0047		
	建築計画概要書	都市整備部　建築指導課	市役所庁舎４階 宇治市宇治琵琶33	0774-22-3141	担当窓口で閲覧、交付が可能	—
道路	建築基準法上の道路の判定、位置指定道路	都市整備部　建築指導課	市役所庁舎４階 宇治市宇治琵琶33	0774-22-3141	担当窓口で閲覧が可能	—
	道路台帳平面図	建設部　建設総務課	市役所庁舎５階 宇治市宇治琵琶33	0774-22-3141	市認定道路の情報（認定道路の有無・名称・幅員等）の窓口閲覧可能	—

93 京都府宇治市（2/2）

法令	評価等に必要な書類等	担当課	担当所在（問合せ先）	電話	窓口対応	HP閲覧
道路等	道路境界確定図	建設部　建設総務課	市役所庁舎5階 宇治市宇治琵琶33	0774-22-3141	担当窓口で閲覧可能	―
	都市計画道路予定図	都市整備部　都市計画課	市役所庁舎4階 宇治市宇治琵琶33	0774-22-3141	縦覧図書で確認	市HPでネット閲覧可能
	法定外公共物（里道、水路）	建設部　建設総務課	市役所庁舎5階 宇治市宇治琵琶33	0774-22-3141	担当窓口で閲覧可能	―
	ライフライン（上下水道等）	上水道：上下水道局　配水課	市役所庁舎別棟 宇治市宇治琵琶33	0774-22-3141	担当窓口で閲覧、交付が可能	―
		下水道：上下水道局　下水道管理課	市役所庁舎4階 宇治市宇治琵琶33			
その他	周知の埋蔵文化財所在地図	都市整備部 歴史まちづくり推進課	市役所庁舎6階 宇治市宇治琵琶33	0774-21-1602	担当窓口で閲覧可能 FAX 0774-21-0400	市HPでネット閲覧可能
	農地全般	農業委員会事務局	市役所庁舎8階 宇治市宇治琵琶33	0774-22-3141	担当窓口で各種許可等を申請	―
	土地区画整理図	都市整備部　都市計画課	市役所庁舎4階 宇治市宇治琵琶33	0774-22-3141	担当窓口で閲覧が可能	―
	土壌汚染	京都府 山城北保健所	宇治市宇治若森7-6	0774-21-2913	担当窓口で閲覧が可能	府HPで「形質変更時要届出区域」をネット閲覧可能

宇治市役所　〒611-8501　京都府宇治市宇治琵琶33番地　電話 0774-22-3141（代表）
交通アクセス　●JR奈良線「宇治」駅から、南へ750メートル（徒歩10分）

94 滋賀県大津市（1/2）

法令	評価等に必要な書類等	担当課	担当所在（問合せ先）	電話	窓口対応	HP閲覧
固定資産税	固定資産地番参考図	総務部　資産税課	市役所本館１階 大津市御陵町３-１	077-528-2723	担当窓口で閲覧が可能	—
	固定資産税路線価図	総務部　資産税課	市役所本館１階 大津市御陵町３-１	077-528-2723	担当窓口で閲覧が可能	—
	固定資産課税台帳・土地家屋名寄帳	総務部　資産税課	市役所本館１階 大津市御陵町３-１	077-528-2723	担当窓口で固定資産（土地・家屋）の所有者、所有者の代理人又は納税管理人等による閲覧が可能	—
	固定資産評価証明書 （固定資産公課証明書）	総務部　資産税課	市役所本館１階 大津市御陵町３-１	077-528-2723	担当窓口で固定資産（土地・家屋）の所有者、所有者の代理人又は納税管理人等へ交付が可能	—
都市計画・建築	都市計画図（用途地域・容積率・建ぺい率等含む。）	未来まちづくり部　まちづくり計画課	市役所本館３階 大津市御陵町３-１	077-528-2770	縦覧図書で確認	市HPでネット閲覧可能
	都市計画証明（生産緑地等）	未来まちづくり部　まちづくり計画課	市役所本館３階 大津市御陵町３-１	077-528-2770	担当窓口で交付が可能	—
	白地図（地形図）	未来まちづくり部　まちづくり計画課	市役所本館３階 大津市御陵町３-１	077-528-2770	担当窓口で閲覧が可能	市HPでネット閲覧可能
	開発登録簿、開発許可 開発指導要綱等	未来まちづくり部　開発調整課	市役所本館３階 大津市御陵町３-１	077-528-2773	担当窓口で閲覧、交付が可能	—
	建築計画概要書	未来まちづくり部　建築指導課	市役所本館３階 大津市御陵町３-１	077-528-2774	担当窓口で閲覧、交付が可能	—
道路	建築基準法上の道路の判定、位置指定道路	未来まちづくり部　建築指導課	市役所本館３階 大津市御陵町３-１	077-528-2774	担当窓口で閲覧が可能	—
	道路台帳平面図	未来まちづくり部　路政課	市役所本館４階 大津市御陵町３-１	077-528-2858	市認定道路の情報（認定道路の有無・名称・幅員等）の窓口閲覧可能	市HPでネット閲覧可能

94 滋賀県大津市（2/2）

法令	評価等に必要な書類等	担当課	担当所在（問合せ先）	電話	窓口対応	HP閲覧
道路等	道路境界確定図	未来まちづくり部　路政課	市役所本館４階 大津市御陵町３-１	077-528-2858	担当窓口で閲覧可能	―
	都市計画道路予定図	未来まちづくり部　まちづくり計画課	市役所本館３階 大津市御陵町３-１	077-528-2770	縦覧図書で確認	市HPでネット閲覧可能
	法定外公共物（里道、水路）	未来まちづくり部　路政課	市役所本館４階 大津市御陵町３-１	077-528-2858	担当窓口で閲覧可能	―
	ライフライン（上下水道等）	企業局　お客様設備課	市役所新館５階 大津市御陵町３-１	077-528-2605	担当窓口で閲覧が可能	―
その他	周知の埋蔵文化財所在地図	教育委員会 文化財保護課	市役所別館２階 大津市御陵町３-１	077-528-2638	担当窓口で閲覧可能 FAX 077-522-7630	―
	農地全般	農業委員会事務局	市役所新館６階 大津市御陵町３-１	077-528-2680	担当窓口で各種許可等を申請	―
	土地区画整理図	都市計画部　市街地整備課	市役所本館３階 大津市御陵町３-１	077-528-2957	担当窓口で閲覧が可能	―
	土壌汚染	環境部　環境政策課	市役所別館１階 大津市御陵町３-１	077-528-2760	担当窓口で閲覧が可能	市HPで「要措置区域・形質変更時要届出区域」をネット閲覧可能

大津市役所　〒520-8575　滋賀県大津市御陵町３-１　電話 077-523-1234（代表）
交通アクセス　●JR湖西線　大津京駅下車　徒歩約15分
●京阪石山坂本線　別所駅下車　徒歩約１分

95 奈良県奈良市（1/2）

法令	評価等に必要な書類等	担当課	担当所在（問合せ先）	電話	窓口対応	HP閲覧
固定資産税	固定資産地番参考図	財務部　資産税課	東棟２階 奈良市二条大路南１-１-１	0742-34-4961	担当窓口で閲覧、交付が可能	—
	固定資産税路線価図	財務部　資産税課	東棟２階 奈良市二条大路南１-１-１	0742-34-4961	担当窓口で閲覧が可能	—
	固定資産課税台帳・土地家屋名寄帳	財務部　資産税課	東棟２階 奈良市二条大路南１-１-１	0742-34-4961	担当窓口で固定資産（土地・家屋）の所有者、所有者の代理人又は納税管理人等による閲覧が可能	—
	固定資産評価証明書 （固定資産公課証明書）	財務部　市民税課	東棟２階 奈良市二条大路南１-１-１	0742-34-4961	担当窓口で固定資産（土地・家屋）の所有者、所有者の代理人又は納税管理人等へ交付が可能	—
都市計画・建築	都市計画図（用途地域・容積率・建ぺい率等含む。）	都市整備部　都市計画課	中央棟３階 奈良市二条大路南１-１-１	0742-34-4748	担当窓口で閲覧が可能	市HPでネット閲覧可能
	都市計画証明（生産緑地等）	都市整備部　都市計画課	中央棟３階 奈良市二条大路南１-１-１	0742-34-4748	担当窓口で交付が可能	—
	白地図（地形図）	都市整備部　都市計画課	中央棟３階 奈良市二条大路南１-１-１	0742-34-4748	担当窓口で購入が可能	市HPでネット閲覧可能
	開発登録簿、開発許可 開発指導要綱等	都市整備部　開発指導課	中央棟３階 奈良市二条大路南１-１-１	0742-34-5237	担当窓口で閲覧、交付が可能	市HPで開発指導要綱のダウンロードが可能
	建築計画概要書	都市整備部　建築指導課	中央棟３階 奈良市二条大路南１-１-１	0742-34-4750	担当窓口で閲覧、交付が可能	—
道路	建築基準法上の道路の判定、位置指定道路	都市整備部　建築指導課	中央棟３階 奈良市二条大路南１-１-１	0742-34-4750	担当窓口で閲覧が可能	—
	道路台帳平面図	建設部　土木管理課	中央棟４階 奈良市二条大路南１-１-１	0742-34-4893	担当窓口で閲覧、交付が可能	—

95 奈良県奈良市（2/2）

法令	評価等に必要な書類等	担当課	担当所在（問合せ先）	電話	窓口対応	HP閲覧
道路等	道路境界確定図	建設部　土木管理課	中央棟４階 奈良市二条大路南1-1-1	0742-34-4893	担当窓口で対応可能	―
	都市計画道路予定図	都市整備部　都市計画課	中央棟３階 奈良市二条大路南1-1-1	0742-34-4748	担当窓口で閲覧が可能	市HPでネット閲覧可能
	法定外公共物（里道、水路）	建設部　土木管理課	中央棟４階 奈良市二条大路南1-1-1	0742-34-4893	担当窓口で対応可能	―
	ライフライン（上下水道等）	上水道　企業局 水道計画管理課	奈良市法華寺町264-1	0742-34-5200（代）	担当窓口で閲覧が可能	―
		下水道　企業局 給排水課			担当窓口で閲覧、交付が可能	
その他	周知の埋蔵文化財所在地図	教育総務部 文化財課	北棟３階 奈良市二条大路南1-1-1	0742-34-5369	担当窓口で閲覧可能 FAX（0742-34-4859）での照会も受付	県HPでネット閲覧可能
	農地全般	農業委員会事務局	北棟４階 奈良市二条大路南1-1-1	0742-34-4776	担当窓口で各種許可等を申請	―
	土地区画整理図	都市整備部　都市計画課	中央棟３階 奈良市二条大路南1-1-1	0742-34-4748	担当窓口で閲覧が可能	―
	土壌汚染	奈良市保健所 保健・環境検査課	（はぐくみセンター）４階 奈良市三条本町13-1	0742-93-8477	担当窓口で閲覧が可能 電話での対応も可能	市HPで「要措置区域等の指定状況」をネット閲覧可能

1　**奈良市役所**　〒630-8580　奈良県奈良市二条大路南一丁目1-1　電話 0742-34-1111（代表）
　交通アクセス　●近鉄新大宮駅下車　西へ徒歩約９分
2　**奈良市保健所（はぐくみセンター）**　〒630-8122　奈良市三条本町13-1　電話 03-3963-2111（代表）
　交通アクセス　●JR奈良駅西口から南へ約200m
　●近鉄奈良駅からJR奈良駅方面行きバス「JR奈良駅」下車、JR奈良駅西口から南へ約200m
　●近鉄新大宮駅から南東へ約1400m
3　**奈良市企業局**　〒630-8001　奈良市法華寺町264-1　電話 0742-34-5200（代表）
　交通アクセス　●奈良市役所庁舎より北側へ徒歩約５分程度

96 和歌山県和歌山市（1/2）

法令	評価等に必要な書類等	担当課	担当所在（問合せ先）	電話	窓口対応	HP閲覧
固定資産税	固定資産地番参考図	財政局　税務部　資産税課	本庁舎北側２階 和歌山市７-23	073-435-1037	担当窓口で閲覧・交付が可能	—
	固定資産税路線価図	財政局　税務部　資産税課	本庁舎北側２階 和歌山市７-23	073-435-1037	担当窓口で閲覧が可能	—
	固定資産課税台帳・土地家屋名寄帳	財政局　税務部　資産税課	本庁舎北側２階 和歌山市７-23	073-435-1037	担当窓口で固定資産（土地・家屋）の所有者、所有者の代理人又は納税管理人等の閲覧・交付が可能	—
	固定資産評価証明書 （固定資産公課証明書）	財政局　税務部　資産税課	本庁舎北側２階 和歌山市７-23	073-435-1037	担当窓口で固定資産（土地・家屋）の所有者、所有者の代理人又は納税管理人等へ交付が可能	—
都市計画・建築	都市計画図（用途地域・容積率・建ぺい率等含む。）	産業まちづくり局　都市計画部　都市計画課	本庁舎南側９階 和歌山市７-23	073-435-1228	担当窓口で閲覧が可能	市HPによりネット閲覧可
	都市計画証明（生産緑地等）	産業まちづくり局　都市計画部　都市整備課	本庁舎北側９階 和歌山市７-23	073-435-1082	担当窓口で交付が可能	—
	白地図（地形図）	産業まちづくり局　都市計画部　都市計画課	本庁舎南側９階 和歌山市７-23	073-435-1228	担当窓口で販売	—
	開発登録簿、開発許可 開発指導要綱等	産業まちづくり局　都市計画部　都市計画課	本庁舎南側９階 和歌山市７-23	073-435-1228	担当窓口で閲覧が可能 開発登録簿は担当窓口で交付も可能	開発指導要領等は、ネット閲覧可能
	建築計画概要書	産業まちづくり局　都市計画部　建築指導課	本庁舎北側９階 和歌山市７-23	073-435-1100	担当窓口で閲覧・交付が可能	—
道路	建築基準法上の道路の判定、位置指定道路	産業まちづくり局　都市計画部　建築指導課	本庁舎北側９階 和歌山市７-23	073-435-1100	担当窓口で閲覧が可能	—
	道路台帳平面図	建設局　道路部　道路管理課	東庁舎４階 和歌山市７-23	073-435-1088	担当窓口で閲覧が可能	市道については「和歌山市わが町ガイド」により名称等がネット閲覧可

96 和歌山県和歌山市（2/2）

法令	評価等に必要な書類等	担当課	担当所在（問合せ先）	電話	窓口対応	HP閲覧
道路等	道路境界確定図	建設局　道路部　道路管理課	東庁舎４階 和歌山市７-23	073-435-1088	担当窓口で閲覧が可能	—
	都市計画道路予定図	建設局　道路部　道路政策課	東庁舎４階 和歌山市７-23	073-435-1328	担当窓口で閲覧が可能	—
	法定外公共物（里道、水路）	建設局　道路部　認定外道路管理課	東庁舎４階 和歌山市７-23	073-435-1086	担当窓口で閲覧が可能	—
	ライフライン（上下水道等）	上水道　水道局給水営業課	本庁舎北側13階 和歌山市７-23	073-435-1124	担当窓口で閲覧が可能	—
		下水道　建設局　下水道部　下水道管理課	東庁舎４階 和歌山市７-23	073-435-1096		
その他	周知の埋蔵文化財所在地図	教育委員会事務局　生涯学習部　文化振興課	本庁舎北側10階 和歌山市７-23	073-435-1194	担当窓口で閲覧可能 埋蔵文化財包蔵地域の境界付近の情報等については文化振興課窓口または電話・ファクス等で問合せ可能 FAX　073-435-1294	市HPで埋蔵文化財所在の概要図はで閲覧可
	農地全般	農業委員会事務局	和歌山市七番丁11-1 アラスカビル３階	073-435-1147	担当窓口で各種許可等の申請が可能	—
	土地区画整理図	産業まちづくり局　都市計画部　区画整理課	本庁舎北側９階 和歌山市７-23	073-435-1081	担当窓口で閲覧・交付が可能	—
	土壌汚染	環境局　環境部　環境政策課	本庁舎南側６階 和歌山市７-23	073-435-1114	担当窓口で閲覧が可能	市HPで要措置区域及び形質変更時要届出区域は閲覧可

和歌山市役所　〒640-8511　和歌山県和歌山市七番丁23番地　電話 073-432-0001（代表）
交通アクセス　●JR和歌山駅中央口バスターミナル２番のりばから「市役所前」停留所まで　約10分
●南海和歌山市駅バスターミナル７・９番のりばから「城北橋」停留所まで　約３分、下車後徒歩約２分

97 愛知県名古屋市（1/2）

法令	評価等に必要な書類等	担当課	担当所在（問合せ先）	電話	窓口対応	HP閲覧
固定資産税	固定資産地番参考図	財政局　税務部 固定資産税課　土地係	本庁舎４階 名古屋市中区丸の内３-１-１	052-972-2343	担当窓口で閲覧が可能	—
	固定資産税路線価図	財政局　税務部 固定資産税課　土地係	本庁舎４階 名古屋市中区丸の内３-１-１	052-972-2343	担当窓口で閲覧が可能	市HP「固定資産税路線価図」でネット閲覧可能
	固定資産課税台帳・土地家屋名寄帳	財政局　税務部 固定資産税課　資産係	本庁舎４階 名古屋市中区丸の内３-１-１	052-972-2342	固定資産（土地・家屋）の所有者、所有者の代理人又は納税管理人等が閲覧可能	—
	固定資産評価証明書 （固定資産公課証明書）	財政局　税務部 税制課　税制係	本庁舎４階 名古屋市中区丸の内３-１-１	052-972-2333	—	—
		栄市税事務所　管理課（千種・東・北・中・守山・名東）	名古屋市東区東桜１-13-３　NHK名古屋放送センタービル８階	052-959-3300	固定資産（土地・家屋）の所有者、所有者の代理人又は納税管理人等へ交付が可能	
		ささしま市税事務所　管理課（西・中村・中川・港）	名古屋市中村区名駅南１-27-２ 日本生命笹島ビル８階	052-588-8000	固定資産（土地・家屋）の所有者、所有者の代理人又は納税管理人等へ交付が可能	
		金山市税事務所　管理課（昭和・瑞穂・熱田・南・緑・天白）	名古屋市中区正木３-５-33　名鉄正木第一ビル	052-324-9800	固定資産（土地・家屋）の所有者、所有者の代理人又は納税管理人等へ交付が可能	
都市計画・建築	都市計画図（用途地域・容積率・建ぺい率等含む。）	住宅都市局都市計画部 都市計画課地域計画係	西庁舎４階 名古屋市中区丸の内３-１-１	052-972-2713	担当窓口で閲覧が可能	市HP「名古屋市都市計画情報提供サービス」でネット閲覧可能
	都市計画証明（生産緑地等）	住宅都市局都市計画部 都市計画課地域計画係	西庁舎４階 名古屋市中区丸の内３-１-１	052-972-2713	担当窓口で交付が可能	—
	白地図（都市計画基本図）	住宅都市局都市計画部 都市計画課	西庁舎４階 名古屋市中区丸の内３-１-１	052-972-2713	担当窓口で購入（「都市計画基本図」）が可能	市HP「名古屋市都市計画情報提供サービス」でネット閲覧可能
	開発登録簿、開発許可 開発指導要綱等	住宅都市局建築指導部 開発指導課開発審査係	西庁舎２階 名古屋市中区丸の内３-１-１	052-972-2770	担当窓口で閲覧、交付が可能	市HPから閲覧及び許可申請書等のダウンロードが可能
	建築計画概要書	住宅都市局建築指導部 建築審査課審査総括係	西庁舎２階 名古屋市中区丸の内３-１-１	052-972-2927	担当窓口で閲覧、交付が可能	—

97 愛知県名古屋市（2/2）

法令	評価等に必要な書類等	担当課	担当所在（問合せ先）	電話	窓口対応	HP閲覧
道路	建築基準法上の道路の判定、位置指定道路	・緑政土木局道路利活用課（道路法の認定の有無、認定道路幅員） ・住宅都市局建築指導部　建築指導課（指定道路図）	・道路利活用課（西庁舎６階） ・建築指導課（西庁舎２階） 名古屋市中区丸の内３-１-１	052-972-2843 052-972-2928	担当窓口で閲覧が可能	市HPから閲覧可能（名古屋市HP「道路認定図」,「指定道路図」）
	道路台帳平面図	・緑政土木局　道路利活用課 ・道路台帳サービスセンター	・道路利活用課（西庁舎６階）名古屋市中区丸の内３-１-１ ・道路台帳サービスセンター　名古屋市中区千代田１-５-８　中土木事務所ビル３階	052-972-2843 052-265-1167	道路利活用課若しくは道路台帳サービスセンターで認定道路の情報（認定道路の有無・名称・幅員等）の窓口閲覧可能	市HPから閲覧可能（名古屋市HP「道路認定図」,「指定道路図」）
道路等	道路境界確定図	緑政土木局　道路利活用課　境界測量総括係	西庁舎６階　名古屋市中区丸の内３-１-１	052-972-2837	担当窓口で対応可能	―
	都市計画道路予定図	住宅都市局　都市計画部都市計画課　地域計画係	西庁舎４階　名古屋市中区丸の内３-１-１	052-972-2713	担当窓口で閲覧が可能	市HPからネット閲覧可能（名古屋市HP「名古屋市都市計画情報サービス」）
	法定外公共物（里道、水路）	緑政土木局　道路利活用課	西庁舎６階　名古屋市中区丸の内３-１-１	052-972-2843	担当窓口で対応可能	―
	ライフライン（上下水道等）	上下水道局　給排水設備課又は担当営業所	西庁舎７階　名古屋市中区丸の内３-１-１	052-972-3649	担当窓口で閲覧、交付が可能	―
その他	周知の埋蔵文化財所在地図	教育委員会事務局　学習教育部生涯学習課文化財保護室管理グループ	本庁舎５階　名古屋市中区丸の内３-１-１	052-954-6783	担当窓口で閲覧可能。 Fax（052-972-4202）による照会も可能。	市HP「愛知県文化財マップ（埋蔵文化財・記念物）」から閲覧可能
	農地全般	農業委員会事務局　農政課　農政係	本庁舎５階　名古屋市中区丸の内３-１-１	052-972-2469	担当窓口で各種許可等を申請	―
	土地区画整理図	住宅都市局　都市整備部　区画整理課	西庁舎３階　名古屋市中区丸の内３-１-１	052-972-2765	担当窓口で閲覧が可能	―
	土壌汚染	環境局　地域環境対策部　地域環境対策課　有害化学物質対策係	東庁舎５階　名古屋市中区丸の内３-１-１	052-972-2677	担当窓口で閲覧が可能	市HPで「形質変更時要届出区域における区域の分類」、「土壌汚染対策法に基づく区域等一覧」、「要措置区域及び形質変更時要届出区域」のネット閲覧可能

名古屋市役所　〒460-8508　愛知県名古屋市中区三の丸三丁目１番１号　電話 052-961-1111（代表）
交通アクセス　●地下鉄名城線「市役所」駅から徒歩１分　●市バス・基幹バス「市役所」から徒歩１分　●名鉄瀬戸線「東大手」駅から徒歩５分

98 愛知県安城市（1/2）

法令	評価等に必要な書類等	担当課	担当所在（問合せ先）	電話	窓口対応	HP閲覧
固定資産税	固定資産地番参考図	総務部　資産税課	本庁舎１階 安城市桜町18-23	0566-72-2256	担当窓口で閲覧が可能	―
	固定資産税路線価図	総務部　資産税課	本庁舎１階 安城市桜町18-23	0566-72-2256	担当窓口で閲覧が可能	―
	固定資産課税台帳・土地家屋名寄帳	総務部　資産税課	本庁舎１階 安城市桜町18-23	0566-72-2256	担当窓口で固定資産（土地・家屋）の所有者、所有者の代理人又は納税管理人等による閲覧が可能	―
	固定資産評価証明書 （固定資産公課証明書）	総務部　市民税課	本庁舎１階 安城市桜町18-23	0566-71-2213	担当窓口で固定資産（土地・家屋）の所有者、所有者の代理人又は納税管理人等へ交付が可能	―
都市計画・建築	都市計画図（用途地域・容積率・建ぺい率等含む。）	都市整備部　都市計画課	北庁舎４階 安城市桜町18-23	0566-71-2243	担当窓口で閲覧が可能	市HP「都市計画情報サービス」で検索可能
	都市計画証明（生産緑地等）	都市整備部　都市計画課	北庁舎４階 安城市桜町18-23	0566-71-2243	担当窓口で交付が可能	―
	白地図（地形図）	都市整備部　都市計画課	北庁舎４階 安城市桜町18-23	0566-71-2243	担当窓口で購入が可能	―
	開発登録簿、開発許可 開発指導要綱等	建設部　建築課	北庁舎３階 安城市桜町18-23	0566-71-2241	担当窓口で閲覧、交付が可能	市HPで開発指導要綱のダウンロードが可能
	建築計画概要書	愛知県西三河建設事務所 建築課	岡崎市明大寺本町１-４	0564-23-1211 （代表）	担当窓口で閲覧、交付が可能	―
道路	建築基準法上の道路の判定、位置指定道路	建設部　維持管理課	北庁舎３階 安城市桜町18-23	0566-71-2237	担当窓口で閲覧が可能	市HP「市道路線認定情報サービス」で検索可能
	道路台帳平面図	建設部　維持管理課	北庁舎３階 安城市桜町18-23	0566-71-2237	担当窓口で閲覧、交付が可能	市HP「市道路線認定情報サービス」で検索可能

98 愛知県安城市（2/2）

法令	評価等に必要な書類等	担当課	担当所在（問合せ先）	電話	窓口対応	HP閲覧
道路等	道路境界確定図	建設部　維持管理課	北庁舎３階 安城市桜町18-23	0566-71-2237	担当窓口で対応可能	—
	都市計画道路予定図	都市整備部　都市計画課	北庁舎４階 安城市桜町18-23	0566-71-2243	担当窓口で閲覧が可能	市HP「都市計画情報サービス」で検索可能
	法定外公共物（里道、水路）	建設部　維持管理課	北庁舎３階 安城市桜町18-23	0566-71-2237	担当窓口で対応可能	—
	ライフライン（上下水道等）	上水道：上下水道部　水道業務課	西庁舎１階 安城市桜町18-23	0566-71-2249	担当窓口で閲覧、交付が可能	—
		下水道：上下水道部　下水道課	西庁舎２階 安城市桜町18-23	0566-71-2247	担当窓口で閲覧、交付が可能	
その他	周知の埋蔵文化財所在地図	生涯学習部　文化振興課　文化財係	安城市埋蔵文化財センター 安城市安城町城堀30	0566-77-4477	担当窓口で閲覧可能 FAX（0566-77-6600）での照会も受付	—
	農地全般	産業振興部　農務課　農地係	北庁舎３階 安城市桜町18-23	0566-71-2234	担当窓口で各種許可等を申請	—
	土地区画整理図	都市整備部　区画整理課	北庁舎４階 安城市桜町18-23	0566-71-2246	担当窓口で閲覧が可能	—
	土壌汚染	西三河県民事務所　環境保全課	岡崎市明大寺本町１-４	0564-23-1211（代表）	窓口で閲覧が可能	「要措置区域及び形質変更時要届出区域」の台帳閲覧可能

安城市役所　〒446-8501　愛知県安城市桜町18番23号　電話番号 0566-76-1111（代表）
交通アクセス　●JR　安城駅南口出口より徒歩約９分
●名鉄　北安城駅出口より徒歩約18分
●名鉄　南安城駅出口より徒歩約19分

99 愛知県一宮市（1/2）

法令	評価等に必要な書類等	担当課	担当所在（問合せ先）	電話	窓口対応	HP閲覧
固定資産税	固定資産地番参考図	総務部　資産税課土地グループ	本庁舎３階 一宮市本町２-５-６	0586-28-8965	33番窓口で閲覧が可能	―
	固定資産税路線価図	総務部　資産税課土地グループ	本庁舎３階 一宮市本町２-５-６	0586-28-8965	担当窓口で閲覧が可能	―
	固定資産課税台帳・土地家屋名寄帳	総務部　資産税課土地グループ	本庁舎３階 一宮市本町２-５-６	0586-28-8965	担当窓口で固定資産（土地・家屋）の所有者、所有者の代理人又は納税管理人等が閲覧可能	―
	固定資産評価証明書 （固定資産公課証明書）	総務部　資産税課土地グループ	本庁舎３階 一宮市本町２-５-６	0586-28-8965	担当窓口で固定資産（土地・家屋）の所有者、所有者の代理人又は納税管理人等へ交付が可能	―
都市計画・建築	都市計画図（用途地域・容積率・建ぺい率等含む。）	まちづくり部　都市計画課庶務グループ	本庁舎８階 一宮市本町２-５-６	0586-28-8632	担当窓口で閲覧が可能	市HP地図情報サイト「138マップ」でネット閲覧可能
	都市計画証明（生産緑地等）	経済部　農業振興課農政グループ	本庁舎９階 一宮市本町２-５-６	0586-28-9135	担当窓口で交付が可能	―
	白地図（地形図）	まちづくり部　都市計画課庶務グループ	本庁舎８階 一宮市本町２-５-６	0586-28-8632	担当窓口で購入が可能	市HP地図情報サイト「138マップ」でネット閲覧可能
	開発登録簿、開発許可 開発指導要綱等	まちづくり部　建築指導課開発審査グループ	本庁舎７階 一宮市本町２-５-６	0586-28-8646	担当窓口で閲覧、交付が可能	市HPから閲覧及び許可申請書等のダウンロードが可能
	建築計画概要書	まちづくり部　建築指導課建築安全推進グループ	本庁舎７階 一宮市本町２-５-６	0586-28-8644	担当窓口で閲覧、交付が可能	―
道路	建築基準法上の道路の判定、位置指定道路	まちづくり部　建築指導課建築審査グループ	本庁舎７階 一宮市本町２-５-６	0586-28-8645	担当窓口で閲覧が可能	―
	道路台帳平面図	建設部　道路課	本庁舎８階 一宮市本町２-５-６	0586-28-9144	担当窓口で閲覧、交付が可能	―

99 愛知県一宮市（2/2）

法令	評価等に必要な書類等	担当課	担当所在（問合せ先）	電話	窓口対応	HP閲覧
道路等	道路境界確定図	建設部　導水路管理課管理グループ	本庁舎８階 一宮市本町２-５-６	0586-28-8637	通常の閲覧は不可。市有地に隣接する土地の所有者等が境界の明示をうけようとするときなどには窓口での閲覧可能	―
道路等	都市計画道路予定図	まちづくり部　都市計画課都市計画・庶務グループ	本庁舎８階 一宮市本町２-５-６	0586-28-8632	担当窓口で閲覧、交付が可能	市HP地図情報サイト「138マップ」でネット閲覧可能
道路等	法定外公共物（里道、水路）	建設部　導水路管理課管理グループ	本庁舎８階 一宮市本町２-５-６	0586-28-8637	担当窓口で対応	―
道路等	ライフライン（上下水道等）	上水道：上下水道部　上水道整備課	本庁舎10階 一宮市本町２-５-６	0586-28-8624	担当窓口で閲覧、交付が可能	―
道路等	ライフライン（上下水道等）	下水道：上下水道部　下水道整備課	本庁舎10階 一宮市本町２-５-６	0586-28-8626	担当窓口で閲覧、交付が可能	―
その他	周知の埋蔵文化財所在地図	教育委員会　一宮市博物館	一宮市大和町妙興寺2390	0586-46-3215	担当窓口で閲覧可能 FAX（0586-46-3216）による照会も可	市HP地図情報サイト「138マップ」でネット閲覧可能
その他	農地全般	経済部　農業振興課農業委員会グループ	本庁舎９階 一宮市本町２-５-６	0586-28-9137	担当窓口で各種許可等を申請	―
その他	土地区画整理図	まちづくり部　都市計画課区画整理グループ	本庁舎８階 一宮市本町２-５-６	0586-28-8618	担当窓口で閲覧が可能	―
その他	土壌汚染	環境部　環境保全課	環境センター北館 一宮市奥町字六丁山52	0586-45-7185	担当窓口で閲覧が可能	「要措置区域及び形質変更時要届出区域」の台帳閲覧可能

一宮市役所　〒491-8501　愛知県一宮市本町二丁目５番６号　電話 0586-28-8100（代表）
交通アクセス　●電車利用：JR東海道本線「尾張一宮」駅または名鉄名古屋本線「名鉄一宮」駅から東へ徒歩５分
●バス利用：名鉄バス又は･生活交通バス（千秋ふれあいバス）「一宮市役所北」停留所下車南へ徒歩２分
i-バス　一宮コース「一宮市役所」停留所下車徒歩すぐ

100 愛知県岡崎市（1/2）

法令	評価等に必要な書類等	担当課	担当所在（問合せ先）	電話	窓口対応	HP閲覧
固定資産税	固定資産地番参考図	税務部　資産税課 額田支所（旧額田町管内のみ）	東庁舎３階 岡崎市十王町２-９ 額田支所 岡崎市樫山町山ノ神21-１	0564-23-6094	担当窓口で閲覧が可能	―
	固定資産税路線価図	税務部　資産税課	東庁舎３階 岡崎市十王町２-９	0564-23-6094	担当窓口で閲覧が可能	―
	固定資産課税台帳・土地家屋名寄帳	税務部　資産税課	東庁舎３階 岡崎市十王町２-９	0564-23-6094	担当窓口で固定資産（土地・家屋）の所有者、所有者の代理人又は納税管理人等が閲覧可能	―
	固定資産評価証明書 （固定資産公課証明書）	税務部　資産税課	東庁舎３階 岡崎市十王町２-９	0564-23-6094	担当窓口で固定資産（土地・家屋）の所有者、所有者の代理人又は納税管理人等へ交付が可能	―
都市計画・建築	都市計画図（用途地域・容積率・建ぺい率等含む。）	都市整備部　都市計画課	西庁舎１階 岡崎市十王町２-９	0564-23-6248	担当窓口で閲覧が可能	市HP「岡崎市わが街ガイド/ポータルページ」でネット閲覧可能
	都市計画証明（生産緑地等）	都市整備部　都市計画課	西庁舎１階 岡崎市十王町２-９	0564-23-6248	担当窓口で交付が可能	市HP「岡崎市わが街ガイド/ポータルページ」でネット閲覧可能
	白地図（地形図）	都市整備部　都市計画課	西庁舎１階 岡崎市十王町２-９	0564-23-6248	担当窓口で購入可能	―
	開発登録簿、開発許可 開発指導要綱等	建築部　建築指導課	西庁舎１階 岡崎市十王町２-９	0564-23-6253	担当窓口で閲覧、交付が可能	市HPから閲覧及び許可申請書等のダウンロードが可能
	建築計画概要書	建築部　建築指導課	西庁舎１階 岡崎市十王町２-９	0564-23-6253	担当窓口で閲覧、交付が可能	市HPから閲覧申請書のダウンロードが可能
道路	建築基準法上の道路の判定、位置指定道路	建築部　建築指導課	西庁舎１階 岡崎市十王町２-９	0564-23-6253	担当窓口で閲覧が可能	―
	道路台帳平面図	土木建設部　道路維持課	西庁舎３階 岡崎市十王町２-９	0564-23-6223	担当窓口で閲覧可能	―

100 愛知県岡崎市（2/2）

法令	評価等に必要な書類等	担当課	担当所在（問合せ先）	電話	窓口対応	HP閲覧
道路等	道路境界確定図	土木建設部　道路維持課	西庁舎３階 岡崎市十王町２-９	0564-23-6223	担当窓口で対応可能	―
道路等	都市計画道路予定図	都市整備部　都市計画課	西庁舎１階 岡崎市十王町２-９	0564-23-6248	担当窓口で閲覧、交付が可能	市HP「岡崎市わが街ガイド/ポータルページ」でネット閲覧可能
道路等	法定外公共物（里道、水路）	土木建設部　道路維持課	西庁舎３階 岡崎市十王町２-９	0564-23-6223	担当窓口で対応可能	―
道路等	ライフライン（上下水道等）	上水道：上下水道局　サービス課　給水装置班	西庁舎６階 岡崎市十王町２-９	0564-23-6339	担当窓口で閲覧、交付が可能	―
		下水道：上下水道局　サービス課　下水普及班		0564-23-6334		
その他	周知の埋蔵文化財所在地図	教育委員会事務局　社会教育課　文化財班	福祉会館４階 岡崎市十王町２-９	0564-23-6177	担当窓口で閲覧可能 FAX（0564-23-6643）による照会も可	―
その他	農地全般	農業委員会事務局	西庁舎地下１階 岡崎市十王町２-９	0564-23-6196	担当窓口で各種許可等を申請	―
その他	土地区画整理図	都市整備部　市街地整備課	西庁舎４階 岡崎市十王町２-９	0564-23-6264	担当窓口で閲覧が可能	―
その他	土壌汚染	環境部　環境保全課	福祉会館５階 岡崎市十王町２-９	0564-23-6194	担当窓口で閲覧が可能	「要措置区域及び形質変更時要届出区域」で指定区域のネット閲覧可能

岡崎市役所　〒444-8601　愛知県岡崎市十王町二丁目９番地　電話 0564-23-6000（代表）
交通アクセス　●電車利用：名鉄東岡崎駅北口から徒歩で約10分（700メートル）
●バス利用：名鉄東岡崎駅北口バスターミナルから名鉄バスに乗車し「市役所口」で下車。徒歩で約２分
JR岡崎駅から「岡崎エクスプレス」に乗車し、「市役所口」で下車。徒歩で約２分
愛知環状鉄道中岡崎駅からコミュニティバス「まちバス」に乗車し、「市役所」で下車。

101 愛知県春日井市（1/2）

法令	評価等に必要な書類等	担当課	担当所在（問合せ先）	電話	窓口対応	HP閲覧
固定資産税	固定資産地番参考図	財務部　資産税課	2階 春日井市鳥居松町5-44	0568-85-6101	担当窓口で閲覧・写しの交付が可能	—
	固定資産税路線価図	財務部　資産税課	2階 春日井市鳥居松町5-44	0568-85-6101	担当窓口で閲覧が可能	—
	固定資産課税台帳・土地家屋名寄帳	財務部　資産税課	2階 春日井市鳥居松町5-44	0568-85-6101	担当窓口で固定資産（土地・家屋）の所有者、所有者の代理人又は納税管理人等が閲覧可能	—
	固定資産評価証明書 （固定資産公課証明書）	財務部　資産税課	2階 春日井市鳥居松町5-44	0568-85-6101	担当窓口で固定資産（土地・家屋）の所有者、所有者の代理人又は納税管理人等へ交付が可能	—
都市計画・建築	都市計画図（用途地域・容積率・建ぺい率等含む。）	まちづくり推進部　都市政策課	9階 春日井市鳥居松町5-44	0568-85-6264	縦覧図書で確認	市HP「春日井マップ」でネット閲覧可能
	都市計画証明（生産緑地等）	まちづくり推進部　都市政策課	9階 春日井市鳥居松町5-44	0568-85-6264	担当窓口で交付が可能	市HP「春日井マップ」でネット閲覧可能
	白地図（地形図）	まちづくり推進部　建築指導課	9階 春日井市鳥居松町5-44	0568-85-6328	担当窓口で購入可能	—
	開発登録簿、開発許可 開発指導要綱等	まちづくり推進部　建築指導課	9階 春日井市鳥居松町5-44	0568-85-6328	担当窓口で閲覧、交付が可能	市HPから閲覧及び許可申請書等のダウンロードが可能
	建築計画概要書	まちづくり推進部　都市政策課	9階 春日井市鳥居松町5-44	0568-85-6264	担当窓口で閲覧、交付が可能	—
道路	建築基準法上の道路の判定、位置指定道路	建設部　道路課	7階 春日井市鳥居松町5-44	0568-85-6272	担当窓口で閲覧が可能	市HP「春日井マップ」でネット閲覧可能
	道路台帳平面図	建設部　道路課	7階 春日井市鳥居松町5-44	0568-85-6272	春日井市認定道路の情報（認定道路の有無・名称・幅員等）の窓口閲覧可能	市HP「春日井マップ」でネット閲覧可能

101 愛知県春日井市（2/2）

法令	評価等に必要な書類等	担当課	担当所在（問合せ先）	電話	窓口対応	HP閲覧
道路等	道路境界確定図	建設部　道路課	7階 春日井市鳥居松町5-44	0568-85-6272	市道及び市所有の公道ならびに水路に接した土地の境界の確認が必要な場合	—
道路等	都市計画道路予定図	まちづくり推進部　都市政策課	9階 春日井市鳥居松町5-44	0568-85-6264	担当窓口で閲覧、交付が可能	市HP「春日井マップ」でネット閲覧可能
道路等	法定外公共物（里道、水路）	建設部　道路課	7階 春日井市鳥居松町5-44	0568-85-6272	担当窓口で対応が可能	—
道路等	ライフライン（上下水道等）	上水道：上下水道部　水道工務	春日井市鳥居松町5-44	0568-85-6416	担当窓口で閲覧、交付が可能	—
道路等	ライフライン（上下水道等）	下水道：上下水道部　上下水道経営課	春日井市鳥居松町5-44	0568-85-6406	担当窓口で閲覧、交付が可能	—
その他	周知の埋蔵文化財所在地図	教育委員会　文化財課	春日井市中央公民館内 春日井市柏原町1-97-1	0568-33-1113	担当窓口で閲覧可能 FAX（0568-34-6484）による問合せも可	市HP「春日井マップ」でネット閲覧可能
その他	農地全般	農業委員会事務局	3階 春日井市鳥居松町5-44	0568-85-6239	担当窓口で各種許可等を申請	—
その他	土地区画整理図	まちづくり推進部　都市整備課	9階 春日井市鳥居松町5-44	0568-85-6306	担当窓口で閲覧が可能	市HP「土地区画整理施行区域図」「土地区画整理事業一覧表」のネット閲覧可能
その他	土壌汚染	環境部　環境保全課	春日井市鳥居松町5-44	0568-85-6217	担当窓口で閲覧が可能	市HPで「要措置区域及び形質変更時要届出区域」の台帳をネットで閲覧可能

春日井市役所　〒486-8686　愛知県春日井市鳥居松町五丁目44番地　電話 0568-81-5111（代表）
交通アクセス　●電車利用：JR中央本線・春日井駅より徒歩15分
●バス利用：かすがいシティバス「市役所」下車すぐ
名鉄バス「鳥居松」又は「春日井市役所前」下車、徒歩1分

102 愛知県豊川市（1/2）

法令	評価等に必要な書類等	担当課	担当所在（問合せ先）	電話	窓口対応	HP閲覧
固定資産税	固定資産地番参考図	総務部　資産税課土地係	北庁舎１階 豊川市諏訪１-１	0533-89-2130	担当窓口で閲覧が可能	―
	固定資産税路線価図	総務部　資産税課土地係	北庁舎１階 豊川市諏訪１-１	0533-89-2130	担当窓口で閲覧が可能	市HP「とよかわっ!ガイドマップ」で検索可能
	固定資産課税台帳・土地家屋名寄帳	総務部　資産税課土地係	北庁舎１階 豊川市諏訪１-１	0533-89-2130	担当窓口で固定資産（土地・家屋）の所有者、所有者の代理人又は納税管理人等による閲覧が可能	―
	固定資産評価証明書 （固定資産公課証明書）	総務部　資産税課土地係	北庁舎１階 豊川市諏訪１-１	0533-89-2130	担当窓口で固定資産（土地・家屋）の所有者、所有者の代理人又は納税管理人等へ交付が可能	―
都市計画・建築	都市計画図（用途地域・容積率・建ぺい率等含む。）	建設部　都市計画課	北庁舎３階 豊川市諏訪１-１	0533-89-2169	担当窓口で閲覧が可能	市HP「とよかわっ!ガイドマップ」で検索可能
	都市計画証明（生産緑地等）	建設部　都市計画課	北庁舎３階 豊川市諏訪１-２	0533-89-2169	担当窓口で交付が可能	―
	白地図（地形図）	建設部　都市計画課	北庁舎３階 豊川市諏訪１-３	0533-89-2169	担当窓口で購入が可能	―
	開発登録簿、開発許可 開発指導要綱等	建設部　建築課	北庁舎３階 豊川市諏訪１-４	0533-89-2144	担当窓口で閲覧、交付が可能	市HPで開発指導要綱のダウンロードが可能
	建築計画概要書	建設部　建築課	北庁舎３階 豊川市諏訪１-５	0533-89-2144	担当窓口で閲覧、交付が可能	―
道路	建築基準法上の道路の判定、位置指定道路	建設部　建築課	北庁舎３階 豊川市諏訪１-１	0533-89-2144	担当窓口で閲覧が可能	市HP「とよかわっ!ガイドマップ」で検索可能
	道路台帳平面図	建設部　道路維持課	北庁舎４階 豊川市諏訪１-１	0533-89-2142	担当窓口で閲覧、交付が可能	市HP「とよかわっ!ガイドマップ」で検索可能

102 愛知県豊川市（2/2）

法令	評価等に必要な書類等	担当課	担当所在（問合せ先）	電話	窓口対応	HP閲覧
道路等	道路境界確定図	建設部　道路維持課	北庁舎４階 豊川市諏訪１-１	0533-89-2142	担当窓口で対応可能	―
道路等	都市計画道路予定図	建設部　都市計画課	北庁舎３階 豊川市諏訪１-１	0533-89-2169	担当窓口で閲覧が可能	市HP「とよかわっ!ガイドマップ」で検索可能
道路等	法定外公共物（里道、水路）	建設部　道路維持課	北庁舎４階 豊川市諏訪１-１	0533-89-2142	担当窓口で対応可能	―
道路等	ライフライン（上下水道等）	上水道　上下水道部　水道業務課	豊川市一宮町豊１	0533-93-0152	担当窓口で閲覧、交付が可能	
道路等	ライフライン（上下水道等）	下水道　上下水道部　下水管理課	豊川市一宮町豊１	0533-93-0157	担当窓口で閲覧、交付が可能	（下水道）については、市HP「とよかわっ!ガイドマップ」で検索可能
その他	周知の埋蔵文化財所在地図	教育委員会　生涯学習課文化財係	音羽支所２階 豊川市赤坂町松本250	0533-88-8035	担当窓口で閲覧可能 FAX（0533-88-8038）での照会も受付	市HP「とよかわっ!ガイドマップ」で検索可能
その他	農地全般	産業部　農務課	豊川市諏訪１-１	0533-89-2138	担当窓口で各種許可等を申請	―
その他	土地区画整理図	建設部　区画整理課	豊川市諏訪１-１	0533-89-2148	担当窓口で閲覧が可能	―
その他	土壌汚染	東三河総局　県民環境部環境保全課	豊橋市八町通５-４	0532-54-5111（代表）	担当窓口で閲覧が可能	市HPで要措置区域等の閲覧可能

豊川市役所　〒442-8601　愛知県豊川市諏訪一丁目１番地　電話 0533-89-2111（代表）

交通アクセス
- ●名古屋鉄道豊川線「諏訪町駅」下車徒歩約15分
- ●豊鉄バス「豊川市役所前」下車徒歩約３分
- ●豊川市コミュニティバス「豊川市役所前」下車徒歩約３分
- ●豊川市コミュニティバス「豊川市役所」下車徒歩すぐ

103 愛知県豊田市（1/2）

法令	評価等に必要な書類等	担当課	担当所在（問合せ先）	電話	窓口対応	HP閲覧
固定資産税	固定資産地番参考図	産業部　農地整備課	西庁舎７階 豊田市西町３-60	0565-34-6647	担当窓口で閲覧が可能	—
	固定資産税路線価図	市民部　資産税課	南庁舎３階 豊田市西町３-60	0565-34-6987	担当窓口で閲覧が可能	市HP「とよたiマップ-豊田市地図情報サービス-」でネット閲覧可能
	固定資産課税台帳・土地家屋名寄帳	市民部　資産税課	南庁舎３階 豊田市西町３-60	0565-34-6987（土地） 0565-34-6983（家屋）	担当窓口で固定資産（土地･家屋）の所有者、所有者の代理人又は納税管理人等が閲覧可能	—
	固定資産評価証明書 （固定資産公課証明書）	市民部　資産税課	南庁舎３階 豊田市西町３-60	0565-34-6987（土地） 0565-34-6983（家屋）	担当窓口で固定資産（土地・家屋）の所有者、所有者の代理人又は納税管理人等へ交付が可能	—
都市計画・建築	都市計画図（用途地域・容積率・建ぺい率等含む。）	企画政策部　都市計画課	南庁舎４階 豊田市西町３-60	0565-34-6620	担当窓口で閲覧が可能	市HP「とよたiマップ-豊田市地図情報サービス-」でネット閲覧可能
	都市計画証明（生産緑地等）	企画政策部　都市計画課	南庁舎４階 豊田市西町３-60	0565-34-6620	担当窓口で交付が可能	—
	白地図（地形図）	企画政策部　都市計画課	南庁舎４階 豊田市西町３-60	0565-34-6620	東庁舎２階ファミリーマートにて購入可能	「豊田市地形図CD-ROM及び豊田市都市計画基本図DVD-ROM」の購入が可能
	開発登録簿、開発許可 開発指導要綱等	都市整備部　開発審査課	西庁舎４階 豊田市西町３-60	0565-34-6744	担当窓口で閲覧、交付が可能	市HPから閲覧及び許可申請書等のダウンロードが可能
	建築計画概要書	都市整備部　建築相談課	西庁舎４階 豊田市西町３-60	0565-34-6649	担当窓口で閲覧、交付が可能	—
道路	建築基準法上の道路の判定、位置指定道路	都市整備部　建築相談課	西庁舎４階 豊田市西町３-60	0565-34-6649	担当窓口で閲覧が可能	—
	道路台帳平面図	建設部　土木管理課	西庁舎６階 豊田市西町３-60	0565-34-6644	豊田市認定道路の情報（認定道路の有無・名称・幅員等）の窓口閲覧可能	市HP「とよたiマップ-豊田市地図情報サービス-」でネット閲覧可能

103 愛知県豊田市（2/2）

法令	評価等に必要な書類等	担当課	担当所在（問合せ先）	電話	窓口対応	HP閲覧
道路等	道路境界確定図	建設部　土木管理課	西庁舎6階 豊田市西町3-60	0565-34-6644	市道及び市所有の公道ならびに水路に接した土地の境界の確認が必要な場合対応可能	―
道路等	都市計画道路予定図	建設部　建設企画課	西庁舎6階 豊田市西町3-60	0565-34-6682	担当窓口で閲覧、対応可能	市HP「とよたiマップ-豊田市地図情報サービス-」でネット閲覧可能
道路等	法定外公共物（里道、水路）	建設部　土木管理課	西庁舎6階 豊田市西町3-60	0565-34-6644	担当窓口で対応が可能	―
道路等	ライフライン（上下水道等）	上水道：上下水道局　水道維持課	豊田市西山町5-2-8	0565-34-6670	担当窓口で閲覧、交付が可能	―
道路等	ライフライン（上下水道等）	下水道：上下水道局　下水道建設課	西庁舎2階 豊田市西町3-60	0565-34-6624	担当窓口で閲覧、交付が可能	下水道配管図については、市HP「とよたiマップ-豊田市地図情報サービス-」でネット閲覧可能
その他	周知の埋蔵文化財所在地図	教育委員会事務局 生涯学習推進課文化財係	豊田市陣中町1-21	0565-32-6561	担当窓口で閲覧可能 FAX（0565-34-0095）による照会も受付	市HP「とよたiマップ-豊田市地図情報サービス-」でネット閲覧可能
その他	農地全般	農業委員会事務局	西庁舎7階 豊田市西町3-60	0565-34-6639	担当窓口で各種許可等を申請	―
その他	土地区画整理図	都市整備部 市街地整備課	西庁舎4階 豊田市西町3-60	0565-34-6675	担当窓口で閲覧が可能	「豊田市における土地区画整理事業一覧」（施行済地区、確定図）のネット閲覧可能
その他	土壌汚染	環境部　環境保全課	環境センター2階 豊田市西町3-60	0565-34-6628	担当窓口で閲覧が可能	「要措置区域及び形質変更時要届出区域」の台帳ネット閲覧可能

豊田市役所　〒471-8501　愛知県豊田市西町三丁目60番地　電話0565-31-1212（代表）
交通アクセス　●電車利用：名古屋鉄道三河線豊田市駅徒歩約10分、愛知環状鉄道新豊田駅徒歩約15分
●バス利用：豊田市駅西口松坂屋の北5番乗り場からおいでんバス「福祉センター」行き　約4分

104 愛知県豊橋市（1/2）

法令	評価等に必要な書類等	担当課	担当所在（問合せ先）	電話	窓口対応	HP閲覧
固定資産税	固定資産地番参考図	資産税課　証明窓口担当	東館２階 豊橋市今橋町１	0532-51-2229	担当窓口で閲覧が可能	—
	固定資産税路線価図	資産税課　証明窓口担当	東館２階 豊橋市今橋町１	0532-51-2229	担当窓口で閲覧が可能	—
	固定資産課税台帳・土地家屋名寄帳	資産税課　証明窓口担当	東館２階 豊橋市今橋町１	0532-51-2229	担当窓口で固定資産（土地・家屋）の所有者、所有者の代理人又は納税管理人等が閲覧可能	—
	固定資産評価証明書 （固定資産公課証明書）	資産税課　証明窓口担当	東館２階 豊橋市今橋町１	0532-51-2229	担当窓口で固定資産（土地・家屋）の所有者、所有者の代理人又は納税管理人等へ交付が可能	—
都市計画・建築	都市計画図（用途地域・容積率・建ぺい率等含む。）	都市計画部　都市計画課	東館９階 豊橋市今橋町１	0532-51-2622	縦覧図書で確認	市HPの公開型地理情報システム「ちずみる豊橋」でネット閲覧可能
	都市計画証明（生産緑地等）	都市計画部　都市計画課	東館９階 豊橋市今橋町１	0532-51-2622	担当窓口で交付が可能	—
	白地図（地形図）	都市計画部　都市計画課	東館９階 豊橋市今橋町１	0532-51-2622	担当窓口で購入可能	—
	開発登録簿、開発許可 開発指導要綱等	建設部　建築指導課 開発審査グループ	東館３階 豊橋市今橋町１	0532-51-2585	担当窓口で閲覧、交付が可能	「開発行為許可申請書」等のダウンロード可。市HPから「開発許可申請の手引き」、「豊橋市開発許可技術水準」ネットの閲覧可。
	建築計画概要書	建設部　建築指導課 建築審査グループ	東館３階 豊橋市今橋町１	0532-51-2581	担当窓口で閲覧、交付が可能	—
道路	建築基準法上の道路の判定、位置指定道路	建設部　建築指導課 開発審査グループ	東館３階 豊橋市今橋町１	0532-51-2585	担当窓口で閲覧が可能	市HP　公開型地理情報システム「ちずみる豊橋」によりネットで閲覧可能
	道路台帳平面図	建設部　土木管理課	東館６階 豊橋市今橋町１	0532-51-2507	担当窓口で閲覧、交付が可能	市HP　公開型地理情報システム「ちずみる豊橋」によりネット閲覧可能

104 愛知県豊橋市（2/2）

法令	評価等に必要な書類等	担当課	担当所在（問合せ先）	電話	窓口対応	HP閲覧
道路等	道路境界確定図	建設部　土木管理課	東館６階 豊橋市今橋町１	0532-51-2507	担当窓口で対応可能	－
道路等	都市計画道路予定図	都市計画部　都市計画課	東館９階 豊橋市今橋町１	0532-51-2622	担当窓口で閲覧、交付が可能	市HPより「豊橋市都市計画総括図」（PDF）ネット閲覧可能
道路等	法定外公共物（里道、水路）	建設部　土木管理課　台帳グループ	東館６階 豊橋市今橋町１	0532-51-2506	担当窓口で対応が可能	－
道路等	ライフライン（上下水道等）	上水道：上下水道局　水道管路課	豊橋市牛川町字下モ田29-１	0532-51-2723	担当窓口で閲覧、交付が可能	－
道路等	ライフライン（上下水道等）	下水道：上下水道局　下水道整備課	豊橋市牛川町字下モ田29-１	0532-51-2781	担当窓口で閲覧、交付が可能	－
その他	周知の埋蔵文化財所在地図	豊橋市教育委員会　豊橋市文化財センター	豊橋市松葉町３-１	0532-56-6060	担当窓口で閲覧可能 FAX（0532-52-2961）による照会も可	市HP　公開型地理情報システム「ちずみる豊橋」により埋蔵文化財包蔵地のネット閲覧可能
その他	農地全般	農業委員会事務局	西館３階 豊橋市今橋町１	0532-51-2950	担当窓口で各種許可等を申請	－
その他	土地区画整理図	都市計画部　区画整理課	東館９階 豊橋市今橋町１	0532-51-2622	担当窓口で閲覧が可能	市HPにより「土地区画整理事業一覧表」のネット閲覧可
その他	土壌汚染	環境部　環境保全課	西館５階 豊橋市今橋町１	0532-51-2390	担当窓口で閲覧が可能	「要措置区域及び形質変更時要届出区域」の台帳ネット閲覧可能

豊橋市役所　〒440-8501　愛知県豊橋市今橋町１番地　電話 0532-51-2111（代表）
交通アクセス　●JR豊橋駅から徒歩約20分
●豊橋鉄道市内電車（路面電車）「市役所前」電停から徒歩３分

105 愛知県西尾市（1/2）

法令	評価等に必要な書類等	担当課	担当所在（問合せ先）	電話	窓口対応	HP閲覧
固定資産税	固定資産地番参考図	総務部　税務課	西尾市寄住町下田22	0563-65-2126	担当窓口で閲覧が可能	—
	固定資産税路線価図	総務部　税務課　土地担当	西尾市寄住町下田22	0563-65-2126	担当窓口で閲覧が可能	—
	固定資産課税台帳・土地家屋名寄帳	総務部　税務課　土地・家屋・償却資産担当	西尾市寄住町下田22	（土地担当）0563-65-2126（家屋担当）0563-65-2128	担当窓口で固定資産（土地・家屋）の所有者、所有者の代理人又は納税管理人等による閲覧が可能	—
	固定資産評価証明書（固定資産公課証明書）	総務部　税務課　土地・家屋・償却資産担当	西尾市寄住町下田22	（土地担当）0563-65-2126（家屋担当）0563-65-2128	担当窓口で固定資産（土地・家屋）の所有者、所有者の代理人又は納税管理人等へ交付が可能	—
都市計画・建築	都市計画図（用途地域・容積率・建ぺい率等含む。）	建設部　都市計画課	西尾市寄住町下田22	0563-65-2144	担当窓口で閲覧が可能	市HP「西尾市都市計画情報サービス」にて閲覧可能 ・「都市計画総括図」＝都市計画図
	都市計画証明（生産緑地等）	建設部　都市計画課	西尾市寄住町下田22	0563-65-2144	担当窓口で交付が可能	—
	白地図（地形図）	建設部　都市計画課	西尾市寄住町下田22	0563-65-2144	担当窓口で購入が可能	市HP「西尾市都市計画情報サービス」にて閲覧可能 ・「地形図（都市計画基本図）」
	開発登録簿、開発許可開発指導要綱等	建設部　建築課	西尾市寄住町下田22	0563-65-2146	担当窓口で閲覧、交付が可能	市HPで開発指導要綱のダウンロードが可能
	建築計画概要書	建設部　建築課	西尾市寄住町下田22	0563-65-2146	担当窓口で閲覧、交付が可能	—

105 愛知県西尾市（2/2）

法令	評価等に必要な書類等	担当課	担当所在（問合せ先）	電話	窓口対応	HP閲覧
道路	建築基準法上の道路の判定、位置指定道路	建設部　都市計画課	西尾市寄住町下田22	0563-65-2144	担当窓口で閲覧が可能	市HP「西尾市都市計画情報サービス」にて閲覧可能
道路	道路台帳平面図	建設部　都市計画課	西尾市寄住町下田22	0563-65-2144	担当窓口で閲覧、交付が可能	市HP「西尾市都市計画情報サービス」にて閲覧可能
道路等	道路境界確定図	建設部　建築課	西尾市寄住町下田22	0563-65-2146	担当窓口で対応可能	—
道路等	都市計画道路予定図	建設部　都市計画課	西尾市寄住町下田22	0563-65-2144	担当窓口で閲覧が可能	市HP「西尾市都市計画情報サービス」にて閲覧可能・「都市計画街路網図」
道路等	法定外公共物（里道、水路）	建設部　土木課	西尾市寄住町下田22	0563-65-2139	担当窓口で対応可能	—
道路等	ライフライン（上下水道等）	上水道　上下水道部　水道整備課	西尾市寄住町下田22	0563-65-2187	担当窓口で閲覧、交付が可能	市HP「西尾市都市計画情報サービス」にて閲覧可能
道路等	ライフライン（上下水道等）	下水道　上下水道部　下水道管理課	西尾市寄住町下田22	0563-65-2191	担当窓口で閲覧、交付が可能	市HP「西尾市都市計画情報サービス」にて閲覧可能「公共下水道共用区域図」
その他	周知の埋蔵文化財所在地図	教育委員会事務局　文化振興課　文化財担当	西尾市岩瀬文庫内　西尾市亀沢町480	0563-56-2459	担当窓口で閲覧可能 FAX（0563-56-2787）での照会も受付	旧西尾市域については市HP「西尾市都市計画情報サービス」にて閲覧可能
その他	農地全般	農産部　農林水産課　農地（農業委員会）担当	西尾市寄住町下田22	0563-65-2134	担当窓口で各種許可等を申請	—
その他	土地区画整理図	建設部　都市計画課　市街地整備担当	西尾市寄住町下田22	0563-65-2145	担当窓口で閲覧が可能	—
その他	土壌汚染	西三河県民事務所　環境保全課	岡崎市明大寺本町１-４	0564-23-1211（代表）	担当窓口で閲覧が可能	「要措置区域及び形質変更時要届出区域」の台帳の閲覧可能

西尾市役所　〒445-8501　愛知県西尾市寄住町下田22番地　電話 0563-56-2111（代表）
交通アクセス　●名鉄　名古屋本線新安城駅経由西尾線西尾駅東口から東方面に徒歩約６分（約500メートル）

106 岐阜県岐阜市（1/2）

法令	評価等に必要な書類等	担当課	担当所在（問合せ先）	電話	窓口対応	HP閲覧
固定資産税	固定資産地番参考図	基盤整備部　土木調査課	本庁舎６階 岐阜市今沢町18	058-214-4734	担当窓口で閲覧が可能	―
	固定資産税路線価図	財政部　資産税課	本庁舎低層部２階 岐阜市今沢町18	058-214-2056	担当窓口で閲覧が可能	―
	固定資産課税台帳・土地家屋名寄帳	財政部　資産税課	本庁舎低層部２階 岐阜市今沢町18	058-214-2056	担当窓口で固定資産（土地・家屋）の所有者、所有者の代理人又は納税管理人等が閲覧可能	―
	固定資産評価証明書 （固定資産公課証明書）	財政部　税制課	本庁舎低層部２階 岐阜市今沢町18	058-265-3908	担当窓口で固定資産（土地・家屋）の所有者、所有者の代理人又は納税管理人等へ交付が可能	―
都市計画・建築	都市計画図（用途地域・容積率・建ぺい率等含む。）	都市建設部　都市計画課	本庁舎８階 岐阜市今沢町18	058-265-3906	担当窓口で閲覧が可能	市HP「岐阜県域統合型WebGIS」でネット閲覧可能
	都市計画証明（生産緑地等）	都市建設部　都市計画課	本庁舎８階 岐阜市今沢町18	058-265-3906	担当窓口で交付が可能	―
	白地図（地形図）	都市建設部　都市計画課	本庁舎８階 岐阜市今沢町18	058-265-3906	担当窓口で購入が可能	市HP「岐阜県域統合型WebGIS」でネット閲覧可能
	開発登録簿、開発許可 開発指導要綱等	まちづくり推進部　開発指導調整課	本庁舎６階 岐阜市今沢町18	058-214-4509	担当窓口で閲覧、交付が可能	市HPから閲覧及び許可申請書等のダウンロードが可能
	建築計画概要書	まちづくり推進部　建築指導課	本庁舎６階 岐阜市今沢町18	058-265-3903	担当窓口で閲覧、交付が可能	―
道路	建築基準法上の道路の判定、位置指定道路	都市建設部　都市計画課	本庁舎８階 岐阜市今沢町18	058-265-3906	担当窓口で閲覧が可能	―
	道路台帳平面図	基盤整備部　土木調査課 調査指導係	本庁舎６階 岐阜市今沢町18	058-214-4734	岐阜市認定道路の情報（認定道路の有無・名称・幅員等）の窓口閲覧可能	―

106 岐阜県岐阜市（2/2）

法令	評価等に必要な書類等	担当課	担当所在（問合せ先）	電話	窓口対応	HP閲覧
道路等	道路境界確定図	基盤整備部　土木調査課 調査指導係	本庁舎６階 岐阜市今沢町18	058-214-4734	市有地に隣接する土地の所有者等が、境界の明示を受けようとするときに窓口閲覧	―
	都市計画道路予定図	都市建設部　都市計画課	本庁舎８階 岐阜市今沢町18	058-265-3906	担当窓口で閲覧が可能	市HP「岐阜県域統合型WebGIS」から閲覧可能
	法定外公共物（里道、水路）	基盤整備部　土木管理課	本庁舎６階 岐阜市今沢町18	058-214-4719	担当窓口で対応可能	―
	ライフライン（上下水道等）	上下水道事業部　維持管理課	岐阜市祈年町４-１	058-259-7788	担当窓口で閲覧、交付が可能	―
その他	周知の埋蔵文化財所在地図	教育委員会　社会教育課 文化財係	南庁舎３階 岐阜市神田町１-11	058-214-2365	担当窓口で閲覧可能 FAX（058-265-4333）による照会も受付 Eメール（ky-shakai@city.gifu.gifu.jp）での問合せも可	―
	農地全般	農業委員会　事務局	南庁舎２階 岐阜市神田町１-11	058-214-2073	担当窓口で各種許可等を申請	―
	土地区画整理図	都市建設部　区画整理課	本庁舎８階 岐阜市今沢町18	058-214-4689	担当窓口で閲覧が可能	市HPの「岐阜市の区画整理」事業一覧表（PDFファイル）でネット閲覧可
	土壌汚染	自然共生部　自然環境課	南庁舎４階 岐阜市神田町１-11	058-214-2153	担当窓口で閲覧が可能	「要措置区域台帳」または「形質変更時要届出区域台帳」の閲覧可

岐阜市役所　〒500-8701　岐阜県岐阜市今沢町18番地　電話 058-265-4141（代表）
交通アクセス　●バス：JR岐阜駅から岐阜バス（12番、13番のりば）で約８分　名鉄岐阜駅から岐阜バス（４番のりば）で約６分
●徒歩：JR岐阜駅から徒歩で約23分　名鉄岐阜駅から徒歩で約18分

107 岐阜県大垣市（1/2）

法令	評価等に必要な書類等	担当課	担当所在（問合せ先）	電話	窓口対応	HP閲覧
固定資産税	固定資産地番参考図	総務部　課税課	本庁舎１階 大垣市丸の内２-29	0584-47-8157	担当窓口で閲覧が可能	「土地地番図（家屋外形図の有無を選択）」を購入可
	固定資産税路線価図	総務部　課税課	本庁舎１階 大垣市丸の内２-29	0584-47-8157	担当窓口で閲覧が可能	—
	固定資産課税台帳・土地家屋名寄帳	総務部　課税課	本庁舎１階 大垣市丸の内２-29	0584-47-8157	担当窓口で固定資産（土地・家屋）の所有者、所有者の代理人又は納税管理人等による閲覧が可能	—
	固定資産評価証明書 （固定資産公課証明書）	総務部　課税課	本庁舎１階 大垣市丸の内２-29	0584-47-8157	担当窓口で固定資産（土地・家屋）の所有者、所有者の代理人又は納税管理人等へ交付が可能	—
都市計画・建築	都市計画図（用途地域・容積率・建ぺい率等含む。）	都市計画部　都市計画課　計画G	東庁舎２階 大垣市丸の内２-29	0584-47-8694	担当窓口で閲覧が可能	市HP「（財）岐阜県建設研究センターが運用する「県域統合型GISシステム」
	都市計画証明（生産緑地等）	都市計画部　都市計画課　計画G	東庁舎２階 大垣市丸の内２-29	0584-47-8694	担当窓口で交付が可能	—
	白地図（地形図）	都市計画部　都市計画課　計画G	東庁舎２階 大垣市丸の内２-29	0584-47-8694	担当窓口で購入が可能	—
	開発登録簿、開発許可 開発指導要綱等	都市計画部　建築課　開発指導G	東庁舎２階 大垣市丸の内２-29	0584-47-8429	担当窓口で閲覧、交付が可能	市HPで開発指導要綱のダウンロードが可能
	建築計画概要書	都市計画部　建築課　建築指導G	東庁舎２階 大垣市丸の内２-29	0584-47-8436	担当窓口で閲覧、交付が可能	—
道路	建築基準法上の道路の判定、位置指定道路	建設部　管理課 （位置指定道路） 都市計画部　建築課	東庁舎２階 大垣市丸の内２-29	0584-47-8526 （位置指定道路） 0584-47-8436	担当窓口で閲覧が可能	市HP「（財）岐阜県建設研究センターが運用する「県域統合型GISシステム」
	道路台帳平面図	建設部　道路課	東庁舎２階 大垣市丸の内２-29	0584-47-8634	担当窓口で閲覧、交付が可能	市HP「（財）岐阜県建設研究センターが運用する「県域統合型GISシステム」

107 岐阜県大垣市（2/2）

法令	評価等に必要な書類等	担当課	担当所在（問合せ先）	電話	窓口対応	HP閲覧
道路等	道路境界確定図	建設部　管理課	東庁舎２階 大垣市丸の内２-29	0584-47-8526	担当窓口で対応可能	市HP「(財) 岐阜県建設研究センターが運用する「県域統合型GISシステム」
	都市計画道路予定図	都市計画部　都市計画課	東庁舎２階 大垣市丸の内２-29	0584-47-8694	担当窓口で閲覧が可能	―
	法定外公共物（里道、水路）	建設部　管理課	東庁舎２階 大垣市丸の内２-29	0584-47-8526	担当窓口で対応可能	―
	ライフライン（上下水道等）	上水道　水道部　水道課 維持監理G	東庁舎３階 大垣市丸の内２-29	0584-47-8692	担当窓口で閲覧、交付が可能	―
		下水道　水道部　下水道課 維持監理G		0584-47-8713	担当窓口で閲覧、交付が可能	
その他	周知の埋蔵文化財所在地図	教育委員会事務局　文化振興課	北庁舎３階 大垣市丸の内２-29	0584-47-8067	担当窓口で閲覧可能 FAX（059-354-8308）での照会も受付	市HP「(財) 岐阜県建設研究センターが運用する「県域統合型GISシステム」
	農地全般	農業委員会事務局	本庁２階 大垣氏丸の内２-29	0584-47-8614	担当窓口で各種許可等を申請	―
	土地区画整理図	都市計画部　都市計画課	東庁舎２階 大垣氏丸の内２-29	0584-47-8694	担当窓口で閲覧が可能	―
	土壌汚染	西濃総合庁舎　岐阜県西濃県事務所環境課	大垣市江崎町422-３	0584-73-1111	担当窓口で閲覧が可能	市HPにて「要措置区域」等の閲覧が可能

大垣市役所　〒503-8601　岐阜県大垣市丸の内二丁目29番地　電話 0584-81-4111（代表）
交通アクセス　●JR　大垣駅より徒歩約15分

108 三重県津市（1/2）

法令	評価等に必要な書類等	担当課	担当所在（問合せ先）	電話	窓口対応	HP閲覧
固定資産税	固定資産地番参考図	政策財務部　資産税課	本庁舎２階 津市西丸之内23-１	059-229-3132 (家屋担当) 059-229-3131 (土地担当)	担当窓口で閲覧が可能	—
	固定資産税路線価図	政策財務部　資産税課	本庁舎２階 津市西丸之内23-１	059-229-3132 (家屋担当) 059-229-3131 (土地担当)	担当窓口で閲覧が可能	—
	固定資産課税台帳・土地家屋名寄帳	政策財務部　資産税課	本庁舎２階 津市西丸之内23-１	059-229-3132 (家屋担当) 059-229-3131 (土地担当)	担当窓口で固定資産（土地・家屋）の所有者、所有者の代理人又は納税管理人等による閲覧が可能	—
	固定資産評価証明書 (固定資産公課証明書)	政策財務部　資産税課	本庁舎２階 津市西丸之内23-１	059-229-3132 (家屋担当) 059-229-3131 (土地担当)	担当窓口で固定資産（土地・家屋）の所有者、所有者の代理人又は納税管理人等へ交付が可能	—
都市計画・建築	都市計画図（用途地域・容積率・建ぺい率等含む。）	都市計画部　都市政策課	本庁舎５階 津市西丸之内23-１	059-229-3181	担当窓口で閲覧が可能	市HP「津市地図情報提供サービス（都市計画/認定道路等）でネット閲覧可能
	都市計画証明（生産緑地等）	都市計画部　都市政策課	本庁舎５階 津市西丸之内23-１	059-229-3181	担当窓口で交付が可能	—
	白地図（地形図）	都市計画部　都市政策課	本庁舎５階 津市西丸之内23-１	059-229-3181	担当窓口で購入が可能	市HP「津市地図情報提供サービス（都市計画/認定道路等）でネット閲覧可能
	開発登録簿、開発許可 開発指導要綱等	都市計画部　開発指導室	本庁舎５階 津市西丸之内23-１	059-229-3182	担当窓口で閲覧、交付が可能	市HPで開発指導要綱のダウンロードが可能
	建築計画概要書	都市計画部　建築指導課	本庁舎５階 津市西丸之内23-１	059-229-3185	担当窓口で閲覧、交付が可能	—
道路	建築基準法上の道路の判定、位置指定道路	都市計画部　建築指導課	本庁舎５階 津市西丸之内23-１	059-229-3185	担当窓口で閲覧が可能	市HP「津市地図情報提供サービス（都市計画/認定道路等）でネット閲覧可能
	道路台帳平面図	建設部　建設政策課	本庁舎５階 津市西丸之内23-１	059-229-3196	担当窓口で閲覧、交付が可能	市HP「津市地図情報提供サービス（都市計画/認定道路等）でネット閲覧可能

108 三重県津市（2/2）

法令	評価等に必要な書類等	担当課	担当所在（問合せ先）	電話	窓口対応	HP閲覧
道路等	道路境界確定図	建設部　建設政策課	本庁舎５階 津市西丸之内23-１	059-229-3196	担当窓口で対応可能	―
	都市計画道路予定図	都市計画部　都市政策課	本庁舎５階 津市西丸之内23-１	059-229-3181	担当窓口で閲覧が可能	市HP「津市地図情報提供サービス（都市計画/認定道路等）でネット閲覧可能
	法定外公共物（里道、水路）	建設部　建設政策課（旧津市内）	本庁舎５階 津市西丸之内23-１	059-229-3179	担当窓口で対応可能	―
		津北工事事務所（旧河芸、芸濃、美里及び安濃総合支所の所管区域並びに総合支所所管区域を除いた相川以北の区域）	津市安濃町川西1310-１	059-267-0181	担当窓口で対応可能	―
		津南工事事務所（久居、香良、一志、白山及び美杉総合支所並びに総合支所所管区域を除いた相川以南の区域）	津市久居新町3006	059-254-5351	担当窓口で対応可能	―
	ライフライン（上下水道等）	上水道　水道局　水道総務課	津市殿村５	059-237-5811	担当窓口で閲覧、交付が可能	―
		下水道　下水道局　下水道総務課		059-239-1031	担当窓口で閲覧、交付が可能	
その他	周知の埋蔵文化財所在地図	教育委員会事務局　生涯学習課	本庁舎６階 津市西丸之内23-１	059-229-0210	担当窓口で閲覧可能 FAX（059-229-4601）での照会も受付	市HPでネット閲覧可能
	農地全般	農業委員会事務局	本庁舎６階 津市西丸之内23-１	059-229-3176	担当窓口で各種許可等を申請	―
	土地区画整理図	都市計画部　津駅前北部土地区画整理事務所	（都市計画部） 本庁舎５階 津市西丸之内23-１	059-222-9517	担当窓口で閲覧が可能	所管は都市計画部になるが市の合併等で各地域総合事務所ごとの担当している
	土壌汚染	三重県　津地域防災総合事務所　環境室	津庁舎３階 津市桜橋３-446-34	059-223-5083	担当窓口で閲覧が可能	三重県HPで「要措置区域」等について閲覧可能

三重県津市　〒514-8611 三重県津市西丸之内23番１号　電話 059-229-3111（代表）
交通アクセス　●JR　近鉄：津駅より…車で約５分。　●近鉄：津新町駅より…徒歩で約10分。

109 三重県松阪市（1/2）

法令	評価等に必要な書類等	担当課	担当所在（問合せ先）	電話	窓口対応	HP閲覧
固定資産税	固定資産地番参考図	税務部　資産税課	本庁１階 松阪市殿町1340-１	0598-53-4033	担当窓口で閲覧が可能	—
	固定資産税路線価図	税務部　資産税課	本庁１階 松阪市殿町1340-１	0598-53-4033	担当窓口で閲覧が可能	—
	固定資産課税台帳・土地家屋名寄帳	税務部　資産税課	本庁１階 松阪市殿町1340-１	0598-53-4033	担当窓口で固定資産（土地・家屋）の所有者、所有者の代理人又は納税管理人等による閲覧が可能	—
	固定資産評価証明書 （固定資産公課証明書）	税務部　市民税課	本庁１階 松阪市殿町1340-１	0598-53-4028	担当窓口で固定資産（土地・家屋）の所有者、所有者の代理人又は納税管理人等へ交付が可能	—
都市計画・建築	都市計画図（用途地域・容積率・建ぺい率等含む。）	都市整備部　都市計画課 まちづくり計画室	第１分館 松阪市殿町1340-１	0598-53-4168	担当窓口で閲覧が可能	市HP「松阪市都市計画図」「用途地域図」「航空写真」で閲覧可能
	都市計画証明（生産緑地等）	都市整備部　都市計画課 まちづくり計画室	第１分館 松阪市殿町1340-１	0598-53-4168	担当窓口で交付が可能	市HP「松阪市都市計画図」「用途地域図」「航空写真」で閲覧可能
	白地図（地形図）	都市整備部　都市計画課 まちづくり計画室	第１分館 松阪市殿町1340-１	0598-53-4168	担当窓口で購入が可能	市HP「松阪市都市計画図」「用途地域図」「航空写真」で閲覧可能
	開発登録簿、開発許可 開発指導要綱等	都市整備部　建築開発課 開発係	第１分館 松阪市殿町1340-１	0598-53-4197	担当窓口で閲覧、交付が可能	市HPで開発指導要綱のダウンロードが可能
	建築計画概要書	都市整備部　建築開発課 審査係	第１分館 松阪市殿町1340-１	0598-53-4156	担当窓口で閲覧、交付が可能	—
道路	建築基準法上の道路の判定、位置指定道路	都市整備部　建築開発課 審査係	第１分館 松阪市殿町1340-１	0598-53-4156	担当窓口で閲覧が可能	—
	道路台帳平面図	都市整備部　維持監理課 監理係	第１分館 松阪市殿町1340-１	0598-53-4412	担当窓口で閲覧、交付が可能	—

109 三重県松阪市（2/2）

法令	評価等に必要な書類等	担当課	担当所在（問合せ先）	電話	窓口対応	HP閲覧
道路等	道路境界確定図	都市整備部　用地対策課　公用地係	第１分館 松阪市殿町1340-１	0598-53-4145	担当窓口で対応可能	―
	都市計画道路予定図	都市整備部　都市計画課　まちづくり計画室	第１分館 松阪市殿町1340-１	0598-53-4168	担当窓口で閲覧が可能	―
	法定外公共物（里道、水路）	都市整備部　維持監理課　監理係	本庁２階 松阪市殿町1340-１	0598-53-4412	担当窓口で対応可能	―
	ライフライン（上下水道等）	上水道：上下水道部　上水道建設課　維持係	第３分館２階 松阪市殿町1340-１	0598-53-4378	担当窓口で閲覧、交付が可能	―
		下水道：上下水道部　下水道建設課　下水道施設係	第３分館２階 松阪市殿町1340-１	0598-53-4132	担当窓口で閲覧、交付が可能	
その他	周知の埋蔵文化財所在地図	教育委員会事務局　文化財センター	松阪市外五曲町１	0598-56-6847	担当窓口で閲覧可能 FAX（0598-26-7374）での照会も受付	―
	農地全般	農業委員会事務局	本庁４階 松阪市殿町1340-１	0598-53-4137	担当窓口で各種許可等を申請	―
	土地区画整理図	都市計画課	第１分館 松阪市殿町1340-１	0598-53-4168	担当窓口で閲覧が可能	―
	土壌汚染	三重県　松阪地域防災総合事務所　環境室	松阪市高町138	0598-50-0530	担当窓口で閲覧が可能	三重県HPで「要措置区域」等について閲覧可能

松阪市役所　〒515-8515　三重県松阪市殿町1340番地１　電話 0598-53-4312（代表）
交通アクセス　●鉄道：近鉄　山田線「松阪駅」（JR側改札出口へ）　徒歩約15分
JR　紀勢本線「松阪駅」　徒歩約15分
●コミュニティバス：JR松阪駅から所要時間４分　「市役所前」下車

110 三重県鈴鹿市（1/2）

法令	評価等に必要な書類等	担当課	担当所在（問合せ先）	電話	窓口対応	HP閲覧
固定資産税	固定資産地番参考図	総務部　資産税課	本館２階 鈴鹿市神戸１-18-18	059-382-9007	担当窓口で閲覧が可能	―
	固定資産税路線価図	総務部　資産税課	本館２階 鈴鹿市神戸１-18-18	059-382-9007	担当窓口で閲覧が可能	―
	固定資産課税台帳・土地家屋名寄帳	総務部　資産税課	本館２階 鈴鹿市神戸１-18-18	059-382-9007	担当窓口で固定資産（土地・家屋）の所有者、所有者の代理人又は納税管理人等による閲覧が可能	―
	固定資産評価証明書（固定資産公課証明書）	地域振興部　戸籍住民課	本館１階 鈴鹿市神戸１-18-18	059-382-9013	担当窓口で固定資産（土地・家屋）の所有者、所有者の代理人又は納税管理人等へ交付が可能	―
都市計画・建築	都市計画図（用途地域・容積率・建ぺい率等含む。）	都市整備部　都市計画課	本館９階 鈴鹿市神戸１-18-18	059-382-9024	担当窓口で閲覧が可能	市HP「シティガイド/地理情報」により閲覧可能
	都市計画証明（生産緑地等）	都市整備部　都市計画課	本館９階 鈴鹿市神戸１-18-18	059-382-9024	担当窓口で交付が可能	―
	白地図（地形図）	都市整備部　都市計画課	本館９階 鈴鹿市神戸１-18-18	059-382-9024	担当窓口で購入が可能	市HP「シティガイド/地理情報」により閲覧可能
	開発登録簿、開発許可 開発指導要綱等	都市整備部　都市計画課	本館９階 鈴鹿市神戸１-18-18	059-382-9063	担当窓口で閲覧、交付が可能	市HPで開発指導要綱のダウンロードが可能
	建築計画概要書	都市整備部　建築指導課	本館９階 鈴鹿市神戸１-18-18	059-382-9048	担当窓口で閲覧、交付が可能	―
道路	建築基準法上の道路の判定、位置指定道路	都市整備部　建築指導課	本館９階 鈴鹿市神戸１-18-18	059-382-9048	担当窓口で閲覧が可能	市HP「シティガイド/地理情報」により閲覧可能
	道路台帳平面図	土木部　土木総務課	本館８階 鈴鹿市神戸１-18-18	059-382-9021	担当窓口で閲覧、交付が可能	市HP「シティガイド/地理情報」により閲覧可能

110 三重県鈴鹿市（2/2）

法令	評価等に必要な書類等	担当課	担当所在（問合せ先）	電話	窓口対応	HP閲覧
道路等	道路境界確定図	土木部　土木総務課	本館８階 鈴鹿市神戸１-18-18	059-382-9021	担当窓口で対応可能	－
道路等	都市計画道路予定図	都市整備部　都市計画課	本館９階 鈴鹿市神戸１-18-18	059-382-9063	担当窓口で閲覧が可能	市HPでネット閲覧可能
道路等	法定外公共物（里道、水路）	土木部　土木総務課	本館８階 鈴鹿市神戸１-18-18	059-382-9021	担当窓口で対応可能	－
道路等	ライフライン（上下水道等）	上水道：上下水道局　給排水課	上下水道局本館３階 鈴鹿市寺家町1170	059-368-1679 059-368-1681	担当窓口で閲覧、交付が可能	－
道路等	ライフライン（上下水道等）	下水道：上下水道局　給排水課	上下水道局本館１階 鈴鹿市寺家町1170	059-368-1662 059-368-1694	担当窓口で閲覧、交付が可能	－
その他	周知の埋蔵文化財所在地図	文化スポーツ部　文化財課	本館９階 鈴鹿市神戸１-18-18	059-382-9031	担当窓口で閲覧可能 FAX（059-382-9071）での照会も受付	市HP「シティガイド/地理情報」により閲覧可能
その他	農地全般	農業委員会事務局	本館７階 鈴鹿市神戸１-18-18	059-382-9018	担当窓口で各種許可等を申請	－
その他	土地区画整理図	都市整備部　都市計画課	本館９階 鈴鹿市神戸１-18-18	059-382-9024	担当窓口で閲覧が可能	－
その他	土壌汚染	三重県　鈴鹿地域防災総合事務所	鈴鹿庁舎２階 鈴鹿市西条５-117	059-382-8675	担当窓口で閲覧が可能	三重県HPで「要措置区域」等について閲覧可能

鈴鹿市役所　〒513-8701　三重県鈴鹿市神戸一丁目18番18号　電話 059-382-1100
交通アクセス　●伊勢鉄道鈴鹿駅から徒歩約10分
●近鉄鈴鹿市駅から徒歩約５分

111 三重県四日市市（1/2）

法令	評価等に必要な書類等	担当課	担当所在（問合せ先）	電話	窓口対応	HP閲覧
固定資産税	固定資産地番参考図	財政経営部　資産税課	本庁舎２階 四日市市諏訪町１-５	059-354-8134	担当窓口で閲覧が可能	—
	固定資産税路線価図	財政経営部　資産税課	本庁舎２階 四日市市諏訪町１-５	059-354-8134	担当窓口で閲覧が可能	—
	固定資産課税台帳・土地家屋名寄帳	財政経営部　資産税課	本庁舎２階 四日市市諏訪町１-５	059-354-8134	担当窓口で固定資産（土地・家屋）の所有者、所有者の代理人又は納税管理人等による閲覧が可能	—
	固定資産評価証明書 （固定資産公課証明書）	財政経営部　市民税課	本庁舎２階 四日市市諏訪町１-５	059-354-8132	担当窓口で固定資産（土地・家屋）の所有者、所有者の代理人又は納税管理人等へ交付が可能	—
都市計画・建築	都市計画図（用途地域・容積率・建ぺい率等含む。）	都市整備部　都市計画課	本庁４階 四日市市諏訪町１-５	059-354-8272	担当窓口で閲覧が可能	市HP「四日市市公開型GIS」の「各種法規制等の地図」で検索可能
	都市計画証明（生産緑地等）	都市整備部　都市計画課	本庁４階 四日市市諏訪町１-５	059-354-8272	担当窓口で交付が可能	—
	白地図（地形図）	都市整備部　都市計画課	本庁４階 四日市市諏訪町１-５	059-354-8272	担当窓口で購入が可能	—
	開発登録簿、開発許可 開発指導要綱等	都市整備部　開発審査課	本庁４階 四日市市諏訪町１-５	059-354-8196	担当窓口で閲覧、交付が可能	市HPで開発指導要綱のダウンロードが可能
	建築計画概要書	都市整備部　建築指導課	本庁４階 四日市市諏訪町１-５	059-354-8206	担当窓口で閲覧、交付が可能	—
道路	建築基準法上の道路の判定、位置指定道路	都市整備部　道路管理課	本庁６階 四日市市諏訪町１-５	059-354-8210	担当窓口で閲覧が可能	市HP「四日市市公開型GIS」の「建築基準法道路図」で検索可能
	道路台帳平面図	都市整備部　道路管理課	本庁６階 四日市市諏訪町１-５	059-354-8210	担当窓口で閲覧、交付が可能	市HP「四日市市公開型GIS」の「認定道路網図」で検索可能

111 三重県四日市市（2/2）

法令	評価等に必要な書類等	担当課	担当所在（問合せ先）	電話	窓口対応	HP閲覧
道路等	道路境界確定図	都市整備部　用地課	本庁6階 四日市市諏訪町1-5	059-354-8217	担当窓口で対応可能	―
道路等	都市計画道路予定図	都市整備部　都市計画課	本庁4階 四日市市諏訪町1-5	059-354-8272	担当窓口で閲覧が可能	市HPでネット閲覧可能
道路等	法定外公共物（里道、水路）	都市整備部　道路管理課	本庁6階 四日市市諏訪町1-5	059-354-8210	担当窓口で対応可能	―
道路等	ライフライン（上下水道等）	上水道：上下水道局　管理部　総務課	四日市市堀木1-3-18	059-354-8356（代）	担当窓口で閲覧、交付が可能	―
道路等	ライフライン（上下水道等）	下水道：上下水道局　下水建設課	四日市市堀木1-3-18	059-354-8223	担当窓口で閲覧、交付が可能	―
その他	周知の埋蔵文化財所在地図	教育委員会事務局　社会教育課	本庁9階 四日市市諏訪町1-5	059-354-8238	担当窓口で閲覧可能 FAX（059-354-8308）での照会も受付	市HP「四日市市公開型GIS」の「移籍情報」で検索可能
その他	農地全般	農業委員会事務局	本庁7階 四日市市諏訪町1-5	059-354-8271	担当窓口で各種許可等を申請	―
その他	土地区画整理図	都市整備部　市街地整備・公園課	本庁4階 四日市市諏訪町1-5	059-354-8200	担当窓口で閲覧が可能	―
その他	土壌汚染	環境部　環境保全課	本庁5階 四日市市諏訪町1-5	059-354-8188	担当窓口で閲覧が可能	市HPで「要措置区域」等について閲覧可能

四日市市役所　〒510-8601　三重県四日市市諏訪町1番5号　電話 059-354-8104（代表）
交通アクセス　●JR　四日市駅下車　徒歩
●近鉄　近鉄四日市駅下車　徒歩

第3章

収集する資料の解説

Ⅰ 固定資産税

代表的な担当窓口名称

東京都………都税事務所

大阪市………固定資産税グループ

名古屋市……固定資産税課

市町村の固定資産税評価に関する情報は、路線価地域の不動産のみならず、倍率地域の土地や建物等の評価に欠くことのできないものです。

以下、市町村で収集できる評価資料及び市町村に備え付け整備されている固定資産税関係の簿書等について説明します。

1 固定資産税地番参考図

次の図面は縮尺1000分の１で土地の地番ごとの形状が概ね正確に反映されています。このように精度がある程度高い場合は、評価する土地等の間口、奥行等の形状確認ができます。

関係する財産評価基本通達

15　奥行価格補正
16　側方路線影響加算
17　二方路線影響加算
18　三方又は四方路線影響加算
20　不整形地の評価

◆地番参考図

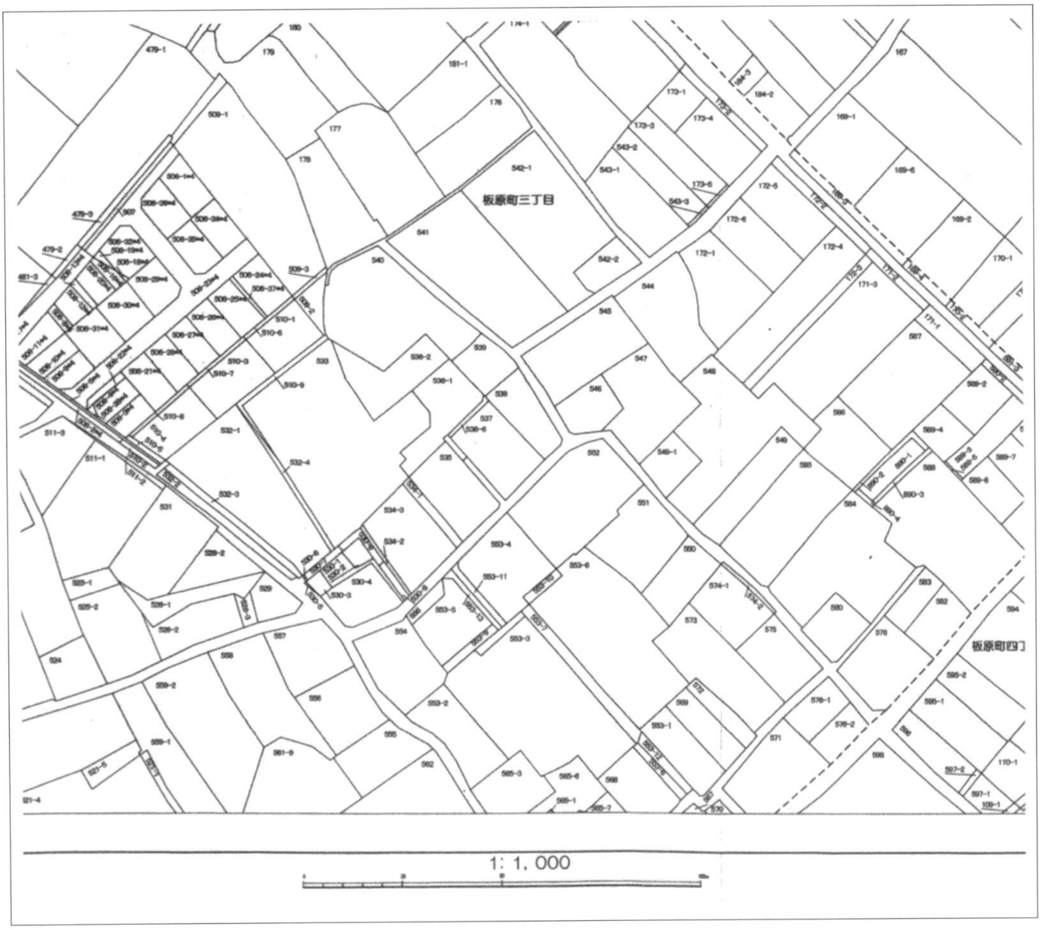

2 固定資産税路線価図

固定資産税路線価については、市町村役場で閲覧できます。また、インターネット（一般財団法人資産評価システム研究センターhttp://www.chikamap.jp/の全国地価マップなど）でも公開されています。

また、独自にインターネットで公開している市町村もあります。

次図でも明らかですが、行止まり道路は相続税では路線価が設定されないのが通常ですが、固定資産税では設定されます。このような行止まり道路の場合、相続税では特定路線価の設定依頼をする場合がありますが、公的評価である相続税路線価と固定資産税路線価は、前者は地価公示価格の80%程度、後者は地価公示価格の70%程度の評価水準で評定されることから、固定資産税路線価から前もって相続税路線価を推定することが可能です。

関係する財産評価基本通達
14-3　特定路線価

◈インターネット公開されている固定資産税路線価等（例）

（一般財団法人資産評価システム研究センター「全国地価マップ」より）

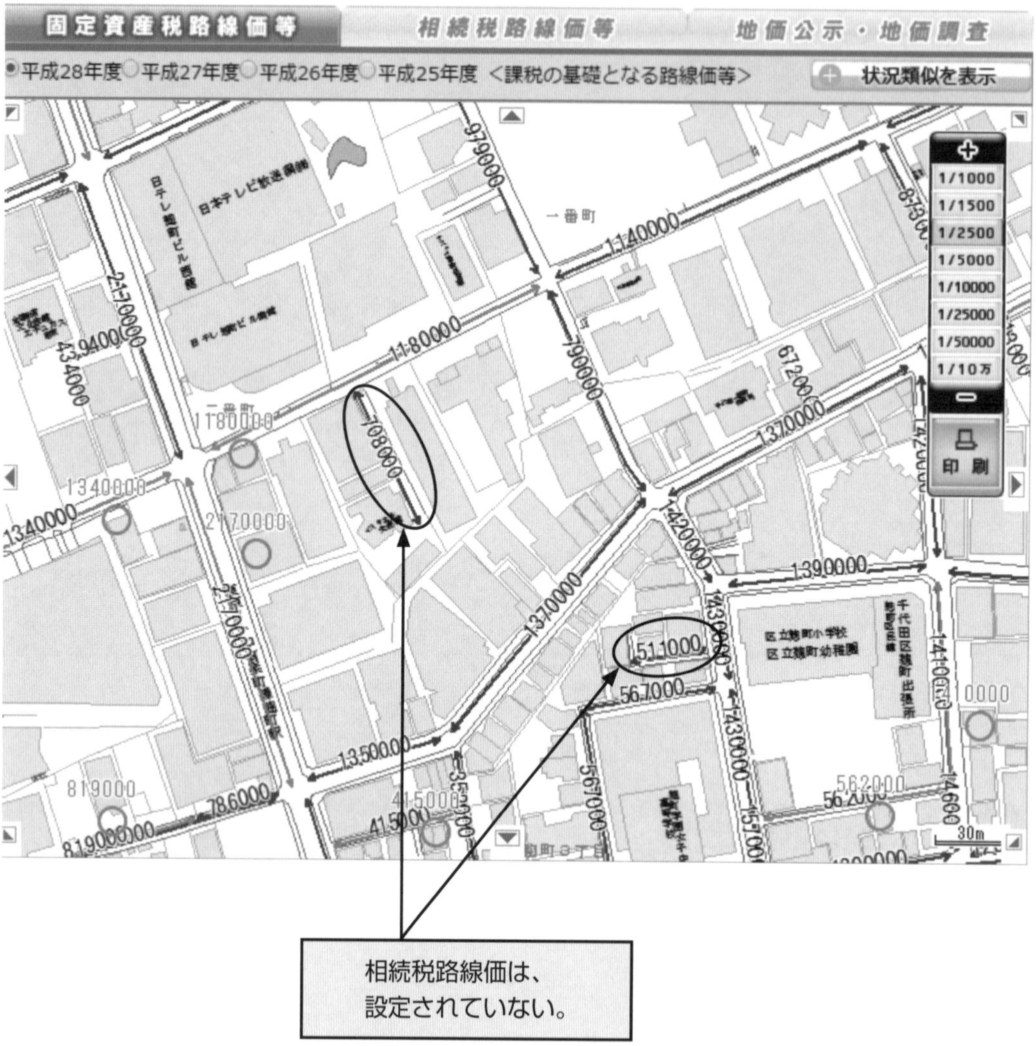

3 固定資産課税台帳

市町村は、固定資産税の課税のために、土地建物の調査を行って資料を整備しています。代表的なものは「固定資産課税台帳」で、記載事項は、地方税法により定められています。

関係する財産評価基本通達

21　倍率方式
21-2　倍率方式による評価
37　純農地の評価
38　中間農地の評価
39　市街地周辺農地の評価
40　市街地農地の評価
47　純山林の評価
48　中間山林の評価
49　市街地山林の評価

＜固定資産課税台帳（写・閲覧用）の表示例＞

固 定 資 産 課 税 台 帳 （ 写 ・ 閲 覧 用 ）

平 成 ◇◇ 年 度　神戸市〇〇区分　　　平成◇◇年４月１日

所 有 者　氏名又は名称　　神戸　太郎　外１人

種類	所在地番 家屋番号（補充番号）	登記地目又は課税上の種類・構造 課税地目又は課税上の屋根・階層	価格（評価額）（円） 登記地積又は登記床面積 課税地積又は課税床面積(㎡)	固定資産税比準課税標準額 固定資産税特例額（円） 都市計画税比準課税標準額 都市計画税特例額（円）	固定資産税課税標準額 固定資産税相当税額（円） 都市計画税課税標準額 都市計画税相当税額（円）	備考
土地 共有	○○町１丁目１００−１	宅地		＊	¥3,446,050	住宅用地適用
			¥25,267,000	¥4,211,166	¥48,244	市街化区域
		宅地	＊150.00	＊	¥8,422,333	
			＊150.00	¥8,422,333	¥25,266	
家屋 共有	○○町１丁目１００−１	居宅		＊	¥7,523,200	
		木造	¥7,523,200	＊	¥105,324	市街化区域
		瓦葺	＊100.00	＊	¥7,523,200	
	１００−１−１	２階建	＊100.00	＊	¥22,569	

○土地の登記地目、又は家屋の課税上の種類と構造を表示しています。

○土地の課税地目、又は家屋の課税上の屋根と階層を表示しています。

○土地は、所在地番を表示しています。
○家屋は、所在地番と家屋番号を表示しています。
未登記家屋は、補充番号を()書きで表示しています。

○上段：土地と家屋の区分を表示しています。
○中段：共有物件は「共有」と表示しています。
共用土地は「共用」と表示しています。
○下段：家屋を棟単位で出力した場合に棟番号を表示しています。

○土地、又は家屋の評価額を表示しています。

○上段：土地の登記地積、又は家屋の登記床面積を表示しています。
○下段：土地の課税地積、又は家屋の課税床面積を表示しています。区分所有家屋の場合、各々の専有部分の持ち分によって共用部分を按分して求めた共用面積を含みます。

○土地、又は家屋の課税標準額(固定資産税・都市計画税)を表示しています。この額に税率をかけると下段の相当税額になります。
〔税率〕　固定資産税：1.4%　　都市計画税：0.3%

○土地、又は家屋の相当税額(固定資産税・都市計画税)を表示しています。なお、税額の軽減や減免が適用されている場合の相当税額は、減額後の税額を表示しています。

○住宅用地の特例等を適用した後の特例額を表示しています。

○分合筆等によって新たにできた土地については、類似土地の課税標準額に比準して計算した額を表示しています。

○土地と家屋別に次のような備考を表示しています。
〔土地〕
１段目：住宅用地・一部住宅用地・非住宅用地の区別
２段目：市街化区域・調整区域・市街化区域農地の区別
３段目：非課税物件の場合、その事由を条文で表示
４段目：仮換地指定がある場合、従前地・仮換地の区別
減免適用の表示
海没地の表示
〔家屋〕
１段目：補充台帳の表示
２段目：市街化区域・調整区域の区別
３段目：非課税物件の場合、その事由を条文で表示
４段目：減免適用の表示
未完成家屋の表示

4 土地名寄帳及び家屋名寄帳

固定資産課税台帳は、地番ごと又は家屋番号ごとに作成されていますが、所有者ごとにまとめられていません。

そこで、市町村は、固定資産課税台帳に基づいてこれを各納税義務者ごとにまとめた次の名寄帳を作成して備えることとされています（地方税法第387条第1項）。

これによって、市町村は、はじめて固定資産税の課税事務を進めていくことができることとなります。また、免税点の判定もこの名寄帳を基礎として行うこととなります。

参考 名寄帳の記載事項

(1) 土地名寄帳
納税義務者の住所及び氏名又は名称、土地の所在、地目、地積、価格等

(2) 家屋名寄帳
納税義務者の住所及び氏名又は名称、家屋番号、床面積、価格等

関係する財産評価基本通達

21 倍率方式
21-2 倍率方式による評価
37 純農地の評価
38 中間農地の評価
39 市街地周辺農地の評価
40 市街地農地の評価
47 純山林の評価
48 中間山林の評価
49 市街地山林の評価

平成２５年度　賦課期日　平成２５年１月１日

土地・家屋名寄帳

平成２５年１２月２５日

納税義務者住所	〒593-[redacted] [redacted]丁９４番地４ 〒	納税義務者氏名・名称	[redacted] 外1名 様	通知書番号	8641-4874-4
				ページ	1/ 1

区分	固定資産税課税標準額(円)	都市計画税課税標準額(円)	区分	固定資産税(円)	都市計画税(円)	区分	固定資産税(円)	都市計画税(円)
土地①	1621444	3242889	差引前税額④	96100	25400	減免税額⑧	0	0
家屋②	5248142	5248142	共有税額⑤	0	0	確定税額(④+⑤-⑥-⑦-⑧)	96100	25400
合計(①+②)③	6869000	8491000	軽減税額⑥	0	0	差引後税額	96100	25400
			免除税額⑦	0	0	徴収猶予税額	0	0

区分	年税額(円)	第1期(円)	第2期(円)	第3期(円)	第4期(円)	過年1(円)	過年2(円)	過年3(円)	過年4(円)
確定税額	121500	31500	30000	30000	30000	0	0	0	0
徴収猶予税額	0	0	0	0	0	0	0	0	0
納付税額	121500	31500	30000	30000	30000	0	0	0	0

区分	所在地名称 / 登記地目/種類 / 現況地目/構造	屋根 / 編冊番号	登記地積(㎡) / 課税地積(㎡)	登記延床面積(㎡) / 課税延床面積(㎡)	画・外	家屋番号	市街化区分 / 建築年	住非区分/用途 / 階層/戸数	前年度固定資産税課税標準額(円) / 前年度都市計画税課税標準額(円)	価格(評価額)(円) / 固定資産税課税標準額(円) / 都市計画税課税標準額(円)	特例・減免	物件番号 / 固定資産税軽減税額等(円) / 都市計画税軽減税額等(円)	室番 / 固定資産税相当額(円) / 都市計画税相当額(円)	備考
土	[redacted]丁９４番４				1					9728668		01425595		
	宅地		154.60				市街化	専用住宅	1647417	1621444			22700	
地	宅地		154.60					1	3294835	3242889			9728	
家	[redacted]丁９４番地４				0	[redacted]丁９４－４				5248142		00326432		
	居宅	セメント瓦		146.58			市街化	専用普通		5248142			73473	
屋	木造	1411139001		146.58			H09	2		5248142			15744	

5 固定資産課税台帳の閲覧

(1) 閲覧に必要なもの（大阪市の場合）

・公簿閲覧申請書
・印鑑
・申請窓口に行く者の確認資料（次の書類のうち、いずれか1点を持参）

運転免許証、パスポート（旅券）、健康保険証、年金手帳、住民基本台帳カード、納税通知書、その他公の機関が発行した資格証明書又はそれに準ずるもの

本人の代理人が申請する場合は、上記のほか代理権限授与通知書、委任状などの委任の旨を証する書類が必要です。

なお、相続等された不動産が複数の市町村に所在しているときは、不動産が所在している市町村ごとに漏れがないよう確認する必要があります。

関係する財産評価基本通達

21　倍率方式
21-2　倍率方式による評価
37　純農地の評価
38　中間農地の評価
39　市街地周辺農地の評価
40　市街地農地の評価
47　純山林の評価
48　中間山林の評価
49　市街地山林の評価

⑵　固定資産課税台帳の閲覧申請のひな型

（大阪市ホームページより）

整理番号

決裁			

公簿閲覧申請

平成　　年　　月　　日

らて先)大阪市長

申請者　住所

　　　　氏名印

所有者との関係	本人、代理人、納税管理人、その他（　　　　）						
確認	本人確認書類等	納税通知書等	売買契約書等	委任状等	賃貸借契約書等	処分をする権利を有する書類等	その他

次の公簿の閲覧を申請します。

閲覧事項			
所有者住所			
所有者氏名			
公簿の種類	数量	資産所在地	備考
土地課税台帳		区　町通　番	
		区　町通　番	
		区　町通　番	
家屋課税台帳		区　町通　番地	
		区　町通　番地	
		区　町通　番地	
償却資産課税台帳			

数量計		閲覧手数料	円

6 固定資産評価証明書

固定資産評価証明書は、固定資産税（地方税）の課税の基礎となる評価額が記載された証明書です。

不動産の所在地を管轄する市町村などの固定資産税の課税担当窓口で、所有している全ての物件の評価証明書を申請の上、交付を受けて確認することができます。

建物の相続税の評価額は、原則としてこの固定資産税の評価額を基に計算します。また、土地等の相続税の評価においても、路線価の設定されていない倍率地域ではこの固定資産税の評価額が基礎になります。

① 評価証明書は次の事項を記載した証明書です。
（土地について）
土地の所有者の住所、氏名又は名称、その所在、地番、登記地目、課税地目、登記地積、課税地積、当該物件の評価額、共用部分である場合はその持分
（家屋について）
家屋の所有者の住所、氏名又は名称、その所在、家屋番号（未登記家屋の場合でも固定資産税が課税されている場合は、未登記である旨の表記がなされています。）、種類、構造、登記床面積（未登記家屋の場合でも固定資産税が課税されている場合は記載されています。）、課税床面積、当該物件の評価額、共用部分である場合はその持分、建築年
② 公課証明書
公課証明書は、評価証明書の記載事項に加え、固定資産税、課税標準額、都市計画税課税標準額、税相当額を記載したもので、証明書の様式は、市町村によって違いますが、記載内容はほぼ同じです。

倍率地域の農地、山林、雑種地等で宅地比準方式により評価する場合には、申請の際に近傍宅地の評価額を固定資産評価証明書に付記してもらうように留意します。

なお、相続税評価額を算出するための基礎となる固定資産税評価額は、地方税法等の規定によって減額調整された固定資産税の課税標準額とは異なりますので留意してください。

また、固定資産税の課税通知書に記載されている評価額（課税標準額）を誤って用いることのないように留意してください。

倍率地域の土地や建物の財産評価に当たっては、必ず市区町村などの担当の窓口で固定資産評価証明書を申請し、相続税等の申告書に添付する必要があります。

また、固定資産税評価額は、原則として３年ごとに評価額が改定されます。しかし、最近の地価下落を反映させるための時点修正や、地目等の変更等よって評価額が改定されていることもありますので、相続税等の課税年分と同じ年度の評価証明書を申請する必要があります。申請時に特に指定しない場合には、最新の年度の評価証明書が交付されますの

で注意が必要です。

関係する財産評価基本通達

21　倍率方式

21-2　倍率方式による評価

37　純農地の評価

38　中間農地の評価

39　市街地周辺農地の評価

40　市街地農地の評価

47　純山林の評価

48　中間山林の評価

49　市街地山林の評価

◆固定資産評価証明書（例）

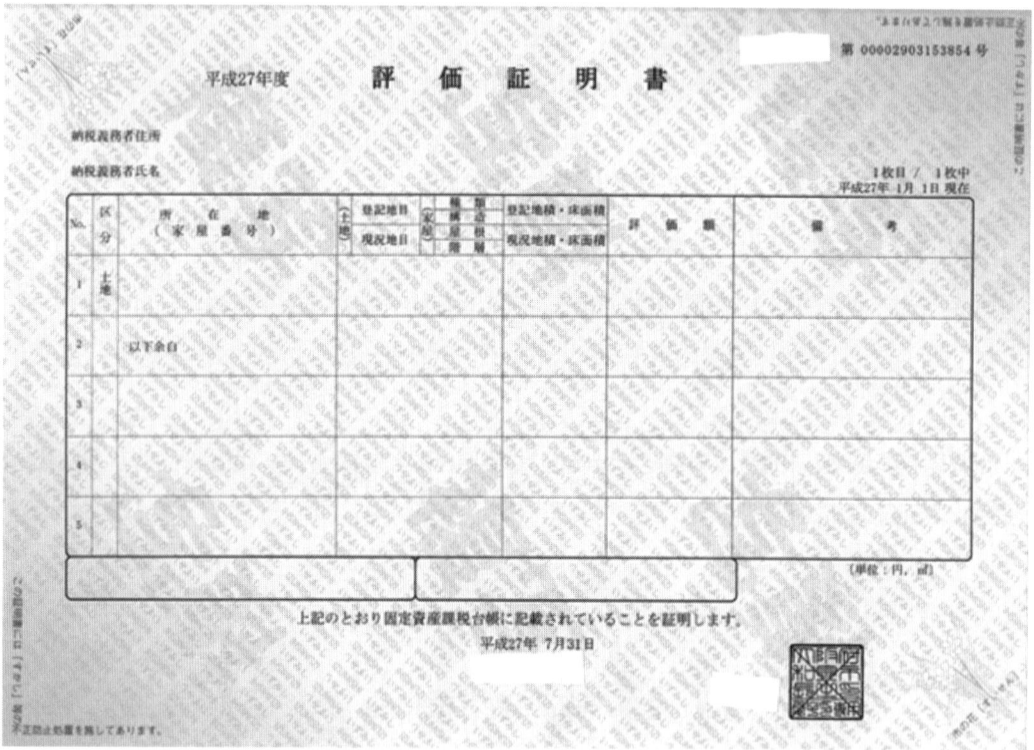

第 00002903153854 号

平成27年度　評　価　証　明　書

納税義務者住所

納税義務者氏名

1枚目 / 1枚中
平成27年 1月 1日 現在

No.	区分	所在地（家屋番号）	(土地) 登記地目／現況地目	(家屋) 種類／構造／屋根／階層	登記地積・床面積／現況地積・床面積	評価額	備考
1	土地						
2		以下余白					
3							
4							
5							

（単位：円，㎡）

上記のとおり固定資産課税台帳に記載されていることを証明します。

平成27年 7月31日

不正防止処置を施してあります。

7 固定資産税課税明細書

固定資産税課税明細書とは、市町村で収集する資料ではなく、毎年4月前後に市町村から納税義務者へ送られてくる固定資産税の納税通知書のことです。

固定資産税の納税義務者は1月1日現在の所有者で、年度の途中で売買等により所有者が変わっても、納税義務者は変更されません。

課税地積は、課税のために採用する地積です。原則として登記上の地積によりますが、現況地積が登記上の地積と相違する場合などは、現況地積で課税されることもあります。

建物の床面積は、市町村が独自に調査した数量であり、必ずしも登記面積と一致しません。増改築したのに変更登記をしていない建物や未登記の建物については、市町村が調査した結果に基づき、現状の床面積を記載してあります。

関係する財産評価基本通達

21　倍率方式
21-2　倍率方式による評価
37　純農地の評価
38　中間農地の評価
39　市街地周辺農地の評価
40　市街地農地の評価
47　純山林の評価
48　中間山林の評価
49　市街地山林の評価

◆課税明細書

平成28年度　固定資産税・都市計画税明細書

通知書番号　000[redacted]

[redacted]様

課税標準額	土地（円）	家屋（円）	償却資産（円）	㋑合計（円）
固定資産税分	1320744	4695326	0	6016000
都市計画税分	2641488	4695326		7336000

税額	㋺算出税額（円）㋑×税率	㋩減税（徴収猶予）額（円）	㊁軽減税額（円）	㋭減免額（円）	㋬差引税額（円）㋺-㋩-㊁-㋭	年税額（円）
固定分	84224	0	0	0	84200	106200
都計分	22008	0	0	0	22000	

備考

期別	第1期	第2期	第3期	第4期	全期（全納）
各期税額	28200円	26000円	26000円	26000円	106200円
納期限	平成28年 5月31日	平成28年 8月 1日	平成28年11月30日	平成29年 1月31日	平成28年 5月31日

[redacted]市

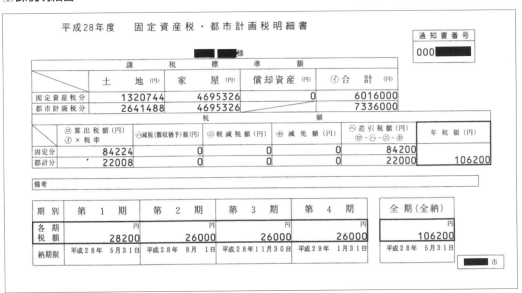

Ⅱ 都市計画法

代表的な担当窓口名称

東京都、大阪市、名古屋市……都市計画課

1 都市計画の内容が不動産評価に与える影響

都市計画の内容は、相続税等の不動産評価に影響を及ぼします。例えば、評価する土地等のうち、都市計画道路予定地となっている部分については、評価額を減額できる場合があります。

また、土地等が都市計画法による容積率が異なる地域にまたがっている場合には、評価額を調整して計算することもあります。それらを確認するために都市計画に関する図面(これを「都市計画図」といいます。)が必要になります。

都市計画の概要は、インターネットや市販されて公開されている都市計画図で調べるとわかることがあります。ただし、都市計画図は、縮小されて読みにくい場合があり、その場合は都市計画課に直接行って調べる必要があります。

都市計画図を読むときは、いつ作成されたものか、方位、縮尺などに注意してください。

2 都市計画図の読み方

都市計画図には、その都市の街づくりの方針実現のために、多くの都市計画が表示されています。都市計画については都市計画法に定められていますので、都市計画法を理解した上で、どのように都市計画が都市計画図に表現されているかを読み取ることが必要です。

関係する財産評価基本通達

23　余剰容積率の移転がある場合の宅地の評価

23-2　余剰容積率を移転している宅地又は余剰容積率の移転を受けている宅地

24-7　都市計画道路予定地の区域にある宅地の評価

関係する国税庁タックスアンサー

No.4628　市街化調整区域の雑種地の評価

◈都市計画図（京都市ホームページより）

京都市東山区の都市計画図です。用途地域、容積率、建ぺい率が表示されています。

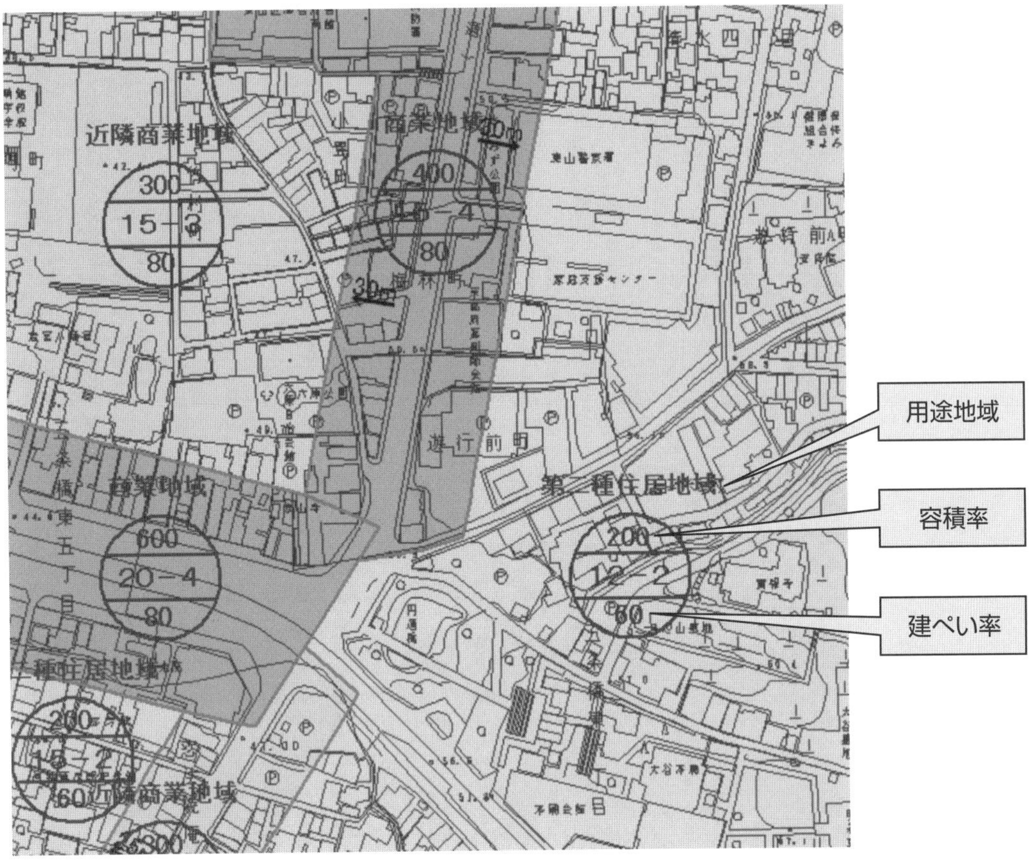

◆窓口で交付を受ける都市計画図等（例）

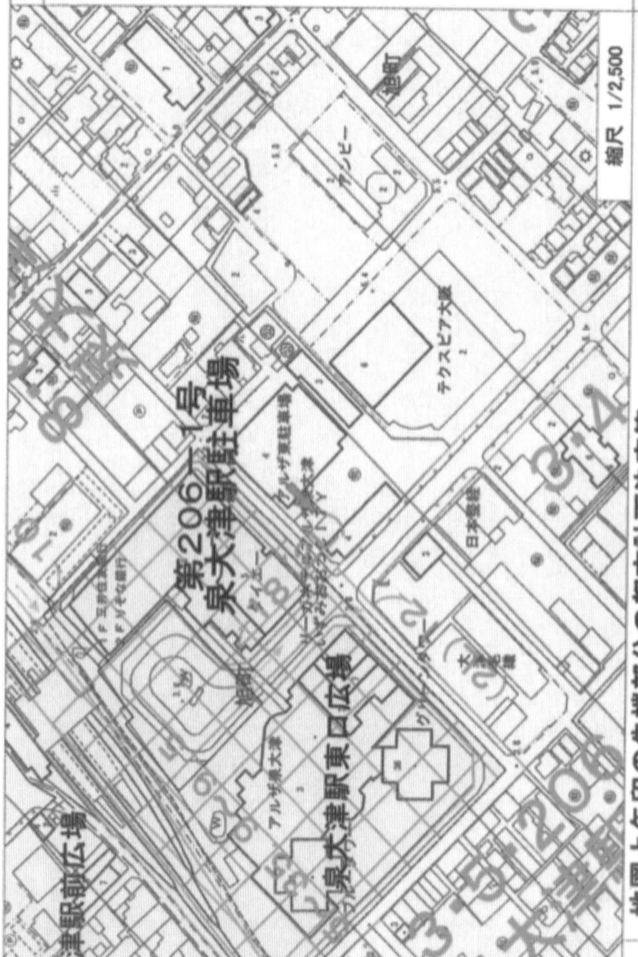

凡例

都市計画区域境界線
用途地域境界線
外壁後退1m
第1種低層住居専用地域
第1種中高層住居専用地域
第2種中高層住居専用地域
第1種住居地域
第2種住居地域
準住居地域
近隣商業地域
商業地域
準工業地域
工業地域
工業専用地域
高度利用地区
防火地域
準防火地域
風致地区［・高さ 15m以下 ・建ぺい率 40%以下 ・外壁後退（道路 1.8m以上 隣地1m以上）］
臨港地区
生産緑地地区
都市計画道路
都市計画公園・緑地
地区計画
その他の都市計画施設
建築協定区域

本市では、下表のとおり高度利用地区を定め、建物の建てられる制限を定めています。

地区名	建築物の容積率の最高限度（注2）	建築物の容積率の最低限度	建築物の建ぺい率の最高限度（注1）	建築物の建築面積の最低限度
泉大津駅東地区	45／10	20／10	7／10	200㎡
松之浜駅東地区	35／10	20／10	8／10	200㎡

（注1）建築基準法第53条第3項第1号又は第2号のいずれかに該当する建築物にあたっては1／10、同項第1号及び第2号に該当する建築物又は第5項第1号に該当する建築物にあたっては、2／10を加えた数値とする。

（注2）建築基準法第59条の2の規定により許可された建築物についてはこの限りではない。

泉大津市 都市政策部まちづくり政策課
情報更新 平成27年3月

地図上矢印の先端部分の都市計画決定等

下記の内容は、本市の都市計画を証明するものではありません。
また、お調べの土地が都市計画決定等の境界付近にある場合は係員に確認してください。

地域区分	区域区分	－
	用途地域	準工業地域
	建ぺい率・容積率	60% ・ 200%
	高度地区	指定なし
	高度利用地区	指定なし
	防火地域	準防火地域
	風致地区	指定なし
	臨港地区	指定なし
	生産緑地地区	指定なし

都市施設	道路	指定なし
	公園・緑地	指定なし ・ 指定なし
	その他	指定なし
市街地開発事業（＊）		指定なし
地区計画		指定なし
建築協定区域		指定なし
宅地造成工事規制区域		指定なし

（＊）事業完了している土地区画整理事業及び市街地再開発事業については、表示していません。

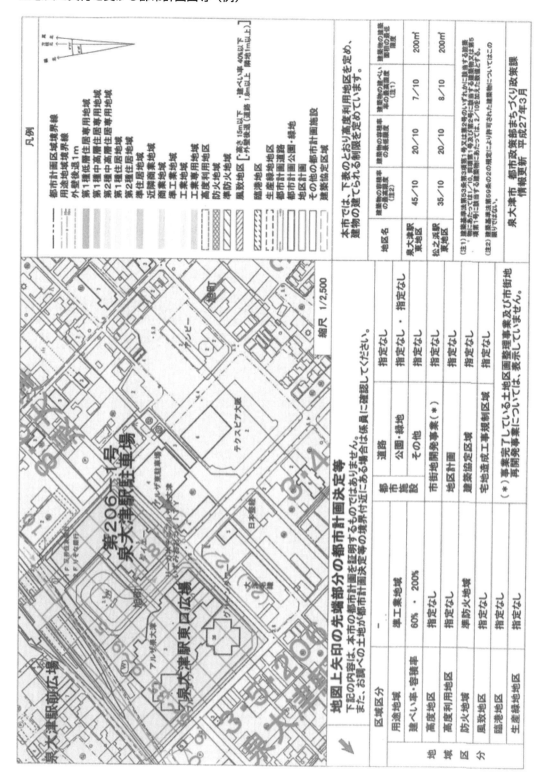

3 白地図（地形図）

代表的な担当窓口名称

東京都世田谷区……区政情報センター

大阪市………………企画振興部統計調査担当

名古屋市……………都市計画課

白地図（地形図）により、画地の形状、接面する道路の状況、土地等の標高を把握することができます。市町村により白地図（地形図）を設置、販売、閲覧できる場合とそうでない場合があります。

関係する財産評価基本通達

15　奥行価格補正

16　側方路線影響加算

17　二方路線影響加算

18　三方又は四方路線影響加算

◆白地図（地形図）（500分の１）

縮尺の大きい白地図（地形図）では、建物の配置や接面道路幅員の概数等を確認できます。

地 形 図

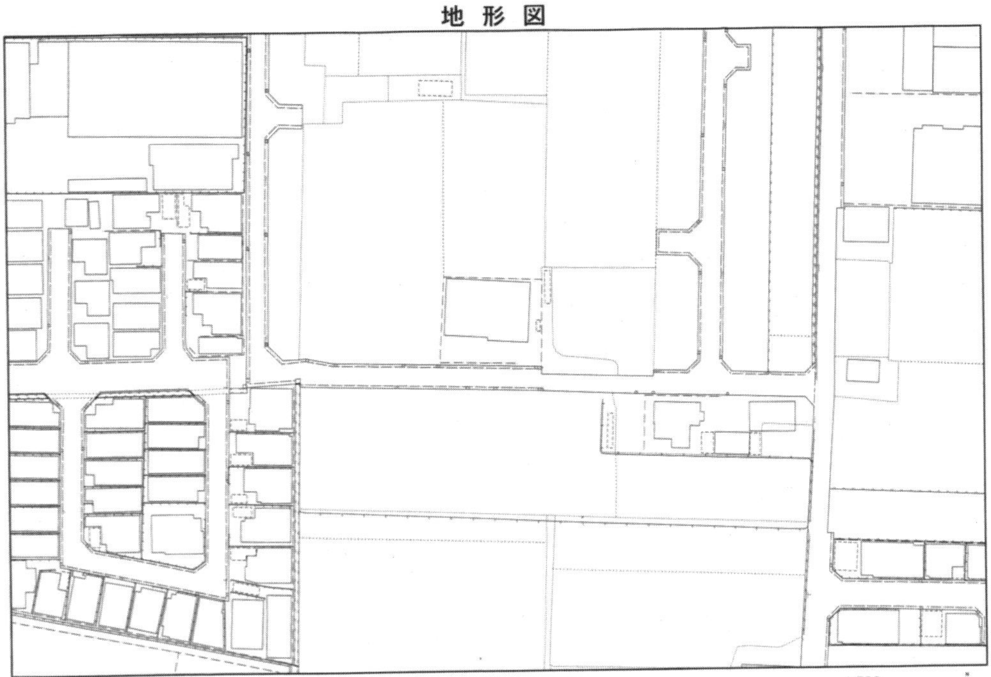

権利関係には使用できません　　1:500

◆地形図（白地図）（2,500分の１）

等高線が入った地図の場合は、三角関数を利用して土地の傾斜度を概測することができます。

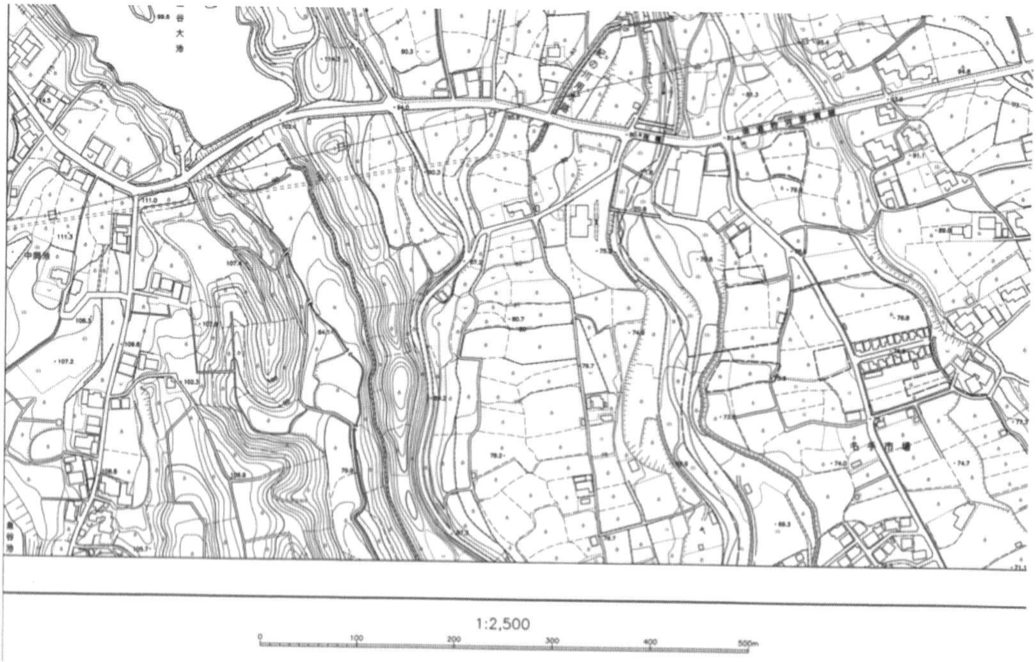

4 農地の納税猶予特例適用のための都市計画証明書（生産緑地地区）

代表的な担当窓口名称

東京都………都市計画課

大阪市………産業振興課

名古屋市……都市計画課

都市計画証明が必要な場合は、市街化区域および市街化調整区域の区域区分、用途地域、相続税の農地の納税猶予の特例適用を受ける場合等ですが、ここでは、相続税の農地の納税猶予特例適用に必要な生産緑地地区の証明について説明します。

生産緑地とは、都市計画のなかで市街化区域内農地が営農活動などの生産活動を通じて緑地機能を果たしていることを積極的に認めて、残り少ない市街化区域内農地を計画的に保全しようとするものです。

平成４年に三大都市圏の特定市における市街化区域農地は、生産緑地地区の指定により「保全する農地」と「宅地化する農地」への区分が行われ、固定資産税・都市計画税や相続税納税猶予の取扱いも、この区分に応じて改正されました。

評価対象となる農地等が生産緑地の場合には、生産緑地として指定された年月日により、相続税の財産評価額が変わります。

「農地の納税猶予特例適用のための都市計画証明書」は、不動産の所在地を管轄している市区町村の都市計画課等の窓口で申請します。なお、この証明書の名称は、市区町村によって異なります。「都市計画証明書」「納税猶予の特例適用の農地等該当証明書」などの名称で呼ばれています。

参考 生産緑地地区農地について

○　生産緑地地区に指定されたときに受けられる措置と制限される行為	
生産緑地地区に指定されたときに受けられる措置	市街化区域での農業を継続して行うことができる。
生産緑地地区に指定されたときに制限される行為	農地として管理することが義務付けられ、農地以外の利用ができない。ただし、指定後30年を経過したとき、又は主たる従事者が死亡したり農業に従事することを不可能とされる故障を有することとなったときは、買取りの申出ができる。
○　生産緑地地区農地の税金	
固定資産税	生産緑地地区の指定により固定資産税は農地として課税される。
相続税	市街化調整区域内農地と生産緑地地区農地は、相続税の農地の納税猶予の特例が適用ができる。

関係する財産評価基本通達

40-3　生産緑地の評価

租税特別措置法第70条の6

◆証明願及び証明書の例（東大阪市）

（相続税の納税猶予の特例適用を受ける場合の記入例）

別記様式第１

納税猶予の特例適用の農地等該当証明書

証　　明　　願

平成〇〇年〇〇月〇〇日

（あて先）東大阪市長

「相続税」又は「（贈与税）」の文字を二重線で抹消してください。

願出人は納税猶予の特例適用を受けようとする者に限ります。
願出人の住所、氏名を記入してください。

住所　東大阪市〇〇町〇丁目〇番〇〇号

氏名　東大阪　太郎　認印　㊞

個人印（認印）

相続税 ~~（贈与税）~~ の納税猶予の適用に関して必要があるため、下記に記載した農地又は採草放牧地について、次の① ~~（又は②）~~ のとおりであることを証明願います。

「①」又は「②」、「a」もしくは「b」に記載されている文字のそれぞれいずれか一方を二重線で抹消してください。

①　下記に記載した農地又は採草牧草地が、都市計画法第７条第１項に規定する市街化区域内に所在する同法第８条第１項第14号に掲げる生産緑地地区内又は同法第７条第１項に規定する市街化調整区域内に所在する農地又は採草放牧地であること。（納税猶予の対象となる農地等であること。）

~~②　下記に記載した農地又は採草牧草地が、a．平成９年４月１日／b．平成３年１月１日において都市計画法第７条第１項に規定する市街化区域内の農地又は採草放牧地であり、同法第８条第１項第14号に掲げる生産緑地地区外の土地の区域に所在する農地又は採草放牧地であること。（特定転用の対象となる農地等であること。）~~

（注）証明を受ける区分に応じ、①又は②、ａ若しくはｂのそれぞれいずれか一方を抹消してください。
（裏面の記載要領１及び２(2)欄をよく読んでください。）

（対象となる農地又は採草放牧地）　**東大阪市内に該当する農地はありませんので記入不要**

番号	農地又は採草放牧地の所在	地　目	面　積（㎡）	市街化区域内・外の別	生産緑地地区内・外の別	※　第二種生産緑地地区に関する都市計画の決定又は変更の日及び都市計画の失効の日
1	〇〇町〇丁目〇〇番〇	田	〇〇〇㎡	(内)・外	(内)・外	決定・変更日　・　・ 失効の日　・　・
2	〇〇町〇丁目〇〇番〇	畑	〇〇〇㎡の内〇〇〇㎡	(内)・外	(内)・外	決定・変更日　・　・ 失効の日　・　・
3	〇〇町〇丁目〇〇番〇	畑	〇〇〇㎡	(内)・外	(内)・外	決定・変更日　・　・ 失効の日　・　・
4	〇〇町〇丁目〇〇番〇	田	〇〇〇㎡	内・(外)	内・(外)	決定・変更日　・　・ 失効の日　・　・
5				内・外	内・外	決定・変更日　・　・
6					内・外	
7					内・外	決定・変更日　・　・ 失効の日　・　・
8					内・外	決定・変更日　・　・ 失効の日　・　・
9				内・外	内・外	決定・変更日　・　・ 失効の日　・　・
10				内・外	内・外	決定・変更日　・　・ 失効の日　・　・

生産緑地に指定されている場合（1～3）

市街化調整区域内農地の場合（4）

生産緑地に指定されている農地の場合は内に該当します。

申請地（地番）を記入してください。

面積を記入してください。

市街化調整区域に農地がある場合は外に該当します。この場合、生産緑地地区も外になります。

土地登記簿謄本に記載されている地目を記入してください。

※欄は、申請者が記載する必要はありません。

次の＿＿＿に該当するものであることを証明する。

①　上記に記載した農地又は採草牧草地が、都市計画法第７条第１項に規定する市街化区域内に所在する同法第８条第１項第14号に掲げる生産緑地地区内又は同法第７条第１項に規定する市街化調整区域内に所在する農地又は採草放牧地であること。

②　上記に記載した農地又は採草牧草地が、ａ．平成９年４月１日／ｂ．平成３年１月１日において都市計画法第７条第１項に規定する市街化区域内の農地又は採草放牧地であり、同法第８条第１項第14号に掲げる生産緑地地区外の土地の区域に所在する農地又は採草放牧地であること。

（注）証明を受ける区分に応じ、ａ又はｂのいずれか一方を抹消してください。（裏面の記載要領２(2)欄をよく読んでください。）

東大阪都都第　　　　号

平成　　年　　月　　日　　　　　東大阪市長　野田義和　㊞

Ⅲ 宅地開発等指導要綱、開発登録簿、土地利用計画図

代表的な担当窓口名称

東京都世田谷区……市街地整備課

大阪市………………開発誘導課

名古屋市……………開発指導課

1 宅地開発等指導要綱

宅地開発等指導要綱とは、良好な都市環境の整備などを目的として制定された行政指導の指針です。

宅地開発等指導要綱は、開発許可を必要とする面積基準や、公共公益的施設用地がどの程度必要になるのかを判断する基礎資料であり、財産評価基本通達24-4に規定する「広大地の評価」を行う場合、評価対象地の近隣地域等の開発状況を調べる際の参考として活用できます。

なお、宅地開発等指導要綱は、不動産の所在地を管轄する市町村などの担当窓口やホームページ等で入手できます。

関係する財産評価基本通達

24-4　広大地の評価

参考　東京都世田谷区の開発基準（「都市計画法」の規定に基づく開発行為の許可等に関する審査基準）の抜粋

2　道路

2-1　道路の計画

（1）道路の配置

都市計画法施行令第25条第1号

道路は、都市計画において定められた道路及び開発区域外の道路の機能を阻害することなく、かつ、開発区域外にある道路と接続する必要があるときは、当該道路と接続してこれらの道路の機能が有効に発揮されるように設計されていること。

2-2 道路の幅員等

（1）予定建築物等の敷地に接する道路

都市計画法施行令第25条第２号

予定建築物等の用途、予定建築物等の敷地の規模等に応じて、６m以上12m以下で国土交通省令で定める幅員（小区間で通行上支障がない場合は、４m）以上の幅員の道路が当該予定建築物等の敷地に接するように配置されていること。

ただし、開発区域の規模及び形状、開発区域の周辺の土地の地形及び利用の態様等に照らして、これによることが著しく困難と認められる場合であって、環境の保全上、災害の防止上、通行の安全上及び事業活動の効率上支障がないと認められる規模及び構造の道路で国土交通省令で定めるものが配置されているときは、この限りでない。

都市計画法施行規則第20条（道路の幅員）

令第25条第２号の国土交通省令で定める道路の幅員は、住宅の敷地又は住宅以外の建築物若しくは第一種特定工作物の敷地でその規模が1,000㎡未満のものにあっては６m（多雪地域で、積雪時における交通の確保のため必要があると認められる場合にあっては、８m）、その他のものにあっては９mとする。

都市計画法施行規則第20条の２

（令第25条第２号ただし書きの国土交通省令で定める道路）

令第25条第２号ただし書きの国土交通省令で定める道路は、次に掲げる要件に該当するものとする。

一　開発区域内に新たに道路が整備されない場合の当該開発区域に接する道路であること。

二　幅員が４m以上であること。

（中略）

３　公園、緑地、広場等

（１）開発区域の面積が0.3ha 以上５ha 未満の場合

都市計画法施行令第25条第１項第６号

開発区域の面積が0.3ha 以上５ha 未満の開発行為にあっては、開発区域に、面積の合計が開発区域の面積の３パーセント以上の公園、緑地又は広場が設けられていること。ただし、開発区域の周辺に相当規模の公園、緑地又は広場が存する場合、予定建築物等の用途が住宅以外のものであり、かつ、その敷地が一である場合等開発区域の周辺の状況並びに予定建築物等の用途及び敷地の配置を勘案して特に必要がないと認められる場合は、この限りでない。

（２）開発区域の面積が５ha 以上の場合

都市計画法施行令第25条第１項第７号

開発区域の面積が５ha 以上の開発行為にあっては、国土交通省令で定めるところにより、面積が１箇所300㎡以上であり、かつ、その面積の合計が開発区域の面積の３パーセント以上の公園（予定建築物等の用途が住宅以外のものである場合は、公園、緑地又は広場）が設けられていること。

都市計画法施行規則第21条（公園の設置基準）
　開発区域の面積が５ha 以上の開発行為にあっては、次に定めるところにより、その利用者の有効な利用が確保されるような位置に公園（予定建築物等の用途が住宅以外のものである場合は、公園、緑地又は広場）を設けなければならない。
１　公園の面積は、１箇所300㎡以上であり、かつ、その面積の合計が開発区域の面積の３パーセント以上であること。
２　開発区域の面積が20ha 未満の開発行為にあってはその面積が1,000㎡以上の公園が１箇所以上、開発区域の面積が20ha 以上の開発行為にあってはその面積が1,000㎡以上の公園が２箇所以上であること。

（中略）

９ 予定建築物の敷地面積の最低限度
（１）条例による予定建築物の敷地面積の最低限度に関する制限

都市計画法第33条第４項
　地方公共団体は、良好な住居等の環境の形成又は保持のため必要と認める場合においては、政令で定める基準に従い、条例で、区域、目的又は予定される建築物の用途を限り、開発区域内において予定される建築物の敷地面積の最低限度に関する制限を定めることができる。

都市計画法施行令第29条の３
　都市計画法第33条第４項（都市計画法第35条の２第４項において準用する場合を含む。）の政令で定める基準は、建築物の敷地面積の最低限度が200㎡（市街地の周辺その他の良好な自然的環境を形成している地域においては、300㎡）を超えないこととする。

世田谷区都市計画法に基づく開発許可の基準に関する条例第４条
　次に掲げる地域内においては、開発区域内において予定される建築物（以下「予定建築物という。」の敷地面積の最低限度は、別表第３に定める面積とする。ただし、当該予定建築物の敷地が建築基準法（昭和25年法律第201号）第53条の２第１項、都市計画法第12条の５第７項又は密集市街地における防災街区の整備の促進に関する法律（平成９年法律第49号）第32条第４項の規定による建築物の敷地面積の最低限度に関する制限を受ける場合において、これらの規定による最低限度が同表の規定による最低限度を超えるときは、この限りでない。
（１）　第一種低層住居専用地域
（２）　第二種低層住居専用地域
（３）　第一種中高層住居専用地域
（４）　第二種中高層住居専用地域
（５）　第一種住居地域
（６）　第二種住居地域
（７）　準住居地域
（８）　準工業地域
２　予定建築物の敷地が前項の規定による制限を受ける地域の内外にわたる場合においては、当該地域に属する部分が当該敷地の２分の１以上であるときは、当該敷地の全部について同項の規定を適用し、２分の１に満たないときは、当該敷地の全部について同項の規定を適用しない。

別表第３

予定建築物の敷地の建ぺい率	予定建築物の敷地面積の最低限度
40パーセント	100平方メートル
50パーセント	80平方メートル
60パーセント以上	70平方メートル

（以下省略）

2 開発登録簿と土地利用計画図

開発登録簿と土地利用計画図は、開発許可を受けた土地の許可内容をまとめたもので、担当窓口で閲覧や写しの交付を受けることができます。

また、前記の宅地開発指導要綱と同様に広大地の評価を行う場合、評価対象地の近隣地域等の開発状況を調べる際の参考として活用できます。

本書は開発登録簿の写しである
平成27年[redacted]月[redacted]日
京都市長 門川大作 京都市長

第22号様式

開発登録簿（調書）

<table>
<tr><td>開発者の住所
京都市伏見区[redacted]町316番地</td><td>開発者の氏名
[redacted]株式会社</td><td>許可の年月日及び番号
平成26年7月8日
第[redacted]号</td></tr>
<tr><td>承継人の住所</td><td>承継人の氏名</td><td>承認の年月日及び番号
平成　年　月　日
第　号</td></tr>
<tr><td>開発区域に含まれる地域の名称
京都市山科区[redacted]町１１番地及び１３番地の１</td><td colspan="2">変更（平成　年　月　日第　号許可）</td></tr>
<tr><td>開発区域の面積
1,681.33 平方メートル</td><td colspan="2">変更（平成　年　月　日第　号許可）
平方メートル</td></tr>
<tr><td>予定建築物等の用途
専用住宅（８戸）</td><td colspan="2">変更（平成　年　月　日第　号許可）</td></tr>
<tr><td colspan="3">地域地区等
☑市街化区域
□市街化調整区域
□都市計画区域以外の区域
（用途地域）近隣商業地域
（その他の地区）町並み型建造物修景地区</td></tr>
<tr><td colspan="3">公共施設の種類
道路</td></tr>
<tr><td>工事施行者の住所
京都市伏見区[redacted]町３１６番地</td><td colspan="2">工事施行者の氏名
[redacted]株式会社</td></tr>
<tr><td>工事着手予定年月日　平成　年　月許可日から　30日以内
工事着手年月日　平成26年9月1日</td><td colspan="2">工事完了予定年月日　平成　年　月着手日から　120日以内
工事完了年月日　平成26年10月11日</td></tr>
<tr><td colspan="3">法第４１条第１項の規定による制限</td></tr>
<tr><td>公共施設に関する工事完了検査の結果
（平成　年　月　日　検査済証交付）
（平成　年　月　日　工事完了公告）</td><td colspan="2">開発行為に関する工事完了検査の結果
（平成26年10月29日　検査済証交付）
（平成26年11月5日　工事完了公告）</td></tr>
<tr><td colspan="3">法第８１条第１項の規定による修正事項（平成　年　月　日）</td></tr>
<tr><td colspan="3">開発行為の中止・廃止（平成　年　月　日）</td></tr>
<tr><td colspan="3">備　考</td></tr>
</table>

区　名	山　科　区
整理番号	第[redacted]号

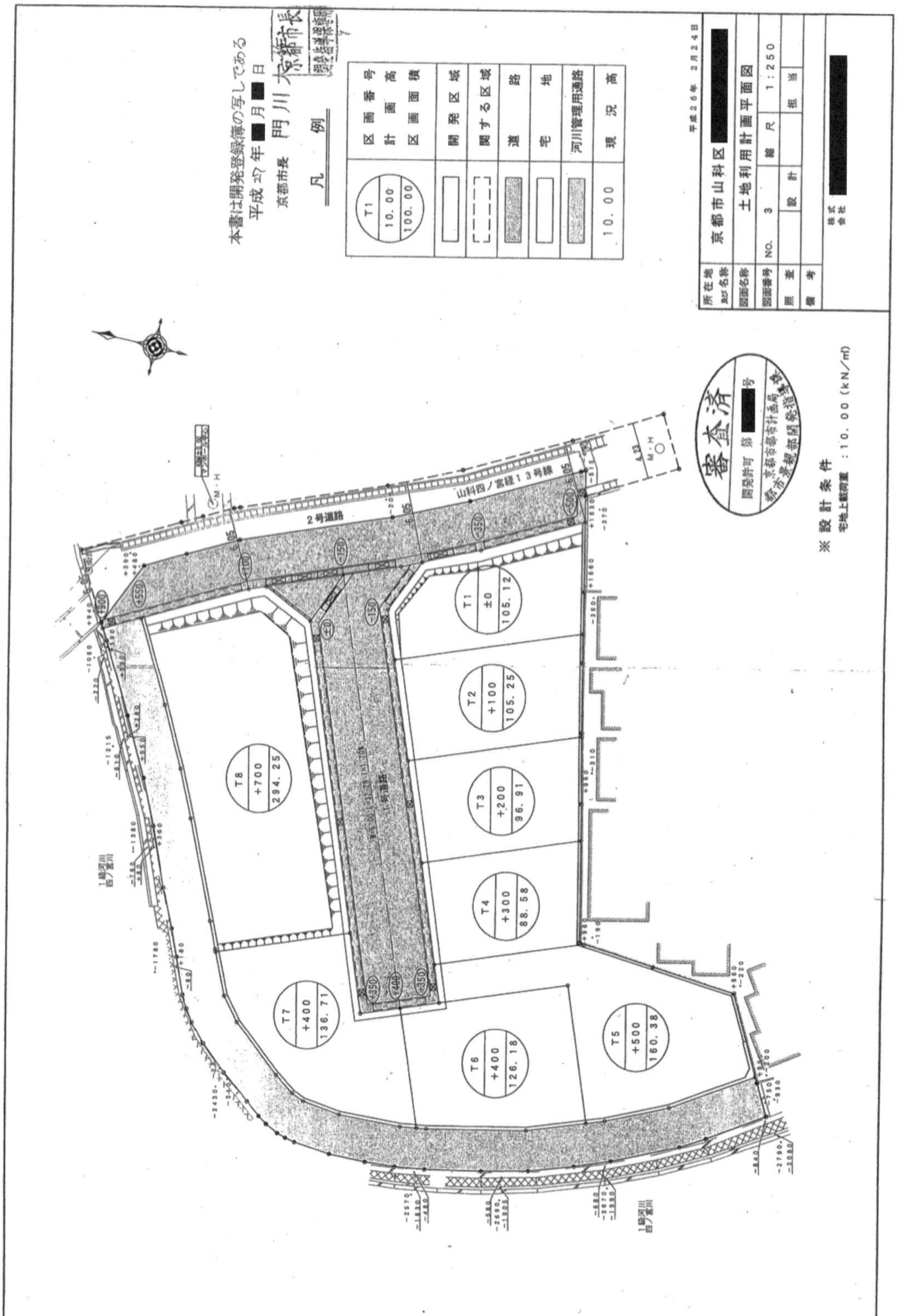

本書は開発登録簿の写しである
平成27年[redacted]月[redacted]日
京都市長 門川大作
京都市長
凡例
T1 10.00 100.00
区画番号 計画高 区画面積
開発区域
関する区域
道路
宅地
河川管理用通路
10.00 現況高
審査済
開発許可 第[redacted]号
京都市都市計画局
都市景観部開発指導課
※設計条件
宅地上載荷重 :10.00 (kN/㎡)
2号道路
1号道路
山科四ノ宮線13号線
M・H
T1 ±0 105.12
T2 +100 105.25
T3 +200 96.91
T4 +300 88.58
T5 +500 160.38
T6 +400 126.18
T7 +400 136.71
T8 +700 294.25
平成26年 2月24日
所在地 及び名称 京都市山科区[redacted]
図面名称 土地利用計画平面図
図面番号 NO. 3
縮尺 1:250
照査
設計
担当
備考
株式会社[redacted]

Ⅳ 建築計画概要書

代表的な担当窓口名称

東京都世田谷区……建築調整課

大阪市………………建築企画課

名古屋市……………建築審査課

1 建築計画概要書の内容

建築計画概要書とは、建築基準法に規定する建築確認等がなされた建築物等について、建築物の概要（建築物の建築主、建築場所、高さ、敷地・建築・延べ床の各面積など）やその建築物の配置を図示した図面、完了検査等の履歴が記載された書面で、市町村等の窓口において閲覧所を設置し、閲覧することができます。また、その写しの交付を受けることができます

建物密集地で土地の奥行が測定不可能な場合等に当該図面により、確認できます。

また、土地の面する前面道路の幅員等が確認でき、セットバックが必要か否かを確認できる場合等もあります。

なお、完了検査を受けていない場合、現況が建築計画概要書の内容どおりの敷地形状・建物であるかは不明であり、記載内容を鵜呑みにできません。

例えば敷地形状について、図面では角地の隅切りや道路の中心後退による敷地の一部道路に提供する計画等が記載されていても、実際は隅切り・中心後退が行われていない場合があります。

特に建築計画概要書の図面を利用する場合は、必ず現地で必ず図面の真偽の確認をしてください。

関係する財産評価基本通達

15　奥行価格補正

16　側方路線影響加算

17　二方路線影響加算

18　三方又は四方路線影響加算

20　不整形地の評価

24-6　セットバックを必要とする宅地の評価

◆建築計画概要書

仮受付番号	12606175	法第6条第1項　1号　(2号)　3号　4号
受付年月日	平成27年[redacted]月10日	計画変更前
受付番号	第H27-[redacted]号	第　　号
確認年月日	平成27年[redacted]月17日	計画変更後
確認番号	第技建認H27-[redacted]号	第　　号

建築計画概要書

(第一面)

北　27.[redacted].23

建築主等の概要

【1. 建築主】
【イ.氏名のフリガナ】[redacted]
【ロ.氏名】[redacted]
【ハ.郵便番号】〒531-[redacted]　【ニ.住所】大阪市北区[redacted]

【2. 代理者】
【イ.資格】（一級）建築士（大臣・　知事）登録第[redacted]号【ロ.氏名】[redacted]
【ハ.建築士事務所名】（一級）建築士事務所（大阪府）知事登録第[redacted]号
一級建築士事務所[redacted]
【ニ.郵便番号】〒550-[redacted]　【ホ.所在地】大阪市西区[redacted]
【ヘ.電話番号】TEL 06-6444-[redacted]

【3. 設計者】
(代表となる設計者)
【イ.資格】（一級）建築士（大臣・　知事）登録第[redacted]号【ロ.氏名】[redacted]
【ハ.建築士事務所名】（一級）建築士事務所（大阪府）知事登録第[redacted]号
一級建築士事務所[redacted]
【ニ.郵便番号】〒550-[redacted]　【ホ.所在地】大阪市西区[redacted]
【ヘ.電話番号】TEL 06-6444-[redacted]
【ト.作成又は確認した設計図書】設計図書一式(構造図及び計算書一式は除く)
(その他の設計者)
【イ.資格】（一級）建築士（大臣・　知事）登録第[redacted]号【ロ.氏名】[redacted]
【ハ.建築士事務所名】（一級）建築士事務所（兵庫県）知事登録第01A02330号
[redacted]設計事務所
【ニ.郵便番号】〒675-[redacted]　【ホ.所在地】兵庫県加古川市[redacted]
【ヘ.電話番号】TEL 079-451-[redacted]
【ト.作成又は確認した設計図書】構造図及び計算書一式
(構造設計一級建築士又は設備設計一級建築士である旨の表示をした者)
上記設計者のうち、
□建築士法第20条の2第1項の表示をした者
【イ.氏名】
【ロ.資格】構造設計一級建築士交付第　号
□建築士法第20条の2第3項の表示をした者
【イ.氏名】
【ロ.資格】構造設計一級建築士交付第　号
□建築士法第20条の3第1項の表示をした者
【イ.氏名】
【ロ.資格】設備設計一級建築士交付第　号
□建築士法第20条の3第3項の表示をした者
【イ.氏名】
【ロ.資格】設備設計一級建築士交付第　号

【4. 建築設備の設計に関し意見を聴いた者】　なし
(代表となる建築設備の設計に関し意見を聴いた者)
【イ.氏名】
【ロ.勤務先】
【ハ.郵便番号】〒　-
【ニ.所在地】
【ホ.電話番号】TEL　-　-
【ヘ.登録番号】
【ト.意見を聴いた設計図書】
(その他の建築設備の設計に関し意見を聴いた者)
【イ.氏名】
【ロ.勤務先】
【ハ.郵便番号】〒　-
【ニ.所在地】
【ホ.電話番号】TEL　-　-
【ヘ.登録番号】
【ト.意見を聴いた設計図書】

【5. 工事監理者】
(代表となる工事監理者)
【イ.資格】（一級）建築士（大臣・　知事）登録第[redacted]号【ロ.氏名】[redacted]
【ハ.建築士事務所名】（一級）建築士事務所（大阪府）知事登録第[redacted]号
一級建築士事務所[redacted]
【ニ.郵便番号】〒550-[redacted]　【ホ.所在地】大阪市西区[redacted]
【ヘ.電話番号】TEL 06-6444-[redacted]
【ト.工事と照合する設計図書】設計図書一式
(その他の工事監理者)
【イ.資格】（　）建築士（大臣・　知事）登録第　号【ロ.氏名】
【ハ.建築士事務所名】（　）建築士事務所（　）知事登録第　号
【ニ.郵便番号】〒　-　【ホ.所在地】
【ヘ.電話番号】TEL　-　-
【ト.工事と照合する設計図書】

【6. 工事施工者】
【イ.氏名】代表[redacted]
【ロ.営業所名】建設業の許可（大阪府知事）（般-22）登録第[redacted]号
株式会社[redacted]
【ハ.郵便番号】〒558-[redacted]　【ニ.所在地】大阪市住吉区[redacted]
【ホ.電話番号】TEL 06-6671-[redacted]

【7. 備考】(建築物の名称又は工事名、フリガナ)
[redacted]

2 建築計画概要書付属の付近見取図及び配置図

建物建設予定地の北側接面道路が建築基準法附則５項道路、東側が建築基準法第42条第２項道路であること及び道路中心線からの後退距離（セットバック）の記載が確認できます。

（付近見取図）

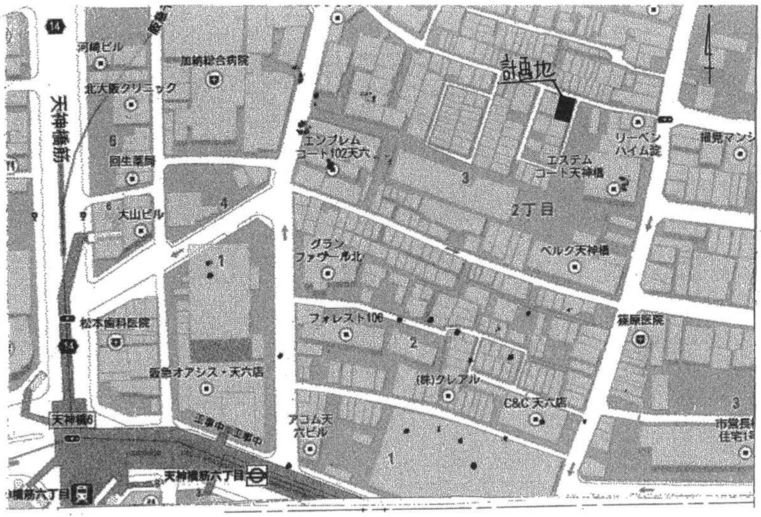

後退距離を示す。

（配置図）

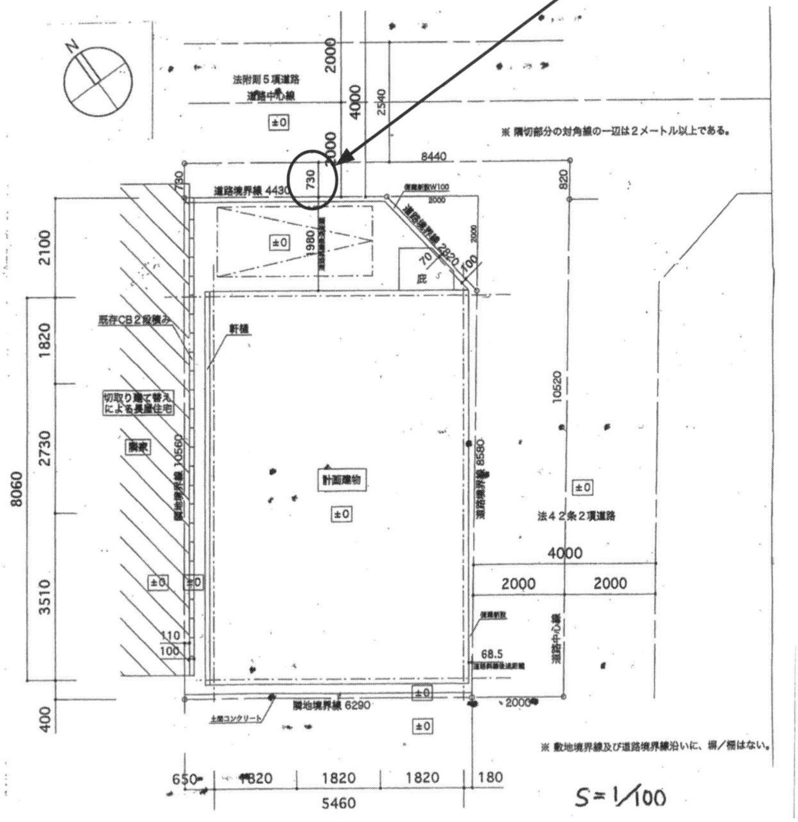

Ⅴ 道路

代表的な担当窓口名称

東京都世田谷区……建築安全課等

大阪市………………建築企画課等

名古屋市……………道路利活用課、建築指導課等

1 建築基準法上の道路

道路には様々な種類があり、道路法はじめ建築基準法や都市計画法等の行政法規により定められています。道路の有無及び道路幅員が、建物の建築が可能であるかどうか、また可能な場合はどのような容積の建物を建築できるかを決定し、土地等の評価に大きな影響を及ぼします。

以下、道路に関する知識と、道路が建築物の建築等に与える影響について説明します。

関係する財産評価基本通達

14-3　特定路線価

20-2　無道路地の評価

20-3　間口が狭小な宅地等の評価

24　私道の用に供されている宅地の評価

24-6　セットバックを必要とする宅地の評価

24-7　都市計画道路予定地の区域内にある宅地の評価

(1) 建築基準法上の道路の種別（建築基準法第42条）

建築基準法では、建物の建築が可能な道路について次ページの表のとおり規定されています。

幅員	条文（通称名）	道路の種類	区分	道路の性格等
4m以上	1号（認定道路）	道路法による道路	公道	国道、都道府県道、市町村道（高速道路を除く）（注1）
4m以上	2号（開発道路）	都市計画法、土地区画整理法、旧住宅地造成事業法又は都市再開発法等による道路	公道	都市計画として決定される都市計画事業・土地区画整理事業等により築造された道路
4m以上	3号（既存道路）	法施行（昭25.11.23）の際すでにあった道	公道 私道	都市計画区域の決定を受けたとき（建築基準法の施行の日にすでに都市計画区域の指定を受けていた区域については建築基準法施行の日）に現に存在する幅員4m以上の道路
4m以上	4号（計画道路）	道路法、都市計画法、土地区画整理法等で2年以内に事業が執行される予定のものとして特定行政庁（注2）が指定したもの	公道	実際には道路としての効用は果たしていない。
4m以上	5号（位置指定道路）	土地を建築物の敷地として利用するため、政令で定める基準に適合する私道を築造し、特定行政庁から指定を受けたもの	私道	道の基準は、特定行政庁で基準を定めることが可能
4m未満	2項（2項道路・みなし道路）	法施行の際、現に建物が建ち並んでいた幅員4m未満の道で特定行政庁が指定したもの	公道 私道	道路の中心線から2mの線をその道路の境界とみなす。ただし、道路の片側ががけ地、川、線路等に沿ってある場合は道路の反対側から4m後退の線を道路の境界とみなす。

（注1）国道・都道府県道・市町村道の管理等については、後述の「3　道路台帳平面図、道路境界確定図」を参照してください。

（注2）特定行政庁とは、建築主事を置く区域の自治体の長（知事又は市町村長）です。
なお、建築主事とは、都道府県又は市町村の職員で、建築基準適合判定資格者検定に合格し、国土交通省の登録を受けたものから、知事又は市町村長による任命を受けたものです。

(2) 接道義務

建築物の敷地は建築基準法上の道路に2m以上接しなければなりません（建築基準法第43条）。また、「接道義務」があるのは都市計画区域（及び準都市計画区域）内で、都市計画が定められていない区域では適用されません。

なお、上記の条件を満たしていない土地についても、周囲の状況及び建築物の条件により特定行政庁が建築を許可すれば、建物を建てることができます（「第43条1項ただし書き道路」といいます。）。ただし、この規定の具体的な取扱いは自治体により異なることもあります。

第43条第１項ただし書きによる許可は、接道義務についての例外的適用で、建築基準法第42条にいう道路に有効に接道できないときや、やむを得ない事情がある場合に適用するものです。

また、内容としては主に従前より道路状の形態をした空地がある場合や敷地の一部を道路状にすることのできるものがある場合において、特定行政庁が認めて建築審査会の同意を得たものについては、一定の条件の下で建築基準法上の道路に接したものと同様に取り扱うことができるというものです。

◈第43条第１項ただし書きにより許可される例

① 敷地の周囲に公園、緑地、広場等広い空き地を有している場合
② 敷地が農道その他これに類する公共の用に供する道（幅員４m以上のものに限る。）に２m以上接する場合
③ 敷地が、その建築物の用途、規模、立地及び構造に応じ、避難及び通行の安全等の目的を達成するために十分な幅員を有する通路であって、道路に通ずるものに有効に接する場合

◈第43条１項ただし書き道路のイメージ図

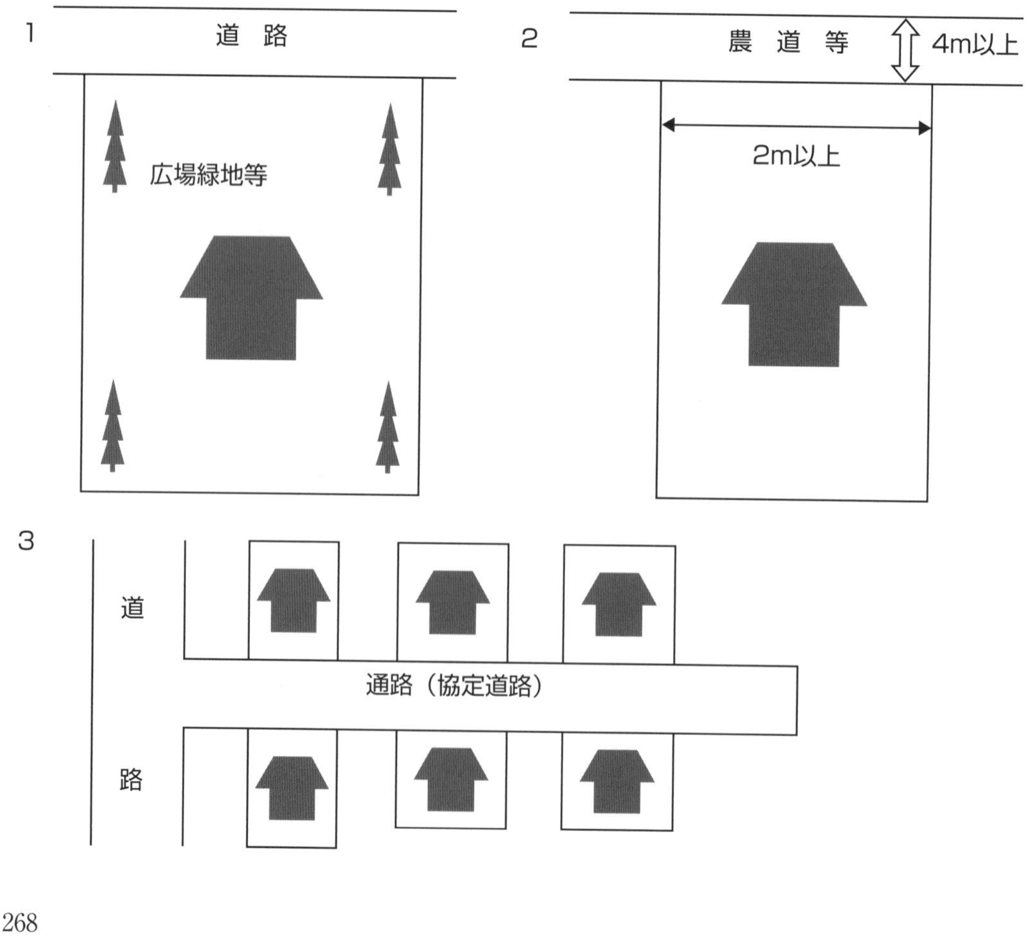

2 開発道路、位置指定道路、2項道路等

(1) 開発道路（建築基準法第42条第１項第２号）

① 開発道路とは

住宅地で行われる比較的大きな開発許可（例えば、開発面積が1,000㎡を超える。）を得た開発区域内の道路のことです（法律上の用語ではありません。）。開発許可制度の適用を受けるものは、開発道路として建築基準法第42条第１項第２号の道路となります。

法令上の根拠は、都市計画法、土地区画整理法（昭和29年法律第119号）、旧住宅地造成事業に関する法律（昭和39年法律第160号）、都市再開発法、新都市基盤整備法（昭和47年法律第86号）又は大都市地域における住宅及び住宅地の供給の促進に関する特別措置法（昭和50年法律第67号）による道路です。

② 開発道路の調べ方

開発道路は所有権が市町村に移管されるケースが多く、移管されていれば公道となります。

開発管理の担当部署は、例えば、都市計画法に基づく開発道路の場合は、都市計画を担当する部署が所掌する場合があります。

移管されていない場合は私人名義の私道となりますが、建築基準法上の道路の扱いを受けており、その変更や廃止が制限され、公道に準ずる性格を有します。

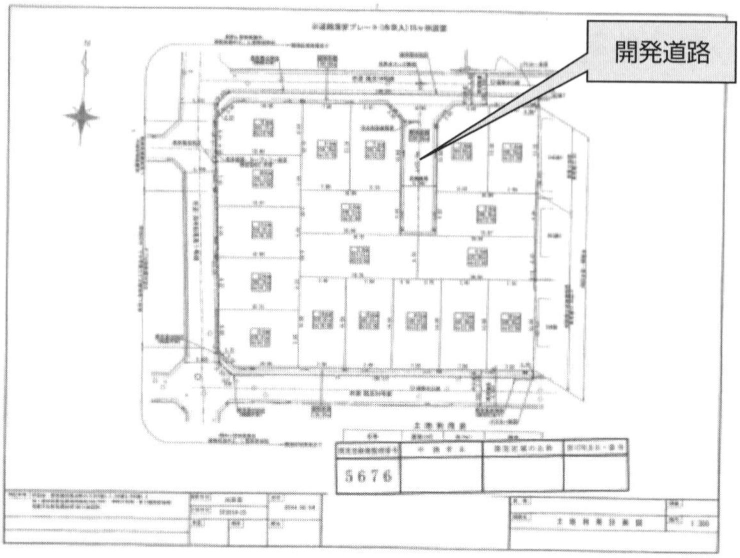

⑵ 位置指定道路（建築基準法第42条第１項第５号）

① 位置指定道路とは

広くまとまった土地を複数に分割して建売分譲や土地分譲を行うとき、既存の道路だけで建築基準法に定められた接道義務を満たすことは困難です。

このような場合、不動産業者等が開発許可の必要がない、比較的規模の小さい土地を分割して分譲あるいは建売住宅販売をする際、開発行為により新たに開発区域内に築造する道路を位置指定道路といいます。

位置指定道路は、特定行政庁に道路の申請手続きをして、その位置の指定を受けなければなりません。

なお、「位置指定道路」は、築造時点において原則的に私道ですが、その後に公道へ移管されているケースも稀にあります。

市町村における「位置指定道路」の管理は、建築基準法を担当する部署が通常行います。

② 位置指定道路の調べ方

対象となる位置指定道路が所在する市町村の建築を担当する部署（建築安全課・建築企画課等）へ赴き、位置指定図を閲覧又はコピー（有料の場合あり）を行って入手します。

位置指定図、あるいは位置指定申請図（申請当時のもの）には、その位置指定された道の長さや幅員、その他が詳しく記載されています。

◈位置指定道路申請図

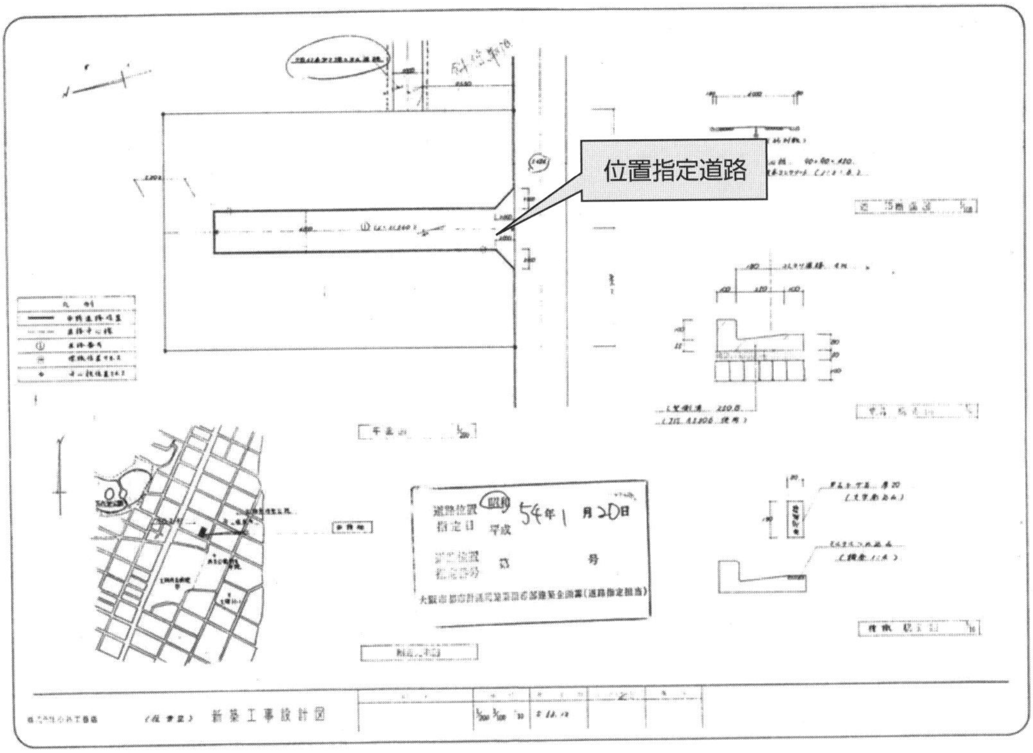

③　位置指定道路（私道）の所有の形態

イ　道路の部分は分割せず、一筆の土地として全体の土地を各自が共有する場合

全体の面積に対して、それぞれの区画所有者が「○分の○」という形で所有権を記しています(下図の**所有形態１**)。この場合、所有する宅地面積の大きさに比例して持分を決め、大きな区画なら私道持分の割合も大きく所有権を登記しています。

ロ　区画数で割り、分筆して各自が１筆ずつ所有する場合

それぞれの所有者が、それぞれ所有する宅地が面する位置に持分を持つ場合（下図の**所有形態２**）と、所有する区画と離れた位置に持つ場合（下図の**所有形態３**）があります。

所有区画と離れた位置に自己の持分である私道を配置する理由は、所有する区画の前に自己の私有地があると、自転車や物を置き、通行の妨げ等で周囲に迷惑をかけることが想定できますが、離れた場所に配置すると未然に防げるためなどです。

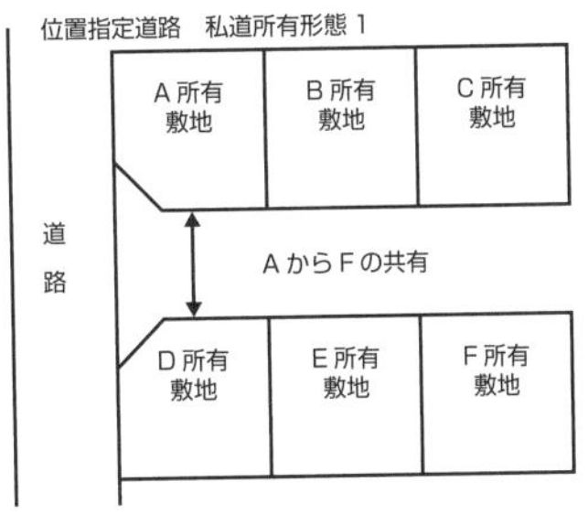

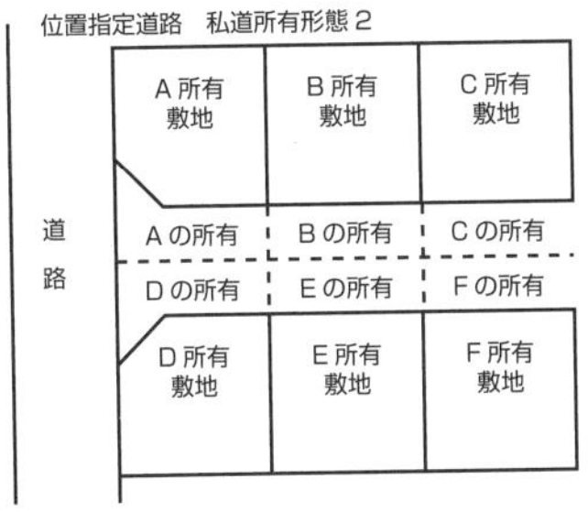

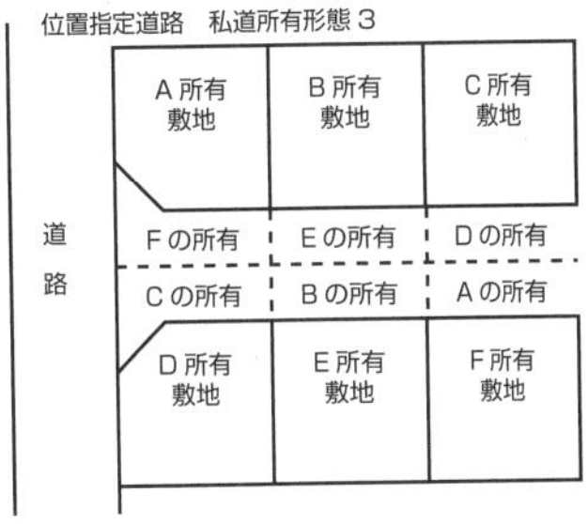

(3)　２項道路（建築基準法第42条第２項）

２項道路の指定を受ける要件は、次のとおりです。

① 建築基準法第３章の規定が適用されるに至った際（昭和25年11月23日）、現に建築物が立ち並んでいること

② 幅員４ｍ未満の道であること

③ 特定行政庁によって指定された道であること

なお、２項道路については、原則として、その中心線から２ｍ後退した線が道路の境界線となります。現にある道路と、この境界線の間については、敷地面積に算入できません。

また、道の反対側ががけ地、川、線路敷地等である場合には、原則として、反対側の境界線から４ｍの線が、道路境界線となります。

２項道路の管理は、通常、建築基準法を担当する建築安全課、建築企画課等が行います。

（注１） 位置指定道路は利害関係者の申請に基づき指定されますが、２項道路は特定行政庁により職権により指定されます。

（注２） 特定行政庁が指定する６メートル道路区域は、幅員６メートル以上となり、道路中心線から３メートル後退した線が道路の境界線となります。

◆ ２項道路のイメージ図

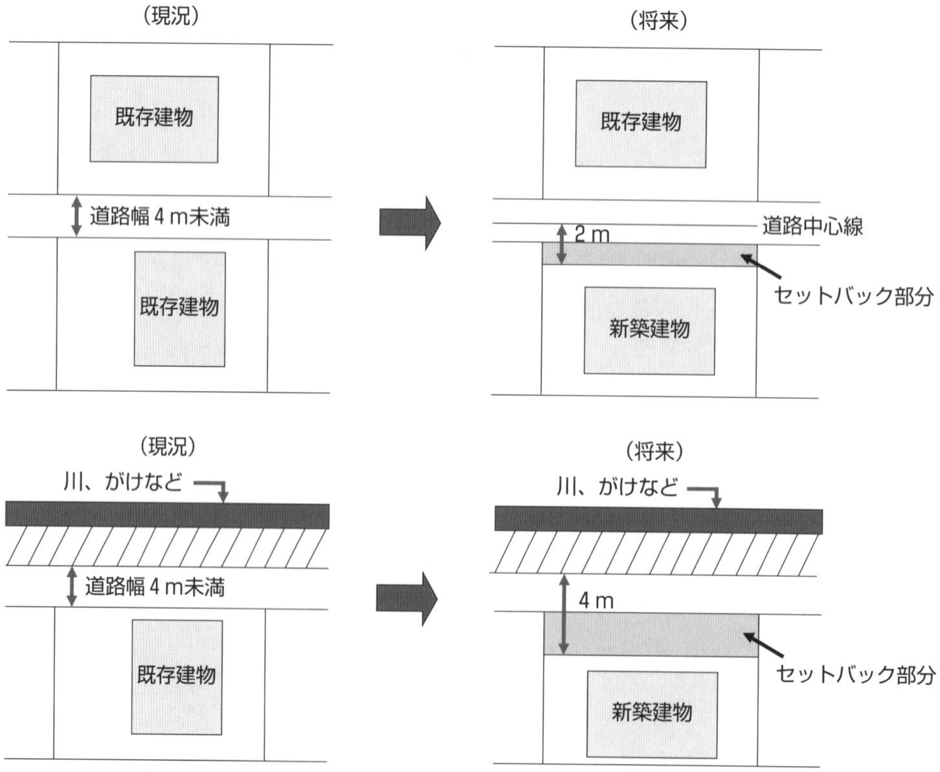

参考　建築基準法

（道路の定義）

第42条　この章の規定において「道路」とは、次の各号の一に該当する幅員４メートル（特定行政庁がその地方の気候若しくは風土の特殊性又は土地の状況により必要と認めて都道府県都市計画審議会の議を経て指定する区域内においては、６メートル。次項及び第３項において同じ。）以上のもの（地下におけるものを除く。）をいう。

一　道路法（昭和27年法律第180号）による道路

二　都市計画法、土地区画整理法（昭和29年法律第119号）、旧住宅地造成事業に関する法律（昭和39年法律第160号）、都市再開発法（昭和44年法律第38号）、新都市基盤整備法（昭和47年法律第86号）、大都市地域における住宅及び住宅地の供給の促進に関する特別措置法（昭和50年法律第67号）又は密集市街地整備法（第六章に限る。以下この項において同じ。）による道路

三　この章の規定が適用されるに至った際現に存在する道

四　道路法、都市計画法、土地区画整理法、都市再開発法、新都市基盤整備法、大都市地域における住宅及び住宅地の供給の促進に関する特別措置法 又は密集市街地整備法 による新設又は変更の事業計画のある道路で、２年以内にその事業が執行される予定のものとして特定行政庁が指定したもの

五　土地を建築物の敷地として利用するため、道路法、都市計画法 、土地区画整理法、都市再開発法 、新都市基盤整備法 、大都市地域における住宅及び住宅地の供給の促進に関する特別措置法 又は密集市街地整備法 によらないで築造する政令で定める基準に適合する道で、これを築造しようとする者が特定行政庁からその位置の指定を受けたもの

2　この章の規定が適用されるに至った際現に建築物が立ち並んでいる幅員４メートル未満の道で、特定行政庁の指定したものは、前項の規定にかかわらず、同項の道路とみなし、その中心線からの水平距離２メートル（前項の規定により指定された区域内においては、３メートル（特定行政庁が周囲の状況により避難及び通行の安全上支障がないと認める場合は、２メートル）。以下この項及び次項において同じ。）の線をその道路の境界線とみなす。ただし、当該道がその中心線からの水平距離２メートル未満でがけ地、川、線路敷地その他これらに類するものに沿う場合においては、当該がけ地等の道の側の境界線及びその境界線から道の側に水平距離４メートルの線をその道路の境界線とみなす。

（参考）建築基準法第42条第３項に規定する道路（水平距離指定道路）について

セットバックを必要とする宅地としては、建築基準法第42条第２項の道路以外にも同法第３項に規定があります。

参考　建築基準法第42条第３項

特定行政庁は、土地の状況に因りやむを得ない場合においては、前項の規定にかかわらず、同項に規定する中心線からの水平距離については２メートル未満1.35メートル以上の範囲内において、同項に規定するがけ地等の境界線からの水平距離については４メートル未満2.7メートル以上の範囲内において、別にその水平距離を指定することができる。

京都市では、伝統的な建築様式による建築物及びその敷地が接する細い街路により形成される町並みの景観を保全し継承するため、建築基準法第42条第３項の規定による同条第２項に規定する道の中心線からの水平距離を第１（京都市東山区祇園町南側の区域内における９路線）のとおり指定し、京都市歴史的細街路にのみ接する建築物の制限に関する条例第３条第１項の規定による歴史的細街路を第２（建築基準法第42条第２項の規定による道の指定時における道の中心線からその道の境界線までの水平距離。ただし、道の中心線からその道の境界線までの水平距離が1.35メートル未満の部分については、1.35メートル。）のとおり指定しています。

上記に接面する宅地は、セットバックする距離がいわゆる２項道路と相違し、２メートルではなく、1.35メートルを基準とします。

◈京都市東山区祇園町南側の区域内における9路線の図面

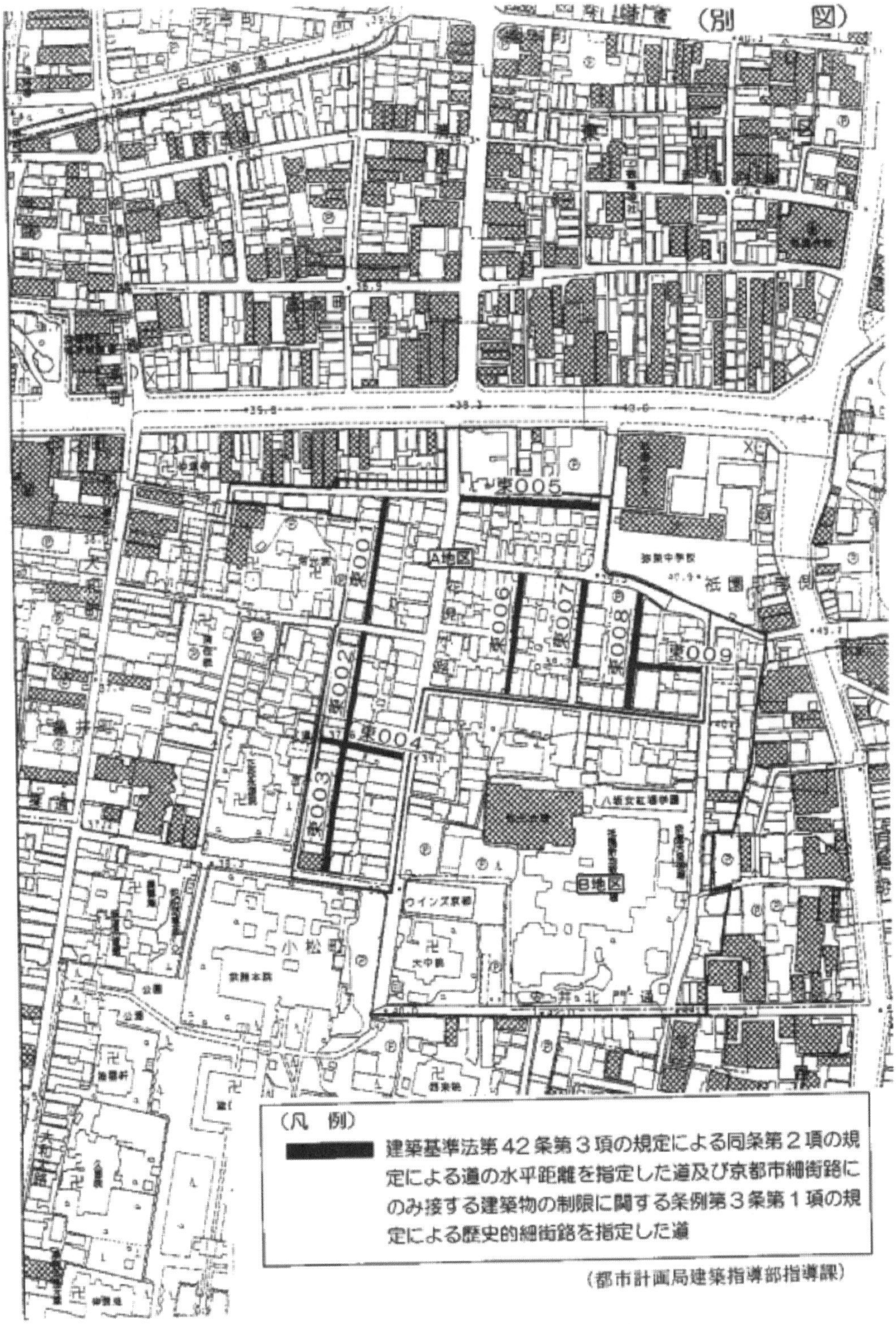

(都市計画局建築指導部指導課)

3 道路台帳平面図、道路境界確定図

代表的な担当窓口名称

東京都世田谷区……道路管理課

大阪市………………道路・下水道資料閲覧コーナー

名古屋市……………道路利活用課道路台帳サービスセンター

道路台帳とは、道路管理者が作成する道路に関する調書と図面で、道路法第28条によって作成が義務づけられています。

図面は、道路法施行規則第４条の２によると縮尺１/1000以上となっており、多くは縮尺１/500で作成されています。この図面は、国道･県道･市町村道毎に各道路管理者が各々図面作成、保管を行っており、道路台帳平面図、道路境界確定図　道路境界図などがあります。

これらの資料は道路幅員を正確に知りたい場合や、道路の境界査定が行われているなどを確認するための資料となります。

道路台帳平面図、道路境界確定図はそれぞれの道路（公道）を管轄している窓口で閲覧を申請します。例外はありますが、国道であれば国道事務所、都道府県道であれば土木事務所等、また、市道であれば市役所の道路管理課等となります。管理している窓口によって資料の名称は異なります。

担当窓口で住宅地図を提示し、閲覧請求を行えば可能です。

なお、可能であれば写しの交付申請をします。また、市町村によってはインターネットによる公開を実施している場合もあります。

道路台帳平面図は過去に実際の現地を測量しているため、道路沿いの周囲の建物などが書き込まれていることもあります。更に、周囲の建物の配置や敷地境界などの情報が評価作業をする場合に、間口距離などの参考になる場合もあります。

なお、道路境界確定図は境界査定が行われていない場合にはありません。

公道であれば道路台帳平面図などはほとんど整備されていますが、私道の場合には市区町村の窓口などで図面を入手できることは非常に少なくなります。

市町村における担当部署は、道路法を担当する道路管理課等です。

関係する財産評価基本通達

20-３　間口が狭小な宅地等の評価

24-６　セットバックを必要とする宅地の評価

◆道路台帳平面図の例（500分の１の例）

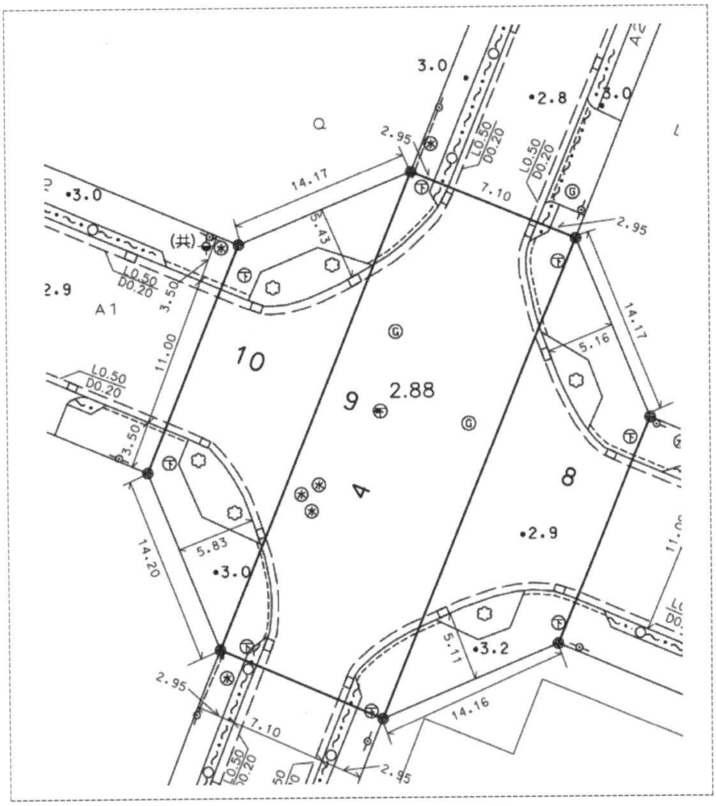

◆道路境界確定図

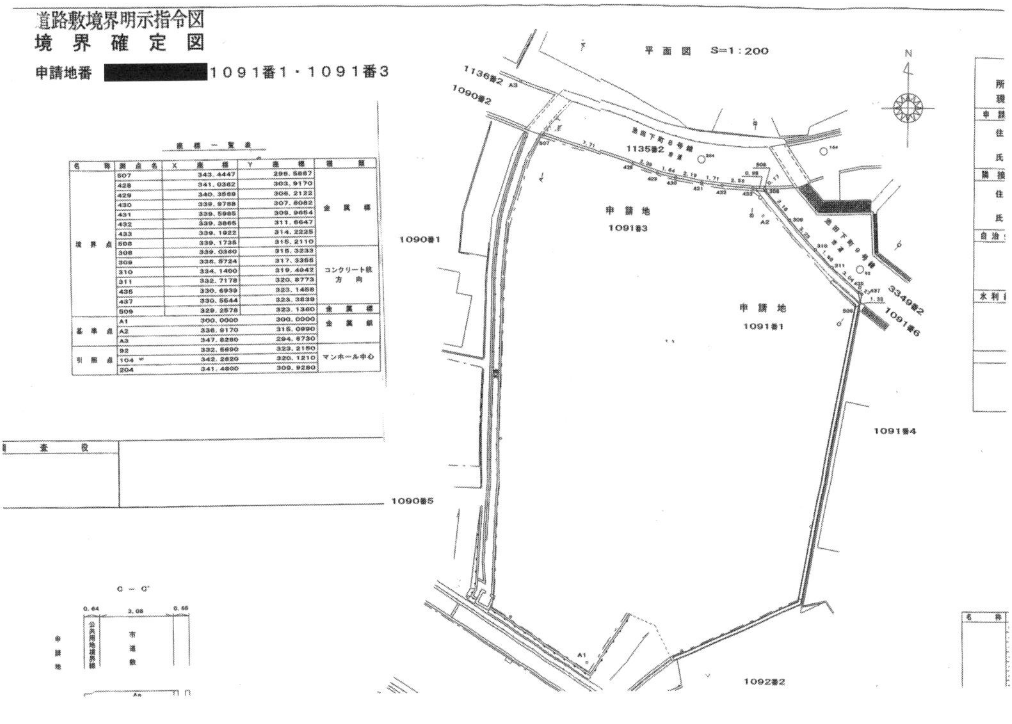

道路敷境界明示指令図
境　界　確　定　図
申請地番　[redacted]１０９１番１・１０９１番３

座標一覧表

名称	測点名	X座標	Y座標	種類
境界点	507	343.4447	298.5867	金属標
	428	341.0362	303.9170	
	429	340.3569	306.2122	
	430	339.9788	307.8082	
	431	339.5985	309.9654	
	432	339.3865	311.6647	
	433	339.1922	314.2225	
	508	339.1735	315.2110	
	308	339.0360	315.3233	コンクリート杭 方向
	309	336.5724	317.3365	
	310	334.1400	319.4942	
	311	332.7178	320.8773	
	435	330.6939	323.1458	
	437	330.5644	323.3839	
	509	329.2578	323.1360	金属標
基準点	A1	300.0000	300.0000	金属鋲
	A2	336.9170	315.0990	
	A3	347.8280	294.6730	
引照点	92	332.5690	323.2150	マンホール中心
	104	342.2620	320.1210	
	204	341.4800	309.9280	

4 道路の幅員のとらえ方について

代表的な担当窓口名称

東京都世田谷区……道路管理課

大阪市………………道路・下水道資料閲覧コーナー

名古屋市……………道路利活用課道路台帳サービスセンター

道路幅員は、接面する宅地に建築できる建物の容積率や高さを決定し、不動産の評価に大きな影響を与えるため、道路幅員のとらえ方を理解することが重要です。

一般的に道路幅員は次のように捉えます。

◈**道路の幅員（昭和58年8月2日建設省計民発第54号通達、建設事務官から都道府県知事宛）**

道路の幅員のとらえ方を明確にし、次のような取り扱いとする。

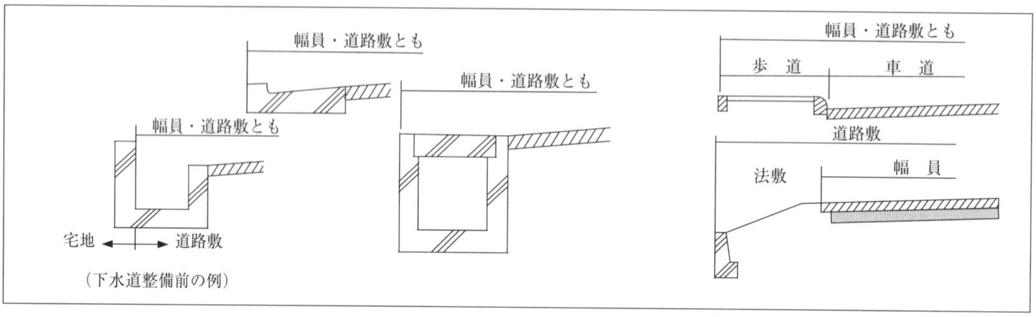

側溝はふたの有無にかかわらず、通行部分の一部とし、幅員に含みます。

上の左図の下水道整備前のふたのない場合は、U溝の内側までが幅員となります。なお、下水道整備後の幅員は、U字溝の外側までとなります。

歩道は、幅員に含みます。

法敷は幅員には含めません。

水路は、原則として幅員に含みません。ただし暗渠となって道路と一体的に管理されている場合は通行部分の一部として含みます。

種　類	幅員に含まれるか否か	測定方法
歩道	含まれる	歩道の外端
側溝	含まれる	側溝の外端
L字型溝	含まれる	L字溝の突起部分の外端
法敷（のりじき）	含まれない	—

関係する財産評価基本通達

24-6　セットバックを必要とする宅地の評価

(参考) 大阪市の道路幅員のとらえ方

大阪市の道路幅員は、上図とはとらえ方が異なり、道路肩石から道路肩石までの距離とし、側溝は含みません。

言い換えれば、側溝は大阪市が負担するのではなく、宅地の所有者が負担することになります。

単断面道路

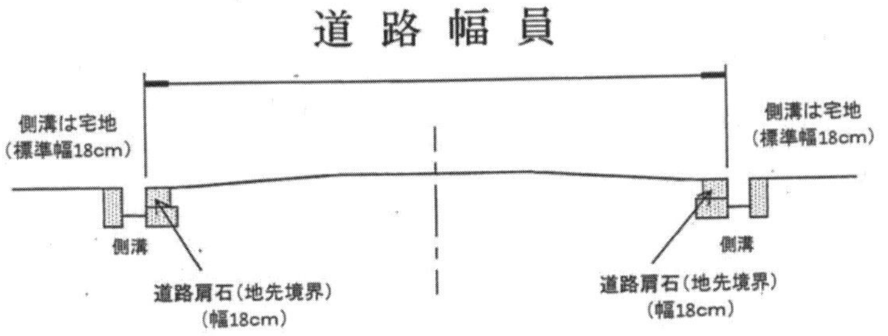

両側歩道

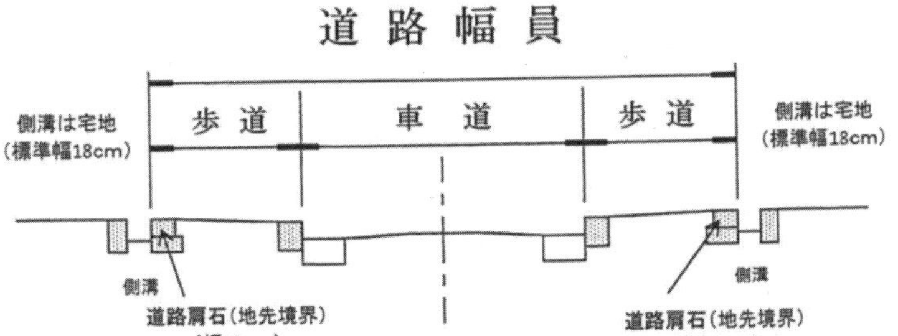

Ⅵ その他の資料

1 法定外公共物

代表的な担当窓口名称

東京都世田谷区……道路管理課

大阪市………………建設局管理部管理課

名古屋市……………道路利活用課

この地積測量図は水路に面する土地のものです。

道路と対象地の間に水路がある場合は、床版橋（橋）が架設できるかできないか、また、架設できる場合は床版橋を含めて不整形地としてのしんしゃくを行い評価することになります。

関係する財産評価基本通達

20　不整形地の評価

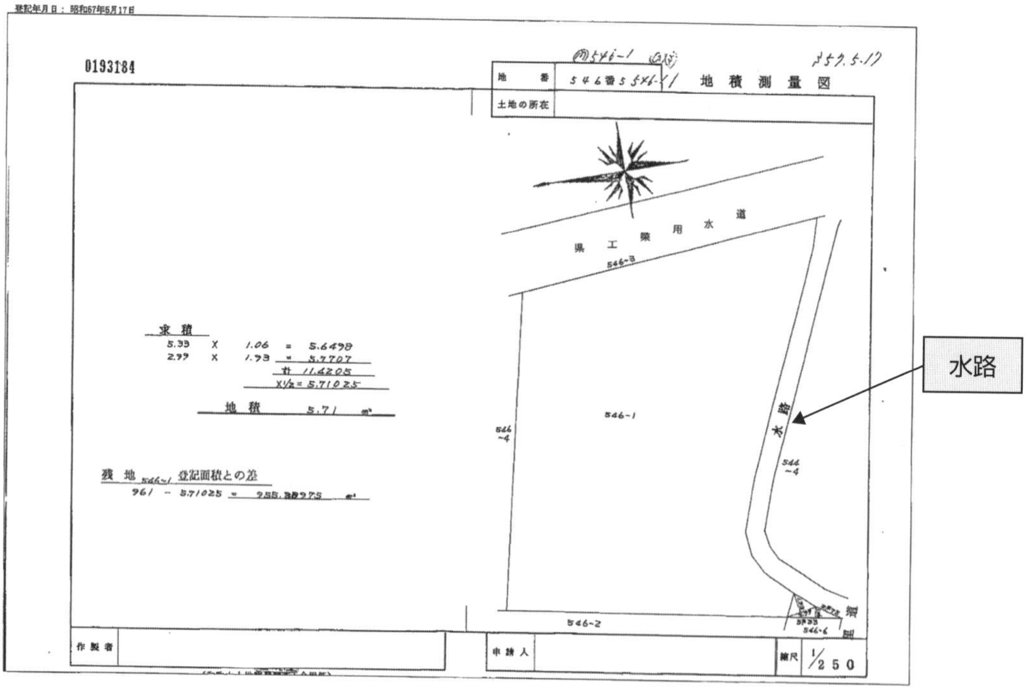

2 ライフラインの調査

代表的な担当窓口名称

東京都世田谷区……水道局世田谷営業所、下水道局施設管理部管路管理課

大阪市………………道路・下水道資料閲覧コーナー

名古屋市……………上下水道局給排水設備課

上下水道、ガス管（ライフライン）の引き込み状況等は、特定路線価の設定の際の基礎データとして申請書に記載し提出する必要があります。

関係する財産評価基本通達

14-3　特定路線価

◈上水道図面

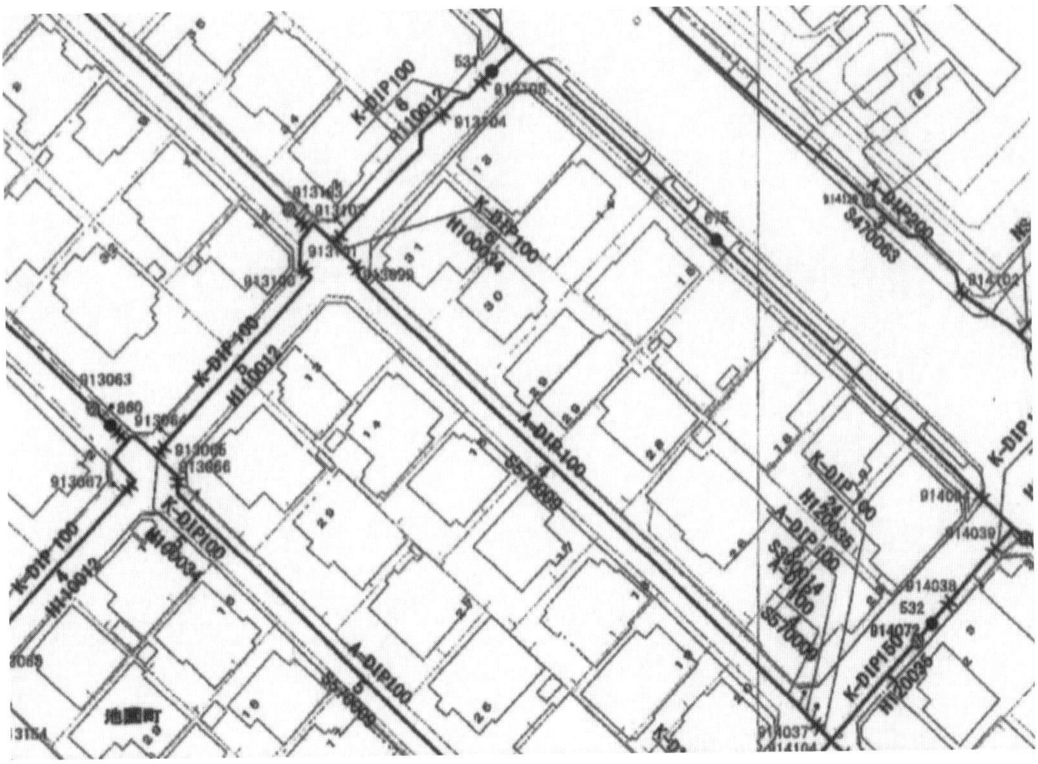

◆下水道図面

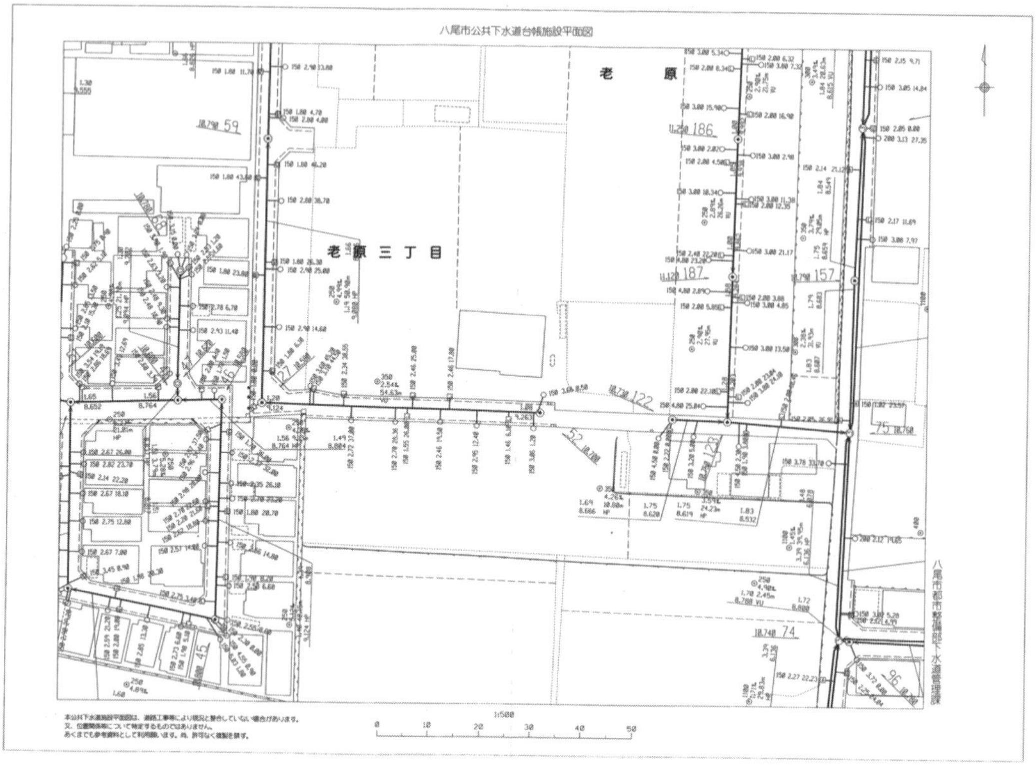
八尾市公共下水道台帳施設平面図
老　　原
老原三丁目
1:500
本公共下水道施設平面図は、道路工事等により現況と整合していない場合があります。
又、位置関係等について特定するものではありません。
あくまでも参考資料として利用願います。尚、許可なく複製を禁ず。

◆ガス管図面

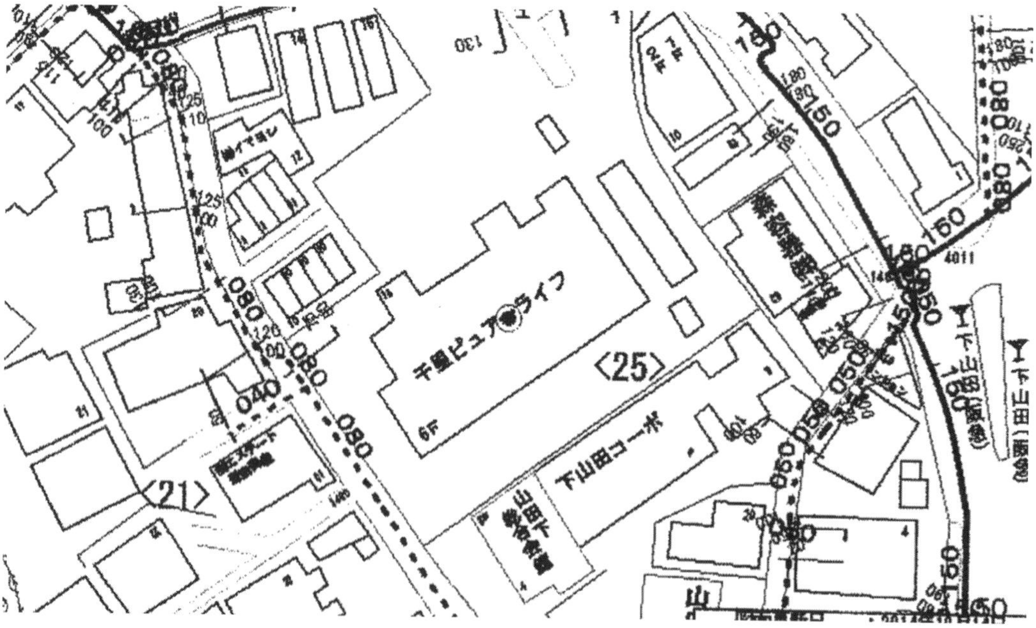
千里ピュア㈱ライフ
〈25〉
〈21〉
下山田コーポ

3 周知の埋蔵文化財包蔵地

代表的な担当窓口名称

東京都世田谷区……教育委員会事務局　生涯学習・地域・学校連携課
大阪市………………教育委員会事務局　総務部　文化財保護課
名古屋市……………教育委員会事務局　学習教育部　生涯学習課

周知の埋蔵文化財包蔵地は、歴史の集積が大きい近畿地方はじめ西日本に多いと考えられますが、日本全国に散在しています。

評価方法は、平成20年9月25日付の国税不服審判所より示された裁決（裁決事例集No.76　307ページ）に具体的に示されています。

市町村の担当は、通常、教育委員会の文化財保護課等です。

（計算式）

埋蔵文化財包蔵地の評価額 ＝ 埋蔵文化財包蔵地でないとした場合の評価額 － 発掘調査費用に相当する金額

（注）発掘調査費用は、市町村により定められた基準等により積算額を求めますが、相続税の土地評価水準が地価公示価格の80%水準であるため、これとのバランスを図るため、当該積算額に80%を乗ずることとします。

関係する財産評価基本通達

24-8　文化財建造物である家屋の敷地の用に供されている宅地の評価
83-3　文化財建造物である構築物の敷地の用に供されている土地の評価
89-2　文化財建造物である家屋の評価

世田谷区遺跡地図（2015年3月現在）

4 農業委員会

代表的な担当窓口名称

東京都世田谷区、大阪市、名古屋市……農業委員会

農業委員会等は平成27年4月1日から農地台帳及び地図を公表することが義務付けられています。

農業委員会備付の資料により、貸し付けられている農地（耕作権を含む）や農業振興地域内の農用地区域の確認ができます。

関係する財産評価基本通達

24-8　農業用施設用地の評価
36　純農地の範囲
36-2　中間農地の範囲
36-3　市街地周辺農地の範囲
36-4　市街地農地の範囲
37　純農地の評価
38　中間農地の評価
39　市街地農地の評価
40　市街地農地の評価
40-2　広大な市街地農地等の評価
40-3　生産緑地の評価
41　貸し付けられている農地の評価
41-2　土地の上に存する権利が競合する場合の農地の評価
42　耕作権の評価
43　存続期間の定めのない永小作権の評価
相続税法第23条

5 土地区画整理事業

代表的な担当窓口名称

東京都世田谷区……市街地整備課
大阪市………………区画整理課
名古屋市……………区画整理課

土地区画整理事業とは、都市計画区域内の土地について、公共施設（道路、公園、広場、河川等）の整備改善及び宅地の利用促進を図るため、土地区画整理法の定めるところに従って行われる土地の区画形質の変更及び公共施設の新設又は変更に関する事業をいいます。

市町村の担当部署は、市街地整備課等で仮換地や換地に関する図面等が確認できます。

関係する財産評価基本通達

24-2　土地区画整理事業中の宅地の評価

枚方市茄子作北土地区画整理事業

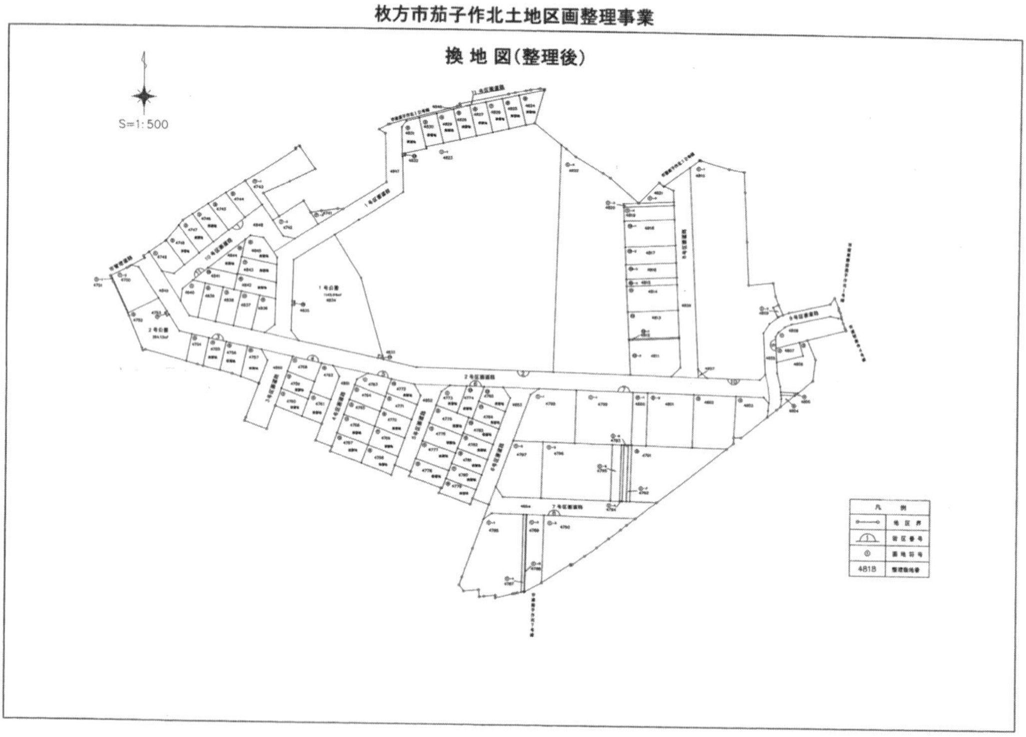

6 土壌汚染地の評価

代表的な担当窓口名称

東京都世田谷区……環境保全課
大阪市………………環境管理課
名古屋市……………地域環境対策課

土壌汚染地の評価方法は次のとおりです。都道府県や市町村のホームページにより「形質変更時要届出区域」等が閲覧できる場合があります。

土壌汚染の除去費用の見積もりは、専門家に依頼する必要があります。除去・改善の費用は、高額となる場合があります。

土壌汚染地における相続税等の課税上の評価方法について、次のとおり国税庁から情報が発遣されています。

なお、市町村の担当部署は、通常、環境保全課等です。

参考 土壌汚染地の評価等の考え方について

「土壌汚染地の評価等の考え方について（情報）」（平成16年７月５日付国税庁課税部資産評価企画官情報第３号・国税庁課税部資産課税課情報第13号）の要旨

（出典：平成20年９月25日付裁決事例集No.76）

（１） 土壌汚染対策法が平成15年２月15日から施行され、今後、土壌汚染地であることが判明し、相続税等の課税上、問題となる事例が生ずることが考えられることから、土壌汚染地の評価方法の基本的な考え方を取りまとめることとした。

（２） 土壌汚染対策法の下では、都道府県知事は、土壌の汚染状態が基準に適合しない土地について、その区域を指定区域として指定・公示し（土壌汚染対策法（平成17年法律第33号による改正前のものをいう。以下同じ。）第５条《指定区域の指定等》）、指定区域内の土地のうち、土壌汚染により人の健康被害が生ずるおそれがあると認めるときは、土地の所有者に対し、有害物質の除去、拡散の防止その他の汚染の除去等の措置を命ずる（土壌汚染対策法第７条《措置命令指》第１項）ことになる。

（３） 米国における土壌汚染地の鑑定評価を参考にすると、①原価方式、②比較方式及び③収益還元方式の３つの評価方式があるが、②及び③の評価方式は、現段階において標準的な評価方法とすることは難しいと考えられる。

一方、①原価方式は「使用収益制限による減価」及び「心理的要因による減価」をどのようにみるかという問題はあるものの、「汚染がないものとした場合の評価額」及び「浄化・改善費用に相当する金額」が把握できることからすると、土壌汚染地の基本的な評価方法とすることが可能な方法であると考えられる。

なお、相続税等の財産評価において、土壌汚染地として評価する土地は、「課税時期において、評価対象地の土壌汚染の状況が判明している土地」であり、土壌汚染の可能性があるなどの潜在的な段階では土壌汚染地として評価することはできない。

（４） 原価方式による土壌汚染地の評価方式は、次のとおりである。

土壌汚染地の評価額 ＝ 汚染がないものとした場合の評価額 － 浄化・改善費用に相当する金額 － 使用収益制限による減価に相当する金額 － 心理的要因による減価に相当する金額

（注）１ 「浄化・改善費用」とは、土壌汚染の除去、遮水工封じ込め等の措置を実施するための費用をいい、汚染がないものとした場合の評価額が地価公示価格レベルの80％相当額（相続税評価額）となることから、控除すべき浄化・改善費用についても見積額の80％相当額を浄化・改善費用とするのが相当である。

２ 「使用収益制限による減価」とは、上記１の措置のうち土壌汚染の除去以外の措置を実施した場合に、その措置の機能を維持するための利用制限に伴い生ずる減価をいう。

３ 「心理的要因による減価」とは、土壌汚染の存在（あるいは過去に存在した）に起因する心理的な嫌悪感から生ずる減価要因をいう。

４ 汚染の浄化の措置等については、評価時期において最も合理的と認められる措置によることとする。なお、各控除額の合計額が汚染のないものとした場合の評価額を超えるときには、その価額（汚染がないものとした場合の評価額）を限度とするのが相当である。

Ⅶ 法務局で収集できる資料と精度等

法務局に備え付けられている地図、図面の一覧は次表のとおりです。

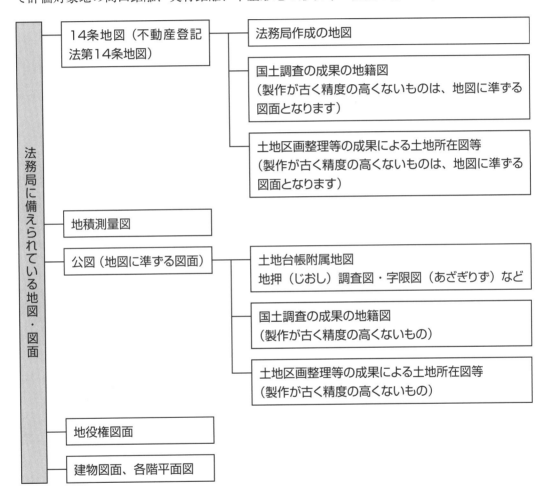

相続税の申告には、法務局備付の地図の精度を十分理解し、精度の高い地図等を入手して評価対象地の間口距離、奥行距離、不整形地の形状等の把握を行います。

- 法務局に備えられている地図・図面
  - 14条地図（不動産登記法第14条地図）
    - 法務局作成の地図
    - 国土調査の成果の地籍図（製作が古く精度の高くないものは、地図に準ずる図面となります）
    - 土地区画整理等の成果による土地所在図等（製作が古く精度の高くないものは、地図に準ずる図面となります）
  - 地積測量図
  - 公図（地図に準ずる図面）
    - 土地台帳附属地図 地押（じおし）調査図・字限図（あざぎりず）など
    - 国土調査の成果の地籍図（製作が古く精度の高くないもの）
    - 土地区画整理等の成果による土地所在図等（製作が古く精度の高くないもの）
  - 地役権図面
  - 建物図面、各階平面図

1 14条地図（不動産登記法第14条地図）

「地図」といえば実務では公図のことをさすことが多いようですが、不動産登記法上の「地図」とは、一定の精度が要求されるもので、精度を満たさないものは、「地図に準ずる図面」として扱われることになります。

公図の内容は正確な土地の形状や、位置、寸法を示すものではないため、「地図に準ずる図面」となります。

不動産登記法上「地図」というときは、国土地理院が決めている国家基準点（三角点）を基準として測量法に基づき境界を測定した一定の精度を有するもので「14条地図」と呼ばれ、もし土地の現状が変わったとしても、境界を復元することができる精度の高いもので、評価対象地の評価に利用できます。

2 法務局作成の地図

法務局に備え付けの地図と現地が著しく相違している場合、その地区の土地、建物の売買などの不動産取引あるいは不動産の表示に関する登記申請等に不都合が生じます。

そこで、法務局では、これらを解消するために、土地の一筆ごとの筆界を確認し、正確な測量を行い、精度の高い地図を作成し、整備している場合があります。

この場合の法務局に備え付けられた地図は「14条地図」に該当します。

3 国土調査の成果に基づく地籍図

人に関する記録として「戸籍」がありますが、これに対して土地に関する記録を「地籍」と言います。

地籍調査とは、国土調査法に基づき1951年に始まり、地籍の明確化を目的として実施される土地に関する調査で、一筆ごとの土地について境界・所有者・地番・地目の調査及び境界の位置・面積の測量を行い、地図と簿冊を作成する事業です。

地籍調査が行われると、一筆ごとの土地についての正確な情報が簿冊（地籍簿）に記録され、現在の測量技術のもとに正確な地図（地籍図）が作成されます。

また、作成された地籍図及び地籍簿は、その写しが登記所に送付され、登記所において「地籍簿」をもとに土地登記簿が書き改められ、「地籍図」が不動産登記法第14条第 1 項地図として備え付けられ、表題部の地図番号として記載されます。

しかし、「地籍図」の作製は、登記所の予算・人員・複雑な権利関係等からその作製は遅れがちになっています。特に大都市の中心地域では権利関係が複雑で、関係者も多数となるので作業は難航しています。順次、整備が図られていますが、この地域では依然として公図に頼らざるを得ないのが実情です。

「14条地図」の具体的製作は、国土調査法に基づく地籍調査によって作成された地籍図が大部分を占め、土地区画整理事業、土地改良事業等により作製された土地の所在図なども活用して、作業が進められています。

なお、「14条地図」を平成17年 3 月 7 日まで「17条地図」と呼んでいました。これは法律の改正で条文が移動したためです。

◈14条地図（不動産登記法第14条地図）の例示

（精度を有する地図であり「法第14条第１項」と記載）

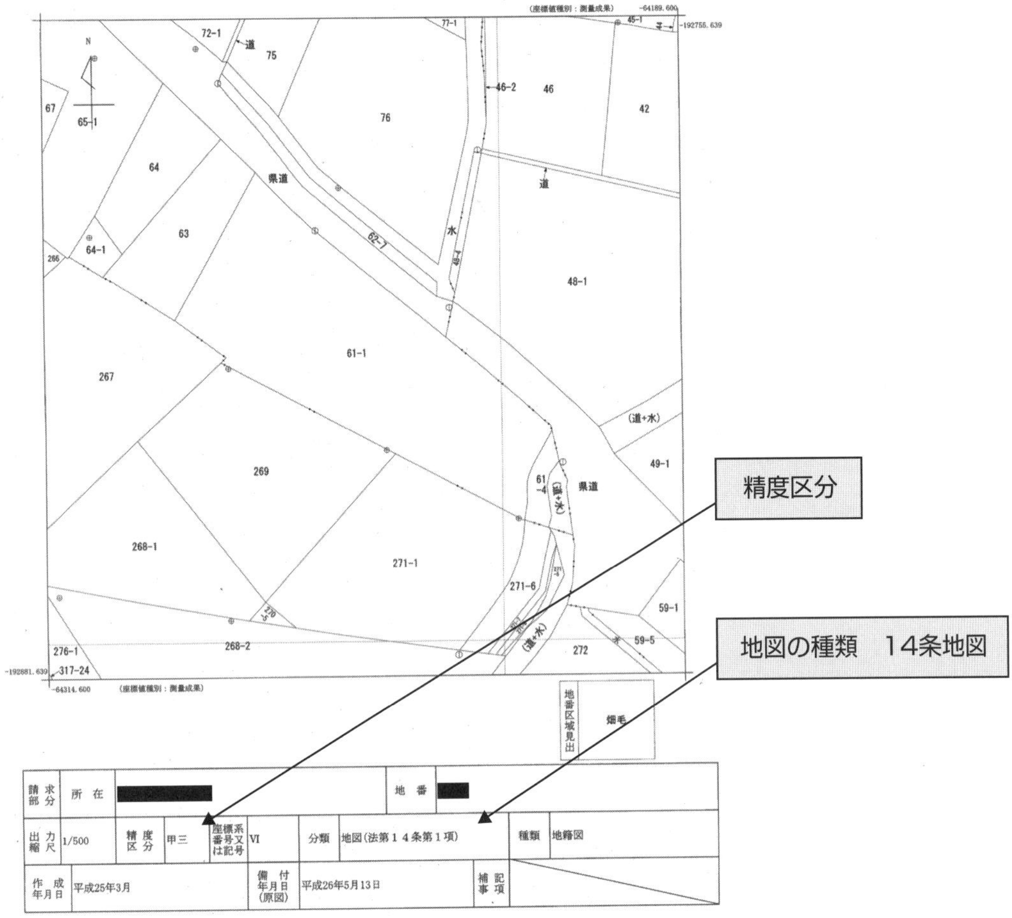

請求部分	所在	[redacted]				地番	[redacted]		
出力縮尺	1/500	精度区分	甲三	座標系番号又は記号	VI	分類	地図(法第１４条第１項)	種類	地籍図
作成年月日	平成25年3月			備付年月日(原図)	平成26年5月13日			補記事項	

4 地積測量図

地積測量図（注１）は、土地の表示登記（表題部の登記）（注２）、地積の変更や分筆の登記など、新たに地積を記載する登記や登記簿上の地積に変更を生じる登記を申請する場合に登記の申請書に添付して法務局へ提出する図面のことです。

地積測量図は、１筆の土地ごとにその形状、及び隣接地との位置関係などが表示され、また、地積の求積方法が明らかにされた一定の精度（注３）のある図面で評価対象地の評価に活用することができます。

（注１） 地積測量図を作成する場合は次によります。

・公有水面を埋め立てた場合

・海面が隆起した場合

・登記漏れの場合

・分筆した場合（なお、合筆登記では現に表記されている面積を単純に合算するのみで、地積測量図は作成しません。）

・地積更正した場合

（注２） 土地の表示登記（表題部の登記）とは

初めてできた不動産を特定するため物的状況を記載し、その後の変化をアップデートし、物的状況を正しく公示することで、登記簿謄本がないとき届けるための登記です。

（注３） 地積測量図の精度

地積測量図は、作成年代などにより、必ずしも厳密な正確性と復元力を有していないものもあります。

また、上記の表題登記を行うべき、すべての土地について、地積測量図があるわけではありません。登記申請に地積測量図が必要となったのは、昭和35年４月１日からです。

それ以降の分筆、地積更正等された土地には、地積測量図がありますが、図面に境界標などの記載が義務付けられなかったため、現地測量せずに机上で図面化したものもあるとされています。そのため、昭和52年の法改正で境界標を明示させることにしました。なお、昭和35年４月以降でも、昭和40年前後までは地積測量図がない場合もあります。

更に付け加えると、昭和54年１月１日改正で地積測量の際、隣地所有者の立ち合いが必要となり、これ以降がより精度のある地積測量図といえます。

昭和54年以前は、地積測量図があったとしても隣地所有者の立ち合い制度がありませんでした。自分の申請のみによる地積測量ですので精度的には劣ります。

◆地積測量図

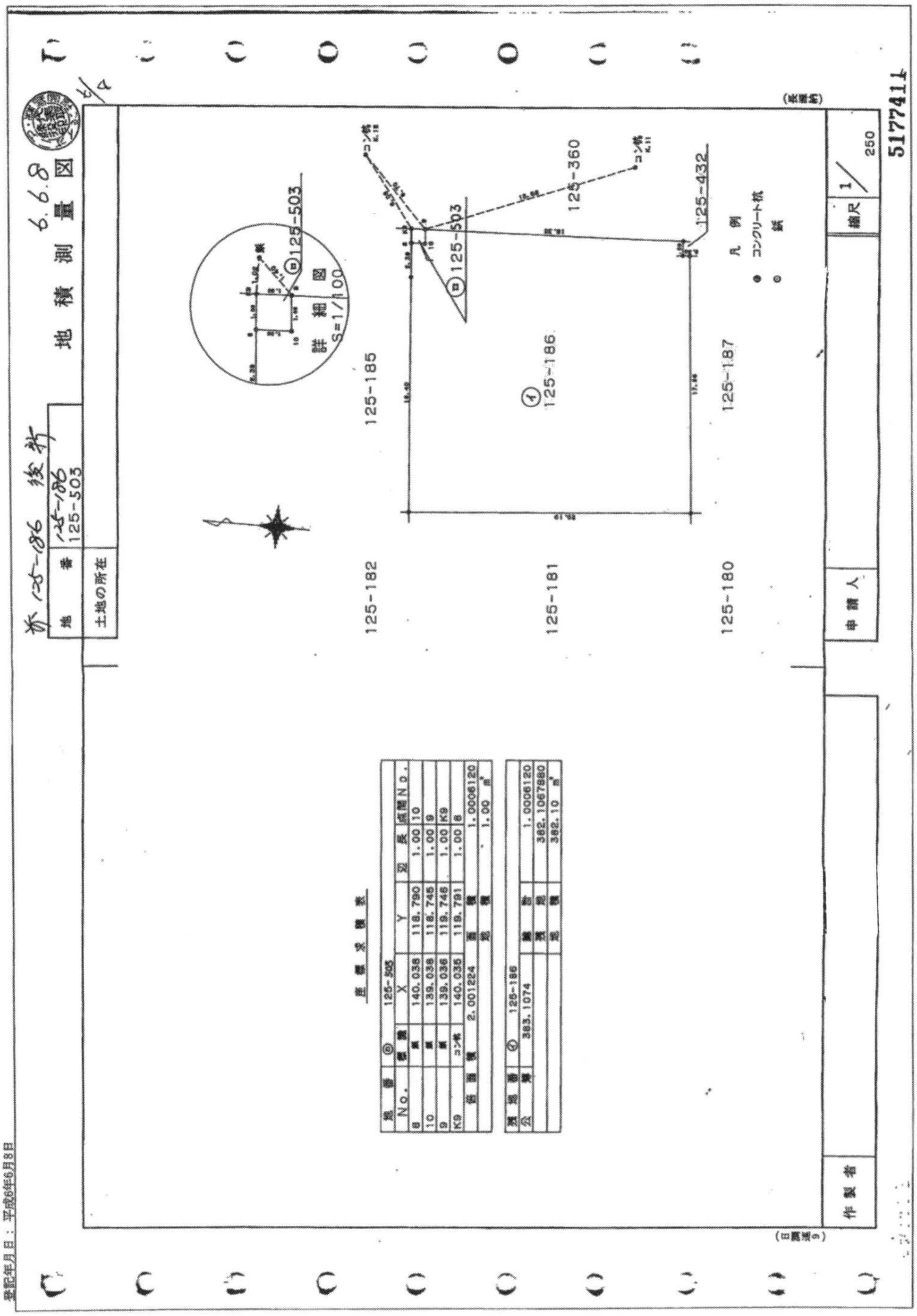
地積測量図
6.6.8
土地の所在
地番
125-186
125-503
詳細図
S=1/100
125-185
125-186
125-187
125-182
125-181
125-180
125-360
125-432
凡例
コンクリート杭
縮尺 1/250
申請人
作製者
5177411
125-503
No. X Y
8 140.038 118.790 1.00 10
10 139.038 118.745 1.00 9
9 139.036 119.746 1.00 K9
K9 140.035 119.791 1.00 8
2.001224
1.0006120
1.00 ㎡
125-186
383.1074
1.0006120
382.1067880
382.10 ㎡
登記年月日：平成6年6月8日

5 公図（地図に準ずる図面）

地図に準ずる図面（公図）は、不動産登記法第14条第４項の規定に基づき、同条第１項の地図（以下「14条地図」といいます。）が備えられるまでの間、これに代えて「地図に準ずる図面」（公図）として法務局に備えられているものです。地番の並び程度は信用できますが、面積や形状等に対する精度は低く、現地調査により再度確認を要します。

なお、現在はオンライン化された登記情報提供サービスによって閲覧及び入手することができるようになっています。ただし、当該サービスにより自分で印刷したものは、登記官印が付されていないため、法的な証明力はありません。

（注）「登記情報提供サービス」と「登記・供託オンライン申請システム」との相違

「登記情報提供サービス」は、上記のとおり法的な証明力を有する登記情報を入手できません。一方、「登記・供託オンライン申請システム」も当該サービスと同様にインターネットを利用して登記事項証明書等の申請手続を行うサービスですが、法務局で登記事項証明書の交付を直接受けることができるため、登記官印の付された法的効果のある書類を受け取れます。

◆法務局に備えられている「14条地図」と公図の精度

精度区分	登記簿の呼称	地図の種類
精度を有する	「14条地図」（不動産登記法第14条地図）	①法務局作成の地図 ②国土調査による地籍図（製作が新しく一定の精度が高いもの） ③土地改良法の土地所在図 ④土地区画整理法の土地所在図 ⑤新住宅市街地開発法による土地所在図など
精度が低い	公図（地図に準ずる図面）	①土地台帳附属地図 ②国土調査の成果の地籍図（製作が古く精度の高くないもの） ③土地区画整理等の成果による土地所在図等（製作が古く精度の高くないもの）

◈公図（地図に準ずる図面）（土地台帳付属地図の例示）

地番区域見出	A B C

請求部分	所在	[redacted]				地番	[redacted]		
出力縮尺	縮尺不明	精度区分		座標系番号又は記号		分類	地図に準ずる図面	種類	旧土地台帳附属地図
作成年月日		備付年月日（原図）		補記事項	方位不明				

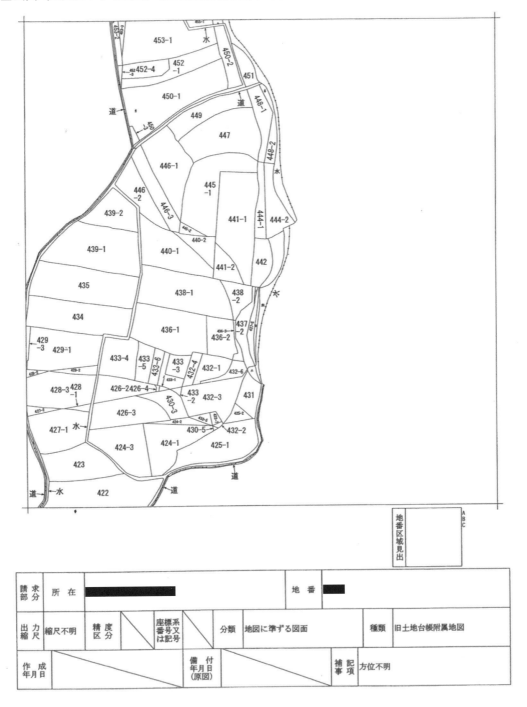

6 地役権図面

不動産登記規則第79条各項によれば、地役権図面について、地役権設定の範囲を明確にし、方位、地番及び隣地の地番並びに申請人の氏名又は名称を記録し、作成の年月日を記録しなければならないとされており、登記所において備付の図面と同様の方法により交付申請等ができます。

なお、地役権図面は、適宜の縮尺となっています。

◆地役権図面

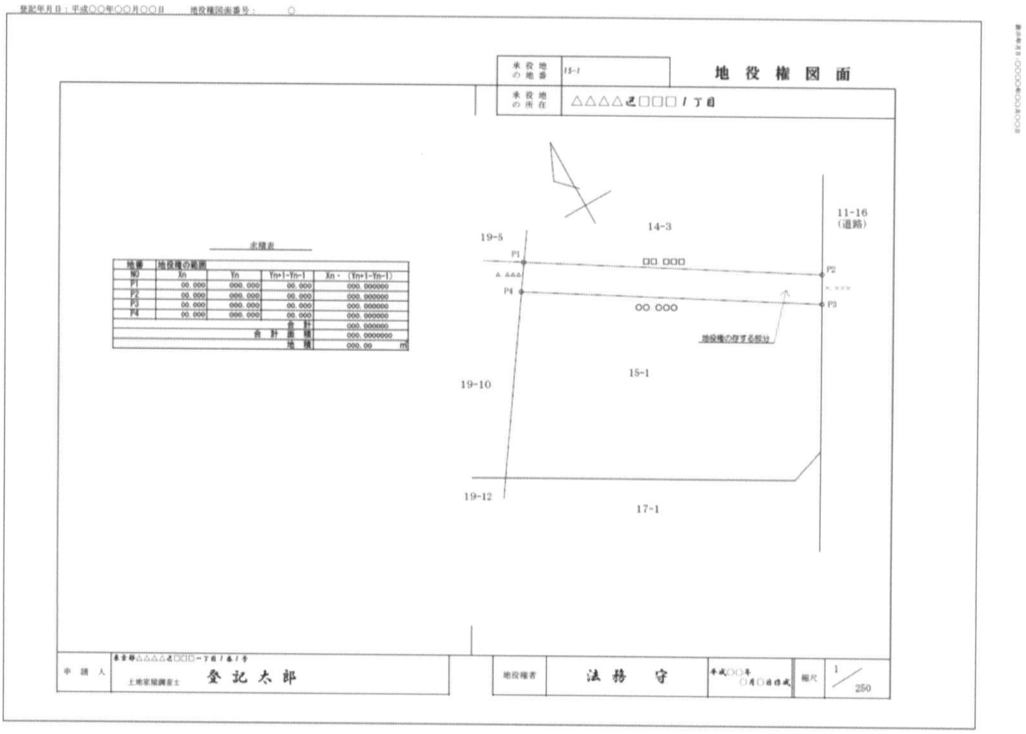

7 建物図面、各階平面図

① 建物図面、各階平面図とは

建物に関する登記申請の際に添付する建物の所在位置と床面積などが記載されたものが建物図面です。主たる建物又は附属建物の別、方位、敷地の境界、その土地と隣地の地番が記載されています。

建物図面は依頼者が所有していることもありますが、所在地を管轄する法務局において交付申請して、写しを取得することができます。

遠隔地の場合には郵送で申請することもできます。登記情報提供システムによりインターネットで閲覧や印刷をすることも可能ですが、登記官印が付されていないため、法的な証明力はありません（前記「5　公図（地図に準ずる図面）」を参照してください。）。

建物図面は建物の位置及び形状などを把握するとともに、建物の増築の有無などの確認に用いることができます。建物が敷地のどの位置に存在しているのか、区分所有建物の場合には何階のどの部屋に該当するのかなどを容易に確認することができます。

敷地について土地の実測図が無い場合などに、公図よりも正確に記載されていることも多く、間口、奥行きなどを建物図面によって大まかに代用して確認することも可能です。

なお、未登記等の場合には建物図面がありませんので留意する必要があります。

②　建物図面の精度

建物図面には建物とともにその敷地形状や距離等も記入されています。

地積測量図等の精度の高い図面がなく、隣地や道路の境界確定がなされていない場合などは、推定により土地家屋調査士が敷地形状や距離等を記入しており、敷地形状や距離等は正確ではないと考えられます。

隣接地の地番や、敷地境界と建物との距離も確実でない場合もあるので、現地調査により再度確認を要します。

◈建物図面・各階平面図の例示

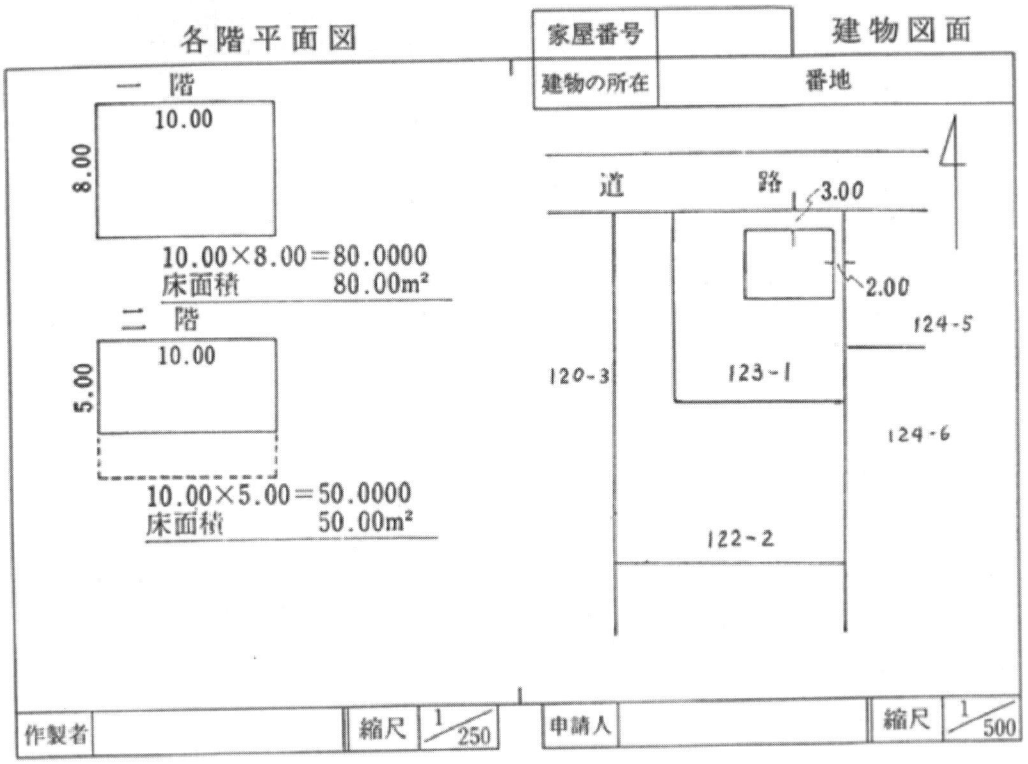

参考 **不動産登記規則**

（地図）

第10条 地図は、地番区域又はその適宜の一部ごとに、正確な測量及び調査の成果に基づき作成するものとする。ただし、地番区域の全部又は一部とこれに接続する区域を一体として地図を作成することを相当とする特段の事由がある場合には、当該接続する区域を含めて地図を作成することができる。

2 地図の縮尺は、次の各号に掲げる地域にあっては、当該各号に定める縮尺によるものとする。ただし、土地の状況その他の事情により、当該縮尺によることが適当でない場合は、この限りでない。

一 市街地地域（主に宅地が占める地域及びその周辺の地域をいう。以下同じ） 250分の１又は500分の１

二 村落・農耕地域（主に田、畑又は塩田が占める地域及びその周辺の地域をいう。以下同じ） 500分の１又は1000分の１

三 山林・原野地域（主に山林、牧場又は原野が占める地域及びその周辺の地域をいう。以下同じ） 1000分の１又は2500分の１

3 地図を作成するための測量は、測量法（昭和24年法律第188号）第２章の規定による基本測量の成果である三角点及び電子基準点、国土調査法（昭和26年法律第180号）第19条第２項の規定により認証され、若しくは同条第５項の規定により指定された基準点又はこれらと同等以上の精度を有すると認められる基準点（以下「基本三角点等」と総称する。）を基礎として行うものとする。

4 地図を作成するための１筆地測量及び地積測定における誤差の限度は、次によるものとする。

一 市街地地域については、国土調査法施行令（昭和27年政令第59号）別表第５に掲げる精度区分（以下「精度区分」という。）甲二まで

二 村落・農耕地域については、精度区分乙一まで

三 山林・原野地域については、精度区分乙三まで

5 国土調査法第20条第１項の規定により登記所に送付された地籍図は、同条第２項又は第３項の規定による登記が完了した後に、地図として備え付けるものとする。ただし、地図として備え付けることを不適当とする特別の事情がある場合は、この限りでない。

6 前項の規定は、土地改良登記令（昭和26年政令第146号）第５条第２項第３号又は土地区画整理登記令（昭和30年政令第221号）第４条第２項第３号の土地の全部についての所在図その他これらに準ずる図面について準用する。

第４章

相続税の申告書等に添付する「土地及び土地の上に存する権利の評価明細書」の補足資料

1　補足資料の必要性

本書の以上までの記載内容は、土地等を評価するための基礎資料の収集窓口と収集資料の解説等を中心としたものでした。

ここでは、それらを活用した「土地及び土地の上に存する権利の評価明細書」（以下「評価明細書」といいます。）の作成方法、更にそれを補足する資料の作成方法について説明します。補足資料は、申告内容を解説するもので、税務署の担当者に納得していただくためのものです。

相続税等の申告に当たり、路線価地域の土地等がある場合については、評価明細書の第１表及び第２表等を添付して申告することが大半です。

評価明細書（第１表）には「地形図と参考事項」記載欄がありますが、土地等の評価をするために必要な参考事項を記載するにはスペースが小さい（縦横４㎝×５㎝）ため、場合によっては税務署へ評価する土地等の形状等の参考事項を正確に伝えることができません。

これを補足するため、例えば、次の❷②以下の資料を作成し、評価明細書の附属書類として提出することをお勧めします。

2　補足資料の具体例

【相続税等の申告書に添付する土地等の評価明細書と補足資料】

①　評価明細書

②　評価対象土地等の路線価図

③　　同上　　　　　製図又は地積測量図等

④　　同上　　　　　写真

（注）1　③の製図は地積測量図等がない場合は、各自で簡易測量したものを製図してください。

2　土地等の形状及びその土地等に係る行政法規の規制は千差万別であるため、土地評価の補足資料は、上記②から④に限りません。

土地及び土地の上に存する権利の評価明細書（第1表）

局(所)	署
大 阪 国 税	
28 年分	ページ

（平成十六年分以降用）

(住居表示) 所在地番	（　　）	所有者	住所（所在地） 氏名（法人名）	使用者	住所（所在地） 氏名（法人名）

地目	地積	路線価 正面	路線価 側方	路線価 側方	路線価 裏面	地形図及び参考事項
(宅地) 原野 田 雑種地 畑 山林 （　）	8,439.16 ㎡	6,130,000 円	3,170,000 円	1,950,000 円	2,910,000 円	

間口距離	84.00 m	利用区分	自用地 貸家建付借地権 貸宅地 転貸借地権 (貸家建付地) 転借権 借地権 借家人の有する権利 私道（　）	地区区分	ビル街地区 普通住宅地区 (高度商業地区) 中小工場地区 繁華街地区 大工場地区 普通商業・併用住宅地区
奥行距離	100.50 m				

自用地1平方メートル当たりの価額

1　一路線に面する宅地
（正面路線価）　（奥行価格補正率）
6,130,000円 × 0.80
（1㎡当たりの価額）円 4,904,000　A

2　二路線に面する宅地
（A）　（(側方)・裏面 路線価）　（奥行価格補正率）　（(側方)・二方 路線影響加算率）
4,904,000円 ＋（3,170,000円 × 0.95 × 0.10）
（1㎡当たりの価額）円 5,205,150　B

3　三路線に面する宅地
（B）　（(側方)・裏面 路線価）　（奥行価格補正率）　（(側方)・二方 路線影響加算率）
5,205,150円 ＋（1,950,000円 × 0.94 × 0.10）
（1㎡当たりの価額）円 5,388,450　C

4　四路線に面する宅地
（C）　（側方・(裏面) 路線価）　（奥行価格補正率）　（側方・(二方) 路線影響加算率）
5,388,450円 ＋（2,910,000円 × 0.80 × 0.07）
（1㎡当たりの価額）円 5,551,410　D

5－1　間口が狭小な宅地等
（AからDまでのうち該当するもの）　（間口狭小補正率）　（奥行長大補正率）
円 ×（　　×　　）
（1㎡当たりの価額）円　E

5－2　不整形地
（AからDまでのうち該当するもの）　不整形地補正率※
5,551,410円 × 0.99

※不整形地補正率の計算
（想定整形地の間口距離）（想定整形地の奥行距離）（想定整形地の地積）
91.00 m × 125.00 m ＝ 11,375.00 ㎡
（想定整形地の地積）（不整形地の地積）（想定整形地の地積）（かげ地割合）
（11,375.00 ㎡ － 8,439.16 ㎡）÷ 11,375.00 ㎡ ＝ 25.80 %

（不整形地補正率表の補正率）（間口狭小補正率）（小数点以下2位未満切捨て）
0.99 × 1.00 ＝ 0.99 ①
（奥行長大補正率）（間口狭小補正率）
1.00 × 1.00 ＝ 1.00 ②
（不整形地補正率 ①、②のいずれか低い率、0.6を限度とする。）0.99
（1㎡当たりの価額）円 5,495,895　F

6　無道路地
（F）　（※）
円 ×（1 －　　）
※割合の計算（0.4を限度とする。）
（正面路線価）（通路部分の地積）（F）（評価対象地の地積）
（　円 ×　㎡）÷（　円 ×　㎡）＝
（1㎡当たりの価額）円　G

7　がけ地等を有する宅地　［南、東、西、北］
（AからGまでのうち該当するもの）（がけ地補正率）
円 ×
（1㎡当たりの価額）円　H

8　容積率の異なる2以上の地域にわたる宅地
（AからHまでのうち該当するもの）（控除割合（小数点以下3位未満四捨五入））
円 ×（1 －　　）
（1㎡当たりの価額）円　I

9　私道
（AからIまでのうち該当するもの）
円 × 0.3
（1㎡当たりの価額）円　J

自用地の評価額	自用地1平方メートル当たりの価額（AからJまでのうちの該当記号）	地積	総額（自用地1㎡当たりの価額）×（地積）	
	（F）5,495,895 円	8,439.16 ㎡	46,380,737,248 円	K

(注) 1　5－1の「間口が狭小な宅地等」と5－2の「不整形地」は重複して適用できません。
2　5－2の「不整形地」の「AからDまでのうち該当するもの」欄の価額について、AからDまでの欄で計算できない場合には、(第2表)の「備考」欄等で計算してください。
3　広大地を評価する場合には、(第2表)の「広大地の評価額」欄で計算してください。

(資4－25－1－A4統一)

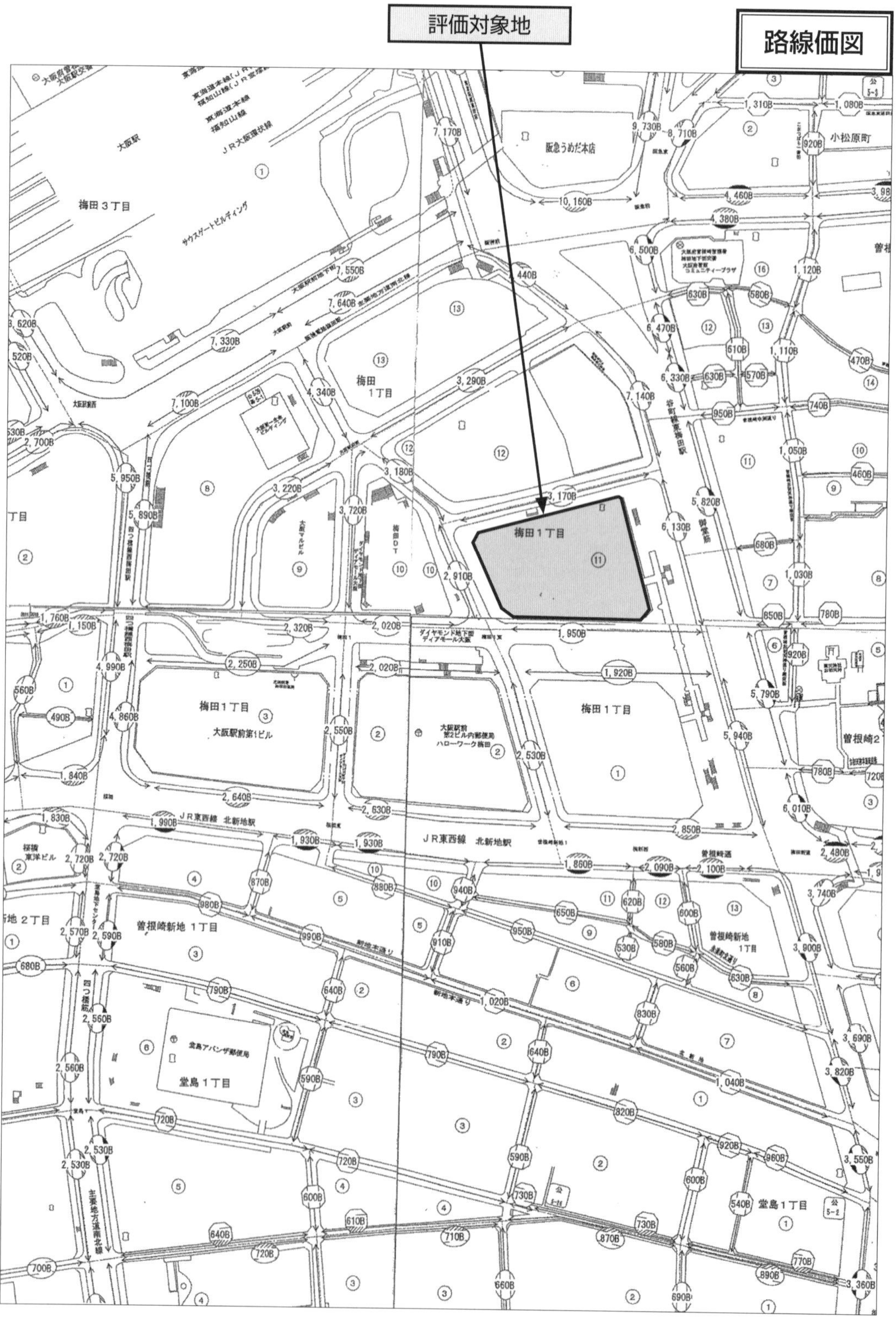
評価対象地
路線価図
阪急うめだ本店
大阪駅
梅田３丁目
サウスゲートビルディング
梅田
1丁目
梅田１丁目
大阪駅前第1ビル
大阪駅前
第2ビル内郵便局
ハローワーク梅田
大阪マルビル
梅田ＤＴ
ダイヤモンド地下街
ディアモール大阪
ＪＲ東西線　北新地駅
曽根崎通
曽根崎新地　１丁目
曽根崎新地
1丁目
新地本通り
堂島アバンザ郵便局
堂島１丁目
四つ橋筋
御堂筋
谷町線東梅田駅
小松原町
曽根崎2
主要地方道南北線
7,170B
9,730B
8,710B
10,160B
1,310B
1,080B
920B
4,460B
4,380B
6,500B
440B
1,120B
7,550B
7,640B
7,330B
7,100B
3,290B
4,340B
7,140B
6,470B
6,330B
3,220B
3,180B
3,170B
3,720B
2,910B
6,130B
5,820B
5,950B
5,890B
2,700B
1,760B
1,150B
2,320B
2,020B
1,950B
2,250B
1,920B
4,990B
4,860B
2,550B
2,530B
5,790B
5,940B
1,840B
2,640B
2,630B
2,850B
1,830B
1,990B
1,930B
2,720B
1,860B
2,090B
2,100B
2,480B
3,740B
2,570B
2,590B
3,900B
2,560B
1,020B
3,690B
3,820B
1,040B
3,550B
3,360B

製　図

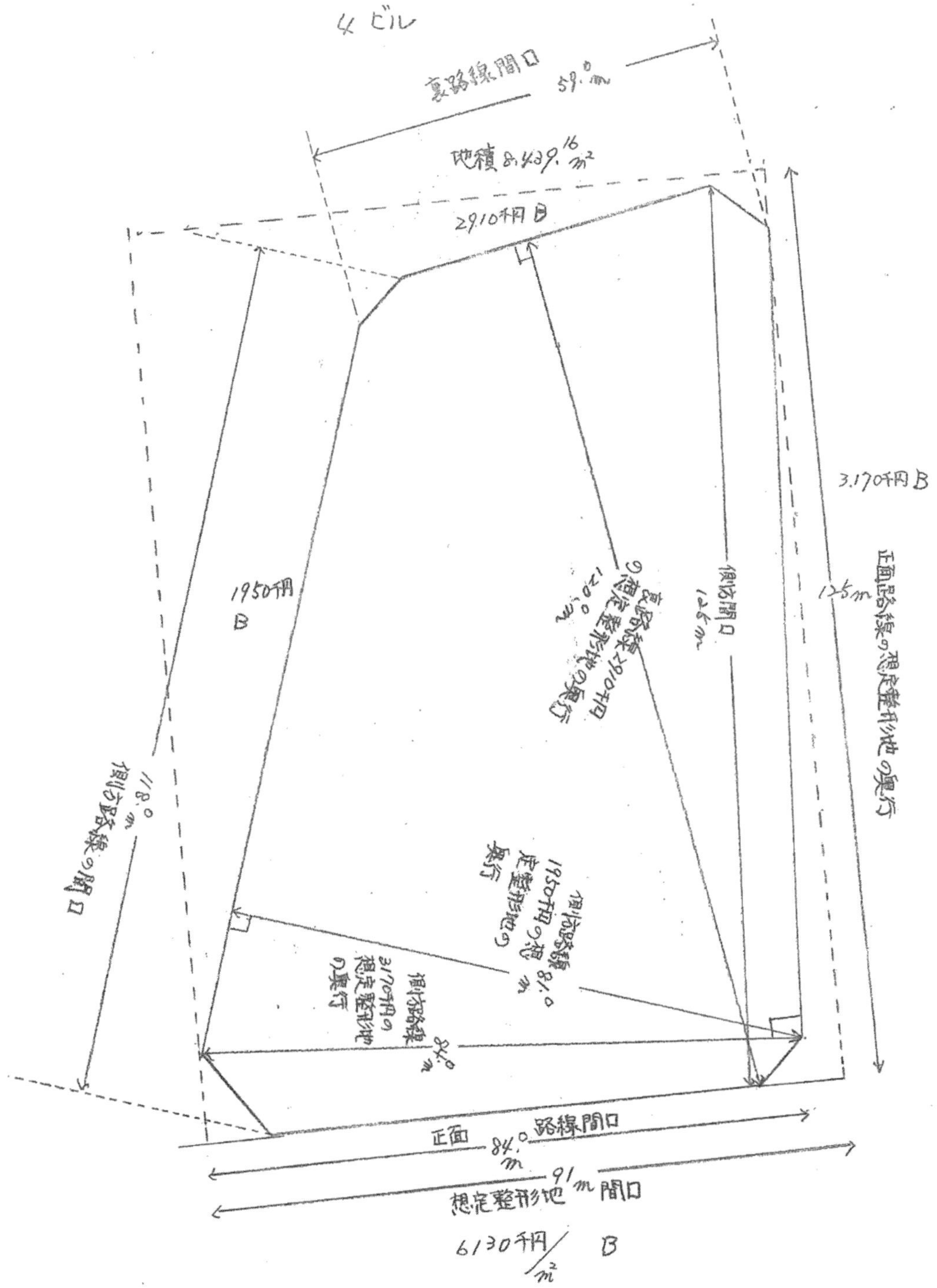
4 ビル
裏路線間口 59.0m
地積 8,439.16m²
2910千円 B
3,170千円 B
側方間口
正面路線の想定整形地の奥行
裏路線 2910千円の想定整形地の奥行 120.0m
1950千円 B
側方路線の間口 118.0m
側方路線 1950千円の想定整形地の奥行 81.0m
側方路線 3170千円の想定整形地の奥行 84.0m
正面 路線間口 84.0m
想定整形地 91m 間口
6130千円/m² B

写 真

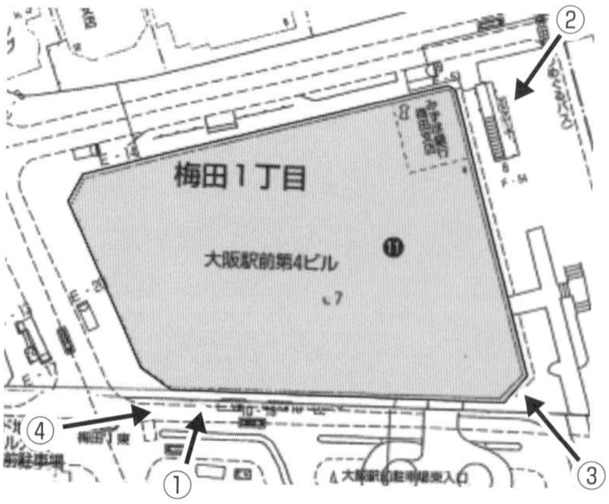

①南から撮影

②北東方向から撮影

③南東方向から撮影

④南西方向から撮影

【著者略歴】

（編者・著者代表）

東北　篤（とうほく　たかし）

昭和52年　不動産鑑定士第二次試験合格

昭和53年　和歌山大学経済学部卒業

平成27年７月　大阪国税局（泉大津税務署長）定年退官

同年８月　東北篤税理士事務所　開業

（大阪府泉大津市田中町10-７泉大津商工会議所５階）

平成28年11月　イーストノース株式会社設立　代表取締役・専任不動産鑑定士

（和歌山県和歌山市元寺町３-９）

（著者代表）

河合　悟（かわい　さとる）

昭和46年　慶應義塾大学商学部卒業

日産デイーゼル工業（株）勤務を経て

平成23年　不動産鑑定士試験合格

平成25年４月　ミント不動産鑑定開業　代表・専任不動産鑑定士

（兵庫県高砂市荒井町蓮池２-５-１）

（著者）

小笠原　高宏（おがさわら　たかひろ）

平成26年４月　神戸シティ鑑定舎開業　代表・専任不動産鑑定士

（兵庫県神戸市東灘区森北町６-６-22）

加納　仙一（かのう　のりかず）

平成27年３月　有限会社石橋エステートオフィース開業　代表取締役・専任不動産鑑定士

（大阪府池田市井口堂１丁目５番16号）

境　めぐみ（さかい　めぐみ）

平成25年３月　不動産鑑定士登録

（勤務先）株式会社土地システム研究所　取締役

（兵庫県神戸市中央区下山手通５丁目５番８号明和山手ビル303）

小川　雄彦（おがわ　たけひこ）

平成25年10月　株式会社大島不動産鑑定中部支社　開業　支社長・専任不動産鑑定士

（愛知県犬山市大字富岡字前田164-８）

秋山　宗一郎（あきやま　そういちろう）

平成26年３月　不動産鑑定士登録

（勤務先）株式会社ファーストコンサルティングサービス　専任不動産鑑定士

（奈良県奈良市四条大路１丁目３-27）

三《さん》大《だい》都《と》市《し》圏《けん》主《しゅ》要《よう》都《と》市《し》の担《たん》当《とう》窓《まど》口《ぐち》がわかる！

土《と》地《ち》評《ひょう》価《か》のための役《やく》所《しょ》調《ちょう》査《さ》便《びん》覧《らん》

2017年９月15日　発行

編者・著者代表　東北《とうほく》 篤《たかし》

著者代表　河合《かわい》 悟《さとる》

©

発 行 者　小泉 定裕

発行所　株式会社 清文社

東京都千代田区内神田１－６－６（MIF ビル）

〒101-0047　電話03(6273)7946　FAX 03(3518)0299

大阪市北区天神橋２丁目北２－６（大和南森町ビル）

〒530-0041　電話06(6135)4050　FAX 06(6135)4059

URL http://www.skattsei.co.jp/

印刷：大村印刷㈱

※本書の追録情報等は、当社ホームページ（http://www.skattsei.co.jp）をご覧ください。

ISBN978-4-433-62257-2

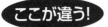

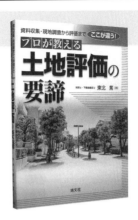

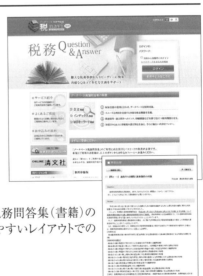